SPHINX NEUE DIMENSIONEN

6,50

David Loye

GEHIRN, GEIST UND VISION

Das Potential unseres Bewusstseins die Zukunft vorauszusehen und zu gestalten

SPHINX VERLAG BASEL

Aus dem Amerikanischen
von Matthias Dehne

CIP-Kurztitelaufnahme der Deutschen Bibliothek

Loye, David:
Gehirn, Geist und Vision: d. Potential unseres Bewusstseins, d. Zukunft vorauszusehen u. zu gestalten / David Loye. [Aus d. Amerikan. von Matthias Dehne]. – Basel: Sphinx-Verlag, 1985. – Einheitssacht.: The sphinx and the rainbow <dt.>
ISBN 3-85914-216-X

1986

Originaltitel: The Sphinx and the Rainbow
Erschienen bei Shambhala
Umschlag: Thomas Bertschi
Gestaltung: Charles Huguenin
Satz: Uhl + Massopust, Aalen
Herstellung: Fuldaer Verlagsanstalt, Fulda
Printed in Germany
ISBN 3-85914-216-X

I N H A L T

VORWORT

Der Mensch ist vor allem ein Wesen, das Ziele hat. Die Fixierung auf ein Ziel erklärt nicht allein seine schnelle Entwicklung in der Evolution sondern auch, warum der einzelne sich bemüht, sein Leben sinnvoll zu gestalten. Für die Wissenschaft ist dieses Streben ein verwirrendes Rätsel geblieben. Seine Quelle entzog sich der Erklärung. Vielleicht hat es uns auch deshalb verwirrt, weil wir ihm ambivalent gegenüberstehen. Abraham Maslow sagt es treffend: Wir wollen wissen und haben doch Angst davor – Angst am meisten vor dem Göttlichen in uns selbst.

Wir nähern uns einem sehr elementaren inneren Geheimnis, wenn wir zu erkennen suchen, wie sich das Bewusstsein mit der Zukunft auseinandersetzt. Einerseits fasziniert es uns, gleichzeitig fürchten wir uns jedoch vor dem, was wir dabei entdecken könnten. David Loye kundschaftet mit seinem Buch dieses schwierige Gelände aus. Was er feststellt, mag anregen oder verunsichern, langweilen wird es jedenfalls nie.

Seit die Vorstellung einer Evolution Allgemeinwissen geworden ist, sind wir unsicher über die «Erklärungen», mit denen man gemeinhin den evolutionären Fortschritt begründet. – Waren willkürliche Mutationen der Grund, dass Spinnen gelernt haben, Netze zu spinnen, weil sie eine natürliche Verhaltensselektion begünstigte, die das Netzespinnen zu einem Teil der Spinnen-Natur machten? Oder war der Fall umgekehrt: war da ein Faktor im Spinnen-Bewusstsein angelegt gewesen, der sie von innen programmierte, mittels Netzen Insekten einzufangen? Lernten die Tiere, mit beiden Augen zu sehen, weil eine Zufallsmutation ihnen zwei Augen, eine bessere Sicht und infolgedessen grössere Überlebenschancen beschert hatte? Oder war etwas im Bewusstsein der Tiere selbst die treibende Kraft? Noch grundsätzlicher: Warum entwikkelt sich das Gehirn in den ersten Jahren nach der Empfängnis so und nicht anders? Etwa, damit der Organismus in der Zukunft denkfähig wird? Spannende Fragen, die David Loye aufwirft, wenn er über die Zukunft, das Vorderhirn, die rechte und linke Gehirnhälfte – das Bewusstsein ganz allgemein – schreibt.

Loyes Buch untersucht, wie Vorderhirn und rechte und linke Gehirnhälfte zur Vorhersage der Zukunft zusammenspielen könnten, und welche Erklärungen uns die neue Psychophysik auf die alten Fragen der Beziehung von Bewusstsein und Gehirn liefern mag. Es verweist auf die Ähnlichkeiten zwischen Gehirn und Laserhologrammen und bringt Licht in viele Phänomene, die irgendwie mit Vorauswissen zu tun haben. Dabei ist es so fesselnd geschrieben wie ein Kriminalroman. Doch es geht nicht nur um Zukunftsschau. David Loye macht uns darauf aufmerksam, daß wir Anhaltspunkte zu wesentlich umfassenderen Geheimnissen der Wissenschaft und des menschlichen Zusammenlebens erhalten, wenn wir einmal sehen, *wie* das Bewusstsein die Zukunft voraussagen kann.

Vor hundert Jahren war man überzeugt von der Kraft der Wissenschaft, die uns von Unwissenheit, Angst, Armut und menschlichem Leid befreien würde. Es lag ein herrlicher Optimismus in der Luft. Die Wissenschaftler schienen in Psychologie, Neurologie, Physik – überhaupt in allen Disziplinen – vor grossen Entdeckungen zu stehen, die uns die wichtigsten Geheimnisse der Natur erklären würden. In jenen Tagen schrieb William James sein wunderbares Buch *The Principles of Psychology*, das eine glänzende Synthese darstellte. Es verband die Erkenntnisse aus Physiologie, Psychologie und Philosophie zu einem Gesamtbild, war zu seiner Zeit nicht nur *das* Lehrbuch seiner Art sondern ist inzwischen zu einem zeitlosen Klassiker geworden, der auch den Laien erleuchtet.

Loyes Buch stellt ebenfalls eine Synthese von historischer Denkwürdigkeit dar: es schlägt Brücken zwischen Neurophysiologie, Psychologie, Parapsychologie und theoretischer Physik. Der Zeitgeist ist jedoch ein anderer – verschwunden der trunkene Optimismus, unsicher die Aussicht, dass Wissenschaft und Technik uns tatsächlich unfehlbar ins gelobte Land führen werden. Andererseits gibt es viele Anzeichen für eine Renaissance der Wissenschaften. *Gehirn, Geist und Vision* ist eines davon.

Die französische Regierung lud 1979 zu einem einwöchigen «Kolloquium über Wissenschaft und Bewusstsein» ein, in dessen Verlauf sich zahlreiche Forscher der unterschiedlichsten Disziplinen und Herkunftsländer mit *einer* Hauptfrage befassten: wie kommt es, dass wir in unserem Verständnis des menschlichen Bewusstseins trotz aller wissenschaftlichen Errungenschaften so wenig vorangekommen sind? – Aus dieser Frage ergibt sich automatisch eine andere: ist es nicht an der Zeit, dass die Teilerkenntnisse, die Psychologie, Anthropologie, Physik, Neurologie, Parapsychologie und vergleichende Religionswissenschaft über das menschliche Bewusstsein zusammengetragen haben, zu einer neuen Wissenschaft vom Bewusstsein zu verbinden?

Es *ist* an der Zeit, und David Loyes Buch stellt einen der Pionierversuche dar, die verschiedenen Wissensstränge zu verflechten, in diesem Fall unter dem Gesichtspunkt der Vorhersagekraft des Bewusstseins. Zweifellos werden noch viele andere Versuche folgen. *Gehirn, Geist und Vision* kann aber immerhin für sich in Anspruch nehmen, uns frühzeitig Einblicke in einen der ganz grossen Entwicklungsschritte der Wissenschaftsgeschichte zu vermitteln.

Willis Harman
Stanford Research Institute

EINLEITUNG ZUR DEUTSCHEN AUSGABE

Im Laufe der Jahre sind wahrscheinlich mehr Bücher über Nostradamus und seine Prophezeiungen verkauft worden als über jede andere historische Persönlichkeit, Jesus einmal ausgenommen. Dasselbe grosse Interesse gilt dem *I Ging,* dem chinesischen *Buch der Wandlungen.* Dies mag vieles verraten, zumindest aber beweist es, dass Millionen von Menschen erfahren möchten, ob unser Bewusstsein nicht die Fähigkeit zu einem Blick in die Zukunft hat, der uns die Angst vor den Ungewissheiten unseres Lebens nehmen würde.

In diesem Buch ist erstmals alles zusammengetragen, was die Wissenschaft über die Stärken und Grenzen der «Vorhersagekraft des Bewusstseins» weiss. Es zeigt anhand der neuesten Arbeiten aus Gehirnforschung, Psychologie, Physik und Parapsychologie, dass die Fähigkeit, die Zukunft vorauszusehen, in jedem von uns steckt und wirkt. Es zeigt ebenfalls, wie und warum wir diese Fähigkeit zuschütten und missachten, so dass unser Bewusstsein nur auf einem Zylinder vorwärtsstottert, obwohl es doch eigentlich ein kraftvoller «Achtzylinder» ist. Die präzisen Anleitungen in Anhang A versetzen uns darüberhinaus in die Lage, die «Zylinderköpfe zu säubern» und die volle Kraft des Bewusstseins freizusetzen – zum besseren und leichteren Vorwärtskommen im Beruf, bei wichtigen politischen Entscheidungen und in allen Alltagsfragen.

Aber: ist das nicht bloss Bauernfängerei, aufgeblasener Mystizismus, von dem wir eigentlich genug haben? Woher wissen wir, dass diese Methoden tatsächlich funktionieren? Nun, wir wissen es, weil es Forschungsergebnisse sind, und keine Annahmen. Dieses Buch baut auf den Untersuchungen von Hunderten von Wissenschaftlern auf, von denen mancher für seine Arbeit den Nobelpreis bekam. Und es ist die Frucht meiner eigenen Forschungen, die ich während meiner Lehrtätigkeit an so anerkannten Institutionen wie der *Princeton University* und der medizinischen Fakultät der *University of California* in Los Angeles betreiben konnte. Seine überraschend einfachen Methoden der Vorhersage haben inzwischen weite Verbreitung gefunden. Viele Tausende haben sie schon wenige Monate nach seiner Veröffentlichung getestet. Eine Taschenbuchausgabe und Übersetzungen ins Japanische und Italienische werden sein Anwendungsgebiet noch erweitern.

Doch wir wollen zuerst kurz die Entwicklung zusammenfassen, die die Zukunftsforschung – oder vielleicht allgemeiner: das sich an der Zukunft orientierende Denken – im deutschen Sprach- und Kulturraum durchgemacht hat. Wer war daran beteiligt? Was ist zu den Themen dieses Buches bereits gesagt worden?

Die Beschäftigung mit der Zukunft hat im deutschsprachigen Raum drei Entwicklungsstadien durchlaufen. Das erste Stadium beschränkte sich auf Literatur und Philosophie. Goethes Schriften sind vielleicht dazu das eindrucksvollste Zeugnis. Hegel und Kant hingegen waren Pioniere einer praxisbezogeneren Beschäftigung mit der Zukunft. Kant bemühte sich als erster darum, die Gefahren auszuloten, die heute zur Hauptfrage aller Futurologen, ja der denkenden und fühlenden Menschen überhaupt, geworden ist: wie können wir den Frieden sichern, um der Vernichtung durch kriegerische (in unserem Fall nukleare) Auseinandersetzungen zu entgehen? – Wir sehen, der Militarismus überschattete schon zu Kants Zeiten die Zukunft der Menschheit. Die Hegelsche Dialektik schliesslich stiess uns vollends in das Problem: wie formen wir die Zukunft und werden von ihr infolgedessen geformt?

Karl Marx und Friedrich Engels entwickelten später aus der Hegelschen Vorgabe ihre vollkommen zukunftsorientierten Gedanken, die die Welt dramatisch verändert haben – zum Guten wie zum Schlechten.

Die Hegelsche Dialektik hat aber noch mehr Denker geformt: sie ist der Anstoss für die Spannung zwischen dem vernachlässigten apollinischen und dem dionysisch-imaginistischen Element bei Nietzsche und die Grundlage für das Werk von Max Weber, einem der Väter der modernen Sozial-, Wirtschafts- und Politikwissenschaft. Mit Weber – der schon frühzeitig das Erscheinen einer Gestalt wie Hitler voraussagte – kommen wir zum zweiten Stadium der wissenschaftlichen Zukunftsforschung. Weber leistete viele nützliche Beiträge. Hervorgehoben sei hier seine Vorstellung, dass die Führer sozialer Bewegungen Träger eines Charisma sind, das durch sie zur Wirkung kommt. Damit gelingt es ihm, die Dynamik zu präzisieren, nach der die Gesellschaft sich verändert.

Im allgemeinen bekannter noch als Weber sind seine Zeitgenossen Sigmund Freud und Carl Gustav Jung, mit deren Gedanken über die Zukunft wir uns ebenfalls beschäftigen wollen – vor allem mit Jungs Bemühungen, die «Seher» unter uns auszumachen, sowie mit seinem Ringen um das Geheimnis des Vorauswissens.

Die Arbeit der Gestaltpsychologen – besonders von Wolfgang Köhler und mehr noch von Kurt Lewin – ist diesem zweiten Entwicklungsstadium zuzurechnen. Wir werden uns vielfach mit ihnen befassen, weil ihre Gedanken das Fortschrittlichste sind, was vor unseren eigenen Tagen zu den Problemen der Zukunftsforschung gesagt wurde.

Interessant ist die Rolle der Universität Berlin: wieviel Grundlagenarbeit zur Futurologie unserer Zeit kommt nicht von Wissenschaftlern, die während einer wichtigen formativen Periode ihres Schaffens mit ihr in irgendeiner Form liiert waren! Weber, Köhler und Lewin waren ebenso in Berlin wie die Schlüsselfiguren des dritten Stadiums der praktischen Anwendung. Zu ihnen müssen wir den brillanten Mathematiker John von Neumann und seinen Schüler Olaf Helmer zählen, die nach ihrer Emigration vor der nationalsozialistischen Pest in den Vereinigten Staaten an der Entwicklung der zukunftsorientierten Systemanalyse beteiligt waren, wobei Helmer sich noch zusätzlich durch seinen Beitrag zur weltberühmten «Delphi»-Methode hervortat.

Auch Robert Jungk, in Berlin geboren, ist durch die Universität seiner Heimatstadt gegangen, bevor er das Wiener «Zukunftsinstitut» gründete und Europa in der Kantschen Tradition der Weltfriedensvision mit seinem *Atomstaat* und anderen Schriften auf die Gefahren verwies, die der Demokratie durch die Atomtechnik zwangsläufig entstehen. Zu erwähnen bleiben natürlich Carl Friedrich von Weizsäcker, ferner Ossip Flechtheim und Eduard Pestel. Flechtheim prägte überhaupt erst den

Begriff des «Futurologen» und Pestel arbeitete mit an dem computertauglichen Weltmodell, das für die bedrückenden Zukunftsprognosen des *Club of Rome* als Grundlage diente.

Dies sind einige der wissenschaftlichen Kapazitäten, die aus dem deutschsprachigen Kulturraum unser Wissen über Zukunft und Zukunftsprognosen bereichert haben.

Ich hoffe, sie inspirieren uns, dass wir alle – jeder einzelne – unsere angeborenen Gaben des Vorauswissens gebrauchen und somit die Zukunft erfreulicher gestalten können.

David Loye
Carmel, Kalifornien
Im Juli 1984

DANKSAGUNG

Ich möchte einer Reihe von wunderbaren Menschen und Institutionen für ihren Beitrag zum vorliegenden Buch danken: meiner Partnerin Riane Eisler für die unerschöpfliche Begeisterung, mit der sie sich jedes Kapitel nach seiner Vollendung laut vorlesen liess und für das unfehlbare Urteil ihrer vielen wertvollen Anregungen zur Form der Darstellung. Ich danke ihr für ihre Liebe, für ihren klaren Kopf und ihre grosszügige emotionale Unterstützung. Bill Gladstone von Waterside Productions gebührt ebenfalls mein Dank. Bill hat das Buch von den Anfängen seines Entstehens gemocht, es durch sein ausgeprägtes Sprachgefühl gefördert, sich in den schlechtesten und besten Phasen dafür eingesetzt, ja er hat es in einem dunklen Augenblick sogar im wahrsten Sinne des Wortes vor der Vernichtung gerettet, als der Autor sich schon entschlossen hatte, es in seine Bestandteile zu zerlegen. Ich danke Karl Pribram und Olaf Helmer für ihre Durchsicht jener Teile des Originalmanuskripts, die ihre Arbeit berühren, den McHenry Bibliotheken der University of California in Santa Cruz und der Harrison Memorial Bibliothek in Carmel. Für ihre Mitwirkung an meinen Forschungen und Untersuchungen, von denen ich in diesem Buch ausgiebig berichtet habe, danke ich dem Rechenzentrum der University of California in Los Angeles, der weiterführenden Seefahrtsschule in Monterey, Roderic Gorney, Gary Steele und Larry Landers von der Arbeitsgruppe für psychosoziale Adaption und Zukunft an der medizinischen Fakultät der University of California in Los Angeles, Roger Evered und Dennis Mar von der weiterführenden Seefahrtschule, sowie Barry Taff, Steven Greenebaum, Karry Gaynor und David Goodman aus Los Angeles. Für ihre Ermutigung bei der Entwicklung des IMP- und HCP-Tests danke ich Nicholas Tortello, Howard Simon und den Herausgebern von *Management Review, Planning Review,* World Future Society, *Bulletin* und *Technological Forecasting and Social Change,* besonders aber Edward Cornish, weil er im *Futurist* jenen Artikel publizierte, aus dem sich dieses Buch entwickelte. Sam Bercholz, Ken Wilber, Larry Mermelstein und Emily Hilburn von Shambhala Publications danke ich für den inspirierten Geist, mit dem die Arbeit an diesem Buch in den letzten Schritten vor der Veröffentlichung ihren Höhepunkt und Abschluss fand. Was in meinem Buch aus sich selbst heraus entstanden ist, dafür schulde ich einigen wenigen teuren Freunden Dank, noch lebenden wie inzwischen gestorbenen, die ich an vielen Schulen und Universitäten kennenlernen durfte, insbesondere aber am Dartmouth College, an der New School of Social Research, an der U. C. Los Angeles und der Princeton University. Danken muss ich schliesslich den vielen Büchern, die mir Freunde waren und mir als Schüler, Lehrer, Forscher und Prognostiker unschätzbar geholfen haben.

KAPITEL 1

Die Sphinx und der Regenbogen

Abenteuer, das war früher die Suche nach den Wundern unserer Welt. Marco Polo wollte das Reich Kublai Khans, Balboa den Pazifik, Coronado die sieben Städte von Cibola finden, während Magellan die Welt umsegelte, um herauszubekommen, ob sie tatsächlich eine Kugel sei. Heute hat sich die Suche nun nach neuen Wundern der Innenwelt zugekehrt, die jene der Aussenwelt noch übertreffen. Die Wohnung dieser neuen Weltwunder ist das menschliche Gehirn: Ein grenzenloses Reich mit Bergen, deren Höhe wir nicht messen können, Meeren, die keinen Grund haben, und Flüssen ohne Anfang und Ende.

Darin, in einem Klumpen Materie kleiner als ein Fussball, ist unsere ganze Ausrüstung enthalten: Mit ihr wetteifern wir mit einem unbeschreibbar riesigen Universum, das wir mit ihr auch erschaffen können. Darin liegt unsere Fähigkeit beschlossen, in Gedanken im Bruchteil einer Sekunde von dem Buch in unserer Hand zum entferntesten Stern zu springen – darin sind auch die Träger der Gefühle, die unsere Welt mit seelischen Wirbelstürmen heimsuchen oder uns den Frieden eines wogenden Kornfeldes, die Erquickung einer lauen Mondnacht schenken können. Schliesslich beherbergt das Gehirn unser Entscheidungsvermögen. Mit ihm stellen wir fest, dass etwas «gut» oder «schlecht» für uns ist, dass wir dies gern tun möchten, jenes hingegen eine Absicht darstellt, die wir in die Tat umsetzen *werden,* komme, was da wolle, weil sie nämlich unsere Seele ganz in Besitz genommen hat.

Seit mehr als hundertfünfzig Jahren haben wir die Kräfte des Bewusstseins nun wissenschaftlich erforscht und ihre Wurzeln mit der Physiologie des menschlichen Gehirns in Verbindung gebracht. Wir haben in der Gehirnforschung Entdeckungsreisen hinter uns, die nicht weniger kühn sind als jene, die die Weltumsegler und Eroberer ferner Kontinente machen konnten. Aber wir haben erst kürzlich begonnen, über die klar definierbaren Probleme der Mechanik hinauszugehen zu anderen nicht so offensichtlichen Fragen. In dem Glauben, dass der Menschenkörper nichts weiter sei als eine mit Leben begabte Maschine, waren wir als erstes darauf bedacht, über die Funktion der einzelnen Gehirnteile Klarheit zu gewinnen. Nun beschäftigen uns weiterführende Probleme, zum Beispiel: Wie und warum ist sich diese Maschine ihrer selbst bewusst? Daraus ergibt sich eine zweite Frage, die ebenfalls immer wieder auftaucht. Haben wir es nicht vielleicht mit etwas mehr zu tun als nur einer Maschine? Überhaupt, die Fragen nehmen kein Ende: Wie gelangen wir in der unendlichen Weite des Raumes und der Zeit von «hier» nach «dort»? Wie überqueren wir den Abgrund, der uns von dem trennt, was wir sehen oder zu sehen hoffen? Mit anderen Worten, wie handhabt das Gehirn die Zukunft?

Bei dem Versuch, jene Bewusstseinsentladung zu verstehen, die uns ein Selbst und unseren Platz im Universum vermittelt, können wir die Vergangenheit relativ leicht begreifen. Die Vergangenheit, das ist das Geschehene. Sie muss irgendwo, irgendwie in uns gespeichert sein, uns auf Abruf zur Verfügung stehen wie Bilder, die man auf einen Film, und Klänge, die man auf ein Tonband aufgenommen hat. Die Gegenwart stellt ebenfalls kein Rätsel dar: Sie ist die pausenlose Beschiessung durch Sinnesreize, aus denen wir uns bestimmte Klänge, Formen und so weiter zur näheren Beschäftigung auswählen. Aber, fragen Sie sich einmal ernsthaft, wie das Gehirn (oder wie wir, die wir ja noch wesentlich komplexer sind, als das Gehirn) die Zukunft handhabt, dann stehen Sie unvermittelt vor einer riesigen leeren Wand: Wie kommen wir nun eigentlich von «hier» nach «dort»?

Wie sehr uns der Bezug zur Zukunft beschäftigt, sehen wir schon an den Büchern, die unser Bewusstsein seit Jahrhunderten beherrscht haben. Die Bibel der christlich-jüdischen Tradition ist vom Schöpfungsbericht bis zur Offenbarung des Johannes ein wahrer Tummelplatz von Propheten und Prophezeiungen. Diese Tendenz beschränkt sich aber keineswegs auf unseren eigenen Kulturkreis. So sind im *I Ging* oder *Buch der Wandlungen* viele sehr einprägsame Bilder gesammelt, die in China – der volkreichsten Nation der Erde überhaupt – seit vielen tausend Jahren bis in die jüngste Vergangenheit von Bauern wie Feudalfürsten, Gefolgsleuten wie Herrschern als ein verlässlicher Führer zur Zukunft benutzt wurden.

Noch eine dritte Gruppe von Menschen befasst sich intensiv mit der Zukunft. Sie ist zahlenmässig zwar wesentlich kleiner, aber im Verhältnis so viel mächtiger, weil ihre Arbeit für Erde, Natur und Geschöpfe schwerwiegende Folgen hat. Von den Wissenschaftlern ist die Rede, den Menschen, deren Leben grösstenteils von Abertausenden von Fachpublikationen einer Wissenschaft dominiert wird, die durchweg ebenso zukunftsorientiert ist wie die Religion des Westens oder die Philosophie des Ostens. Wirtschafts- und andere Gesellschaftswissenschaftler wollen mit ihren Formeln menschliches Verhalten voraussagen, die Physik von $E=mc^2$, die zur Atombombe führte, hingegen beabsichtigt, die Ereignisse vorherzubestimmen, die auf der Ebene der Materie eintreffen werden. Das Hauptanliegen aller wissenschaftlichen Theorien ist im Kern die Voraussage der Zukunft. Je verlässlicher sie sich dabei erweisen, desto sicherer dürfen sie das Prädikat der «Wissenschaftlichkeit» für sich beanspruchen.

Wir sehen, unsere Beschäftigung mit der Zukunft ist historisch belegt, ebenso eine ganze Reihe daraus entstandener Vorhersagen, deren Genauigkeit und Tragweite uns in Erstaunen versetzt, weil sie uns einen flüchtigen Einblick in unsere ungeheuren Möglichkeiten gewähren: Ja, wir haben die Macht weiterzukommen und Katastrophen zu vermeiden, und diese Kraft überragt alles, was wir sonst noch wissen.

Wissenschaftlich beweisbar ist sie nicht, trotzdem klingt sie glaubhaft, die Geschichte, die die Bibel über Joseph berichtet, der Ägypten und den Nahen Osten vor einer Hungerkatastrophe bewahrte, weil er den Traum des Pharaoh von den sieben fetten und den sieben mageren Kühen deuten konnte. Joseph erkannte in den sieben mageren Kühen die Vorboten einer langen Dürre und Hungersnot. Seine Warnungen veranlassten die Ägypter, während der sieben «fetten» Jahre das Überschussgetreide zu speichern, das sie in den folgenden sieben «mageren» Jahren am Leben erhalten würde.[1]

Der Arzt Nostradamus, der im Mittelalter in Frankreich lebte, stellt einen ähnlichen Fall dar. Auch er steht ausserhalb der Grenzen des wissenschaftlich Beweisbaren. Trotzdem ist er eine nähere Untersuchung wert. Viele seiner Äusserungen laufen auf unverständliches Kauderwelsch hinaus, aber man kann nicht alle die mysteriösen Vierzeiler als baren Unsinn abtun, die – so glauben zumindest seine Anhänger – zahlreiche historische Ereignisse vorausgesagt haben sollen: Die französische Revolution; Aufstieg und Niederlage Napoleons; den japanischen Überraschungsangriff auf Pearl Harbour; die Verwüstung von Hiroshima und Nagasaki durch die ersten beiden Atombomben; ja sogar die Ermordung von John und Robert Kennedy.[2]

Aus der näheren Vergangenheit der amerikanischen Geschichte kennen wir ähnliche Beispiele, die aber besser dokumentiert sind. So sagte bereits der erste Präsident, George Washington, voraus, dass sich an der Sklavenhaltung der Bürgerkrieg entzünden würde. John Quincy Adams machte als sechster Präsident – immerhin noch vierzig Jahre vor Ausbruch der Kämpfe – eine ähnliche Voraussage und legte sich später sogar auf einen Zeitpunkt fest, mit dem er sich nur um neun Jahre verschätzte.[3] Nach dem Bürgerkrieg sah Abraham Lincoln in einem Traum seine Ermordung voraus, einige Tage, bevor sie tatsächlich geschah.[4] Henry Adams, der Enkel des eben genannten Präsidenten, wagte noch im neunzehnten Jahrhundert die Prognose, dass der Konflikt der Supermächte Russland und Amerika das zwanzigste Jahrhundert beherrschen würde. Ausserdem sagte er dreissig Jahre vor Hiroshima die Explosion der ersten Atombombe voraus.[5]

Im Laufe der Jahrhunderte haben sich die Gelehrten verschiedentlich gefragt, wie die «grossen Propheten» wohl zu ihrer Weisheit kämen. Waren ihre Voraussagen einfach Glücksache, Zufallstreffer? Oder besassen sie etwas, das sie aus der Masse der übrigen Menschheit heraushob? Eine besondere Gabe vielleicht, eine Ausnahmepersönlichkeit, ungewöhnliche geistige Fähigkeiten? Was immer es auch sein sollte, liesse es sich vielleicht wissenschaftlich definieren oder durch die Wissenschaft noch vervollkommnen? Bis vor kurzem waren diese Fragen nur eine Spielerei und von nebensächlichem Interesse, Kuriositäten wie Gespenstergeschichten und andere unerklärliche Vorfälle. Nun, die Lage hätte sich nicht grundlegender wandeln können: Mit der Zündung der ersten Atom- und Wasserstoffbombe, mit den ersten Schockwellen einer weltumspannenden Energie-, Umwelt- und Wirtschaftskrise, die alle Merkmale der biblischen Voraussage des letzten Kampfes zwischen Gut und Böse trägt, bekommen Zukunftsfragen plötzlich ein anderes Gewicht. Wir haben inzwischen sehr schnell begriffen, wie wichtig möglichst verlässliche Zukunftsprognosen für uns sind, damit wir durch rechtzeitiges Planen und Handeln die Zukunft besser steuern können.

Die Beschäftigung mit der Zukunft ist sogar zu einem einträglichen Geschäft geworden: Weltweit wächst die Gemeinde der «Futurologen», der professionellen Zukunftsforscher aus den verschiedensten Berufen, und immer mehr Firmen bieten Meinungsumfragen und Marktforschung als eine hochbezahlte Dienstleistung an. An der Börse, in den Bürotürmen der Konzerne, in Regierungsstellen verwenden Tausende ihren Werktag darauf, wie die alten Mystiker die Zukunft zu lesen (mit dem Unterschied allerdings, dass sie sich nicht der «Geheimwissenschaften» sondern neuer, wissenschaftlicher Methoden bedienen), damit Millionen anderer Menschen überhaupt ökonomisch überleben können. Und wir sehen, dass die Wissenschaftler sich zur Lösung dieser schwierigen Aufgabe in losen Vereinigungen zusammenschliessen, wie etwa dem *Club of Rome*. Wir hören ihre verzweifelten Warnungen, mit denen sie verhindern wollen, dass der Alptraum unseres Zeitalters Wirklichkeit wird: Die Zerstörung von Kultur und Gesellschaft, ja im Endeffekt der Familie und der seelischen wie körperlichen Existenz des einzelnen.

Deswegen überrascht und erschrickt uns, dass sich nur eine Handvoll Wissenschaftler der Frage angenommen haben, wie wir mit der Zukunft umgehen.[6] Dieser erstaunliche Mangel hat verschiedene Ursachen. Einmal ist der typische Wissenschaftler unserer Tage ganz in die Untersuchung eines winzigen Ausschnitts des Ganzen eingespannt – zum Beispiel beschäftigt er sich ausschliesslich mit den Nervenzellen und den Synapsen im Gehirn. Um die Zukunft zu verstehen, reicht aber ein Verständnis der Teile nicht aus. Dazu müssen wir neben den Teilen auch Funktionsfelder und Zusammenhänge begreifen. Zum anderen ist das Beweismaterial für Vergangenheit und Gegenwart verlässlich, solide, messbar, wohingegen die Zukunft den meisten Wissenschaftlern in unerträglichem Masse substanzlos und schemenhaft vorkommt. Ferner hat die moderne Wissenschaft Ziel und Perspektive verloren, weil der einzelne Wissenschaftler in der Flut der Details ertrinkt, die von allen Wissensgebieten auf ihn einstürzen. Und natürlich dürfen wir auch nicht übersehen, dass die Wissenschaft in der Kulturgeschichte der Menschen eigentlich ein sehr junges Abenteuer ist. Sie stammt im wesentlichen aus dem achtzehnten Jahrhundert und hat wohl noch nicht die Zeit gehabt, sich mit allem zu beschäftigen, was ihre Aufmerksamkeit verdiente.

Ganz unabhängig von der Ursache ist jedoch eines klar: Die Barbarei in Gesellschaft und Politik und der allesverschlingende Moloch des «technologischen Fortschritts» zwingen die Wissenschaft, ja die Gesellschaft insgesamt dazu, sich der Frage zu stellen, wie wir Menschen uns mit der Zukunft auseinandersetzen. Wir können uns ganz einfach nicht mehr erlauben, diesem Problem aus dem Wege zu gehen. Die Signale der Zeit sind eindeutig: Entweder wir befassen uns mit dem Problem und lösen es vielleicht oder wir vernachlässigen es weiterhin, und unsere junge Wissenschaft wird, wie auch unsere sehr alte menschliche Gesellschaft – wie wir selbst, die Menschheit schlechthin –, nicht viel älter werden als sie jetzt ist.

Ich habe dieses Buch in der Absicht geschrieben, möglichst viele Details und Einzelerkenntnisse zusammenzufassen, die man in den Wissenschaften zu der Frage gewonnen hat, wie Gehirn und Bewusstsein sich mit der Zukunft auseinandersetzen. Zu diesem Zweck berücksichtige ich Ergebnisse aus Neurologie, Biologie, Soziologie, Physik, Philosophie, Parapsychologie und einem Fachgebiet, das ich als «Neue Psychophysik» bezeichne. Bewusst gewählt ist die allgemeinverständliche Sprache. Es geht mir darum, dem Leser einen relativ raschen Überblick über die wichtigsten Entwicklungen und die beteiligten Wissenschaftler in jenen Wissenschaften zu geben, die für das Problem der Zukunftsbewältigung relevant sind. Selbst Generalist *und* Spezialist, bin ich überzeugt, dass man dem intelligenten und interessierten Laien die wissenschaftlichen Arbeitsergebnisse in einer Weise präsentieren kann und sollte, die ihm den allgemeinen Trend der Erkenntnisse begreifbar macht. Wenn den Fachleuten meine Darstellung ihres Spezialgebiets zuweilen ein wenig oberflächlich vorkommen sollte, wäre dies schade. Das Buch ist auch für sie geschrieben. Es bemüht sich grundsätzlich um eine Neubewertung *jedes* Fachgebiets, und zwar aus der Perspektive eines *zukunfts-* (anstelle eines ausschliesslich vergangenheits- und gegenwarts-) bezogenen Gehirns und Bewusstseins. Es hat dem Fachmann durchaus Neues zu bieten.

Die Themen, das sind die Schlussfolgerungen, die ich aus mehr als einem Jahrzehnt eigener Forschungsarbeit als Sozialwissenschaftler, Futurologe und Prognostiker gewonnen habe. Sie dürften von allgemeinem Interesse sein, und deshalb wollen wir sie an dieser Stelle kurz anreissen:

Wie Gehirn und Bewusstsein die Zukunft voraussagen, ist *nicht* das absolute Geheimnis, für das die meisten es halten. Wir können nun die ersten Erklärungen dafür liefern, wie Nostradamus, George Washington und andere zu ihren Voraussagen gelangten. Diese Erklärungen stützen sich auf die Funktionen des rechten, linken und Vorderhirns, sowie auf die Hologrammtheorie des Bewusstseins.

Wenn es auch graduelle Unterschiede gibt, wenn auch der eine oder andere zum Vorhersagen begabter ist, als es die Menschen im Durchschnitt sind, ist die Gabe der Zukunftsschau *nicht* das Privileg einer winzigen Minderheit, wie man uns eingeredet hat. Vielmehr macht jeder Mensch in jeder Minute seines Lebens erfolgreich davon Gebrauch – auf niederigerer Stufe zwar, aber immerhin.

Eine der neuen Entdeckungen ist besonders vielversprechend: Wir können die Voraussagefähigkeit durch Schulung und Methode *steigern,* wenn wir das neue Verständnis der an der Vorhersage beteiligten Bewusstseinsabläufe berücksichtigen.

Die Fähigkeit, die Zukunft vorauszusagen, ist von entscheidender Bedeutung nicht nur für unseren ökonomischen, sozialen und politischen Frieden, sondern zunehmend auch für den Bestand unserer Kultur, ja für das Überleben der Gattung Mensch. Wir können die Bedeutung dieser Fähigkeit für unser individuelles Überleben ermessen, wenn wir einmal bedenken, dass wir ohne sie so schnell umkommen müssten, wie Fische an Land. – Was passieren muss, wenn wir in einen anbrausenden LKW hineinlaufen, können wir uns vorstellen und deswegen auch das Ergebnis, sollten wir die Konsequenzen dieser Handlung *nicht* mehr voraussagen können.

Wir stehen in den letzten Jahren des zwanzigsten Jahrhunderts, das unser letztes sein mag – so jedenfalls befürchten immer mehr Menschen, weil sie die Gefahren der Atomtechnik ganz richtig einschätzen. In dieser Situation gewinnt unsere Bemühung um ein Verständnis der Voraussagekraft des Bewusstseins eine neue Bedeutung. Sie ist dringend, weil wir überleben wollen. Wenn wir nämlich überleben wollen, *müssen wir wissen,* wie wir mit unserem Gehirn und Bewusstsein die Zukunft vorausbedenken können. Und glücklicherweise ist sie darüberhinaus alles andere als hoffnungslos. Sie enthüllt ungeahnte und ermutigende Kräfte von grosser Tragweite.

In den folgenden Kapiteln werden wir sehen, wie dieses unser Gehirn das erschafft, was wir Raum und Zeit nennen, und alle die anderen Dimensionen, die zusammen das Wunder des menschlichen Bewusstseins ausmachen, welches den Strom des Lebens in Vergangenheit, Gegenwart und Zukunft aussortiert. Wir werden sehen, dass es nicht nur als das eine Gehirn arbeitet, das wir uns gewöhnlich vorstellen, sondern gleichzeitig auf vielen Ebenen, sozusagen mit der Leistungsstärke vieler Gehirne: Rechtes Gehirn, linkes Gehirn, Vorderhirn, Hinterhirn, Mittelhirn, Zwischenhirn und holographisches Gehirn. Wir werden es bei der Arbeit beobachten, einen flüchtigen Blick von den Botschaften erhaschen, die durch Millionen und Abermillionen Kanäle knistern – mit der Urgewalt von Blitzen, in nasswogender Bewegung wie die Wellen des Meeres. Wir werden erfahren, dass es mehr ist als die schläfrig-schwerfällige Kraft, die – so will uns das mechanistische Denken weismachen – regelrecht in die Zukunft hineingestossen und -geschoben werden muss. Ganz im Gegenteil: Es sucht selbst aktiv seine Zukunft, streckt mit Milliarden winziger Antennen seine Fühler in die Zeit, die noch vor uns liegt.

Darüberhinaus werden wir eine blasse Ahnung davon bekommen, in welcher Weise das Gehirn mit allem im Universum eins ist – eins insofern, als sich in ihm der grosse Tanz einer allgegenwärtigen, unerschöpflichen und unzerstörbaren Energie verdichtet hat. Wir werden dann die Schlussfolgerungen abwägen, die wir daraus über das Verhältnis von Gehirn und Bewusstsein ziehen können. Indem wir das Beweismaterial für ein Vorauswissen sichten, werden wir erkennen, wie bestimmte Aspekte unserer Gehirntätigkeit uns in eine Welt jenseits von Raum und Zeit führen mögen. Wir werden erkennen, in welcher Hinsicht dieses Gehäuse des «zukunftschauenden Geistes» der Ausgangspunkt für jenen qualitativen Entwicklungssprung nach vorn ist, den viele unmittelbar bevorstehen fühlen und mit Begriffen wie «Transformation» zu umschreiben suchen. Und schliesslich werden wir *erleben* – nicht nur sehen –, warum die Untersuchung und Freisetzung der Kräfte dieses Gehirns die wahren Abenteuer unserer Zeit sind.

Als ich nach einem Bild suchte, das durch seine Symbolkraft diese Vielfalt und Vielschichtigkeit wie in einem Brennpunkt sammelt und gleichzeitig die Abenteuerlichkeit unserer «Forschungsreise» anklingen lässt, kam mir als erstes die Sphinx in den Sinn.* Von all den giganti-

* Der englische Titel lautet: The Sphinx and the Rainbow

schen steinernen Zeugen, die noch auf unserer geplünderten Erde weilen, schaut sie aus einer tiefen, fernen Vergangenheit über die gequälte, neurotische Gegenwart einer ungewissen Zukunft entgegen, wie keine andere Gestalt es vermag. Mehr noch: Keine menschliche Schöpfung vermittelt ein ähnlich dunkles und zugleich erhabenes Gefühl von der Übermenschlichkeit der Kräfte, die bei Vorhersagen und Prophezeiungen im Spiel sind. Trotzdem liess mich dieses altägyptische Steinmonument für sich genommen seltsam kalt und unbefriedigt. Ich musste ihm ein weiteres Bild an die Seite stellen, das ihm jene Leichtigkeit einhaucht, die das Leben erst zum Leben macht. Dazu fiel mir der Regenbogen ein: Das unfassliche Wunder des Entzückens.
Die Sphinx scheint ganz Körper – durch die Geschichte zu einer Erscheinung ewiger Festigkeit geworden. Der Regenbogen hingegen ist körperloser Geist – ein Zauberspiel von Lichtwellen und Sinnesorganen, unfasslich zarte Unbeständigkeit. Und doch gibt es eine Verbindung zwischen den beiden. Wir müssen sie nur zusammenschauen. In dem einen Bild können wir unser Bewusstsein als den teilnahmslosen, geheimnisvollen Beobachter erkennen, in dem anderen als die schimmernde Bahn, die – manchmal lebenssprühend und hell, manchmal verblassend, dunkel – unseren Blick durch die Nebel der Zukunft geleitet.

Zu allen wirklichen Abenteuern gehört, dass man einen Schatz sucht. Lassen Sie uns also nach einem Amulett suchen, auf dem diese beiden Bilder eingraviert sind. – Und nun machen wir uns auf die Reise.

KAPITEL 2

Das Gehirn – eine majestätische Erscheinung

Wollen wir verstehen, wie wir die Zukunft begreifen, müssen wir zuerst das Instrument kennen, mit dem wir sie wahrnehmen. Wir müssen das Wunderwerk des menschlichen Gehirns kennenlernen.

Mit seiner äusseren Erscheinung gibt uns das Gehirn sicherlich keine Anhaltspunkte. Neben einem modernen Computer, der ihm funktionsmässig noch am nächsten kommt, sieht es so kümmerlich aus, dass es sich auf dem Markt niemals gegen ein zeitgenössisches Industrieprodukt von nur halbwegs anständigem Design durchsetzen könnte. Es wiegt nur dreieinhalb Pfund und erinnert an eine abstossende, graurosa Blase, gefüllt mit Quark. Andere treffende Assoziationen sind nicht schmeichelhafter: Es sieht aus wie ein Pilz mit dürrem Stengel und einer Haube, die im Vergleich dazu viel zu schwer und zudem verrunzelt ist. Seine beiden Hälften gleichen einer riesigen, gallertartigen Walnuss. – Trotzdem verfügt dieser unansehnliche Klumpen in unserem Schädel über eine unvorstellbar grössere Leistungsstärke zur Informationsverarbeitung und Systemsteuerung als jeder auch nur denkbare Computer.

Wir können die Vorhersagekraft des Gehirns ungefähr einschätzen lernen, wenn wir uns einmal seine grundlegende Funktionseinheit anschauen, die seine Energie erzeugt und weiterleitet – wenn wir das Neuron, die Nervenzelle verstehen. Während der Fötus im Uterus heranwächst, vermehrt sie sich in seinem Gehirn mit der unglaublichen Geschwindigkeit von 250 000 Nervenzellen pro Minute.[1] Bei der Geburt bringen wir schätzungsweise zwischen zehn und zweihundert Milliarden Neuronen mit zur Welt, die wir auf die runde Summe von einhundert Milliarden Nervenzellen pro Gehirn auf- oder abrunden wollen.[2] Obwohl alle Neuronen aus den gleichen Bestandteilen aufgebaut sind, gleicht keines völlig dem anderen – so verschiedenartig ist unsere Grundausrüstung.[3] Die Komplexität geht aber noch weiter: Jede einzelne dieser einhundert Milliarden (100 000 000 000!) Nervenzellen besitzt 1000 bis 10 000 mögliche Verbindungen, über die sie an andere Nervenzellen Informationen weiterleiten kann. Als solche Verbindungsstücke dienen einmal die kabelartigen Achsenzylinderfortsätze (Axone) und zum anderen zündkerzenähnliche Schluchten, die sogenannten Synapsen.[4] Jedes Neuron kann potentiell über jeweils dieselben Wege von eintausend anderen Neuronen Informationen aufnehmen.[5] Damit haben wir im grossen und ganzen das unendliche Netz der Nervenzellen dargestellt. Verkompliziert wird es noch durch eine unvorstellbare Vielschichtigkeit von Ebenen, Funktionsmustern, Parallelsystemen. Es ist weiterhin bemerkenswert, dass es sich nicht erneuert, wie die Zellen der übrigen Körperorgane. Wir bekommen bei der Geburt unseren Satz Nervenzellen, die wir das ganze Leben beibehalten. Sie werden nicht ersetzt.[6] Im Gegenteil: Wir verlieren täglich mehrere Tausend Neuronen, was sich aber erst in hohem Alter als ein Mangel bemerkbar macht.[7]

Das Gehirn ist der grösste Energieverbraucher im Körper. Nur so lässt sich dieses unglaubliche Nervennetz ununterbrochen funktionstüchtig erhalten. Wie gross sein Bedarf ist, sehen wir aus der folgenden Gegenüberstellung: Obwohl es nur zwei Prozent unseres Körpergewichts repräsentiert, verbraucht es zwanzig Prozent des aufgenommenen Sauerstoffs.[8] Es braucht Sauerstoff, ganz gleich ob wir wachen oder schlafen. Die Nervenzellen leiten die dabei erzeugte Energie nicht nur über die Axone und Synapsen an andere Nervenzellen weiter, sondern zusätzlich über viele andere organische Kabel und Maschen, ja sogar – wie wir in den abschliessenden Kapiteln untersuchen werden – über besondere Arten von Wellen. Allein im sogenannten Balken zwischen den beiden Gehirnhälften (Corpus callosum) befinden sich etwa dreihundert Millionen Leitungen, die das Denk- und Sprechvermögen der linken Gehirnhälfte mit der bildlichen und räumlichen Vorstellungsgabe der rechten verbinden.[9]

Die einhundert Milliarden Neuronen, die wir bei der Geburt mit auf die Welt bringen, haben ein merkwürdiges Parallelphänomen: Unsere Milchstrasse besteht aus ungefähr derselben Anzahl von Fixsternen.[10] «Das menschliche Gehirn ist ein verzauberter Webstuhl, auf dem Millionen blitzender Schiffchen ein ständig zerfallendes Muster weben, das zwar sinnvoll, aber niemals dauerhaft ist», schrieb einmal der grosse Gehirnforscher Sir Charles Sherrington.[11] Wenn wir also in einer klaren Nacht zum Himmel aufschauen, sehen wir ein ins Gigantische vergrössertes Abbild unseres eigenen Gehirns: Milliarden funkelnder Energiepunkte, die weit in den Raum hinausreichen. Über uns und nach allen Seiten im All sind Sonne, Mond, Planeten und Sterne jene Energiepunkte – in uns sind es die Nervenzellen. Wir werden später noch auf diese Korrelation zurückkommen, wenn wir die Implikationen untersuchen, die die Hologrammtheorie für unser Verständnis der Voraussagekraft des Gehirns besitzt.

Sonderbare Evolutions-Schnörkel

Der zukunftschauende Geist manifestiert sich nicht erst im Menschen, auch wenn wir dies gewöhnlich annehmen. Ganz im Gegenteil: Vom wissenschaftlichen Standpunkt ist er zusammen mit den ersten Lebensformen vor vielen Millionen Jahren in Erscheinung getreten.[12] Natürlich war er in den Einzellern noch nicht wirklich entwickelt, sondern nur eine blasse schemenhafte Andeutung dessen, was später aus ihm werden sollte. Trotzdem waren schon die ersten Lebewesen auf rudimentäre Vorhersagen programmiert. Wir können dies leicht sehen, wenn wir eine Amöbe unters Mikroskop legen: Wärme und Licht bedeutet Leben für sie, plötzliche Kälte Gefahr.

Im Laufe der Evolution begannen die Einzeller sich zu vervielfältigen. Sie entwickelten sich zu Geschöpfen von mehr und mehr Zellen. Diese immer noch sehr unkomplizierten Wesen waren äusserst unscheinbar. Sie sahen nicht viel anders aus als Kügelchen aus Stärkemehl, bis sie an einem Punkt in ihrer Entwicklung die Ansätze eines Zentralnervensystems heranbildeten. Mit dem Neuralrohr ging es dann weiter. Wir können an den Embryos aller «höheren» Arten von Lebewesen (einschliesslich unserer eigenen) beobachten, wie es sich formt. Aus ihm erwächst zuletzt das Organ, das uns mit den anderen entwickelten Lebensformen verbindet: Das Gehirn.

Das Neuralrohr schwoll am oberen Ende einer rudimentären Anlage, die später zur Wirbelsäule wurde, wie Glas aus dem Glasbläserrohr oder wie ein Ballon, der nur unmerklich aufgeblasen ist. Nach und nach nahm es die charakteristische Gestalt der drei Hirnbläschen an, welche in allen Wesen die Vorstufe zum eigentlichen Gehirn sind. Das erste Bläschen schwillt an (A) zum Rückenmark, das Herzschlag, Atmung und Verdauung kontrolliert; (B) zum Kleinhirn, welches Sinneswahrnehmungen und Muskelbewegungen koordiniert; und (C) zur Voralsbrücke – eine Schaltstation zwischen Grosshirnrinde und Kleinhirnrinde –, die Atmung, Hören, Nahrungsaufnahme, Bewegung und Gesichtsausdruck reguliert. Kurz, es entwickelt sich aus diesem winzigen Wulst der sogenannte untere Hirnstamm. Das zweite Bläschen verändert sich am wenigsten. In den niederen Arten schwillt es nur etwas mehr an. In den höheren Arten, also auch im Menschen, werden die Strukturen des Mittelhirns daraus, die den unteren Hirnstamm mit wichtigen höheren Strukturen verbinden, dem Thalamus (Informationsrelais) und dem Hypothalamus (Antrieb und Tat) zum Beispiel.[13] Die folgenreichste und verblüffendste Wandlung aber macht das dritte Bläschen durch. Wir wollen uns später im einzelnen damit befassen. Zuerst wollen wir untersuchen, was unter dem Blickwinkel der Vorhersagekraft schon alles geschehen ist.

Wir betrachten also die Apparate, die wir mit den anderen Wirbeltieren gemeinsam haben. Als die frühesten und ältesten Strukturen im unteren Hirnstamm und Mittelhirn gelegen, besitzen sie bereits eine erstaunliche Kapazität, die Zukunft vorauszusagen, auch wenn jene Gehirnstrukturen, die die Voraussagekraft des menschlichen Geistes differenziert haben, in der Evolution natürlich erst später hinzugekommen sind. So beobachtete der Naturforscher Thomas Belt zum Beispiel in Nicaragua an bestimmten Blattschneiderameisen ein Verhalten, das man sich nur als eine Art der Voraussage erklären kann.

«Die Ameisen richteten sich in der Nähe unserer Förderbahn ein Nest ein. Um zu den Bäumen zu gelangen, mussten sie die Schienen überqueren, über die die Loren fortwährend hin- und herfuhren. Natürlich zerquetschten die Loren jedes Mal einige Ameisen, wenn sie über die Ameisenstrasse hinwegrollten. Die Ameisen überquerten noch für einige weitere Tage die Schienen, machten sich aber schliesslich daran, sie zu untertunneln. Als die Förderbahn einmal nicht in Betrieb war, verstopfte ich die Tunnel mit Steinchen. Dadurch waren eine Menge blattragender Ameisen von ihrem Nest abgeschnitten. Anstatt

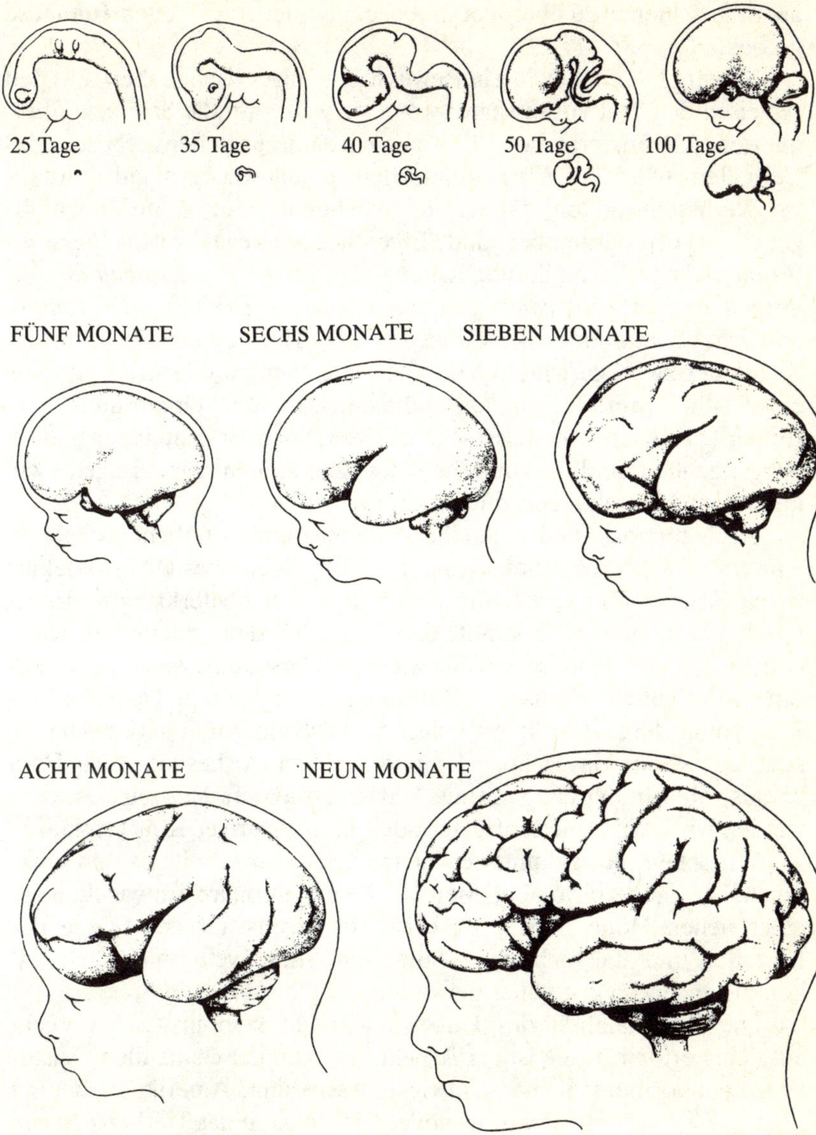

Abb. 1 Die Entwicklung des menschlichen Gehirns

aber die Schienen zu überqueren, begannen sie, einen neuen Tunnel zu graben.»[14]

Könnte hier vielleicht ein Bewusstsein eingegriffen haben, das den Ameisen den Tod voraussagte, wenn sie weiterhin die Schienen überquerten? Modifizierte dieses Bewusstsein dann zur Lebenssicherung das Verhalten? Oder haben wir es einfach mit einem Rückgriff auf alternatives Verhalten zu tun, für das diese lebenden Automaten ebenfalls genetisch vorprogrammiert sind? Eigentlich ist es egal, welche Frage wir für die richtige Formulierung halten: *Wir müssen in jedem Fall die Anwesenheit von Mechanismen konstatieren, die die Zukunft (oder mehrere mögliche «Zukünfte») vorausahnen.* W. H. Thorpe bemerkt dazu:

«Jedes zweckgerichtete Verhalten von Mensch oder Tier gibt uns einstweilig Grund genug anzunehmen, dass der Organismus eine Zukunft erwartet. Dies heisst und impliziert aber: Er kann Ideen bilden, Vergangenheit und Zukunft in einen Zusammenhang bringen, wie überhaupt Vorstellungen zeitlich ordnen.»[15]

Noch provozierender als alle Ameisen- und Amöbenbeispiele ist eine Implikation der Entdeckung der Doppelhelix des DNS-Moleküls durch Watson und Crick, die aber nur selten bemerkt wird. Es ist inzwischen allgemein bekannt, dass das DNS den genetischen Kode enthält, und der genetische Kode wiederum bestimmt, wie die Lebewesen sich zu entwickeln haben. Daraus leitet der britische Neurobiologe J. Z. Young die Feststellung ab, dass das DNS ein Voraussagemechanismus sei.[16] Wenn das richtige Umfeld gegeben ist, bestimmt das DNS voraus, ob sein Wirtsorganismus – das befruchtete Ei – eine Ameise werden wird, ein Ameisenfresser oder ein rothaariger Konzertpianist.

Wir sehen, der zukunftsschauende Geist war bereits da und funktionsfähig, lange bevor der Mensch die evolutionäre Entwicklung zu einer neuen Höhe führte. Er existierte bereits auf der Ebene der Einzeller und hat sich dann Stufe um Stufe weiterentwickelt, ist komplexer und machtvoller geworden.

Die Raumqualität des Unbewussten hat man inzwischen recht ausgiebig erforscht. Sie ist ein Aspekt des zukunftsschauenden Geistes in seinem vormenschlichen Entwicklungsstadium. Amerikanische und russische Forscher haben in schnöder Eintönigkeit das Tierbewusstsein vor allem an Affen, Ratten und Katzen untersucht. Anders die Engländer. Sie haben ein sicheres Gefühl für ausgefallene Individualität, wie der musikalische Erfolg der Beatles so schön zeigte, und bringen diese Tradition natürlich auch in die Wissenschaft ein. Immer Affen, Ratten und Katzen, das ist ihnen zu fade. Sie untersuchen das Bewusstsein von allen möglichen Tieren, angefangen bei Pferden über Schweine zu Wieseln. Auch J. Z. Youngs Arbeit steht in dieser Tradition des Ausgefallenen. Seine Untersuchung der Sinneswahrnehmung von Tintenfischen und Fröschen führte ihn zu dem Schluss, dass das Bewusstsein in diesen und anderen Tieren, die sich grösstenteils (wenn auch nicht vollständig) auf Automatismus und Unbewusstes verlassen, gewissermassen wie eine Landkarte arbeitet. Wenn Frosch oder Tintenfisch einen Gegenstand sehen, projizieren sie seine räumliche Lokalisierung auf Rezeptorenreihen.

Zwischen Auge und Wahrnehmungsobjekt herrscht dann etwa dasselbe Verhältnis wie zwischen Landkarte und Landschaft: Was auch immer das Auge dem Frosch oder Tintenfisch vermittelt, es wird in ihnen in ein stark verkleinertes Bild umgesetzt. Beim Beutefang und zur Selbstverteidigung bewegt sich das Tier entsprechend diesem inneren Bild. Es springt dorthin, wo das Bild ihm das Objekt anzeigt, das seine Aufmerksamkeit erregt hat. Seine Geschwindigkeit hängt von dem Verhältnis ab, das zwischen seiner Grösse und Bewegung und der Grösse und Geschwindigkeit des Objekts besteht.[17]

Die Fähigkeit zur räumlichen Orientierung ist auch für uns ungemein interessant. Sie ist mehr als nur ein lebenswichtiger Faktor für die Tätigkeit des Frosch- oder Tintenfischbewusstseins: Sie ist überhaupt der Anfang des zukunftsschauenden Geistes. Der Mensch gebraucht sie dazu, das Verhältnis zwischen Teilen und Ganzem festzustellen, die gegebenen Grundmuster herauszulesen, Unregelmässigkeiten in der Konfiguration abzurunden und Lücken zu schliessen. Sie ist also eine der wichtigsten Grundlagen jeder Prognosefähigkeit. Wir werden später noch sehen, dass dieses landkartenähnliche Bewusstsein von Frosch, Tintenfisch und anderen Lebewesen ihrer Entwicklungsstufe eine frühe Ausprägung jener Fähigkeit zu sein scheint, die in der rechten Gehirnhälfte des Menschen wesentlich weiterentwickelt wurde.[18]

Um zu sehen, wie dies im einzelnen geschieht, wollen wir zum Anschwellen der Neuralröhre zurückkehren und beobachten, was aus dem dritten Bläschen wird.

Die Explosion des Vorderhirns

Unterer Hirnstamm, Mittelhirn und nun Vorderhirn. – Das Vorderhirn existiert auf der Entwicklungsstufe von Frosch und Tintenfisch nur schlecht und recht als eine Art winziger Ausbuchtung. In der Evolution kam es erst mit den Säugetieren zur Geltung, zu denen auch unsere Primatenvorfahren gehörten. Das war vor etwa zwanzig Millionen Jahren. Von da an begann sich auch das dritte Bläschen zu vergrössern, bis es nach vielen Zeitaltern endlich die heutige Form gewonnen hatte: Das Grosshirn, das mit seinen Schwellungen und Kräuselungen den Hirnstamm wie eine Pilzkuppe überdacht und zudem in eine linke und eine rechte Hälfte aufgespalten ist, wodurch es das Aussehen einer riesigen Walnuss bekommt.[19]

Im Delphin, einem Säuger, der seit kurzem unser Interesse fesselt, vollzog sich diese Vergrösserung so rasch, dass sein Gehirn schon vor zwanzig Millionen Jahren seine jetzige Grösse erreicht hatte.[20] Unsere Vorfahren entwickelten sich hingegen wesentlich schleppender. Zuerst passierte nicht viel. Dann auf einmal vergrösserte sich das Gehirn ganz rapide. In der für evolutionäre Entwicklungen kurzen Zeitspanne von 4½ bis 1½ Millionen Jahren vor unserer Zeitrechnung hatte sich sein Volumen in den Hominiden verdreifacht. Später kam noch ein weiterer Entwicklungsschub hinzu. Er begann vor 3 Millionen Jahren und endete mit der Geburt des *Homo Sapiens* vor etwa 250 000 Jahren.[21]

An dieser Stelle sollten wir vielleicht erklären, wie wir zu diesen Erkenntnissen kommen; warum sie den Tatsachen entsprechen und nicht einfach nur Spekulationen sind. Nun, wir haben unsere Erkenntnisse aus den Gipsabdrücken gewonnen, die wir vom Innern fossilierter Schädel anfertigen konnten. Die Gipsabdrücke geben uns eine Vorstellung von Volumen und Form der Gehirne, die jene Schädel einmal ausfüllten.

Warum aber hat sich das Gehirn der Hominiden so explosionsartig entwickelt? Dies ist eine interessante Frage, die im Kontext der Evolution noch grösseres Gewicht bekommt, weil sich bei keiner anderen Gruppe von Wirbeltieren das Gehirn während der letzten drei Millionen Jahre auch nur andeutungsweise vergrössert hat.[22] Der Hauptgrund für die Gehirnvergrösserung bei den Hominiden, so nimmt man an, sind Sprechvermögen und Sprache, deren Entwicklung in diese Zeit fällt. Dass im menschlichen Gehirn die Fähigkeit zum sinnbildhaften Darstellen und Verstehen und zur Kommunikation unglaublich viel höher entwickelt ist als in anderen Wesen, würde diese Theorie unterstützen. Ferner würde die Entwicklung von Sprechvermögen und Sprache eine ungeheure Erweiterung der Fähigkeit verlangen, Informationen aufzunehmen, miteinander in Beziehung zu setzen, zu speichern, wiederaufzufinden und zu verarbeiten.[23] Marjorie LeMay machte eine faszinierende Entdeckung, die in eben diese Richtung verweist.

Bei ihrer Arbeit an den Gehirnen von Zeitgenossen ersann LeMay Methoden, alle diejenigen Unterschiede zwischen den beiden Hälften des Vorderhirns zu entdecken und zu messen, welche bisher unbekannt geblieben waren. Sie fand zum Beispiel heraus, dass der vordere Teil der rechten Gehirnhälfte in Rechtshändern breiter ist als der vordere Teil der linken. In den mittleren und hinteren Abschnitten hingegen verhält es sich gerade umgekehrt. Dort ist die linke Hälfte dicker als die rechte. Das geht sogar so weit, dass die Innenfläche der Schädeldecke sich rechts vorn und links hinten tatsächlich ausbuchtet, um die Verdickungen beherbergen zu können. LeMay machte auch noch andere Entdekkungen. Sie übertrug dann alle ihre Beobachtungen auf die Gipsabdrücke der fossilierten Schädel von Neanderthalern und noch früheren Hominiden. Dabei stellte sie fest, dass die physikalischen Unterschiede zwischen den beiden Gehirnhälften – jene Asymmetrie der Hemisphären, für die wir uns heute so sehr interessieren – erstmals vor etwa dreissigtausend Jahren auftauchte.[24]

Für die Gehirnforschung ist dieses Untersuchungsverfahren äusserst interessant. Man darf sich versprechen, daraus etwas über die Wirkung zu erfahren, die die Sprachentwicklung auf das Menschenhirn nahm. In den meisten Menschen ist der mündliche und schriftliche Sprachausdruck von der Tätigkeit der linken Gehirnhälfte abhängig. Wenn also in den Gehirnhälften der Hominiden messbare Unterschiede erstmals vor dreissigtausend Jahren auftauchen, dürfen wir in dieser Feststellung vielleicht einen Beweis sehen, dass die Sprache das menschliche Gehirn in massgeblicher Weise mitgeformt hat.[25] Indes, es kann auch etwas anderes bedeuten. Vielleicht ist damals ein zwar unbemerktes, aber um so gestaltungskräftigeres Bindeglied in der Entwicklung des zukunftsschauenden Geistes hervorgebrochen.

Wir wollen dieser letzten Idee ein wenig nachgehen: Untersuchungen der ersten Lebenswochen zeigen, dass es für die weitere Entwicklung des Säuglings fundamentaler und wichtiger ist, sich in der existentiellen Einfriedung zu verankern, die er später Raum und Zeit nennt, als sein Sprachvermögen auszubilden. Dem Kind scheint die Angst angeboren, den Boden zu verlieren. Es wird auch ohne schmerzhafte vorherige Lernerfahrung automatisch anhalten, wenn es an den Rand eines Abgrundes (etwa den Bettrand) gekrabbelt ist.[26] Dieser Instinkt für die Beziehung zwischen Raum und Überleben stimmt mit den Verhaltensweisen überein, die wir an den niederen Tieren beobachten konnten. Sie erinnern sich: Das Froschbewusstsein war ähnlich aufgebaut wie der Kartenraum einer militärischen Kommandozentrale. Es war eine Art Neuronengitter, das die äussere Umgebung räumlich erfasst wie ein Koordinatennetz. Dies zeigt, dass sich das Bewusstsein im Menschen wie in allen Lebewesen zuerst und ganz grundlegend im Verhältnis zum Raum orientiert.

Unterschiede in der Funktion der beiden Gehirnhälften lassen sich an Tieren aber nur geringfügig und in sehr rudimentärer Form nachweisen. Erst im Menschen kommt es zu der grossen Trennung der Funktionen, die wir im nächsten Kapitel besprechen wollen. Es ist schon vieles über diese Trennung gesagt worden, wobei man zumeist in den Vordergrund gestellt hat, dass die linke Gehirnhälfte offenbar für die Sprache, die rechte hingegen für Bilder zuständig ist. Dabei übersieht man leicht die wesentlich fundamentalere Abweichung, die den Menschen vom Tier unterscheidet: Die Aufspaltung des Raum-Zeit-Kontinuums. Im menschlichen Gehirn scheint nämlich folgendes zu passieren: Die rechte Gehirnhälfte wird zum älteren und fundamentaleren Raum-«Sinn», wohingegen sich die jüngere und trennendere linke zum Zeit-«Sinn» entwickelt.[27]

Wir können diesen Unterschied leicht am gewöhnlichen Verhalten erkennen. Während der Frosch und die meisten anderen Tiere hauptsächlich in einer Welt des Raumes zu leben scheinen, leben wir Menschen ganz offensichtlich in einer Welt aus Raum *und* Zeit. Dass Hund und Katze weder ein Gestern noch ein Morgen kennen, ist fast sprichwörtlich. Sie scheinen ganz in der Gegenwart gefangen. Wir Menschen jedoch können vor- und zurückschauen. Wir besitzen einen Zeit-«Sinn»: Etwas in unserem Bewusstsein ist ständig dabei, die Vergangenheit von Gegenwart und Zukunft zu trennen. Da aber Voraussagen per se den Gebrauch gegenwärtiger und vergangener Information zur vorstellungsmässigen Vorwegnahme der Zukunft einschliesst, dürfen wir sagen, dass das Auftreten des Zeit-«Sinns» in der linken Hälfte des menschlichen Gehirns für die Evolution des zukunftsschauenden Geistes einen ersten grossen Markstein darstellt.

Das Bewusstsein: Sucher und Springer

Betrachten wir, wie wir es soeben getan haben, das Gehirn aus dem Blickwinkel der Evolution, werden uns zwei weitere zukunftsrelevante

Bilder einfallen. Das erste ist die Welle. Sie vermittelt kraftgeladene Bewegung, und ist wohl schon deswegen in der Philosophie des Ostens als ein suggestives Symbol gebräuchlich. Die Welle: Der Drang sich in die Zukunft zu werfen, wie alle Evolution – und das Gehirn als ihr Vorreiter auf ihrer Spitze, in sehr instabilem Gleichgewicht zwar, aber majestätisch und erhaben.[28] Das andere ist weniger ein Bild als ein tiefsitzendes Gefühl. Es sagt uns, dass das Gehirn nicht einfach ein Materieklumpen ist, der in Vergangenheit und Gegenwart den Umwelteinflüssen zum Spielball dient: Eine willenlose Masse, von äusserem Druck in seine jetzige Form gepresst.

Ziehen wir einmal die evolutionäre Entwicklung und unsere eigene Erfahrung in Betracht, was könnten wir da anderes glauben, als dass unser Bewusstsein aktiv mitgestaltet: Suchend und sich selbst erzeugend. So arbeitet unser Bewusstsein doch, oder? Ja, wie könnte es überhaupt funktionieren, wenn nicht so? – Der grosse Gehirnforscher Wilder Penfield hatte wohl ähnliche Gedanken im Sinn, als er einmal sein Enkelkind beschrieb:

> Schon in den ersten Monaten kannst Du sehen – natürlich nur, wenn Du Dir die Zeit nimmst, dieses grösste aller Wunder zu beobachten –, dass er seine Aufmerksamkeit ganz entschlossen auf das richtet, was ihn interessiert. Alles andere ist ihm unwichtig. Ja, er vergisst darüber sogar seinen Hunger oder die lästige nasse Windel. Sein Bewusstsein besitzt offenbar bereits die Fähigkeit der Konzentration, wie auch Neugier und Interesse. In wenigen Wochen wird er komplexe Begriffe aufnehmen und wiedererkennen: Blume, Hund, Schmetterling. Er hört die Worte seiner Mutter und programmiert ganz eifrig die grosse freie Fläche des temporalen Kortex zur Sprachbildung.[29]

Und doch hat die Vorstellung vom Menschen als einer passiven Maschine, einem umweltgesteuerten Roboter die Wissenschaft beherrscht, so dass wir davon geprägt wurden. Sie ist in vielen vergangenen wissenschaftlichen Modellen impliziert: In Darwins Anschauung, dass der Organismus von seiner Umwelt geformt wird wie Wachs von seiner Gussform;[30] in Karl Marx' Idee, dass der vollkommene Staat den vollkommenen Menschen hervorbringen würde;[31] in der russischen Konditionierungslehre[32] und im amerikanischen Behaviorismus.[33] Diese Theorien beherrschten noch in den sechziger Jahren unangefochten Vorlesungssaal und Laboratorium. Im Kern behaupten sie alle, dass der Mensch hauptsächlich (im Extrem: Nur) ein unglaublich vielschichtiger Mechanismus von Reaktionen auf Stimuli aus der Aussenwelt sei.

Man kann die befreiende Wirkung der modernen Gehirnforschung nicht genug hervorheben, denn sie zeigt genau das Gegenteil. Sollte unser Bewusstsein anstatt nur ein passives Bündel von Reaktionen zusätzlich auch ein aktiv suchendes sein, besitzen wir in ihm einen viel wirkungsvolleren Apparat zur Mitgestaltung unserer Umwelt, als man uns hat einreden wollen. Dann können wir auch unser eigenes Leben erfolgreicher mitgestalten. Die Vorstellung eines aktiv suchenden Bewusstseins ist ein wichtiger Faktor des zukunftsschauenden Geistes, weil jede physische und geistige Tätigkeit, die ihrem Wesen nach *immer* ein Suchen und Forschen ist, von uns verlangt, dass wir uns geistig in die Zukunft versetzen können. Nur so können wir die Entwicklung abschätzen, die noch vor uns liegt. Nur so sind wir auf Eventualitäten vorbereitet.

Das EEG oder Elektroenzephalogramm, das in der Gehirnforschung vielseitig Verwendung findet, liefert uns einen Beweis, dass das Bewusstsein nicht nur rezeptiv, sondern von sich aus ausserordentlich aktiv ist. Um ein EEG zu erstellen, befestigt man auf der Kopfhaut Elektroden, die die Gehirnströme messen. Ein Bleistift zeichnet die Gehirntätigkeit als eine Wellenlinie mit vielen Erhebungen und Tälern auf eine fortlaufende Papierrolle. Manchmal verwendet man für die Aufzeichnung auch eine sogenannte Kathodenstrahl- oder Braunsche Röhre. Das EEG kann jedoch nur einen kleinen Ausschnitt der Gehirntätigkeit wiedergeben. Komplexere Geräte – wie etwa das Toposkop des russischen Gehirnforschers M. H. Livanov[34] – sind deshalb eher geeignet, die rasende Unrast und Geschwindigkeit zu erfassen, mit der das Gehirn arbeitet, wie auch leistungsstark genug, seinen ungeheuer weiten Funktionsbereich abzutasten.

Das Livanovsche Toposkop besteht als erstes aus fünfzig Elektroden, die auf der Kopfhaut befestigt sind. Diese Elektroden nehmen die Gehirntätigkeit auf, leiten sie an einen Konverter weiter, der die Information von einem analogen in ein digitales System umwandelt, und speisen sie in dieser Form in einen Digitalcomputer. Schliesslich macht ein Fernsehschirm sie sichtbar. Und was man darauf zu sehen bekommt, ist einigermassen verworrener als die EEG-Wellen: Die Informationen jagen im Gehirn hierhin und dorthin. Überall rastloses Anschwellen, Gegenlaufen, Auseinanderbrechen, Verlagern, Ineinanderfallen. Gedanken, Empfindungen, Projektionen: Die bizarren Gischtfetzen

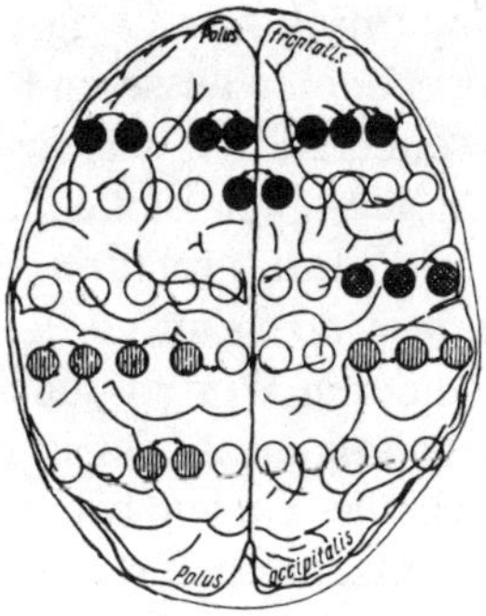

Bewusstsein im Ruhezustand

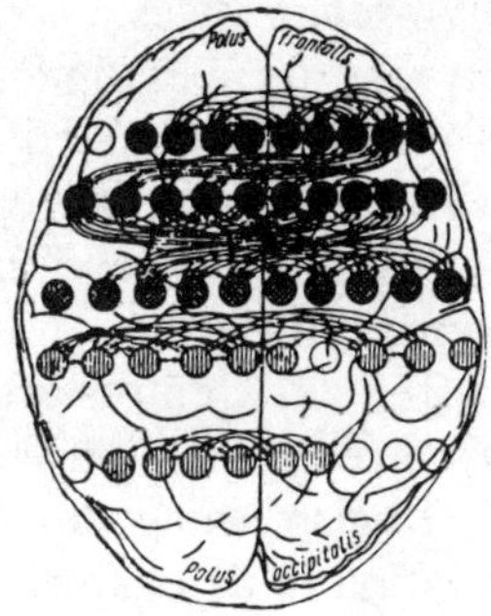

Bewusstsein in Aktivität

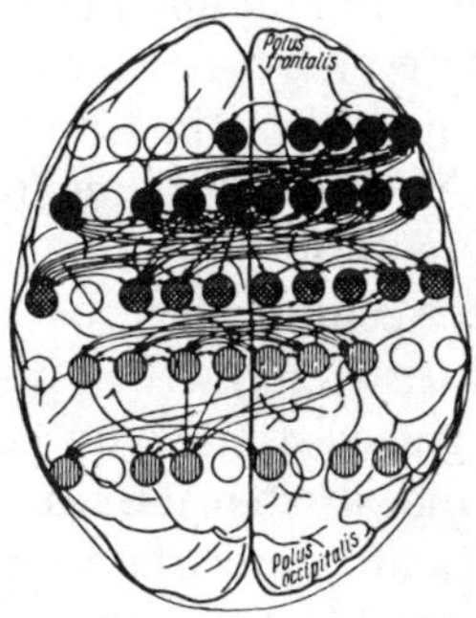

Bewusstsein eines Neurotikers im Ruhezustand

Abb. 2. Livanovsches Toposkop

einer aufgewühlten See. Abbildung 2 gibt uns eine kleine Ahnung davon. Sie ist ein Beweis für das aktive Eingreifen des Bewusstseins: Links oben sehen wir das Bewusstsein im Ruhezustand; daneben, was geschieht, wenn man der Versuchsperson ein Problem zu lösen gibt; unten schliesslich das Bewusstsein eines Neurotikers im *Ruhezustand,* wenn es eigentlich nichts zu tun hat. Wie Sie erkennen, ist es alles andere als ruhig. Das dritte Bild macht also das Grundsymptom aller Neurotiker sichtbar: Sie können die Sorgen und Gedanken nicht abschalten, die – von der Angst ständig neu genährt – ununterbrochen durch ihr Bewusstsein schiessen.

Aber das aktive Eingreifen des Bewusstseins lässt sich inzwischen auch noch physiologisch nachweisen. Man hatte lange Zeit angenommen, dass die Information etwa in der folgenden Weise durch den Kopf fliesst: Wir sehen etwas. Die Wahrnehmung trifft auf den Augapfel auf. Von dort wird sie über ein Relais, dem sogenannten äusseren Kniekörper, zu einem hinteren Hirnabschnitt weitergeleitet, wo sie in den subkortikalen Reflexzonen endet. Diese Meldesammelstelle nimmt die Bilder wie eine Leinwand auf. Zur weiteren Interpretation wird die Bildinformation danach an die Assoziationszentren im vorderen und hinteren Teil des Gehirns geschickt. Mit anderen Worten, man dachte sich die ganze Progression von Ereignissen als eine Einbahnstrasse, die von der Registrierung des Objekts durch die Augen bis zu seiner Interpretation in den «höheren» Assoziationszentren verläuft.

Die Gehirnforscher entdeckten inzwischen aber Phänomene, die diesem Modell zuwiderlaufen, so zum Beispiel Karl Pribram und sein Mitarbeiter Nico Spinelli. Pribram und Spinelli arbeiteten einmal mit einem Affen an einem Ratespiel. Sie zeigten dem Affen zwei verschiedene Karten. Auf der einen war ein Kreis, auf der anderen einige Streifen abgebildet. Der Affe war nun darauf trainiert, für jede der zwei Karten jeweils eine andere Taste zu drücken. Zusätzlich hatte man an seinen subkortikalen Reflexzentren Elektroden angebracht, die die vom Kartenwechsel verursachten Gehirnwellen registrierten.[35]

Pribram und Spinelli gingen vorher natürlich von der Annahme aus, dass für den Kreis und die Streifen jeweils andere Wellen gemessen werden würden. Aber es kam unerwartet ganz anders. Die Gehirnwellen zeigten nämlich, dass der Affe bereits an dieser Stelle mehr erkannte als den Kreis oder die Streifen, die man ihm vorhielt. Er wusste auch schon, ob er die richtige Taste drücken würde. Ja, er registrierte sogar seine Absicht, diese und nicht die andere Taste zu drücken, bevor er es dann tat. Der Affe wusste also Dinge, die er an diesem Punkt noch gar nicht hätte wissen dürfen, weil die Information nach dem Versuchsaufbau noch nicht zu den Assoziationszentren des Gehirns vorgedrungen war. Man kann daraus nur eines folgern: Die Einbahnstrasse von Stimulus zu Reaktion gibt es nicht. Dies bedeutet aber, *dass die höheren Gehirnfunktionen dieser frühen Meldestelle Informationen zusenden.* Das Bewusstsein registriert nicht nur passiv, was die Umwelt ihm gerade einfüttert; vielmehr formt es vom ersten Wahrnehmungsmoment aktiv mit, was es sieht.

Es gibt noch viele andere Experimente, die die generelle Tendenz zu einer zukunftsorientierten Kontrolle der Sinneseindrücke durch das zentrale Nervensystem bekräftigen. Bleibt zu fragen, warum dies so ist. – Nach seiner aussergewöhnlich gründlichen Beschäftigung mit physiologischen Untersuchungen kam der polnische Forscher Jerzy Konorski diesbezüglich zu dem Schluss, dass das aktive Vorwärtsdrängen des Bewusstseins einen Überlebensmechanismus darstellt, der von der Nervenzelle an aufwärts auf allen Ebenen wirksam ist und zwei Hauptformen annimmt: Suchverhalten und Forscherverhalten. Suchverhalten ist das Bestreben, spezifische Bedürfnisse zu erfüllen: Wenn wir nach Nahrung, sexueller Befriedigung oder einem Schlafplatz suchen. Dagegen ist das Forscherverhalten nicht auf ein klar definiertes Ziel gerichtet. Wir sind einfach innerlich angetrieben, weil wir eines der Grundbedürfnisse fühlen, das wir mit allen Lebewesen teilen: Das Bedürfnis nach Stimuli. Und so gehen wir hierhin und dorthin, schauen uns um, lauschen, senden unsere Fühler aus. «Diese Stimuli sind für ... das Wohlbefinden fast ebenso wichtig wie Nahrung und Wasser», sagt Konorski.[36]

Womit wir wiederum bei unserem Ausgangspunkt – der einzelnen Nervenzelle – angelangt wären, die in einhundert milliardenfacher Ausführung das menschliche Gehirn bildet. Aus noch einem weiteren Blickwinkel sehen wir, dass selbst die einzelne Nervenzelle uns in die Zukunft treibt. Konorski erklärt das sinngemäss so: Die Stimulation durch einströmende Informationen (Ich sehe den blauen Himmel, einen grünen Baum und so weiter) «nährt» die Systeme, die das Bewusstsein zur Informationsaufnahme besitzt. Fehlen diese Stimuli, setzt der «Hunger» nach ihnen automatisch das «Forschungssystem» des Gehirns in Gang.[37] Und wo sollte dieses System gelegen sein? Konorski zumindest war sich ziemlich sicher, dass die extreme vordere Ausbuchtung des Gehirns daran beteiligt wäre – die Stirnlappen, die ungeheuer wichtig sind für den Vorwärtsdrang, das Suchen und Forschen, kurz: Die Neugier. Wir werden uns im nächsten Kapitel eingehender mit ihnen befassen.

KAPITEL 3

Vorderhirn, rechtes Hirn, linkes Hirn

Inzwischen ist völlig klar geworden, dass das menschliche Verhalten ein aktives ist, dass nicht nur vergangene Erfahrungen es determinieren sondern auch Pläne und Absichten, die die *Zukunft* formulieren. Das Menschenhirn ist ein ganz erstaunlicher Apparat: Nicht genug, dass es Zukunftsmodelle entwirft, es richtet sich auch nach ihnen.»[1]

Diese Aussage mag auf den ersten Blick nicht sonderlich bemerkenswert sein; sie ist für ihren Kontext aber trotzdem ungewöhnlich. Sie stellt nämlich eine der raren Bezugnahmen auf das Verhältnis von Gehirn und Zukunft dar, die wir in den Schriften von Gehirnspezialisten wie Neurologen, Physiologen und Neuropsychologen antreffen können. Sie stammt von dem grossen russischen Neuropsychologen Alexander Luria, der sich als einziger Gehirnforscher unserer Tage ausgiebig mit dem Verhältnis von Gehirn und Zukunft auseinandersetzte. Luria war über die sonderbare Achtlosigkeit entsetzt, mit der man dieser Frage aus dem Wege geht. Für ihn stellte sie eine Schlüsselfrage der Gehirnforschung dar. Er fügte deswegen hinzu: «Man kann solche Zukunftspläne, Absichten und Entwürfe, wie auch die Programme, mit denen sie verwirklicht werden sollen, nicht einfach links liegen lassen und vom wissenschaftlichen Interesse ausklammern, wenn man einmal eingesehen hat, welche entscheidende Rolle sie spielen.»[2]

Luria selbst war über einen ziemlich mühsamen Weg zu dieser Einsicht gelangt. In jungen Jahren bereits hatte er die Lehren Iwan Pawlows und seines eigenen talentierten Mentors, Lew Wygotzky, als eine Herausforderung begriffen. Er wollte eine neue, eine bessere Psychologie schaffen, frei von der Einengung durch einen begrenzten Untersuchungsgegenstand, damit sie zwei wichtige grössere Zusammenhänge begreifen konnte. Die Psychologie sollte nach seiner Meinung nicht in ihrem nebelhaften Zwischenzustand befangen bleiben, sondern einerseits in unserer «inneren» biologischen Welt und andererseits in der «äusseren» Welt der sozialen Bindungen und Tätigkeiten verankert werden.[3] Er musste jedoch bald feststellen, dass Wissenschaft in Russland mehr noch als anderswo immer nur das sein durfte, was der jeweilige staatliche Machtapparat als solche anerkannte. Sein Leben gestaltete sich also zu einem anstrengenden Eiertanz. Er hatte keine andere Wahl, als nach der offiziellen Lieblingsmelodie zu hüpfen, die gerade in Mode war.[4]

Es kam ihm jedoch ein glücklicher Umstand zu Hilfe. Nach dem zweiten Weltkrieg wollte die russische Regierung auch jene Soldaten wieder erwerbsfähig machen, die Gehirnverletzungen erlitten hatten. Luria bekam also seine Chance, ein Pionier der Gehirnforschung zu werden. Er nutzte sie. In seinen in englischer Sprache publizierten Büchern legt er seine Sicht vom Verhältnis zwischen Gehirn, Bewusstsein und Zukunft dar. Wenn man sie liest, hat man unwillkürlich das Gefühl, dass dort ein seltener, kostbarer Vogel, in der Gefangenschaft seines Käfigs ein bezauberndes Lied singt.

Wie wichtig ist der Sinn für die Zukunft? Ist er bloss gelegentlich nützlich? Ist er im Gegenteil lebensnotwendig? Ein Faktor, der die Menschen im Alltag steuert? Luria fand heraus, dass die Beschäftigung mit der Zukunft – das Verwirklichen von Absichten, Plänen oder Programmen – «den grössten Teil aller spezifisch menschlichen Tätigkeitsformen ausmacht.»[5]

Bleibt zu fragen, ob der Drang, etwas so Unbestimmtes zu definieren und erstreben wie die Zukunft, tatsächlich das allesdurchdringende Motiv sein kann, grundlegender noch als Nahrungsaufnahme oder Sexualität. Luria wurde auch in dieser Hinsicht fündig. Er entdeckte, dass nicht etwa die Stoffwechselprozesse, die uns Nahrung und sexuelle

Befriedigung suchen lassen, die stärksten Triebkräfte darstellen. Ebensowenig sind es die Eindrücke aus der Aussenwelt wie etwa ein Autowrack oder die Nachricht, dass die Inflation wieder einmal um vier Prozent gestiegen sei. Nein, am stärksten motivieren uns all jene Absichten, Pläne, Vorhersagen und Programme, «die im bewussten Leben des Menschen entstehen, sozial gebunden sind und unter enger Mitarbeit zuerst der äusseren und später der inneren Rede angegangen werden.»[6]

Die letzte Beobachtung stimmt mit den Schlussfolgerungen Pawlows überein und auch mit Watson, der den amerikanischen Behaviorismus begründete. Auch sie betrachteten die Gedanken als verinnerlichte Rede: Zuerst sprechen wir die Worte und Sätze laut aus, die dann sozusagen im Untergrund versinken, wo sie zu unseren Denkwerkzeugen werden.

«Jede sprachlich formulierte Absicht definiert ein Ziel. Sie ruft ein Aktionsprogramm hervor, das dieses Ziel verwirklicht», sagte Luria und schliesst eine Bemerkung an, der wir später noch mehr Aufmerksamkeit widmen wollen: «Die Tätigkeit kommt zum Stillstand, sobald das gesetzte Ziel erreicht ist. Wird das Ziel hingegen verfehlt, führt dies ebenso regelmässig zu einer weiteren Mobilisierung der Kräfte.»[7]

Bei der Gehirnforschung oder auch nur ihrer Darstellung kommt man laufend in Versuchung, bestimmte Bewusstseinsprozesse ausschliesslich mit ganz bestimmten Gehirnabschnitten zu assoziieren. Dies ist auch der häufigste Einwand gegen die oberflächliche Darstellung und Popularisierung der Unterschiede zwischen den Gehirnhälften. Der Einwand ist insofern berechtigt, als an *allen* Gehirntätigkeiten zahlreiche Gehirnregionen mitwirken. Wer daraus folgert, dass die Unterschiede zwischen den Hirnhälften bloss hochgespielt wurden und an ihnen nichts oder so gut wie nichts wahr ist, übersieht allerdings, dass eine Hälfte oder ein Abschnitt tatsächlich die dominierende Rolle spielen können. So kam Luria nach seiner Arbeit an Kriegsverletzten und später an Unfallopfern und Tumorkranken zu dem Schluss, dass als Sitz des sogenannten *«Zukunftssinns»* vornehmlich die Stirnlappen in Frage kämen.

Die Stirnlappen liegen vor der Schlucht oder Windung, die wir als Zentralfurche oder Rolandospalt kennen. Der Rolandospalt trennt die vorderen Lappen von den hinteren Abschnitten der beiden Hemisphären, wie der Längsspalt über dem Balken die rechte von der linken Hälfte teilt. Er ist jedoch nicht so tief wie der Längsspalt. Trotzdem scheint er als eine Trennlinie zu fungieren, die verschiedene Arten der

Gehirntätigkeit voneinander abgrenzt. Für die Funktionen unseres Gehirns sind also nicht allein die Unterschiede zwischen den beiden Hälften sondern auch jene zwischen den vorderen und hinteren Abschnitten relevant.[8]

Luria konnte zwischen dem Verlust oder der Beschädigung von Gehirngewebe und bestimmten Verhaltensstörungen Verbindungen erkennen, nachdem er jahrelang Menschen untersucht hatte, deren Stirnlappen irgendwie in Mitleidenschaft gezogen worden waren. Er fand zum Beispiel heraus, dass Patienten mit Stirnlappenschäden die meisten einfachen Tests ohne Schwierigkeiten bewältigen konnten – Sprech-, Schreib-, Zeichen- und Bewegungstests, die für Patienten mit andersgearteten Hirnschäden schwer oder sogar unausführbar waren. Allerdings hatten sie grosse Schwierigkeiten mit komplexeren Tests, auf die es keine schnell greifbare, vorgefertigte Antwort gab. Sie standen gewissermassen wie vor einer Mauer, wenn mehr gefragt war, als sich zu erinnern – wenn sie selbst denken mussten: «Sie mussten die Faktoren der gegebenen Situation analysieren, eine Strategie zur Lösung des gestellten Problems entwickeln und zum Schluss ihr Ergebnis mit der Ausgangssituation vergleichen»,[9] also, wie Luria es ausdrückte, «Tätigkeiten ausführen, die eine typische intellektuelle Leistung darstellen.»[10]

Dieselben Tätigkeiten spielen auch beim Vorhersagen eine Rolle. Sie beschreiben die Lage, aus der heraus man eine Vorhersage macht, und beinhalten schon einen Teil der notwendigen Schritte. – Wie oft kommt es vor, dass sich plötzlich ein unerwartetes Problem vor uns auftürmt. Wir waren ganz gedankenverloren, mit unserer Routine beschäftigt, und nun wird etwas von uns verlangt, auf das es keine vorfabrizierte Antwort gibt: Was sollen wir tun? Als erstes müssen wir nach vorn, in die Zukunft schauen. Wir müssen uns die Konsequenzen vorstellen, die dieses neue Ding oder Ereignis für uns haben mag. Bertrand de Jouvenal beschreibt die weiteren nötigen Schritte in seiner *Kunst der Voraussage*: «Wir entscheiden, wie wir dieses neue Problem anpacken sollen, indem wir das Ergebnis visualisieren, das unsere verschiedenen Handlungsmöglichkeiten herbeiführen sollen. Schliesslich tun wir, was wir für das beste halten. Sollten wir im ersten Anlauf scheitern, das Problem also ungelöst bleiben, versuchen wir es nochmals von vorn mit einer neuen Prognose.»[11]

Führung durch Rückkopplung

Hier kommt nun einer der wichtigsten Aspekte des Voraussagens ins Spiel. Lurias Patienten, jenen unseligen Gefangenen unmittelbarer Reize, fehlt, wie wir sahen, ein charakteristisches Merkmal eines aktiv mitwirkenden Bewusstseins – das Suchverhalten. Mitte der sechziger Jahre entdeckte Grey Walter mit dem damals ganz neuen Elektroenzephalographen die von ihm so benannten «Erwartungswellen».[12] Sie waren vor allem in den Stirnlappen festzustellen: Sie nahmen zu, wenn die Versuchsperson erwartete, dass etwas passieren würde, und gingen zurück, sobald die Erwartung nachliess. Die «Erwartungswellen» gehören nach Lurias Einschätzung zu einer ganzen Reihe von Entdeckungen, «die die Aufmerksamkeit der Physiologie zwangsläufig in eine ganz neue Richtung lenken, so dass sie es jetzt als ihre fundamentale Aufgabe betrachten muss, eine ‹Physiologie des Tätigseins› zu entwickeln».[13]

Im weiteren Verlauf ihrer Arbeit entwickelten die «Aktivisten» unter den Physiologen in Russland, den Vereinigten Staaten und anderswo zuerst eine Kernvorstellung und schliesslich ein imponierendes Gesamtbild der Wege, über die das aktive Bewusstsein uns aus Vergangenheit und Gegenwart in die Zukunft befördert.

Es tauchte die Vorstellung der *Rückkoppelungsschleife* auf. Sie besagt, dass alle Informationen, die einem System oder Organismus über seine Aufnahme- oder Sinneswerkzeuge zugeführt werden, ihn notwendigerweise auch formen. Dies ist das sogenannte *kybernetische Prinzip*. Es gilt gleichermassen für unbelebte Servomechanismen, wie etwa das Thermostat an der Zentralheizung, und niedere Lebewesen, also Amöben, Regenwürmer und dergleichen. Theoretisch schloss man dann weiter, dass die Vorstellung von der Rückkoppelungsschleife auch auf uns zutreffen könnte. Seltsam: Wie können wir wunderbaren, vielschichtigen «höheren» Geschöpfe nur dieselben Funktionsprinzipien haben, wie das läppische Heizungsthermostat oder, schlimmer noch, der Regenwurm?

Nun, auch wir sind mit Millionen, wenn nicht sogar Milliarden Rückkoppelungsschleifen an unsere Umwelt angeschlossen. Insofern sind wir Thermostat oder Regenwurm prinzipiell ähnlich. Gleichzeitig unterscheiden wir uns sehr weitgehend von ihnen, und zwar durch jene bisher vernachlässigte Fähigkeit, die wir hier zu erforschen beginnen: Wir unterscheiden uns, weil wir ein aktives menschliches Bewusstsein mit variabler und stufenweise ansteigender Prognose- und Interventionsfähigkeit besitzen.[14]

Luria fasst die neue Sichtweise vom aktiven menschlichen Bewusstsein zusammen: «Der Mensch reagiert nicht bloss passiv auf einströmende Information. Er formuliert *Absichten, Pläne, Programme* und untersucht ihre Wirksamkeit. *Er richtet sein Verhalten nach seinen Plänen und Absichten aus»*, und ergänzend fügt Luria hinzu, «schliesslich *überprüft* er seine bewusste Tätigkeit, indem er das Ergebnis seiner Handlungen an den ursprünglichen Absichten misst und Fehler berichtigt, die ihm bisher unterlaufen sind.»[15]

Karl Pribram bereicherte unser Wissen von diesen Rückkoppelungsschleifen um einige wichtige Beobachtungen zu ihrer Umkehrung, den «Vorkoppelungsschleifen». Die Idee der Rückkopplung vermittelt das Bild eines passiven Organismus oder Mechanismus. Rückkoppelung ist nichts weiter als eine äusserst mechanische Reaktion auf die eingegebene Information. Pribrams Erforschung jenes aktiven Bewusstseins, die wir am Ende des letzten Kapitels erwähnt haben, zeigt jedoch bereits die Mängel des Rückkoppelungsprinzips auf, weil es für sich allein nicht mehr in der Lage ist, die beobachteten Phänomene zu erklären. Pribrams Arbeit stellt uns den Organismus als ein energiegeladenes Wesen vor, das «Output» – oder «Vorkoppelungsschleifen» aussendet, das von sich aus Informationen oder Stimuli sucht, anstatt sich einfach nur mit dem zu begnügen, was ihm über den Weg läuft. Wir sind zum Beispiel mit Bildern unserer Wunschobjekte vorprogrammiert: Auf bestimmte Nahrungsmittel, Sexualpartner, Bücher und so weiter. Im Laufe des Lebens erstreben wir diese spezifischen Dinge. Wir nehmen nicht einfach an, was uns begegnet oder uns aufgedrängt wird.[16]

Wir können im Vorderhirn also gewissermassen die Vorhut unseres Bewusstseins erkennen: Es steuert unser Suchsystem, die «Vorkoppelungsschleifen», wie auch die Rückkoppelungsschleifen, durch die von aussen Informationen in uns gelangen. Das Vorderhirn ist der Koordinator. Es stimmt Vorhersage und Intervention aufeinander ab. Sie sehen, wir bewegen uns auf die Zukunft zu wie eine tickende Uhr, wie der Tag, der zur Nacht, und die Nacht, die zum Tage wird; wie die Jahreszeiten. Wobei wir unsere Voraussagen treffen, etwas unternehmen, auf der Basis unserer Handlungen neue Prognosen wagen und wieder handeln.

Die scheinbar unbegrenzten Reserven des Bewusstseins geben uns die Mittel, alles zu untersuchen, was sich uns darbietet: Wir wägen Möglichkeiten ab; stellen Wahrscheinlichkeiten auf; wählen zwischen verschiedenen Vorgehensweisen; entwerfen Angriffspläne, die wir dann ausführen; passen Pläne wie Taktik der Erfahrung an; wagen neue Voraussagen; unternehmen neue Schritte – immer in Bewegung, immer auf eine Zukunft zu, die entweder hinter den Nebeln des Zweifels wie ein dunkler, drohender Schatten aufragt oder uns mit ihrem zum Greifen nahen, plastisch-lockenden Tanz auf die Folter spannt.

Linkes und rechtes Gehirn

Wir haben bereits gesehen, dass sich das Gehirn im Laufe seiner Entwicklung in zwei Hemisphären aufgespalten hat. Wir haben auch eine mögliche Wendezeit festgestellt, in der dies geschehen sein könnte: Vor dreissigtausend Jahren, als im Menschen die rechte Gehirnhälfte für den alten Raum-«Sinn» und die linke für einen neu hinzugekommenen Zeit-«Sinn» die Verantwortung übernommen haben. Wir wollen hier und in den folgenden Kapiteln betrachten, was diese funktionale Aufspaltung des Denkens für die Voraussagekraft des Bewusstseins bedeutet, welche ungeheuren Konsequenzen für den zukunftsschauenden Geist sich daraus ergeben.

Um aber unsere Aussagen überhaupt auf festen Boden stellen zu können, müssen wir uns unseren Weg durch den Sumpf populärer und wissenschaftlicher Fehlinformationen bahnen. Ein populäres Missverständnis ist, dass die beiden Hemisphären mit ganz verschiedenartigen Funktionen besetzt sind, über die sie eifersüchtig wachen, sich dauernd befehdend wie zwei benachbarte Ritterburgen. Ein wissenschaftliches Missverständnis ist, dass das Gerede um die Gehirnhälften eine Modekrankheit darstellt, die ihren Höhepunkt bereits überschritten hat. Tatsache ist aber: Die Gehirnforschung hat noch einen langen Weg vor sich, bevor dieser Problemkreis angemessen untersucht ist. Auch mit der Anwendung stehen wir ganz am Anfang. Entdeckungen über die funktionalen Differenzen der Gehirnhälften werden nur zaghaft von anderen Wissenschaften bei der Bewältigung der Probleme berücksichtigt, deren Lösung für die Menschheit dringlich ist.

Das linke Gehirn: Untrennbar mit der Zeit verwoben

Lassen Sie uns als erstes einmal die Wurzeln der Verwirrung freilegen. Dazu betrachten wir die Arbeit der Gehirnforschung als eine Entwicklung in drei Phasen: Die erste Phase zeigte die Differenzen zwischen den Hemisphären auf, während neuere Entdeckungen eher auf eine Partnerschaft zwischen ihnen hindeuten. Die Phase eins der Differenzierung begann nicht etwa bloss gestern: Der französische Chirurg Paul Broca eröffnete sie bereits vor mehr als einhundert Jahren, als er nachwies, dass eine Beschädigung der unteren Rückseite des linken Stirnlappens Aphasie – den Verlust des Sprechvermögens – auslöste. Broca machte noch eine weitere, nicht weniger wichtige Entdeckung: Das Sprechvermögen bleibt erhalten, wenn man in der rechten Gehirnhälfte die entsprechenden Abschnitte zerstört.[17] Damit hatte Broca der Erforschung der Unterschiede zwischen den Hirnhälften praktisch den Weg bereitet. Aber die folgenden hundert Jahre tat sich diesbezüglich erst einmal gar nichts.

Dies lag einmal daran, dass Brocas Entdeckung die Aufmerksamkeit auf die linke Gehirnhälfte konzentriert und von der rechten abgelenkt hatte. Carl Wernicke fand etwas später ein weiteres Sprachzentrum. Da es ebenfalls in der linken Hemisphäre lokalisiert war, verstärkte die Entdeckung nur die bestehende Tendenz. Ist es nicht das Sprech- und Schreibvermögen, das uns vor den niederen Gattungen auszeichnet? Unter solchen Voraussetzungen mussten Brocas und Wernickes Entdeckungen einfach den Eindruck hervorrufen, dass für das spezifisch Menschliche nur das linke Gehirn von Bedeutung war.[18]

Das Wernickesche Zentrum befindet sich im hinteren Zentralabschnitt der linken Hemisphäre, wo es sich zwischen Schläfen- und Scheitellappen schiebt. Wir wissen inzwischen, dass ein besonderes Bündel von Nervenfasern das Brocasche mit dem Wernickeschen Zentrum verbindet. Die Kooperation zwischen diesen beiden Zentren veranschaulicht treffend die Funktionsweise des Gehirns: Das Gehirn arbeitet, indem es die Informationen zwischen vielen Teilen hin- und herfliessen lässt. Ist das Brocasche Zentrum beschädigt, fällt uns das Sprechen schwer; es wird mühsam und schleppend. Was wir sagen, stellt zwar immer noch einen sinnvollen Zusammenhang dar, aber wir sind nicht mehr in der Lage, uns in grammatisch korrekten Sätzen auszudrücken. Anders, wenn das Wernickesche Zentrum in Mitleidenschaft gezogen wurde: Dann ist unsere Rede grammatisch und phonetisch immer noch einwandfrei. Leider aber haben die Worte, die wir mit grösster Selbstverständlichkeit aneinanderreihen, absolut keinen Sinn oder purzeln in der falschen Reihenfolge heraus.[19]

Seit den Tagen Brocas und Wernickes hat sich die Gehirnforschung recht umfassend der Lokalisierung und Funktionsweise der sprachverarbeitenden Zentren angenommen. Die Sprachzentren sind gewissermassen eines ihrer Lieblingskinder. Luria, Penfield und andere haben jene Partien des linken Gehirns ausgewiesen, die an jeder Form der Sprachbildung und des Sprachverständnisses beteiligt sind: Am Hören der Worte durch das Ohr; an der Lautbildung im Mund; am Lesen geschriebener oder gedruckter Symbole mit dem Auge. Für die Stimmerkennung und das Kurzzeitgedächtnis gesprochener Worte sind wieder andere Partien der linken Hemisphäre zuständig.

Auch in der Mathematik scheint das linke Gehirn zu dominieren, obwohl die Beweise dafür lange nicht so umfangreich und stichhaltig sind wie im Fall der Sprache.[20] Luria stellt fest, dass die Fähigkeit zu mathematischem Denken bei Patienten mit Schäden in der linken Hemisphäre gestört war.[21] Die Pionierforschung über das geteilte Gehirn setzten die genwärtigen Untersuchungen dieser Unterschiede in Gang. Roger Sperry fiel dabei zum Gesamtverhalten der linken Hemisphäre auf, dass sie Probleme in der Art eines Computers löst.[22]

Zum Vergleich hilft uns der Computer vielleicht noch am ehesten, die Besonderheit der linken Hemisphäre im Kern zu verstehen. Mit Computern verbinden wir unwillkürlich den Begriff der Zahl, weil er zu seiner Arbeit alle Dinge zuerst einmal zu Zahlen reduziert. Diese Zahlen behandelt er dann ganz vielschichtig: Er addiert, subtrahiert, multipliziert und dividiert sie, um Gegenstände und Verhältnisse zu beschreiben und zukünftige Möglichkeiten zu projizieren. Er ist insofern ein Wunderwerk, als er sich dazu programmieren lässt, eine ungeheure Menge an Zahlen aufzunehmen, die er dann analysiert (d. h. in verschiedene Sparten sortiert und umgruppiert), nach Anweisung des Programms (tatsächliche oder erwünschte strukturelle Beziehungen) behandelt und schliesslich am Output-Ende zu «Antworten» oder neuen nützlichen Zahlen zusammenfasst.

Es stellt eines der Wunder unseres Bewusstseins dar, dass dasselbe auch in unseren Köpfen vor sich geht, und zwar unter einer allgemein hohen Beteiligung des linken Gehirns. Wenn die Gehirnforscher aufgrund ihrer Experimente von sequenzhafter Analyse,[23] fortlaufendem[24] und linearem[25] Verarbeiten sprechen, beziehen sie sich auf eben diese Fähigkeit. Die Information kommt durch die Sinne herein; Nerven und Nervenbahnen leiten sie Punkt für Punkt weiter. Dabei wird sie schrittweise verarbeitet: Die einströmende Information wird zur Analyse in Teile zerbrochen, die nach aussen abzugebende Stück um Stück zu logischen Reihen zusammengeschweisst.

Brenda Milner entdeckte mit ihren Mitarbeitern an der *McGill*

University in Kanada, dass auch die Informationsspeicherung – das Gedächtnis – von bestimmten Partien der linken Gehirnhälfte abhängig ist. Aus den übrigen Untersuchungen zieht sie ferner den Schluss, dass das Wortgedächtnis (im Gegensatz zu den nonverbalen Gedächtnisformen) der linken Hemisphäre zuzurechnen ist.[26]

Die Denkleistung der linken Gehirnhälfte scheint demnach drei Hauptmerkmale aufzuweisen: Linearer Informationsfluss; Analyse als ein Prozess in logischen Reihen; und fortwährende Bezugnahme auf vergangene Erfahrungen, die in der Erinnerung gespeichert sind. Auch wenn die rechte Gehirnhälfte und auch die «niederen» Gehirnregionen an allen Denkprozessen beteiligt sind, ändert dies doch nichts daran, dass man die linke Hemisphäre als unsere rationalere, logischere, abstraktere Seite beschreibt, also mit Funktionen in Verbindung bringt, denen der Zeit-«Sinn» zugrunde liegt. Mit ihm wollen wir uns im nächsten Kapitel befassen.

Das raumbegreifende rechte Gehirn

Obwohl viele Neurochirurgen wussten, dass das rechte Hirn wichtiger war, als man annahm, blieb es nach Brocas Enthüllung seiner «stummen Präsenz» doch für einhundert Jahre mehr oder weniger der dunkle, unerforschte Kontinent des Bewusstseins. Schliesslich aber entdeckte man in einem Laboratiorium des *California Institute of Technology* in Pasadena nahe bei Los Angeles seine wahren Dimensionen – was für einen ähnlichen Aufruhr sorgte wie seinerzeit Doktor Livingstones Afrikareisen oder gar die Entdeckung Amerikas.

In den sechziger Jahren durchtrennte dort Roger Sperry mit seinen Mitarbeitern den Balken zwischen der rechten und linken Gehirnhälfte von Katzen. Sperry hatte danach mit Komplikationen gerechnet, die sich jedoch nicht einstellten. Vielmehr stellte er durch eine Reihe von sorgfältigen Experimenten fest, dass die Katzen nun mit zwei vollkommen getrennten, eigenständigen Gehirnen arbeiteten, die in ihrem Schädel einträglich nebeneinanderlagen.[27]

Mit Sperry arbeitete der Neurochirurg Joseph Bogen. Das Katzenexperiment regt ihn an zu testen, ob dieselbe Operation auch bei bestimmten Epilepsie-Arten Abhilfe schaffen könnte.[28] Was sie auch wirklich tat. Nun hatte man eine neue Informationsquelle: Menschen mit getrennten Gehirnhälften. Der Untersuchung der Unterschiede zwischen den Hemisphären war damit Tür und Tor geöffnet.

Man entdeckte, dass die Sprachverarbeitung eine Stärke der linken, die Verarbeitung visueller und räumlicher Information in gleichem Masse eine Domäne der rechten Hemisphäre darstellt. Ja, man fand in der rechten Gehirnhälfte Zentren für die visuelle und räumliche Orientierung, die den Brocaschen und Wernickeschen Sprachzentren in der linken genau gegenüberliegen, als gelte es, eine besondere Komplementarität hervorzuheben. Ferner stellte man fest, dass Beschädigungen der rechten Hemisphäre eine Vielzahl von Verhaltensstörungen hervorrufen, denen eine Verwirrung in der Wahrnehmung räumlicher Relationen gemeinsam ist.

«Die Patienten verlaufen sich sogar in einer ganz vertrauten Umgebung. Sie lassen sich von einfach durchschaubaren Irrgärten narren. Sie können einen Weg, den sie kennen, nicht mehr beschreiben; weder einen Lageplan zeichnen noch ihn gebrauchen. Sie schätzen Grösse, Entfernung und Richtung von Gegenständen falsch ein. Sie sind nicht in der Lage, auf einem Blatt Papier die Neigung einer Linie oder die Position eines Punktes zu kopieren. Sie können selbst einfache Formen wie etwa einen vierzackigen Stern nicht abzeichnen und sind ebensowenig fähig, Klötze oder Stäbe nach einem angegebenen Muster zu ordnen. Diese Schwierigkeiten sind nicht auf den Gesichtssinn beschränkt. Sie treten ebenfalls auf, wenn die Patienten ihren Tastsinn einsetzen.»[29]

Künstlerische und musikalische Begabung sind stark von der rechten Hemisphäre abhängig. Ihre Beschädigung erschwert die Fähigkeit zu zeichnen und etwas strukturell aufzubauen[30] wie auch den Umgang mit dreidimensionalen Formen, die für Bildhauerkunst und Architektur typisch sind.[31] Dass die rechte Hemisphäre Melodien leichter erkennt und behält, ergab sich aus Versuchen, bei denen man dem rechten und linken Ohr jeweils für sich Musikstücke vorgespielt hatte.[32] Penfield betrachtete gesondert noch einen anderen Aspekt der Musikalität. Seine diesbezügliche Untersuchung stellte fest, dass die rechte Hemisphäre für Tempo- und Bewegungsschwankungen empfänglicher ist.[33]

Auch besteht erwiesenermassen eine besondere Beziehung zwischen der rechten Gehirnhälfte und den Gefühlen. Robert Ornstein testete mit seinen Mitarbeitern am *Langley Porter Institute* das Verhältnis zwischen EEG-Kurve und Lesestoff. Mit dem folgenden Ergebnis: An Versuchspersonen, die einen «trockenen», technischen Textabschnitt zu lesen bekamen, zeigten die Alphawellen eine starke Beteiligung der linken Hemisphäre an. Umgekehrt war bei einer symbolreichen, sinnbildhaften Lektüre, in der auch Gefühle, Überraschung und

Humor eine wichtige Rolle spielten, eine grosse Anteilnahme der rechten zu konstatieren.[34] Der englische Gehirnforscher Stuart Diamond befasste sich mit demselben Fragenkomplex. Seine Untersuchung bestätigt die Empfänglichkeit der rechten Hemisphäre für Gefühle, kommt jedoch zusätzlich zu dem Schluss, dass sie die Welt generell als einen unliebsameren Ort auffasst als die linke.[35]

Am auffallendsten unterscheidet sich das rechte Gehirn jedoch durch seine Art der Informationsverarbeitung. Während die linke Hemisphäre darauf programmiert zu sein scheint, den Informationsfluss so zu analysieren wie wir unsere Nahrung aufnehmen, nämlich bissen- und stückchenweise, bewältigt die rechte ihre Information, indem sie sie gewissermassen ganz verschlingt. Es gibt zwei Möglichkeiten, Sinnesdaten zu behandeln: Stück für Stück oder ganz. Das rechte Gehirn bevorzugt eindeutig die zweite Möglichkeit des parallelen und simultanen Verarbeitens.[36] Lebenswichtig wird diese Veranlagung, wenn es darum geht, eine Masse von Informationen auf einmal und mit Höchstgeschwindigkeit zu verarbeiten, wie etwa beim Jonglieren, athletischem Wettkampf, Autorennen, oder der treffsicheren schnellen Prognose.[37]

Ein solches simultanes Verarbeiten scheint die Grundlage für den Raum-«Sinn» der rechten Hemisphäre abzugeben, die alles als Gestalt, als strukturiertes Ganzes aufnimmt. Anders ausgedrückt: Die rechte Gehirnhälfte ist augenscheinlich so angelegt, dass sie die Dinge nicht in immer kleinere Bestandteile aufspaltet, sondern ihre Wahrnehmungen aus Ganzheiten formt und aus der Relation zwischen Teilen und Ganzem.[38] Dieser Unterschied lässt sich leicht an den Zeichnungen und Bildern hirngeschädigter Patienten nachweisen. Ist die linke Hemisphäre intakt, die rechte jedoch beschädigt, erhalten wir Bilder mit einer Fülle von Einzelheiten, die insgesamt einen völlig konfusen Eindruck machen: Etwa ein Gesicht, das ein heilloses Durcheinander ist von Augen, Mund und Nase, ohne Struktur, ohne Rahmen. Die Bilder, die wir bei intaktem rechten und geschädigtem linken Gehirn erhalten, sehen ganz anders aus: Bei ihnen stimmt zwar der allgemeine Aufbau, aber die Einzelheiten fehlen. Der Kopf zum Beispiel mag nur durch ein leeres Rechteck ohne weitere Merkmale angedeutet sein.

Auch als Erinnerungsspeicher verhält die rechte Gehirnhälfte sich so, wie man es nach den bisherigen Ausführungen erwarten würde. Untersuchungen von Hirnschäden haben ergeben, dass durch eine Verletzung der rechten Hirnhälfte das *non*verbale Gedächtnis leidet;[39] insbesondere räumliche Konfigurationen, Farben und Bilder gehen verloren oder werden nicht mehr erfasst.[40] Eine zusätzliche Entdeckung zeigt die Feinheit, mit der die verschiedenen Funktionen voneinander differenziert sein mögen: Die Speicherung neuer, relativ unbekannter Gesichter[41] scheint von anderen Abschnitten der rechten Hemisphäre abhängig zu sein, als die Erinnerung altbekannter und vertrauter Gesichter.[42]

Sie sehen, wir besitzen eine Fülle von Informationen über dir rechte Hemisphäre. Das Problem ist nun, diese Vielfalt auf den gemeinsamen Nenner einer grundlegenden Funktion zu bringen, der für alle Entdekkungen gleichermassen charakteristisch ist. Im allgemeinen empfiehlt man dafür die Vorstellung der «Gestaltbildung». Wir werden aus den folgenden Kapiteln jedoch entnehmen, dass es eigentlich sinnvoller und richtiger wäre, von einer *Umsetzung in Bilder* zu sprechen.

Aus vielen Quellen ist ersichtlich, dass sich das Gehirn die Zukunft lieber mit Hilfe von Bildern als mit Worten oder Zahlen begreiflich macht. Mein Lieblingsbuch in dieser Richtung ist das chinesische *I Ging* oder *Buch der Wandlungen*, das man vielleicht als das erste vorwissenschaftliche Werk der Vorhersagekunst charakterisieren könnte. Das *I Ging* ist reich an packenden Bildern, die zukünfitge Verhältnisse andeuten: «Wolken und Donner», «Donner inmitten der Erde» oder gar «Feuer im See», welches eine Revolution ankündigt.[43] Polaks *Bild von der Zukunft* ist in den Kreisen der Zukunftsforscher allgemein als eine Studie der Einflüsse bekannt, die die Zukunftsvisionen der verschiedenen Weltkulturen auf die Geschichte der Menschheit genommen haben.[44] Ausserdem haben Psychologen und Computerwissenschaftler schon zahlreiche Untersuchungen zu Erkenntnisvermögen und Kreativität vorgelegt. Sie haben darin die Beziehung erforscht zwischen der oft ganz spontan aus dem Unbewussten hervorbrechenden Metapher und ihrer späteren Ausarbeitung in ein verbales oder mathematisches Modell, welches eine neue wissenschaftliche Entdeckung formuliert.[45]

Hier stossen wir jedoch auf einen Widerspruch. Angenommen, die rechte Hirnhälfte ist tatsächlich die Heimat der Bilder. Wie vereinbaren wir diese Tatsache dann mit den Hologrammtheorien und -experimenten von Karl Pribram und anderen, die – wir werden es später noch sehen – eindeutig anzeigen, dass die Umsetzung in Bilder im *ganzen* Gehirn stattfindet?[46] Eigentlich ist dies ein Scheinproblem. Man braucht sich nur einmal zu vergegenwärtigen, dass das hypothetische «Gesamtgehirn» zwar auch an den Spezialfunktionen der rechten Hemisphäre beteiligt sein mag, diese jedoch die massgebliche Rolle spielt. Eine

Aussage, die sich mit vielen Forschungsergebnissen deckt: Sie zeigen, dass der rechten Gehirnhälfte bei der Umsetzung in Bilder die entscheidende Aufgabe zufällt. Der Gehirnchirurg Wilder Penfield wies die Beziehung zwischen rechter Hemisphäre und Umsetzung in Bilder sehr eindrucksvoll nach, denn es gelang ihm, verschiedene Gehirnregionen direkt zu stimulieren.

Penfield wollte sichergehen, dass er seine Patienten nicht unwissentlich durch die Berührung einer lebenswichtigen Stelle verletzen würde. Zu diesem Zweck versetzte er sie zwar in Narkose, während er ihre Schädeldecke öffnete, weckte sie danach jedoch auf, so dass sie im weiteren Verlauf der Operation miteinander sprechen konnten. Dabei machte er eine phänomenale Entdeckung: Die Berührung bestimmter Hirnpartien löste in seinen Patienten eine so vollkommene und lebensechte Erinnerung aus, dass sie sich in die Vergangenheit zurückversetzt fühlten und gewissermassen alles noch einmal sahen und hörten.

Wenn wir uns im Kontext unseres Buches mit Penfields recht bekannter Arbeit beschäftigen, so aus gutem Grund. Uns interessiert nämlich speziell das Gefühl, dass die Zeit zusammenbricht oder parallel verläuft. Penfield prägte dafür den Begriff «Doppelbewusstsein»: Der Patient lebt gleichzeitig in Vergangenheit und Gegenwart. Oder, nach Penfields eigener lebhafter Schilderung: «Es war, als ob der Patient als Zuschauer in der Gegenwart sich selbst auf der Bühne der Vergangenheit erlebte.»[47]

Seit Penfield haben so viele andere Gehirnchirurgen und -forscher von ihren Patienten ähnliche Schilderungen gehört, dass man die Erfahrung jetzt allgemein als «visuelle Illusion des Gefühls der Vertrautheit», den «traumähnlichen Zustand»[48] bezeichnet, kurz, als *«Déjà-Vu-Erlebnis»*[49]. Das Gefühl, schon einmal an diesem besonderen Ort gewesen zu sein, woran man sich aber nicht genau erinnern kann.

Penfields ursprünglicher Bericht vermittelt eine möglicherweise zukunftsrelevante Bedeutung dieser Zusammenhänge: Während er behutsam den Schläfenlappen seiner sechsundzwanzigjährigen Patientin M. M. anrührte, sagte sie: «Ja, ich hörte Stimmen irgendwo unten am Fluss, die Stimme eines Mannes und einer Frau, die etwas riefen . . . Ich glaube, ich sah auch den Fluss.» Dann berührte Penfield noch eine Stelle nahebei, worauf sie feststellte: «Das winzige und rasche Aufblitzen eines Gefühls von unmittelbarer Vertrautheit und der Eindruck, dass ich alles wusste, was sich in näherer Zukunft zutragen würde.»[50]

Die Partnerschaft der Hemisphären

Wir haben gesehen, dass sich die erste Phase der modernen Erforschung der Hirnhälften unter dem Einfluss des Modells der gespaltenen Hemisphären von Sperrys Katzen auf die bedeutenden – und sehr realen – Unterschiede konzentrierte, die wir gerade vorzustellen versucht haben. Heute sind diese Untersuchungen in eine spätere Entwicklungsphase eingetreten, und die Wissenschaftler betonen nicht länger die Trennung der Hemisphären. Vielmehr liegt ihnen an einer sorgfältigen Untersuchung des Gemeinsam-Gegebenseins, der Partnerschaft der Hirnhälften. Das hat sicher verschiedene Gründe. Zum einen will man sich von der Verallgemeinerung distanzieren, mit der die früheren Arbeiten inzwischen populär gemacht worden sind, zum anderen soll der eigene Standpunkt natürlich dadurch herausgestrichen werden, dass man die «Naivität» seiner Vorgänger betont. Hauptsächlich aber geht es um einen Aspekt der Wahrheit, der zu häufig übersehen und vernachlässigt wurde.

In der zweiten Phase machte man sich also daran, Irrtümer zu korrigieren, und schuf neue Verwirrung. Woran vornehmlich das Denken in Gegensätzen schuld ist. Die Grundanschauung von der Ausschliesslichkeit eines Standpunktes behindert ein tieferes Verstehen: Man kann sich eben unmöglich vorstellen, dass es etwas gibt, das gleichzeitig ähnlich und verschieden, voneinander abhängig und unabhängig ist. Genau dies trifft aber auf die Hirnhemisphären zu. In den anschliessenden Kapiteln werden wir diesen Aspekt der Hirnfunktionen noch näher beleuchten, und uns mit der Bedeutung befassen, die er für die wirkungsvolle Entfaltung des zukunftsschauenden Geistes besitzt.

Wogan und andere[51] haben in der späteren Partnerschaftsphase unter anderem ein Ergebnis früherer Forschungsarbeiten weiterverfolgt: Sie haben sich mit der Entdeckung auseinandergesetzt, dass Rede und Schrift zwar gewöhnlich *tatsächlich* in der linken Hirnhälfte konzentriert sind, die rechte jedoch keineswegs so «stumm» ist, wie man früher einmal angenommen hatte. Sie kann ebenfalls Worte verarbeiten.[52] Auch die Mathematik ist nicht auf die linke Hemisphäre beschränkt.[53] Geometrie und räumliche Mathematik, die sogenannte Topologie, sind offensichtlich auf die rechte Hirnhälfte orientiert. Ebensowenig hat das rechte Gehirn einen Exklusivanspruch auf die Fähigkeit zu zeichnen oder Musik zu geniessen.[54]

Das linke Gehirn ist ebenfalls daran beteiligt. Anstatt mit Prozessen, an denen ausschliesslich die eine oder andere Hemisphäre beteiligt ist, haben wir es mit einer Beziehung zwischen den beiden zu tun, in der eine Hälfte dominiert, beide aber entsprechend der Aufgabe ihre Rolle erfüllen.

Auch stimmt, dass das Verhältnis der Hirnhälften in Ausnahmefällen gerade umgekehrt ist: Es gibt Menschen, in denen das rechte Hirn die Sprache und das linke die räumliche Orientierung steuert. Eine noch kleinere Minderheit weist gar eine gemischte Dominanz auf: Bei ihnen sind beide Hirnhälften an der Sprachverarbeitung beteiligt. Damit nicht genug. Die allgemein bekannte Beziehung von Hirn- und Körperhälften verkompliziert das Bild noch weiter: Das linke Gehirn kontrolliert die gesamte rechte, das rechte die gesamte linke Körperhälfte.[55]

Dies ist ein äusserst verwirrender Knäuel widersprüchlicher Entdeckungen, den man aber durchschauen und durch ihn auch die wahre Bedeutung der Beziehung zwischen den Gehirnhälften erkennen kann: Gegengewicht, Kompensation, Fülle – kurz, ein Überangebot an Begabungen, jede Aufgabe zu meistern. Insofern gleicht das Gehirn der Beziehung zweier guter Freunde, die sich ergänzen, einander helfen und, wenn es sein muss, gelegentlich so gut es geht auch die Rollen tauschen können. Die beiden Hirnhälften stellen – um noch ein anderes Bild zu benutzen – die ideale Partnerschaft oder Ehe dar, in der beide Partner zwar ihre eigenen Stärken und Begabungen haben, sich aber gleichzeitig ihre praktisch untrennbare gegenseitige Abhängigkeit eingestehen, von der sie im Leben gern Gebrauch machen. Das EEG zeigt ein aufschlussreiches Interaktionsmuster zwischen den Hemisphären: Ist eine Hälfte stark gefordert (wie etwa die linke bei der Lösung einer Rechenaufgabe), schaltet sich die andere automatisch ab, als sollten mögliche Überlagerungen vermieden und die Kräfte besser konzentriert werden.[56]

Die Frage nach dem Sitz unseres Bewusstseins ist für das Verständnis des zukunftschauenden Geistes wichtig: Wo liegt es? Früher hat die Hirnforschung dazu Hirnpartien ausgewählt, die für die Erzeugung unseres normalen Wachzustandes von Denken, Fühlen und der Bewusstheit von Vergangenheit, Gegenwart und Zukunft wichtig erschienen, wie etwa die Retikulärformation. Die Untersuchungen der Unterschiede zwischen den Hemisphären haben aber die alte Frage generell nicht erhellt, sondern nur Stoff für hitzige Diskussionen geliefert.

Für eine Gruppe von Hirnforschern ist Bewusstsein gleich linkes

Tabelle 1

Die zwei Arten des Bewusstseins

festgestellt von:	*der linken Hemisphäre zugeordnet:*	*der rechten Hemisphäre zugeordnet:*
Akhilananda	buddhi	manas
Assagioli	Intellekt	Intuition
Austin	konvergent	divergent
Bacon	Schlussfolgerung	Erfahrung
Bateson & Jackson	digital	analog
Blackburn	intellektuell	sinnlich
Bogen	propositional	appositionell
Bronowski	deduktiv	imaginativ
Bruner	rational	metaphorisch
Cohen	analytisch	relational
De Bono	vertikal	horizontal
Deikman	aktiv	rezeptiv
Dieudonne	unstet	fortlaufend
Freud	sekundär	primär
Goldstein	abstrakt	konkret
Guilford	konvergent	divergent
Hilgard	realistisch	impulsiv
Hobbes	gerichtet	frei
Humphrey & Zangwill	propositional	imaginativ
I Ging	das Schöpferische	das Empfangende
	männlich	weiblich
	Yang	Yin
	Licht/hell	Schatten/dunkel
	Zeit	Raum
James	unterscheidend	existentiell
Jung	kausal	akausal
Kagan & Moss	analytisch	relational
Lee	direkt	indirekt
Levi-Strauss	positivistisch	mythisch
Levy & Sperry	analytisch	gestalthaft
Lomas & Berkowitz	Differenzierung	Integration
Loye	fortlaufende Zeit	räumliche Zeit
	schlussfolgernde Intuition	Gestaltintuition
Luria	aufeinanderfolgend	simultan
McFie, Piercy	Relationen	Korrelate
McKellar	realistisch	autistisch
Maslow	rational	intuitiv
Mills	exakt	ungenau
Neisser	aufeinanderfolgend	mannigfaltig
Oppenheimer	historisch	zeitlos
Ornstein	analytisch	holistisch
Pawlow	zweites Signal	erstes Signal
Peirce	erklärend	erweiternd
Polanyi	explizit	stillschweigend
Price	reduktionistisch	kompositionell
Radhakrishnan	rational	integral
Reusch	diskursiv	eidetisch
Schenow	sukzessiv	simultan
Schopenhauer	objektiv	subjektiv
Semmes	gesammelt	verstreut
Smith	atomistisch	kompakt
Wells	hierarchisch	heterarchisch

zusammengestellt aus Aufstellungen von Bogen und Ornstein

Gehirn. Sie drängen das rechte Gehirn wieder in die Ecke des Unbewussten, der Stummheit ab. Sir John Eccles ging zum Beispiel einmal so weit, die rechte Hemisphäre als «Automaten- oder Tierhirn»[57] einzustufen. Auch der *Princeton*-Psychologe Julien Jaynes plädiert in seinem einflussreichen Buch ziemlich unverhohlen, dass ausschliesslich die linke Hirnhälfte als Sitz des Bewusstseins in Frage käme. Er führt aus, dass es ein Bewusstsein erst gibt, seit das im linken Hirn konzentrierte Sprachvermögen ihm den Weg geebnet hat.[58] Andererseits haben viele Wissenschaftler und westliche und östliche Philosophen schon seit langem angenommen, dass offensichtlich zwei Arten von Bewusstsein im Spiel sind. Ihre diesbezüglichen Ansichten sind in Tabelle 1 gesammelt.

Marcel Kinsbourne sieht die Schwierigkeiten teilweise darin begründet, dass die Exklusivisten sich die Rechtfertigung ihres Standpunktes sehr einfach machen: Sie definieren Bewusstsein als eine Konstruktion der Sprache, womit sie das linke Gehirn automatisch vorziehen und das rechte ohne weiteren Gedanken ausschliessen.[59] Allerdings scheint die noch neuere holographische Perspektive den «linken Exklusivisten» genauso den Boden zu entziehen wie der Ansicht, dass es «zwei Arten des Bewusstseins» gäbe. Pribram, Bohm und andere implizieren mit ihrer Anschauung vom Bewusstsein als einem Hologramm, dass es eine Funktion des ganzen Gehirns und aller seiner geistigen Fähigkeiten ist.[60]

Wo liegt nun die Wahrheit? Und warum ist sie in diesem Zusammenhang wichtig? Werfen wir dazu einen Blick auf Tabelle 1. Es scheint dann klar, dass es zwei Arten des Bewusstseins gibt und dass ihre Beziehungen zur rechten und linken Hirnhälfte geradezu zwingend sind. Auch ohne uns der Komplexität der holographischen Gehirnforschung und -theorie anzuvertrauen, können wir erkennen, dass diese zwei Arten des Bewusstseins vollkommen in ein höheres, integriertes Bewusstsein eingebettet sind. Wir müssen zu diesem Zweck nur die neurologischen Beweise in Betracht ziehen, die in der Funktion der Hemisphären eine *Partnerschaft* sehen.

Erdverbundenen Skeptikern mag dies verdächtig nach Mystik klingen. Aber es ist keine, zumindest noch nicht. Wir werden diese Gedanken in späteren Kapiteln begründen, wenn wir uns erneut mit den Arbeiten befassen werden, die Luria und andere zum Verständnis des Vorderhirns geleistet haben. Was also die Zielrichtung unserer Untersuchung angeht, so ist sie vielleicht am besten durch die alte Idee der

Dialektik gekennzeichnet: Zwei werden eins; These und Antithese kommen in der Synthese zusammen. Die moderne Gehirnforschung verschafft dieser alten Idee gewissermassen einen neurologischen Unterbau. Das neue Modell von der Arbeitsweise des Gehirns, das diese alte und doch immer neue Idee andeutet, kann unser Verständnis des zukunftsschauenden Geistes um Perspektiven und Einsichten bereichern, welche wir uns vielleicht noch gar nicht vorzustellen vermögen.

Bevor wir diese Richtung jedoch weiterverfolgen, müssen wir zuerst etwas tiefer in das Rätsel der Einheit vordringen. Wir müssen uns dem Raum-Zeit-Kontinuum der modernen Physik widmen, weil unser Bewusstsein es in die Dimensionen von Raum und Zeit aufspaltet, die uns in der sogenannten Wirklichkeit verankern und deswegen auch bestimmen, wie wir mit der Zukunft umgehen.

KAPITEL 4

Die Zeit – ein Strom

Mit dem Titel *Von Zeit und Strom* spielt Thomas Wolfe auf ein besonders vielsagendes Bild unserer inneren Schatzkammer an.[1] Es ist trotz aller anderen immer noch die aussagekräftigste Metapher für die Zeit: Der elementare und wechselhafte Fluss. Bei der Entwicklung des Zeit-Metapher Tests[2] deckten die beteiligten Psychologen viele Gesichter und Bilder der Zeit auf. Einerseits bietet sie sich uns als ein ruhiges, stilles Meer dar: Die Zukunft kommt nur unendlich langsam auf uns zu oder bleibt gar in «zeitloser» Ferne. Am entgegengesetzten Ende sehen wir in ihr aber einen tosenden Wasserfall: Die Zukunft bedrängt uns, würde uns überfluten, wegschwemmen, wenn wir nicht mit aller Kraft und niemals nachlassend vor ihrem Sturzbach herliefen.

Was für ein Bild wir ihr auch geben mögen, immer scheint die Zeit zum grossen Teil ein Produkt des stereotypen linken Gehirns zu sein. Die linke Hemisphäre nimmt Informationen etwa in der gleichen Weise auf, leitet sie weiter und analysiert sie, wie eine Wasserrutschbahn Baumstämme aufnimmt und dem Sägewerk zuführt, wo sie zerteilt werden: Eine nach der anderen, in einem geraden, linearen Prozess. Wo an einer solchen Wasserrutschbahn wir uns auch postierten, wir würden

Baumstämme an uns vorbeischiessen sehen. Natürlich gäbe es zusätzlich Baumstämme, die sich weiter oben gerade in die Rutschbahn drängen, und unten dann andere, die uns bereits passiert haben. Deswegen die Unterteilung in Gegenwart, Zukunft und Vergangenheit, die die Grundkomponenten unseres Zeitsinns ausmachen.

Allerdings ist der Zeitsinn nicht ausschliesslich eine Sache der linken Gehirnhälfte. Es sind auch andere Hirnabschnitte daran beteiligt. Mehrere Chirurgen berichteten bereits in den zwanziger Jahren, dass eine Beschädigung von Thalamus oder Hypothalamus den Zeitsinn verwirren würde.

Thalamus und Hypothalamus sind ganz erstaunliche Strukturen. Auf Bildern gleichen sie Drüsen. Sie liegen am oberen Ende des Hirnstamms gleich unter dem «Schirm» des Vorderhirns. Der Thalamus ist eine wichtige Schaltstelle für die Sensorik. Die Information, die durch alle Sinnesorgane in uns einströmt, durchläuft ihn vor ihrer Weiterverarbeitung durch andere Hirnstrukturen.[4] Der Hypothalamus ist vielleicht das erstaunlichste Hirnteil überhaupt, weil er für seinen winzigen Umfang Ungeheures leistet. Er stellt ein Hauptkontrollzentrum des Gehirns dar und liegt inmitten von zahlreichen Rückkoppelungsschleifen, die uns über das aktuelle Geschehen (und unseren Erfolg darin) informieren. Zum einen überwacht er die einkommende Information, zum anderen steuert er unser gesamtes psychophysisches System, damit es in den rauhen Stürmen des Lebens Gleichgewicht und Stabilität wahren kann.[5]

Man hat sich auch schon gefragt, ob nicht vielleicht die Schläfenlappen (eine äussere Hirnschicht, die etwa hinter dem Ohrbereich liegt), als Sitz des Zeitsinns in Frage kommen könnte. Dort nämlich hat Penfield mit seiner Elektrodensonde die «Illusionen» ausgelöst, die wir im letzten Kapitel erwähnten.[6] Karl Pribram arbeitete dann später am komplexen limbischen System, das sich unter dem Vorderhirn um die Spitze des Hirnstamms schmiegt. In diesem Zusammenhang berichtete er von Experimenten mit den am inneren seelischen Gleichgewicht beteiligten limbischen Strukturen, die, so scheint es, ebenfalls etwas mit unserer Zeitwahrnehmung zu tun haben.[7]

Diese verschiedenen Arbeiten zeigen schon deutlich, dass die Zeitwahrnehmung weder exklusiv in der linken Hirnhälfte anzusiedeln ist noch von ihr oder irgendeinem anderen Hirnteil *allein* abhängt. Vielmehr kommt sie dadurch zustande, dass eine ganze Reihe von Funktionen und Stationen zusammenwirken, wie ja auch jedes

Gebäude – egal ob Haus oder Raumfähre – zu seiner Fertigstellung mehr als einen Arbeitsgang oder Zulieferbetrieb benötigt.

Den vielen möglichen Einflüssen unterschiedlicher Hirnabschnitte entsprechen die nicht minder zahlreichen Anschauungen von Wesen und Funktion des Zeitsinns. Eine Anschauung zum Beispiel besagt, dass man gar nicht von einem Zeitsinn sprechen darf, weil es ihn nicht gibt. Wohl nehmen wir die Zeit wahr, aber einen Zeit*sinn* in der eigentlichen Bedeutung dieses Wortes haben wir nicht. Der Begriff Zeitsinn hat allerdings einen Vorteil: Er lässt anklingen, dass das Erleben der Zeit für uns etwas Grundsätzliches und Bedeutungsvolles ist, das uns im Innersten berührt. «Zeitwahrnehmung», obwohl an sich richtiger, kann dieses Gefühl nicht hervorrufen, weil es ein zu laues, zu unverbindliches Wort ist. Deshalb werde ich weiterhin vom Zeitsinn sprechen, auch wenn man es genaugenommen nicht sollte.

Für die Wissenschaft ist der Zeitsinn ein Problem, weil er über kein entsprechendes Organ verfügt. Es gibt offensichtlich keine Zeitrezeptoren wie die Augen für das Sehen, die Ohren für das Hören oder die Zunge, mit der man schmeckt. Der Zeitsinn lässt sich physiologisch nicht packen. Und ebensowenig kann man einen Sinn, der kein Sinnesorgan besitzt, mit Hilfe von Stimulus und Reaktion untersuchen. Die Lieblingsmethode der experimentellen Psychologie ist infolgedessen ungeeignet. Sie mögen daraus ersehen, wie schwer es ist, den Zeitsinn wissenschaftlich in den Griff zu bekommen. Er gleicht in dieser Hinsicht einem Netz voller sich windender Aale, einem Nebel. Unter diesen Umständen muss überraschen, was wir trotzdem schon über die Zeit wissen, und zwar von jenen Forschern, die die ausgetretenen Pfade zu verlassen gewagt haben.

Biologische Uhren und Zählwerke

Die bekannten Theorien zur Funktion unseres Zeitsinns stammen hauptsächlich von Biologen, Anthropologen und Psychologen. Von ihnen sind bisher die Biologen am beharrlichsten und erfolgreichsten gewesen. Im Brennpunkt ihrer Forschungsarbeit stand die Beobachtung des Offensichtlichen: Auf der Welt und im Körper gibt es Rhythmen und Zyklen, die sich dem Zeitsinn als Bezugsgrössen anbieten.

Die Erde dreht sich um die eigene Achse. Sie gibt uns damit den Rhythmus des Lichtwechsels vom Tag zur Nacht vor, mit dem wir unsere Tage zählen. Der Mond schenkt uns den Zyklus der Monate, indem er regelmässig zu- und abnimmt. Und die Umlaufbahn der Erde um die Sonne bringt die Temperaturveränderungen und Jahreszeiten hervor, nach denen wir unsere Jahre bemessen. In uns schlägt das Herz, der Puls, fliesst der Atem in seinem Rhythmus. Aufgabe der Wissenschaft ist nun zu zeigen, ob – und wenn ja, wie – diese verschiedenen Rhythmen eine «biologische Uhr» sein könnten.[8]

De Marian beobachtete 1729, dass die Lichtempfänglichkeit bei Pflanzen zyklischen Schwankungen unterworfen ist. Seitdem haben sich die Biologen bei ihrer Suche nach der schwer definierbaren «lebendigen Uhr» von den Protozoen an aufwärts mit jeder nur vorstellbaren Art von Insekt oder Tier befasst und dabei einen Kosmos wunderbar weitgespannter und geordneter Verkettungen und Rückkoppelungsschleifen freigelegt, der alle Organismen in ihre Umwelt einbindet.[9]

So hat man zum Beispiel das mysteriöse Navigationsvermögen von Brieftauben und Zugvögeln erklären können: Es hängt von ihrer Fähigkeit ab, so subtile Faktoren wahrzunehmen und zu analysieren wie etwa den genauen Sonnenstand in Relation zum täglichen Sonnenbogen über dem Horizont. Ferner müssen sie die Tages- und Jahreszeit wie auch ihren Standort auf der Erdkugel einbeziehen. Damit die Zugvögel ein dermassen feingesponnenes Netz äusserer Koordinaten erfolgreich verarbeiten können, benötigen sie, wie auch die anderen Geschöpfe, an denen man ähnliche Untersuchungen durchgeführt hat (Bienen zum Beispiel) eine ausgezeichnete und vollkommen verlässliche «innere Uhr».[10]

Man hat experimentell nachweisen können, dass Licht- und Temperaturschwankungen den Zeitsinn im Menschen wie in den niederen Organismen beeinflussen.[11] Als sie dieser Spur noch weiter nachgingen, entdeckten die Biologen einen seltsamen Rhythmus, den Licht und Hitze gleichzeitig beeinflussen und auch wieder nicht beeinflussen können. Er ist in jedem pflanzlichen und tierischen Organismus feststellbar. Seine Wirkungszeit erstreckt sich jeweils über zirka vierundzwanzig Stunden, weshalb man ihn auch als «zirkadischen Rhythmus» (von lat. *circa dia:* «ungefähr ein Tag») bezeichnet.[12]

Colen Pittendrigh vom *Hopkins Zentrum für Meeresforschung* an der *Stanford University* hat vermittels zahlreicher Experimente nachgewiesen, dass sich die zirkadischen Rhythmen durch Licht zwar ein wenig beeinflussen lassen, sie gegen Temperaturschwankungen doch so gut wie immun sind. Dies bedeutet aber: Unser Zeitsinn wird von anderen Faktoren gesteuert als Umweltrhythmen wie etwa dem Tag- und

Nachtwechsel. Wir müssen etwas in uns haben, das den Zeitsinn von äusseren Faktoren relativ unabhängig macht. Die zirkadischen Rhythmen kommen dafür sehr gut in Frage. Halbergs Entdeckung insbesondere weisen in diese Richtung. Ihm gelang nämlich der Nachweis, dass die zirkadischen Rhythmen auch auf der Ebene grundlegender biochemischer Prozesse wirksam sind – bei der Synthese von Ribonukleinsäure (RNS) und Desoxyribonukleinsäure (DNS).[13] Für Pittendrigh sind die zirkadischen Rhythmen deswegcn vielleicht «ein systemimmanentes Programm, das aus dem Urgedächtnis der DNS-Struktur des Lebens selbst entstanden ist».[14]

Eine oberflächliche Betrachtung könnte demzufolge den Anschein erwecken, diese grundlegenden und allgegenwärtigen zirkadischen Rhythmen wären schon allein für unseren Zeitsinn verantwortlich. Pittendrigh macht jedoch klar, «dass sie nur für einen Bruchteil der gesamten zeitlichen Ordnung des Organismus zuständig sind».[15] Aber, was sind dann seine anderen Komponenten? Janos Holubar konnte nach langwierigen Experimenten zeigen, dass die Alphawellen mit ihrer Frequenz von zehn Wellen in der Sekunde uns als Bezugsgrösse dienen könnten, wenn wir die Zeit auf der Basis von Minuten einschätzen.

Nachdem er andere Möglichkeiten in Erwägung gezogen hatte, schloss Holubar: «Unter dem Zeitsinn muss man sich einen automatischen Rhythmus vorstellen, der den Körper ununterbrochen durchpulst; mit seiner Hilfe kann der Organismus dann die Dauer von Stimuli oder seine eigene Bewegung vergleichen.»[16] Pittendrighs Arbeit hat nun diesbezüglich bereits klargestellt, dass der Bezugsrhythmus von der Umwelt relativ unabhängig sein und ausserdem eine geeignete Frequenz besitzen muss. Noch bedeutender aber ist die folgende Einschränkung: «Kein Körperrhythmus kann für sich in Anspruch nehmen, das alleinige Pendel der biologischen Uhr zu sein. Dazu gehören vielmehr eine ganze Reihe solcher Rhythmen.»[17]

Unser Bewusstsein scheint dann den situationsgerechten Körperrhythmus als Bezugsgrösse für den Zeitsinn auszuwählen. Soll etwas in Sekundenschnelle erledigt werden, wählen wir einen, haben wir zur Lösung unserer Aufgabe hingegen Minuten oder gar Stunden zur Verfügung, wählen wir einen anderen Rhythmus und so weiter.

Ziegelsteine und Mörtel der Psyche

Während man in der Biologie den Zeitsinn mit den Rhythmen des Körpers und den Zyklen der Aussenwelt in Verbindung brachte, ist die Psychologie inzwischen zu dem Schluss gelangt, dass die Zeit nicht so sehr einen Fluss als vielmehr ein grosses Haus darstellt, das sie Stein auf Stein erbaut – ein Haus, das alles enthält, was wir jemals getan haben oder noch zu tun hoffen.

Wir mögen vielleicht annehmen, dass uns der Zeitsinn vom Anbeginn unseres Lebens mitgegeben ist. Dem widersprechen jedoch zwei bedeutende Entwicklungspsychologen. Für Jean Piaget kommt der Zeitsinn erst allmählich durch vier deutlich unterscheidbare Wachstumsschübe zustande. Diese Annahme fügt sich harmonisch in das Gebäude seiner Entwicklungslehre, nach der sich Intelligenz in definierbaren Schritten entfaltet.[18] Zuerst haben wir noch gar keinen Zeitsinn. Alles geschieht in einer beglückenden oder schrecklichen Gegenwart. Dann begreifen wir nach und nach, dass alle Ereignisse einen Anfang haben, den wir nun gesondert wahrnehmen. Der Zeitsinn streckt seine Fühler in die Zukunft, der warmen, milchtragenden und uns umarmenden Gestalt entgegen, in der wir später unsere Mutter erkennen. Wir sehen ihrem Kommen erwartungsvoll entgegen. Stein auf Stein fügen wir Mauern und Dach unseres ersten Zeit-«Häuschens» zusammen, wobei Gehirnreifung und Umwelteinflüsse die treibenden Faktoren sind. Es kristallisieren sich die vier Hauptkomponenten der Zeit heraus: Zeitabschnitt: (auf den Tag folgt die Nacht); Zeitordnung (dies geschieht ausnahmslos, immer und immer wieder); Zeitdauer (das Tageslicht erstreckt sich von der Morgen- zur Abenddämmerung); und Zeitgeschwindigkeit (einige Tage vergehen schneller, andere langsamer).

Für Holubar beginnt der Zeitsinn ungefähr im vierten und erreicht im dreizehnten oder vierzehnten Lebensjahr seine volle Entwicklung.[19] Kurt Lewin zeigte, wie wir dazwischen unser Zeithaus ausbauen und erweitern. Lewins Psychologie ist besonders auf das rechte Gehirn orientiert, weil sie räumliche Relationen sieht und veranschaulicht und sich darüber hinaus einer stark visuell geprägten Sprache bedient. Abbildung 3 fasst die Lewinsche Zeitauffassung in einer Zeichnung zusammen; sie veranschaulicht, welche Übergänge er an der Entwicklung des Zeitsinns beteiligt sah.[20]

Abbildung 3a oben stellt die Zeitauffassung eines sehr jungen,

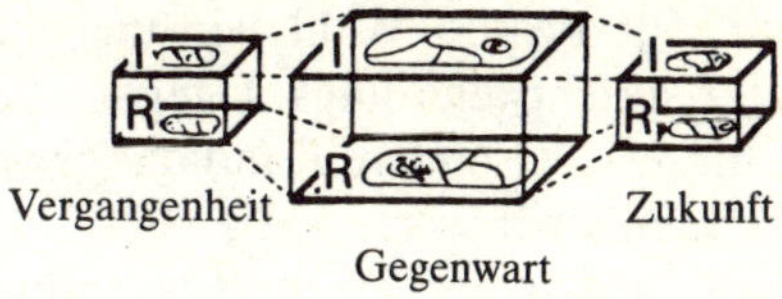

a.

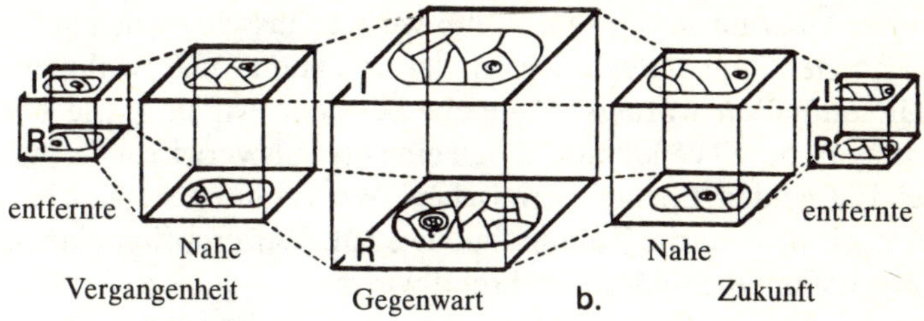

b.

Abb. 3 Zeitauffassungen

Abbildung 3b unten die eines etwas älteren Kindes dar. Beide erleben ihr Dasein als den Korridor der ineinander übergehenden Räume von Vergangenheit, Gegenwart und Zukunft, den das ältere Kind jedoch in Richtung Vergangenheit und Zukunft noch weiter ausbaut. Das ältere Kind hat durch seinen erweiterten Zeitsinn eine umfassendere und differenziertere Vorstellung von dem, was geschieht, geschah oder noch geschehen wird.

Die Abbildungen veranschaulichen ausserdem eine grundsätzliche und sehr nützliche Einsicht Lewins, indem sie zwei weitere Dimensionen einbeziehen: Die *Realitäts-* und die *Irrealitätsdimension* (Bezeichnungen, die ebenfalls von ihm selbst stammen). Die obere Ebene, das Dach des Zeithauses, steht für die Vergangenheit, Gegenwart und Zukunft unserer Wünsche, Hoffnungen und Sehnsüchte. Da unser Wollen oder unsere Überzeugungen nicht unbedingt mit dem übereinstimmen, was tatsächlich geschieht, geschah oder geschehen wird, bezeichnet er sie als *Irrealitätsebene*. Die untere Ebene dagegen, der Boden des Zeithauses, repräsentiert die wirkliche Vergangenheit, Gegenwart und Zukunft. Zwar möchten wir zum Nachtisch vielleicht gern ein Stück Schokoladentorte essen, und diese Vorstellung manifestiert sich als verlockendes Wunschbild vor unserem inneren Auge. Leider aber müssen wir uns an unsere Diät halten. Auf der *Realitätsebene* bekommen wir die Torte also nicht. Oder wir hätten gern, dass der Politiker gewinnt, für dessen Wahl wir uns mit allen Kräften einsetzen. Die Realität spricht allerdings dagegen; sie tendiert in die entgegengesetzte Richtung. Der andere Kandidat gewinnt, dessen Sieg von Anfang an wahrscheinlicher war.

Douglas McGregors und meine eigene Forschung haben gezeigt, dass die Wechselwirkung dieser beiden Bewusstseinsebenen unsere Zukunftsprognosen stark beeinflusst.[21] Wir müssten schon total verrückt oder Übermenschen sein, wenn wir uns ausschliesslich auf einer dieser Ebenen, entweder ganz in der Irrealität oder völlig in der Realität, aufhalten würden. Vielmehr bewegen wir uns, wie Lewins Zeichnung es bereits andeutet, durch eine oftmals verwirrende Welt, in der sich die beiden Ebenen vermischen. Wir erfahren sie gleichzeitig, während wir uns auf die Zukunft zubewegen: Wir erhoffen eine Sache und befürchten eine andere, während wir realistischerweise mit etwas rechnen, das zwar unsere Befürchtungen nicht bestätigt, aber auch unsere Hoffnungen unerfüllt lässt; immerhin jedoch ist es erträglich. Unsere Vorhersagen setzen sich also einerseits aus unseren Hoffnungen und Ängsten zusammen und berücksichtigen andererseits die Wahrscheinlichkeiten jenseits solcher subjektiven Gefühle.

Die Anthropologie hat sich um einen weiteren Aspekt des Zeitsinns gekümmert. Sie hat herausgefunden, dass die kulturellen Besonderheiten den Zeitsinn ebenfalls formen. Wie es Häuser verschiedener Grösse und Stilrichtungen gibt, gibt es kulturbedingt auch verschiedene Arten von Zeitsinn.

Der Linguist Benjamin Whorf bemerkte als erster, dass die Sprache der Hopi-Indianer ohne Verbformen auskommt, die vergangene, gegenwärtige und zukünftige Ereignisse klar unterscheidbar machen. Er bewies, dass die Hopis die Zeit nicht als eine Reihe von Einzelgeschehnissen betrachten, die aufeinanderfolgen wie die Perlen einer Schnur. Für die Hopis ist die Zeit, so scheint es jedenfalls, eher eine Anhäufung von Ereignissen, die mehr oder weniger ähnlich und zusammengeschüttelt sind, wie etwa Kartoffeln in einem Sack.[22] Ganz anders noch ist das Zeitgefühl, das die Anthropologin Dorothy Lee an den Bewohnern der Trobriandinseln feststellte. Sie nämlich sehen zwischen den sukzessiven Ereignissen keinerlei Verbindung: Sie kennen die Zeit in unserem Sinn des Wortes nicht.

«Der Trobriander hat kein Wort für Geschichte. Will er zwischen verschiedenen Gelegenheiten unterscheiden, wird er zum Beispiel von ‹als-Kind-Molubabeba›, oder von ‹Molubabeba-während-seiner-Kindheit›, also von einer ganz anderen Art von Zeit sprechen, nicht bloss einer vergangenen Phase der Zeit, die er *jetzt* erlebt. Die Geschichte ist ihm eine Rumpelkammer durcheinandergewürfelter Anekdoten, deren chronologische Reihenfolge ihn nicht im geringsten interessiert.»[23]

Aber man hat nicht nur an den Hopis und Trobriandinsulanern kulturelle Besonderheiten in der Zeitauffassung wahrgenommen, sondern auch an Texanern, Mormonen und Amerikanern spanischer Abstammung; an den Kindern von zwei Karibikinseln, Trinidad und Grenada; an den Selteaux-Chippewa Indianern in Kanada und an den Copper-Eskimos; ja selbst an Amerikanern verschiedener gesellschaftlicher Herkunft.[24] Lawrence LeShan fand zum Beispiel heraus, dass Kinder aus niederen Gesellschaftsschichten mehr in der Gegenwart leben und eine weniger differenzierte Vorstellung von der Zukunft haben als ihre Altersgenossen aus höheren Schichten.[25]

Die Psychologie hat zusätzlich Hinweise für die Auswirkungen der Persönlichkeitsstruktur auf den Zeitsinn aufgedeckt. Mir fiel bei meiner Arbeit zum Beispiel auf, dass sich politisch und sozial konservativ eingestellte Menschen an der Vergangenheit orientieren und der «guten alten Zeit» nachweinen, wohingegen ihre liberalen und fortschrittlichen Mitbürger eher in die Zukunft schauen.[26] Gertrude Schmeidler legte sich auf zwei Grundtypen fest, die sie als «Dynamiker» und «Ozeaniker» charakterisierte. Die «Dynamiker» erfahren die Zeit als etwas, das rast, sie verfolgt und viel zu schnell vergeht; für die «Ozeaniker» hingegen ist die Zeit ausgedehnt und bewegt sich in wesentlich gemächlicherem Tempo.[27] Ich habe diesen Ansatz dann noch etwas weiterverfolgt und dabei entdeckt, dass sich die sogenannten «Dynamiker» zumeist als unsentimentale und emotionslose Karrieremenschen entpuppen, man unter den «Ozeanikern» dagegen in der Mehrzahl rücksichtsvolle und aufgeschlossene Zeitgenossen findet.[28]

Die umfassendste Arbeit zu den Unterschieden in der Zeitwahrnehmung verschiedener Persönlichkeitsstrukturen ist bisher anhand der vier Grundtpyen der analytischen Psychologie C. G. Jungs durchgeführt worden. Jung hatte beobachtet, dass wir die Welt erfahren, indem wir denken, fühlen, empfinden und intuieren. Harriet Mann, Miriam Segler und Humphrey Osmond bereicherten diese Einsicht um die Erkenntnis, dass die Art und Weise, in der wir uns in Raum und Zeit lokalisieren, ein wesentlicher Faktor unserer seelischen Stabilität ist: «Als erstes beobachteten wir, dass der Denktyp die Zeit als einen linearen Prozess auffasst; er erlebt Ereignisse und Dinge, indem er Vergangenheit mit

Gegenwart und Gegenwart mit Zukunft verknüpft... Ferner stellten wir fest, dass der Fühltyp sich hauptsächlich der Vergangenheit verbunden fühlt, während sich der Empfindungstyp an der Gegenwart und der Intuitionstyp an der Zukunft orientieren.»[30]

Ich werde in einem späteren Kapitel darauf zurückkommen. Wir werden dann feststellen, dass diese kultur- und persönlichkeitsbedingten Unterschiede mitgestalten, *wie* wir in die Zukunft schauen und *was* wir dort sehen, weil sie jeden einzelnen in einem Zeithaus von anderer Grösse, Bauweise und Form leben lassen.

Zudem hat sich wie schon die Biologie auch die Psychologie mit dem Problem befasst, ob es eine organische, gewissermassen «eingebaute» Uhr gibt. Sie hat sich ebenfalls gefragt, *wie* der Zeitsinn nun im einzelnen funktioniert oder wie die Zeit aufgebaut ist.

Für Robert Ornstein scheint das Rätsel schon gelöst: Er betrachtet es weniger als das Problem einer unauffindbaren inneren Uhr, sondern sieht die Sache vielmehr unter dem Aspekt der Informationsverarbeitung durch die linke Hirnhälfte. Deswegen schlägt er vor, unsere Wahrnehmung der Gegenwart mit dem Kurzzeitgedächtnis zu assoziieren, das die Sinneseindrücke nur wenige Minuten festhält. Das Langzeitgedächtnis aber besorge unsere Wahrnehmung der Vergangenheit, da es uns ermöglicht in der Zeit zurückzugehen. Aus der streng linearen Informationsverarbeitung durch die linke Hemisphäre geht dann unser Sinn für Ereignisketten hervor: Wir sehen, dass bestimmte Ereignisse früher geschehen sind und andere verursacht haben. Die Dauer eines Zeitintervalls erklärt er sich schliesslich mit Hilfe der Anzahl der Geschehnisse. Dies ist insofern einleuchtend, als ein interessantes Musikstück oder aufregendes Abenteuer uns fünf Minuten wesentlich länger erscheinen lassen als nichtssagende Musik oder ereignislose Langeweile, die auf der Uhr ebenfalls «reale» fünf Minuten dauern.[31]

Wir sehen, die Zeit ist ein Fluss, ein Strom – und doch auch wieder keiner. Wie dem auch sei, in einer Hinsicht gleicht sie einem: Ihre Erforschung kann uns dermassen fesseln, dass für uns alles andere unwichtig wird, dass wir uns von ihr forttragen lassen. Eigentlich hatten wir nur eine kurze Fahrt mit dem Motorboot geplant, stattdessen finden wir uns nun auf einem Floss wieder, das sich selbst seine Untiefen sucht, die durch den Morgennebel nur Schemen bleiben. Bis jetzt sind wir bei unserer Erkundung des zukunftsschauenden Geistes noch durch vertrautes Gelände gereist. Vor uns liegen nun die Rätsel – ein Territorium, das unsere Landkarte nur als weissen Fleck ausweist.

KAPITEL 5

Von Raum und Zeit, Intuition und Verstand

Der Fluss der Zeit verwandelt sich aber vollkommen, wenn man hinter einer seiner Schleifen plötzlich feststellen muss, dass er verschwunden ist, und es um einen herum nichts mehr gibt, das dem Normalbewusstsein vertraut wäre – als wäre der Fluss zum Meer geworden: Ein uferloser Ozean, ein Ozean, über den sich kein Himmelszelt wölbt, der nur eine grenzenlose, fliessende Präsenz ist, in dem wir nicht mehr nur Beobachter, sondern eine Ansammlung von Atomen sind, eins mit dem Meer, in dem wir schwimmen.

Die Mystiker haben schon seit vielen hundert Jahren versucht, uns auf diesen Ozean aufmerksam zu machen, und nachdem Albert Einstein erfolgreich darin schwamm, ist er in unseren Tagen sogar zum Forschungsgebiet der Physik avanciert. Seit kurzem befasst sich nun auch die Gehirnforschung damit. Sie hat diesem mysteriösen Reich mit der rechten Hirnhemisphäre eine begrenzte und erforschbare Basis zugewiesen.

Sie werden sich vielleicht daran erinnern, dass Wilder Penfield in der rechten Hirnhälfte seiner jungen Patientin M. M. eine Stelle anrührte, die ein Erinnerungsbild hervorrief, welches in seiner seltsamen

Mischung aus Zeitlosigkeit und Zeitgebundenheit ebenfalls die Metapher vom «Fluss« enthielt.

«Ja, ich hörte Stimmen irgendwo unten am Fluss, die Stimme eines Mannes und einer Frau, die etwas riefen . . . Ich glaube, ich sah auch den Fluss.»[1]

Während seiner langjährigen Forschungsarbeit fand Penfield immer wieder heraus, dass nur eine Stimulierung der rechte Hemisphäre die Illusion hervorrufen konnte, die Zeit ziehe vorbei. Man hat seine Arbeit auch kritisiert. Hauptsächlich, weil sie sich auf Epileptiker beschränkte, ihre Ergebnisse auf Nicht-Epileptiker also nicht unbedingt zutreffen müssten. Potzl und Hoff bestätigten jedoch, dass Hirnschäden es erschweren, das Vergehen der Zeit richtig einzuschätzen, und ferner zu dem seltsamen Gefühl einer Verkürzung der Zeit beitragen.[2]

Entdeckungen dieser Art sind sehr aufschlussreich, weil man sich aufgrund der vorhandenen Daten daran gewöhnt hatte, den Zeitsinn mit der *linken* Gehirnhälfte gleichzusetzen. Was ist also los? Wie könnte eine Beschädigung oder Stimulierung von Regionen der rechten Hirnhälfte die Zeitwahrnehmung beeinträchtigen, wenn sie doch eigentlich das Produkt der in fortlaufenden Sequenzen arbeitenden linken Hemisphäre sein soll? Gibt es etwa mehr als nur eine Art von Zeit?

Schon vor geraumer Zeit bemerkte Sigmund Freud, dass dieses Geheimnis uns zu weitreichenden Entdeckungen führen könnte, ihm selbst in dieser Richtung bisher jedoch leider jeder Fortschritt versagt geblieben sei. Weiter sagt er: «Im Es gibt es nichts, das der Idee der Zeit entsprechen würde. Das Es erkennt nicht, dass die Zeit vergeht, und dieses Vergehen ändert nichts an seinen geistigen Prozessen – was an sich schon höchst bemerkenswert ist. Es harrt aber auch einer angemessenen Betrachtung durch die Philosophie. Wünsche, die niemals über das Es hinausgelangten, aber auch Eindrücke, die infolge ihrer Unterdrückung darin versanken, sind so gut wie unsterblich: Noch nach Jahrzehnten verhalten sie sich, als wären sie eben erst in Erscheinung getreten.»[3]

Obwohl uns die Welt dieser anderen Art von Zeit im Wachzustand seltsam vorkommen mag, ist sie uns doch ein vertrauter Ort, den wir jeden Tag aufsuchen. «Während jedem kompletten Tageszyklus schwankt unser Bewusstsein vielfach zwischen Linearität und Nicht-Linearität hin und her. Wir träumen jede Nacht, wobei wir eine Welt betreten, in der die lineare Reihenfolge zeitlicher Momente weniger wichtig und bedeutungsvoll ist. Im Raum der Träume scheinen die

Ereignisse fliessend, ja leicht veränderlich zu sein. Rufen wir uns einen Traum ins Gedächtnis und versuchen, ihn in den linearen Erfahrungsmodus zu übersetzen, können wir oftmals nicht entscheiden, ob ein Ereignis dem anderen vorausging oder ihm nachfolgte. Bei anderer Gelegenheit erleben wir auch tagsüber Augenblicke, die irgendwie aus der Zeit herauszufallen scheinen, ohne dass wir uns ihr Auftreten erklären könnten. In ihnen gibt es weder Zukunft noch Vergangenheit sondern nur eine unmittelbarc Gegenwart. Für einen Moment zerspringt unsere lineare, analytische Welt. Natürlich lassen sich solche Augenblicke schlecht analysieren, weil Analyse und Sprache ja gerade auf der Linearität aufbauen. Oft genügt dann ein Wort, um uns in die Linearität und die gewöhnliche Zeit zurückzuführen.»[4]

Und welche besonderen Merkmale zeichnen nun diese andere Zeitwelt aus? Bilder scheinen sie am treffendsten zu charakterisieren, und sie ist offenbar in einer Hirnregion ansässig, die für das Hervorbringen und Verarbeiten von Bildern zuständig ist – nämlich in der rechten Hemisphäre. Die Traumerfahrung deutet an, dass dieses Erzeugen und Verarbeiten von Bildern ebenfalls etwas mit dem Unbewussten (vermutlich ebenso in der rechten Hirnhälfte gelegen, obwohl diese Theorie nicht unproblematisch ist) zu tun haben könnte und aus ihm hervorzubrechen scheint. Auch stehen Traum- und Drogenerfahrung beispielhaft für jene Zustände veränderten Bewusstseins, in denen die Ereignisse sich nicht in logischer Reihenfolge eines aus dem anderen entwikkeln, sondern vielmehr in einer freifliessenden, ungebundenen Zeitlosigkeit stattfinden. Dazu kommt die faszinierende Beziehung, die sich zwischen dem *Raum*sinn und dieser neuen, anderen Art von Zeit andeutet.

Der folgende Abschnitt stammt von Holubar. Als ein Vorstellungsbild, das sich zwingend und logisch aus Einsteins Relativitätstheorie ergibt, verdeutlicht es die Beziehung zwischen Raum und Zeit, die man leichter intuitiv erfassen, als mit Worten erklären kann:

«In 42 Jahren autonomer Zeit könnte man mit einer Rakete das gesamte uns bekannte Universum umfliegen, sollte ihre Geschwindigkeit an die des Lichtes heranreichen. Während denselben 42 Jahren wären auf der Erde dann allerdings 3 Milliarden Jahre vergangen. Die Rakete würde bei ihrer Rückkehr also weder die Erde noch überhaupt unser Sonnensystem vorfinden: Sie existierten nicht mehr.»[5]

Aussagen wie diese schleudern uns im wahrsten Sinne des Wortes gegen die Grenzen unseres geistigen Vorstellungsvermögens, so dass wir wieder mit der Frage konfrontiert sind, die in diesem Buch schon so häufig auftauchte: Wie gelangt das Bewusstsein von hier dorthin? Wie überqueren wir diesen Abgrund? Lassen Sie uns zu diesem Zweck zu den Anfängen zurückkehren, zu dem, was die Wissenschaft über die evolutionären Ursprünge des Bewusstseins, ja sogar noch über die Zeit davor, zu sagen hat. Wenn wir uns von dort methodisch vorarbeiten, erhalten wir vielleicht die nötigen Hinweise über jene andere Art von Zeit, ohne die unser Verständnis des zukunftsschauenden Geistes niemals über die Anfangsgründe hinausgelangen würde.

Die Geburt von Raum und Zeit

Will man die Anfänge des Bewusstseins und seine nachfolgende Evolution untersuchen, kommt man nicht ohne spekulative Sprünge aus, an denen wiederum nur Metaphysiker nichts auszusetzen haben. Was dem einen jedoch Metaphysik und damit legitim, ist dem anderen nur Trugschluss und Wahnvorstellung. Dies nur nebenbei. – Die Evolution des Zeitsinns hat viele Millionen Jahre in Anspruch genommen, und im Mutterschoss durchläuft sie jeder einzelne von uns vor seiner Geburt nochmals. Es gilt als gesichert, dass sie sich etwa folgendermassen abgespielt hat:

Zuerst gab es die Zeit in unserem Sinne noch nicht, sondern nur einen Zustand der Bewegung, der schon allein deswegen raum- und zeitlos sein musste, weil es in den frühen Entwicklungsstadien auf der Erde keine Lebewesen mit Sinneswerkzeugen gab, die Raum und Zeit hätten wahrnehmen können. Dasselbe gilt für uns, wenn wir unser Dasein im Uterus als Embryos ohne Gesichts- und Gehörsinn beginnen. Wir könnten dieses erste Stadium der Evolution vielleicht treffend als *zeitlose Zeit* charakterisieren, obwohl auch das nur eine grobe Verallgemeinerung ist, weil sicherlich mehr Faktoren eine Rolle spielen als die Abwesenheit von Zeit. Aus dem zeitlosen Zustand traten dann die ersten Organismen hervor und begannen – wie es jeder von uns nach der Geburt tut –, sich das Orientierungsgerüst aufzubauen, das wir gewöhnlich mit den Begriffen Raum und Zeit bezeichnen. Luria und vor ihm Setschenow haben die physiologischen Beweise dafür geliefert. Sie entdeckten, dass sich zu diesem Zweck – dem Zweck, die Welt zu koordinieren – zwei grundverschiedene Gruppen von Neuronenmechanismen entwickelten. Die erste Gruppe «fasst die Sinnesreize zu gleichzeitigen Serien zusammen, die für die Erstellung eines angemessenen

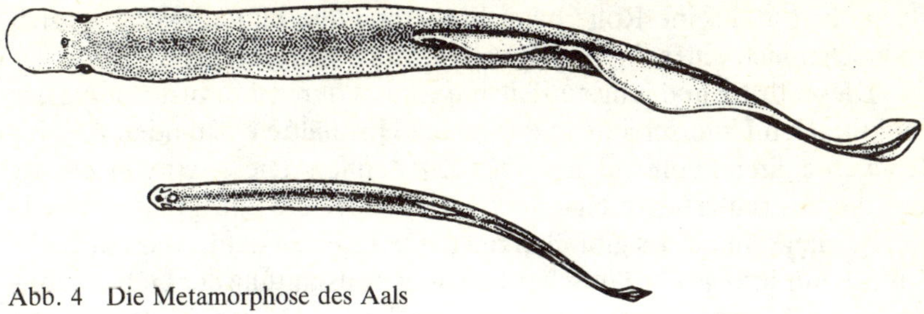

Abb. 4 Die Metamorphose des Aals

Bildes von der äusseren Welt wesentlich sind. Diese Gruppe von Neuromechanismen ist für die Orientierung des Körpers im Raum zuständig».[6] J. Z. Youngs Arbeit mit Fröschen und Tintenfischen zeigt ebenso wie andere Forschungen auf diesem Gebiet, dass es sich hierbei um das früheste, einfachste und fundamentalste System der Weltkonstruktion handelt.[7] Seine bescheidene Ausrüstung der Informationsverarbeitung schenkte dem niederen Organismus (und schenkt uns heute) eine Art des Zeitsinns, den mit Ausnahme der Gestaltpsychologen bisher alle übersehen haben. Ich werde diesen nach der *zeitlosen Zeit* von nun an *räumliche Zeit* nennen.

Die zweite Gruppe von Neuromechanismen entwickelte sich später. Luria schreibt, dass sie «der Integration individueller Reize dient, die nacheinander im Gehirn eintreffen. Sie fassen diese zu zeitlich strukturierten, sukzessiven Serien zusammen.»[8] Wie wir bereits vorweggenommen haben, scheint diese Aufspaltung der Informationsverarbeitung auf der Trennung und funktionsmässigen Verschiedenheit der Hemisphären zu beruhen. Es sieht so aus, als hätten wir hiermit die Basis für die Funktionsweise der beiden Hirnhälften freigelegt: Für das simultane Verarbeiten der rechten, das unsere räumliche Welt konstruiert, und das serielle Verarbeiten der linken, das die Zeit darin absteckt.[9]

J. Z. Young macht uns in einem besonders faszinierenden Abschnitt seiner Darstellung auf die Metamorphose des Neunauges aufmerksam, die er als Beweis für einen evolutionären Schritt in diese Richtung deutet. Abbildung 4 zeigt zwei Wachstumsstadien dieser Aalart. Im ersten Stadium hat der Aal nur ein Auge – vermutlich ein Analogon für das «individuelle» menschliche Bewusstsein vorgeschichtlicher Epochen. Dann jedoch bilden sich im erwachsenen Neunauge im zweiten Stadium zwei Augen heraus. Die Verwandlung geschieht, wenn das «vorher bereits im Innern versteckt angelegte Augenpaar an die Oberfläche tritt und seine Rolle beim Beutefang übernimmt, wobei es sich wahrscheinlich einer Art Landkarte im Mittelhirn bedient.»[10]

Dieser dritte und jüngste Zeitsinn scheint durch die Ausformung der funktionalen Unterschiede in der linken Hirnhälfte entstanden zu sein. Ich werde ihn im Folgenden *serielle Zeit* nennen. Diese Art von Zeit ist uns die vertrauteste, ja eigentlich ist es sogar die einzige, die wir als solche anerkennen. Es gibt überzeugende Indizien dafür, dass sie nicht einfach nur infolge der Umschaltung oder Aufspaltung der Gehirnfunktionen im Menschen entstanden ist, sondern letztlich von einem kritischen Problem herrührt, mit dem die Kreaturen bereits konfrontiert waren, als die Kette der Evolution des Lebens auf unserem Planeten begann. Der Gesichtssinn ist natürlich vom Licht abhängig. Während des Tages ist dies nicht weiter schlimm, aber es bedeutet, dass die frühen Organismen nach Einbruch der Dunkelheit weder Futter suchen noch sich ausser durch Verstecken wirksam schützen konnten. Sie benötigten zusätzliche Sinne, die das sich anpirschende Raubtier oder die schlafende Beute auch ohne Licht über eine gewisse Entfernung entdecken und identifizieren konnten. Die Evolutionstheoretiker nehmen nun an, dass sich die Lebewesen dieser Gegebenheit anpassten, indem sie neue Sinne entwickelten: den *Gehörs-* und *Geruchssinn*, mit denen sie ihren Umkreis Tag und Nacht überwachen konnten.[11]

Der entscheidende Punkt dabei ist aber, dass der damit notwendig gewordene neue Bauplan für lebende Organismen eine Phase revolutionärer Veränderungen einleiten musste, die auf eine Erweiterung von Gehirn und Bewusstsein hinausliefen. Der Gesichtssinn hatte alles mehr oder weniger momenthaft erfasst, gewissermassen auf einmal aufgenommen. Nun galt es aber, eine ganz andere Ausrüstung zu entwickeln, die die Sinnesdaten in anderer Weise verarbeiten konnte. Klänge und Gerüche sind nicht sofort vollständig. Man kann sie nicht ganz und auf einen Schlag aufnehmen wie das, was man sieht. Um sich zu entfalten, benötigen sie etwas Zeit. Es beginnt mit einer geringfügigen Absonderung, einer winzigen Klangschwingung, die sich erst über eine Reihe von Stössen oder Wellen zu der Störung im Sinnesfeld entwickeln, die wir dann als einen bestimmten Geruch oder Klang identifizieren. Zu diesem Zweck musste sich der Organismus eine neue Ausrüstung zulegen.

Die neuen Organe mussten offensichtlich so beschaffen sein, dass sie die neue Klasse von Sinnesinformationen als eine *Serie* von Eindrükken aufnehmen konnten. Nase und Ohren sind dafür, wie von Bekesy bereits nachwies, aufs wunderbarste konstruiert.[12] Verglichen mit der notwendigen neuen Innenausrüstung zur Analyse von stückchenweise, nacheinander eingefütterten Informationen nimmt sich ihre unbestrittene Komplexität jedoch eher schlicht aus. Diese nämlich kam nur durch eine radikale Erweiterung jener Teile und Funktionen zustande, die hauptsächlich in den jüngeren Hirnschichten angesiedelt sind.[13] Dazu gehört das limbische System im Unterbau des Vorderhirns. Karl Pribram, der ja besonders wegen seiner Entdeckungen am limbischen System bekannt ist, entdeckte seine Bedeutung für den Zeitsinn.[14] Überdies spielt auch das restliche Vorderhirn mit seinen beiden Hemisphären eine Rolle. Wir erwähnten an anderem Ort, dass Joseph Bogen und zahlreiche andere Hirnforscher die linke Hirnhälfte als den Sitz der mit der Uhr messbaren Zeit annahmen, weil sie darauf spezialisiert ist, Informations*serien* zu verarbeiten. Bogen selbst brachte diesen Sachverhalt auf eine einfache Formulierung: «Der wichtigste funktionelle Unterschied zwischen den Hirnhemisphären mag schon durch das Ausmass bestimmt sein, in dem ein lineares Zeitkonzept an der Ordnung des Denkens beteiligt ist.»[15]

Es scheint also, diese für Visionen, Vorauswissen, Vorhersagen und alle anderen möglichen Beziehungen zwischen Gehirn und Bewusstsein einerseits und der Zukunft andererseits so wichtige Dimension der Zeit besteht nicht nur aus einer sondern gleich aus drei Arten. In der Philosophie haben Newton, Kant und besonders Bergson rudimentär für zwei, die metaphysischen Spekulanten P. D. Ouspensky und J. B. Priestly hingegen für drei Arten der Zeit argumentiert.[16] Die Sichtweise, die wir hier vortragen wollen, unterscheidet sich jedoch weitgehend von jenen früheren Mutmassungen. Sie beruft sich auf zahlreiche Daten aus Physiologie, Psychologie und Entwicklungsgeschichte, von denen die früheren Theoretiker noch gar nichts wissen konnten, und scheint deswegen nicht nur besser begründet sondern auch nützlicher zu sein, die Zeit als die eigentliche Wohnung des zukunftsschauenden Geistes zu verstehen.

Wir wollen die drei Arten der Zeit nochmals kurz zusammenfassen: Die erste hatten wir *zeitlose Zeit* genannt. Sie ist die geheimnisvollste und am schwersten begreifbare, weil wir sie erst verstehen können, nachdem wir einige Implikationen der neuen Physik, der Hologramm- und der holographischen Bewusstseinstheorie und aus dem widerspruchsvollen Gebiet der Parapsychologie und Erforschung aussersinnlicher Wahrnehmung in unsere Erwägung einbezogen haben. Diese Aufgabe liegt aber erst noch vor uns.

Die zweite Art hatte ich als *räumliche Zeit* eingeführt. Sie ist im wesentlichen auf das rechte Gehirn orientiert. Warum ich sie als *räumlich* bezeichne, werde ich in Kürze ausführlich begründen. Die dritte Art von Zeit schliesslich scheint unser gewöhnliches Leben zu beherrschen. Sie ist uns vertraut und wohl auch die einzige, deren Existenz uns unzweifelhaft bewusst ist. Ihrer Funktion nach ist sie hauptsächlich dem linken Gehirn beigeordnet. Ich schlage für sie die Bezeichnung *serielle Zeit* vor.

Die Gestalt-Odyssee

Wollen wir verstehen, was räumliche Zeit überhaupt ist, müssen wir uns an eine der prägenden geistigen Auseinandersetzungen erinnern, die zu Beginn unseres Jahrhunderts ausgetragen wurden. Zwar ist diese Auseinandersetzung zwischen den klassischen Verhaltenspsychologen amerikanischer Herkunft und den aus Deutschland zugewanderten Gestaltspsychologen für die Psychologie als die Wissenschaft, wie die wir sie heute kennen, ein wesentlicher bestimmender Faktor gewesen, verstanden hat sie sie allerdings immer noch nicht so recht.

Die Verhaltenspsychologen hatten alles auf Reiz und Reaktion reduziert. Ihrer Ansicht nach beherrschte die Gerade das Leben – der lineare Fluss oder die Kette, die Reiz und Reaktion miteinander verknüpfen. Für diesen Fluss (und seine Analyse) gilt das gleiche Digitalprinzip wie für die Computerprogrammierung: Alles geschieht nacheinander in einer Reihe oder Serie, was nach unserer jetzigen Kenntnis die Arbeitsweise des linken Gehirns ist.[17] Für die Gestaltpsychologen war dies der Gipfel der Torheit. Nach ihrer Meinung ging es hauptsächlich um ein Verständnis der Beziehungen zwischen Teilen und Ganzheiten, die natürlich viel schwerer begreifbar sind als lineare Reihen. Sie gaben sich deswegen die grösste Mühe nachzuweisen, dass das unmittelbare und ganzheitliche Ermitteln von Grundmustern (wie wir jetzt wissen, eine Domäne der rechten Hirnhälfte) der eigentlich wichtige Steuerungsmechanismus für uns ist.

Der Sieg in dieser Auseinandersetzung ging zuerst an die Verhaltenspsychologen, schon aus dem einfachen Grund, weil ihre Argumente einen grösseren praktischen Wert hatten und auch leichter nachvollziehbar waren. Aber er war nur vorläufig. Mit der Zeit setzten sich immer mehr Neuerer (wie etwa Charles Osgood[18] und Miller, Gallanter und Pribram[19]) zum grossen Nutzen der Psychologie mit den schwierigen Schriften und Experimenten der Gestaltpsychologen auseinander.

Abb. 5 Gestalt-Übung

Ohne den Vorteilen des Behaviorismus zu entsagen, konnte man nun die Begrenztheit seines Denkens sprengen und Neuland erschliessen. Besonders unter dem Einfluss der Computerwissenschaft entstanden neue Mischtheorien, die besser erklären, was das Bewusstsein ist, und wie es funktioniert.[20]

Die Gestaltspsychologen besassen eine grosse Stärke. Sie verstanden es, unter der scheinbaren Vielfalt der Probleme der Psychologie relativ einfache, fundamentale Prinzipien freizulegen, die geeignet waren, ein weites Feld ganz unterschiedlicher Fragen zu erklären. Sie beobachteten zum Beispiel, dass alles, was wir wahrnehmen, denken, fühlen und an das wir uns erinnern, einen Aufbau, eine Struktur besitzt und ferner, dass wir es mit Hilfe von *Gruppen* oder *Mengen* erkennen. Wir erkennen einige Dinge sofort als «zusammengehörig», wohingegen bei anderen eine sinnvolle Konfiguration weniger oder gar nicht offensichtlich ist. Betrachten wir einmal die Kleckse der obigen Abbildung, die die Gestaltpsychologen zu Versuchszwecken benutzten: Was sehen wir auf den ersten Blick?

Die meisten werden als erstes spontan feststellen, dass sie zwei *Gruppen* von Klecksen sehen, danach vielleicht in einer atomistischeren Wahrnehmung von sechs Klecksen sprechen.

Das heisst aber, dass das Bewusstsein zuerst versucht, die ihm dargebotenen Informationsstücke zu einem sinnvollen Ganzen zu organisieren, vorausgesetzt es wurden keine Drogen oder andere Mittel eingegeben, die seine normale Funktion aufheben. Wir sehen eben gewöhnlich nicht zuerst ein Auge, eine Hand oder einen Fuss, sondern den *ganzen* Menschen – eine bestimmte Frau, einen bestimmten Mann.

Aber wie hängen diese Beobachtungen nun mit der Idee von der *räumlichen Zeit* zusammen? Hier wird Wolfgang Köhler[21] wichtig. Zweifellos vertrat er das gemeinsame Anliegen der Gestaltpsychologen am entschiedensten und wortgewaltigsten. Da die Gestaltpsychologie an den grundlegenden Fragen des Daseins interessiert war, sann Kohler natürlich auch über Raum und Zeit nach. Dabei bemerkte er eine auffallende Ähnlichkeit. Er schrieb: «Erfahrene *Zeit* hat mit dem erfahrenen Raum gewisse Merkmale gemeinsam, besonders mit den Dimensionen, die wir mit Hilfe der Worte «vorn» und «hinten» kennzeichnen.»[22]

Köhler hob hervor, dass wir für zeitliche Relationen dieselben Bezugswörter benutzen, mit denen wir uns auch die räumlichen Verhältnisse erklären, «und zwar an allen Orten und in allen Sprachen. Im Deutschen zum Beispiel liegt (in der räumlichen *und* zeitlichen Bedeutung dieser Worte) etwas ‹vor› oder ‹hinter› uns. Wir schauen in Raum und Zeit gleichermassen ‹vorwärts›, und der Tod ereilt uns in der Zeit wie jemand, dem wir im Raum begegnen».[23]

Er sprach auch das prinzipielle Zusammenfassen zu Gruppen an, das den Dingen ihre Bedeutung verleiht. Dazu sagte er: «Zeit-‹Punkte› werden wie die Punkte im Raum zu Gruppen geordnet, nur dass es sich dabei um zeitliche und nicht um räumliche Anordnungen handelt. Dies gilt nicht nur für den Gesichtssinn sondern in gleichem Masse für das Hören und den Tastsinn. – Stellen Sie sich vor, ich klopfe in kurzen Intervallen drei Mal auf die Tischplatte, wiederhole den Vorgang nach etwa einer Sekunde und so weiter. Wer die Sequenz hört, nimmt Zeit-Gruppen wahr. Das Ordnungsprinzip für unser Beispiel ist die zeitliche Nähe, welche voll und ganz dem Prinzip der Nähe in räumlichen Gruppierungen entspricht.»[24]

Wir ersehen daraus, dass wir uns in der Zeit nicht anders orientieren als im Raum, nämlich vermittels derselben Arbeitsmethoden der rechten Hirnhälfte, die Gestalten bilden und zusammenhängende Muster ermitteln. Zwar beruht der präzisere, näherliegendere und wahrscheinlich auch häufiger aktiv benutzte Zeitsinn auf der linken Hirnhälfte, die die Zeit als einen einsgerichteten Fluss konstruiert. Aber wir besitzen daneben wie gesagt auch jenen gröberen und grundlegenderen Sinn der *räumlichen Zeit*, welcher entsprechend unserer Wahrnehmung strukturierter Ganzheiten mit feststellbaren Anfängen, Mittelteilen und Enden den Ereignissen das Prädikat «vorher» und «nachher» aufdrückt.

Wir werden im Verlauf unserer weiteren Ausführungen sehen, dass Strukturierung, Bildhaftigkeit und räumliche Zeit – unser vom Frosch und den ersten Hominiden überkommenes Erbe also – aller Macht des seriellen Verarbeitens durch die linke Hemisphäre und ihrer Erweiterung durch den Digitalcomputer zum Trotz unter der Oberfläche die eigentliche Kraftquelle des zukunftsschauenden Geistes bleibt.

Intuition und die drei Arten der Zeit

Bevor wir unsere Gedanken nun weiterentwickeln, müssen wir uns zuerst etwas näher mit einer Ansicht auseinandersetzen, die auf die Erforschung der Unterschiede zwischen den Hirnhemisphären zurückgeht, dass nämlich die linke Hirnhälfte unsere *rationale*, die rechte hingegen unsere *intuitive* Seite verkörpert. Diese Ansicht erweist sich bei genauerem Hinsehen als ein Klischee, das allgemein und oberflächlich noch als legitime Abstraktion durchgehen mag, jedoch nur bis zu einem gewissen Grad nützlich ist und missverständlich wird, sobald man übersieht, welche anderen Faktoren mitwirken.

In Kapitel 3 haben wir erfahren, warum man die linke Gehirnhemisphäre als unsere rationale Seite beschreibt. Sie ist zum grossen Teil für die Sprache zuständig, übersetzt unklare Impulse in Worte, mit denen wir dann in logischer Argumentation unsere Gedanken zum Ausdruck bringen. Zudem erledigt sie algebraische und arithmetische Operationen, ist also seinem Wesen nach ein Instrument jener linearen und seriellen Informationsverarbeitung, der Sprache wie Mathematik zu Grunde liegt. Beim Sprechen und Schreiben gebrauchen wir Wortsequenzen, beim Rechnen gehen wir davon aus, dass eins und eins gleich zwei sind. Soll das aber heissen, die rechte Hälfte würde keinerlei Denkvorgänge leisten? Ist das rechte Gehirn schon allein deswegen *ir*rational, weil das linke rational ist?

Entschiedener noch bezeichnet man die rechte Hälfte als Sitz unserer Intuition. Was würde auch dagegen sprechen? Intuition ist doch zuerst einmal der Verdacht, das richtige Gespür, die glückliche Eingebung – oder die ahnungsvolle Wahrnehmung einer verborgenen Wirklichkeit, die der Verstand erst begreift, nachdem sie sich zumindest teilweise offenbart hat. Kurz: Intuition, das ist die Plötzlichkeit, die wir mit der Gestalt-Wahrnehmung der rechten Hirnhälfte assoziieren, das Werkzeug des schöpferischen Künstlers, der nicht so sehr seine Gedanken als vielmehr seine Empfindungen und Gefühle zum Ausdruck bringt. Dürfen wir daraus aber schliessen, die linke Hemisphäre sei nicht ein bisschen intuitiv?

Bei einer eingehenden Betrachtung der vorhandenen Daten und Erkenntnisse kristallisiert sich eine vielsagende Übereinstimmung heraus: Wie es drei Arten von Zeit gibt, scheint es auch mindestens drei Arten der Intuition zu geben, von denen die erste entgegen der vorherrschenden Meinung sehr wohl eine Schöpfung der *linken* Hirnhälfte ist. Ich berufe mich hier auf die Arbeit von Theodore Sarbin von der *University of California* in Santa Cruz und anderen Psychologen, die herauszufinden versuchten, was nun eigentlich Intuition sei.[25] Ausgangspunkt ihrer Untersuchung war die in der klinischen Psychologie allgemein akzeptierte Annahme, ein guter Therapeut gehe intuitiv vor, finde Zugang zum Klienten und behandle ihn, indem er dessen innere Verfassung erspüren könne, welche unabhängig von allen rationalen Erwägungen unterhalb der normalen Bewusstsseinschwelle existiert. Dies ist allerdings eine reichlich unbefriedigende Erklärung.

Wie könnte sich eine Wissenschaft auch mit der üblichen nebelhaften Beschreibung der Intuition (Intuition = mit dem Unbewussten verwobenes und dem Verstand unzugängliches Geheimnis) zufrieden geben, die nicht einmal den Versuch einer näheren Definition unternimmt! Sarbin und seine Kollegen machten sich also frisch ans Werk und bewiesen, wenigstens zur Zufriedenheit eines Teils der Fachwelt, dass sich hinter der Intuition letztlich nicht mehr verbirgt als der Verstand. Sie führten aus, dass der Klient dem Therapeuten beständig visuelle und verbale Hinweise gibt, aus denen der Therapeut *rational* auf die innere Verfassung des Klienten *rückschliessen* kann. Die Beobachtungen, mit denen der erfahrene Therapeut auf die innere Verfassung des Klienten schliesst, sind nach Sarbins Ansicht nur deshalb «intuitiv» oder «spontan», weil er seine an sich rationalen Schritte so schnell und unterschwellig vollzieht, dass sie einfach unbemerkt bleiben müssen oder vergessen werden.

Man führte für diese neue Art der Intuition durch die linke Hirnhälfte den Begriff des *kognitiven Rückschlusses* ein, der meiner Meinung nach aus eben den Gründen berechtigt ist, die Sarbin et al. dafür gefunden haben. Seit ihrer Untersuchung ist die Hirnforschung allerdings weiter fortgeschritten und zeigt, dass wir mit dem *kognitiven Rückschluss* nur die Oberfläche angekratzt haben. Wir besprachen bereits, dass es gute Gründe dafür gibt, das Ermitteln von Grundmustern und die Formung von Bildern, denen Gestalt- und analytische

Psychologie nachgehen, mit der rechten Hirnhälfte zu verbinden. Aufgrund ihres Ansatzes sind diese beiden Schulen der Psychologie auch hauptsächlich an einer zweiten Art der Intuition interessiert, die die meisten von uns ohnehin eher als den *kognitiven Rückschluss* mit diesem Wort assoziieren würden und die sich entschiedenermassen *nicht* mit dem Verstand erreichen lässt (vorausgesetzt natürlich, wir verstehen den Verstand als eine Funktion der linken Hirnhälfte). Aber, was ist sie dann? Der italienische Psychiater Roberto Assagioli erklärt sie als «synthetische Funktion, und zwar in dem Sinne, dass sie die Totalität einer gegebenen Situation oder psychischen Realität begreift. Sie arbeitet sich nicht wie der analytische Verstand von den Teilen zum Ganzen vor, sondern fasst die Totalität unmittelbar in ihrem lebendigen Dasein auf».[26]

Mit anderen Worten: Die Gestalt-Intuition wirkt, indem sie für etwas empfänglich ist, das Physiker und Gestaltpsychologen gleichermassen als die Kraft des *Feldes* bezeichnen. Was ist darunter zu verstehen? Stellen Sie sich vor, Sie stehen auf einem offenen Feld. Rechts von Ihnen ist ein abgestorbener Baum, zu Ihrer Linken ein kühler, erquickender Strom, und der Weg unmittelbar vor Ihnen verliert sich im hohen Gras. Sie fragen sich, wo er wohl hinführen mag, und *intuieren* ganz richtig, dass er zum Fluss abbiegt, obwohl das hohe Gras seinen Verlauf verdeckt. Wie kommen Sie zu Ihrer Annahme? Ein Gestaltpsychologe hätte die folgende Erklärung anzubieten: Die Szene hat sich in Ihrem Hirn in einer Weise eingeprägt, dass die Bestandteile mit gewissen positiven und negativen Valenzen aufgeladen wurden, die eine bestimmte Spannung erzeugen. Der tote Baum wird als uninteressant und vermeidenswert identifiziert, der kühle Strom hingegen als so anziehend, dass man zu ihm hingehen müsste. Die Spannungen zwischen diesen beiden Valenzen setzen eine Feldkraft in Bewegung, welche die Richtung andeutet die vor Ihnen schon andere eingeschlagen haben; d. h. sie «zeichnen» im Bewusstsein den Weg zum Fluss vor, bevor Sie ihn tatsächlich gesehen haben.

Gestalt-Intuition macht in den Druckmustern der ganzen Bandbreite wahrgenommener Information Unterbrechungen, fehlende Teilstücke und verborgene Zusammenhänge ausfindig. Sie schliesst Lücken und rundet die Bruchstellen an den Rändern wahrgenommener Ganzheiten ab.

Am schwersten aber ist die dritte Art von Intuition zu verstehen. «Sie ist die Funktion des Vorauswissens, das mehr beim ‹Wird-sein› als beim ‹Ist› oder ‹War› zuhause ist», so jedenfalls formulierten es die Jungschen Analytiker, die sich mit der Zukunftsorientiertheit des intuitiven Persönlichkeitstypus befassten. «Für den intuitiven Persönlichkeitstypus ist die Gegenwart nur ein fahler Schatten, die Vergangenheit ein Nebel.»[27]

Eine solche Aussage taugt nicht als wissenschaftliche Erklärung. Immerhin verweist sie uns auf die Fähigkeit, eine andere Art der Sinneswahrnehmung zu gebrauchen, deren Informationsrezeption sich dem wissenschaftlichen Verständnis bisher entzog. Man hat für diese Sinneswahrnehmung bisher ebensowenig ein entsprechendes Sinnesorgan finden können wie für die Zeit. Und man hat auch keine Welle von der Art (wie etwa im Radio) entdeckt, die alle anderen Formen der Information an Menschen oder Maschinen weiterleiten.[28] Trotzdem sprechen immer mehr Daten dafür, dass wir Tag für Tag in einem unsichtbaren Meer solcher Informationen baden (die Freud mit seinem dichterischen Feingefühl für bildhafte Vergleiche im übrigen als «ozeanisches» Gefühl charakterisierte). Inzwischen liegen noch mehr Untersuchungen zu Meditation, Trance, Schlaf, Traum, Drogenerfahrung und Hypnose vor. Sie alle deuten an, dass der Zugang zu diesem geheimnisvollen Informationsmeer über die rechte Hirnhälfte führen mag.[29]

Wir sind diesem Rätsel bereits an einem anderem Ort unserer Darstellung begegnet, nämlich als wir die Vorstellung der *zeitlosen Zeit* in Erwägung zogen – einen Geistes- und Seinszustand also, in dem Raum und Zeit in eins zusammenfallen und der somit jenseits und/oder vor der uns bekannten Form von Raum und Zeit existiert. Von den Wissenschaftlern gleich welcher Provinienz kann sich bisher nur die zahlenmässig kleine Gruppe der «neuen Psychophysiker» (vergl. Kapitel 12) für die Möglichkeit erwärmen, dass man unmittelbar – und zwar im allgemeinen durch visuelle Eindrücke – Informationen über die Zukunft in Erfahrung bringen mag, ohne sie sich aus der Kenntnis von Vergangenheit und Gegenwart zu erschliessen.

Was sich diesbezüglich letzten Endes auch als die Wahrheit herausstellen mag, ist es sicher in tieferem Sinne bedeutsam, dass es für alle drei Arten der Zeit, die wir bisher identifiziert haben, eine entsprechende Form der Intuition zu geben scheint, die auf ihrer Ebene die Zukunft vorausahnt. Überdies mögen wir aus diesem Sachverhalt (der uns ein Rätsel aufgibt, sofern wir nicht mit dem Glauben an metaphysische Wirklichkeiten gesegnet sind) durch all den Nebel sogar ein paar feste Konturen erkennen. Wir müssen zu diesem Zweck bloss die logischen Entwicklungsschritte der Paarung von Zeitart und Art der Intuition betrachten. Diese aber ergibt sich ganz natürlich aus dem Material, das wir uns zur Untersuchung der Entstehung von Gehirn und Bewusstsein – und schliesslich dem funktionalen Splitting der Hemisphären – erarbeitet haben.

Bevor es überhaupt Leben auf der Erde gab – oder auf individuelle Entwicklung übertragen: im Embryonalzustand –, scheint es nur die *zeitlose Zeit* gegeben zu haben, zu der wir auch jetzt noch Zugang haben, und zwar einmal, wie Jung sich ausdrückt, auf der psychoiden (d. h. kollektiven) Ebene des noch nicht bewusstseinsfähigen Geistes und zum anderen vermittels des sogenannten höheren Bewusstseins des Mystikers. Wie es scheint, zapfen wir diese uralte oder ausserzeitliche Dimension gelegentlich mit einer Art aussersinnlicher Intuition an.

Danach entstand die wesentlich verlässlichere Gestalt-Intuition, die uns ebenfalls mit den niederen Lebensformen verbindet, weil wir nicht weniger als sie mit ihrer Hilfe die *räumliche Zeit* begreifen. Zuletzt schliesslich bildete sich durch die explosionsartige Zunahme an Masse und die funktionale Aufspaltung der Programmierung des Grosshirns aus früheren Entwicklungsanlagen im Menschen auch noch die rationale Intuition, mit der wir die Manifestation der *seriellen Zeit* aufnehmen.

Da die drei Arten der Intuition gewissermassen die drei Arten der Zeit überwachen, sind sie für die Vorhersage der Zukunft allesamt relevant. Allerdings sind sich die meisten Menschen nur der seriellen Zeit bewusst. Die räumliche Zeit mögen wir vielleicht noch dunkel erahnen, für die zeitlose Zeit aber fehlt uns einfach der Glaube. Deswegen nutzen wir nur einen Bruchteil der ungeheuren Kräfte, die eigentlich in jedem einzelnen von uns stecken. Was uns darüber wundern lässt, welch umwälzenden Veränderungen die Menschheit wohl erleben wird, sollte der schlafende Riese in uns tatsächlich einmal erwachen.

KAPITEL 6

Die Macht des Vorderhirns

In Kapitel 3 haben wir uns kurz mit den Aufgaben des frontalen Kortex vertraut gemacht, die vor der Revolution durch die Hemisphärentheorie das beliebteste Geheimnis der Hirnforschung gewesen waren. Dabei erfuhren wir, in welcher Weise das Vorderhirn mit der hungrig-forschenden und aktiven Natur unseres Bewusstseins in Beziehung steht. Wir hatten uns insbesondere mit Alexander Luria zu beschäftigen begonnen, der durch seine Arbeit an hirngeschädigten Patienten Schritt für Schritt die entscheidende Beteiligung des Vorderhirns an Planung, Programmierung und Intention nachweisen konnte und damit belegte, dass Wille und Wunsch unsere Sicht der Zukunft mitformen. Jetzt wollen wir diesen Faden wiederaufnehmen.

Vom Ausgang des 18. bis tief ins 20. Jahrhundert hinein betrachteten die Gehirnforscher das Vorderhirn wie selbstverständlich als natürlichen Sitz des Intellekts. Diese Annahme beruhte unter anderem darauf, dass man für andere Gehirnregionen irgendeine spezifische Funktion entdecken konnte: Die Bildverarbeitung in den Sehzentren des Hinterhirns, die Sprache in den Zentren von Wernicke und Broca und so weiter. Das Vorderhirn dagegen schien ausser ein paar nebensächlichen motorischen Funktionen – der Kontrolle physischer Bewegungen – keine weiteren Aufgaben zu haben. Und da es keinem Forscher gelingen wollte, den Sitz der Intelligenz – das eigentliche Kontrollzentrum – ausfindig zu machen, fiel die Wahl dafür ganz logisch auf den «Extra-Raum» vorn, der etwa ein Viertel der Gehirnmasse ausmacht. Ausserdem befand es sich ohnehin an der Stelle, wo jeder gute Ingenieur es für diesen Zweck plaziert hätte: Ganz vorn und unmittelbar über den Augen.

Als erster kam der grosse englische Gehirnchirurg Hughlings Jackson gegen Ende des 18. Jahrhunderts zu diesem Schluss.[1] Ihm pflichteten in unserem Jahrhundert andere Gehirnforscher bei, die in den Stirnlappen den Sitz des «Denkens» und «synthetischen Zusammenfassens» entdeckten,[2] eine Überzeugung, die in den dreissiger und vierziger Jahren ihren Höhepunkt erreichte, als der für seine Arbeit an Hirngeschädigten berühmte Kurt Goldstein eben dort unsere Fähigkeit des Abstrahierens lokalisierte[3] und Ward Halstead von der *University of Chicago* herausfand, dass das Vorderhirn das Zentrum unserer «biologischen Intelligenz» ist.[4] Bald danach kam jedoch der Fall. Mit der typischen Mischung aus Schwermut und Schadenfreude, die einen Wissenschaftler immer dann befällt, wenn er eine allseits liebgewonnene Theorie zum Einsturz bringt, hob der bekannte kanadische Neuropsychologe Donald Hebb diese Vorstellung anhand eines Falles aus den Unterlagen seines Landsmannes Wilder Penfield aus den Angeln.

Es ging um einen sechzehnjährigen Jungen mit einer schweren Schädelfraktur, die beide Stirnlappen beschädigt hatte. Im Laufe der nächsten zehn Jahre erkrankte er in Spätfolge an schwerer Epilepsie und «degenerierte zu einem unzurechnungsfähigen und gefährlichen Pflegefall». Man untersuchte ihn zweimal auf seine Intelligenz. Das erste Mal lag der IQ-Wert unter siebzig, das zweite Mal bei vierundachtzig – also auf der Stufe der Schwachsinnigkeit. Penfield entfernte an ihm dann operativ einen Grossteil beider Stirnlappen, und, siehe da, der Intelligenzquotient erhöhte sich auf sechsundneunzig! Hebb enthüllte, «dass weder irgendein besonderer Test noch die Zusammensetzung der Testwerte insgesamt auf ein Nachlassen der intellektuellen Leistungsfähigkeit deutete. Zudem war das psychotische Verhalten vollständig verschwunden».[5]

Die frühere Anschauung war komplett überholt, als Hebb hinzufügte: «Der junge Mann war nun in klinischem wie auch sozialem Sinne vollständig normal und fähig, seine Angelegenheiten selbst in die Hand zu nehmen.» Die letzte Überprüfung zeigte, «dass er sein Leben während der letzten fünf Jahre sinnvoll gestaltet hatte». Schliesslich «hatte er sich freiwillig zum Militärdienst gemeldet und zu allseitiger Zufriedenheit zehn Monate in Übersee gedient».[6]

Der Zusammenbruch der Theorie vom Sitz der Intelligenz in den Stirnlappen war so vollständig, dass bis weit in die siebziger Jahre hinein das vielbenutzte Lehrbuch eines herausragenden amerikanischen Hirnforschers die Idee der «Intelligenz-, Erinnerungs- und Einsichtsfähigkeit» des Vorderhirns als so fadenschenig ablehnte, dass man sie nicht einmal diskutieren müsste.[7]

Schon in den frühen sechziger Jahren begann aber aus Russland die Kunde von den ausserordentlich gut belegten Arbeiten und Ausführungen Alexander Lurias herauszusickern, der zu den grossen Bewunderern des Vorderhirns zählt. Sie deckten sich mit Pribrams Affenversuchen, waren für die damalige Wissenschaft jedoch ein Ärgernis, weil sie sich inzwischen mit der Anschauung angefreundet hatten, dass dieser Teil des Gehirns mit dem Intellekt nicht das mindeste zu tun haben könne. Luria behauptete ja immerhin, dass die Stirnlappen «bei der Synthese zielgerichteter Bewegung eine wesentliche Rolle spielen würden». Wie er sagte, waren alle vielschichtigen Tätigkeiten von Tier oder Mensch von den Stirnlappen durch ein Programm determiniert, «welches einerseits sicherstellt, dass das jeweilige Lebewesen auf die tatsächlichen Stimuli reagiert und andererseits (natürlich in gewissen Grenzen) die Zukunft voraussieht: Es stellt die Wahrscheinlichkeit fest, mit der ein bestimmtes Ereignis eintreffen mag; ist darauf vorbereitet, wenn es wirklich passiert; und bereitet ein Verhaltensschema vor.»[8]

Aber: Ist das Intelligenz? Die Frage ist natürlich zu bejahen. Wir können nicht anders. Wir *müssen* die Fähigkeit, die Zukunft vorauszusehen und dementsprechend zu handeln, einfach als Intelligenzleistung anerkennen. Wie aber hatte es geschehen können, dass die Ansichten führender Wissenschaftler über einen dermassen wichtigen Punkt wie die menschliche Intelligenz so weit divergierten? Dass die Diskrepanz mehr als nur ein Sturm im Wasserglas der akademischen Welt darstellte, ist schon allein aus einer der grossen Tragödien medizinischer Fehlbehandlungen ersichtlich: 40 000 Menschen bezahlten die widersprüchliche Deutung der Stirnlappen mit *irreparablen* Hirnschäden, weil man an ihnen die ehemals so populäre Lobotomie durchgeführt hatte.

Die Lektion der Lobotomie

Diese traurige Verirrung hatte 1848 ihren Ursprung, in jenem historisch wichtigen Jahr also, das auch in anderer Weise, und zwar eher erschrekkend, die Wirkung des zukunftsbezogenen Geistes enthüllte: Politische und intellektuelle Revolutionen erschütterten ganz Europa, Marx und Engels verfassten das *Kommunistische Manifest*, während in dem kleinen Dorf Cavendish im amerikanischen Bundesstaat Vermont eine ganz andere Art von «Blitz» in das menschliche Bewusstsein einschlug.

Zur Vorbereitung einer Sprengung versuchte dort der Bauvorarbeiter Phineas Gage mit einer Eisenstange ein Loch im Gestein zu erweitern. Dabei explodierte das bereits verstreute Pulver, und die Eisenstange (fast drei Zentimeter dick und mehr als einen Meter lang) wurde durch Gages linke Wange getrieben, durchschlug von unten das Hirn und ragte schliesslich ein ganzes Stück vorn aus dem Schädel heraus.

Seine Kollegen hielten ihn natürlich für tot. Zu ihrer Überraschung richtete er sich jedoch auf und fragte sie nach seinem Brecheisen. Er überlebte den Vorfall nicht nur, er wurde zu einer wandelnden und gesprächigen Kuriosität, die nichts lieber tat, als ihr Loch im Kopf zusammen mit der schicksalsträchtigen Eisenstange vorzuzeigen. Da er offensichtlich auch ohne einen grossen Teil seiner Stirnlappen überlebensfähig war, stellte sich damals bereits die Frage nach deren Wichtigkeit.

Für den behandelnden Arzt, John M. Harlow, stand eindeutig fest, dass etwas Wichtiges verlorengegangen war. Vor dem Unfall war Gage ein zurückhaltender, verlässlicher und leise sprechender Mann gewesen, und hatte ausserdem genug Umsicht und Vorausschau besessen, dass er den Anforderungen einer Vorarbeiterstelle genügte. Nach dem Unfall fand Harlow ihn «launenhaft, respektlos, gelegentlich die derbsten Flüche und Zoten ausstossend ... ein Mann, der seine Mitmenschen nur wenig achtete, auf Einschränkungen oder Ratschläge ungehalten reagierte, sobald sie seinen Wünschen im Weg waren, der einerseits extrem halsstarrig sein konnte, andererseits aber kapriziös und sprunghaft».[9] Überdies war er nicht mehr in der Lage, effektiv vorauszuplanen. Er wurde bald entlassen und verbrachte den Rest seines Lebens damit, von einer Arbeit zur nächsten kreuz und quer durch Amerika zu treiben.

Einhundert Jahre waren vergangen, Phineas Gage zu einem Ausstellungsstück in der Sammlung der medizinischen Fakultät von *Harvard* geworden: Ein Schädel mit einem grossen Loch. Über die Begeisterung für eine neue chirurgische Wunderbehandlung hatte man überdies die Einwände und Kümmernisse Dr. Harlows fast vollständig vergessen. Man hatte nämlich inzwischen herausgefunden, dass eine radikale neue Art der Gehirnchirurgie depressive, in sich gekehrte, schwermütige und launische Geisteskranke in extravertierte, freundliche und funktionstüchtige «normale Menschen» verwandeln konnte. Diesen neuen Eingriff nannte man je nach Grad der Beschädigung des Hirngewebes Lobotomie, Leukotomie oder Lobektomie.

Nicht nur die guten Ergebnisse machten diese Prozedur so populär; sie verdankte ihre Beliebtheit gleichermassen ihrer mechanischen Einfachheit. Bei der «transorbitalen Methode», die von Dr. Walter Freeman aus Washington D. C. entwickelt und auch am meisten angewandt wurde, «treibt man zwischen Augapfel und oberes Augenlid einen Metallstab oder eine eispickelförmige, abgestumpfte Sonde. Der Schaft wird parallel zum Nasenbein ausgerichtet, der Griff leicht mit einem Silberhämmerchen angeschlagen. Ist der Schaft einige Zentimeter hineingetrieben, bewegt man ihn ein wenig hin und her und zieht ihn schliesslich heraus. Die Sonde wird entfernt, auf der gegenüberliegenden Seite wieder angesetzt und der Vorgang wiederholt».

Der Neurobiologe David Goodman bemerkte dazu: «Das Angenehme an diesen Lobotomien war, dass man sie im Operationssaal erledigen konnte. Im Idealfall liessen sich an einem einzigen Arbeitstag sogar drei bis vier Operationen bewältigen. Kein Wunder also, dass Chirurgen im ganzen Land sich die für diese Psychochirurgie notwendigen Werkzeuge zulegten. Zwölf Jahre lang, von 1942 bis 1954, war die Lobotomie für eine ganze Reihe sogenannter psychotischer Störungen als Behandlungsmethode hoch angesehen. In Fachzeitschriften und auf medizinischen Kongressen nahm man sie weltweit äusserst positiv auf.»[11] Antonio Egaz Moniz, der Erfinder dieser Methode (der später von einem seiner lobotomisierten Patienten erschossen wurde) bekam dafür sogar den Nobelpreis!

Da sich immer mehr die Ansicht durchgesetzt hatte, die Stirnlappen erfüllten keine wichtige Funktion, forderte diese Kastrierung des Geistes insgesamt etwa 40 000 Opfer. Drei Entwicklungen machten ihr schliesslich ein Ende. Einmal erfand man Psychopharmaka, die weniger kostspielig dieselbe Bewusstseinskontrolle gewährleisteten und obendrein der Gehirnstruktur keinen Dauerschaden zufügten. Dazu kamen die Entdeckungen von Luria, Pribram und anderen, die für die Stirnlappen übereinstimmend wichtige Funktionen nachwiesen. Und drittens spielten auch die Vorbehalte englischer und schwedischer Ärzte eine Rolle, die an Lobotomisierten besorgniserregende Verhaltensänderungen feststellten, und zwar von derselben Art, wie sie Dr. Harlow bereits einhundert Jahre zuvor an Phineas Gage beobachtet hatte. Wir werden auf diese Veränderungen nochmals kurz eingehen, weil sie für die Wahrnehmung der Zukunft ebenfalls relevant sind.

Vornehmlich zwei Quellen liefern uns also die Kenntnisse über die Beziehung zwischen Stirnlappen und Vorhersagefähigkeit: Einmal die Arbeit Lurias und anderer an Hirngeschädigten und zum anderen das schauerliche Schicksal der Lobotomisierten. Wir wollen uns zuerst mit dem erfreulicheren Beweismaterial beschäftigen.

An den Schalthebeln des Bewusstseins

Luria berichtet in seinen Arbeiten, zwischen Psychiatern und Gehirnchirurgen bestünde weitgehende Übereinstimmung, dass jegliche Beschädigung der Stirnlappen unsere Fähigkeit beeinträchtigen müsse, in die Zukunft zu schauen und vernünftig vorauszuplanen. Das Problem war aber, was diese Beeinträchtigung genau bedeutet.

Luria konstatierte an einer grossen Zahl stirnlappenverletzter Patienten «schwere Verhaltensstörungen, auch wenn man das ihren Bewegungen rein äusserlich nicht ansieht. Es fällt ihnen schwer zu planen; sie sind unfähig, in Übereinstimmung mit ihren Absichten vorzugehen; sie lassen sich willfährig von irrelevanten Stimuli aus dem Konzept bringen; und sie handeln anders als sie sich entschieden haben».[12] Diese Ausführungen vermitteln den Eindruck von Menschen, die nicht weiterwachsen, nicht weitergehen können, die Gefangene der Vergangenheit sind. Zwar können sie durchaus noch Gedanken fassen und auf eine bestimmte Art und Weise handeln (wovon sich wohlmeinende Chirurgen täuschen und zur Lobotomie verführen liessen), aber ihr Denken und Handeln bleibt auf bereits erlernte Schemata und Sequenzen beschränkt. Sie haben keine andere Wahl als auf jene automatischen Gedanken/Handlungs-Folgen zurückzugreifen, die auch uns Tag für Tag über die Runden bringen, wenn wir uns nicht gerade einem Problem gegenüberstehen, das von uns verlangt, Denkmuster umzustellen und zu reorganisieren, um etwas Neues, der Zukunft Angemessenes, zu leisten.

Zwei von Lurias Patienten veranschaulichen diesen Mangel auf besonders drastische Weise: «Man hat an Patienten mit schweren Verletzungen der Stirnlappen noch eine andere Verhaltensstörung festgestellt, und zwar wird dabei einmal eine begonnene Handlung durch eine andere, gewohnheitsmässigere, ersetzt, die durch frühere Erfahrungen fest im Bewusstsein verankert ist, mit der momentanen Absicht des Patienten aber nicht das geringste zu tun hat, oder zum anderen erfolgt anstelle der logischen Anschlusshandlung die häufige Wiederholung einer vorhergehenden stereotypen Bewegung. Als Beispiel mag jener schwer Stirnlappenverletzte dienen, der, auf die Aufforderung, eine Kerze zu entzünden, sich diese in den Mund steckte und sie wie eine Zigarette anzünden wollte. Für den zweiten Fall mag ein anderer als Beispiel dienen, der... ein zu hobelndes Brett ganz durchhobelte und sich danach anschickte, der Hobelbank die gleiche Behandlung angedeihen zu lassen.»[13]

Durch solche Beobachtungen trug Luria nach und nach die Beweise zusammen, wie die Stirnlappen an den zahlreichen Gehirn- und Körperprozessen beteiligt sind, die über unversehrte Anschlüsse laufen müssen, damit wir vorausplanen und unseren Plänen gemäss handeln können. Wir wollen nun anhand einer kurzen Synopse seiner und der Arbeitsergebnisse anderer Forscher einmal vorsichtig entwerfen, was im Verlauf dieser Prozesse alles zu passieren scheint.

Die Planungsaktivität der Stirnlappen beginnt mit einer grundsätzlichen *Aufmerksamkeit* oder Aufnahmebereitschaft damit, dass wir ein potentiell zu lösendes Problem identifizieren. Wer eine Stirnlappenverletzung erlitten hat, ist zu solcher Aufmerksamkeit erwiesenermassen unfähig.[14] In unversehrtem Zustand der Stirnlappen kann sich das Bewusstsein jedoch auf ein einzelnes Objekt oder Problem konzentrieren: Es kann achtgeben. Damit ist unser System zur Problembewältigung *aktiviert*. Wir sind von jener *Erwartung* erfüllt, die sich in Form der von Grey Walter entdeckten elektrischen Wellen in den Stirnlappen manifestiert. Diese Aktivierung hängt mit einem grossen Nervennetz im Hirnstamm (dem sogenannten Retikulärsystem) zusammen, welches seinerseits über ein aussergewöhnliches Neuronenbündel, das für den gegenseitigen Informationsaustausch zwischen Hirnstamm und Stirnlappen vorgesehen ist, mit den Stirnlappen in Verbindung steht. Damit sind die «charakteristischen langsamen Wellen in den vorderen Hirnregionen» in Gang gekommen, sowie eine grosse Anzahl «simultan arbeitender Punkte angeregt», die eng mit der aktivierenden Funktion der Sprache zusammenhängen, «welche ihrerseits das Problem formuliert oder die für bestimmte Formen intellektueller Tätigkeit notwendige besondere Konzentration bereitstellt».[15]

Sobald wir einmal auf ein Problem aufmerksam geworden sind und uns ihm widmen, besteht der nächste wichtige Schritt darin, alle irrelevanten Dinge auszublenden. Wir werden zum Beispiel unsere Schuhe nicht schnüren können, wenn für einen kurzen Augenblick unser Bewusstsein nicht alle anderen Schuhe, Schnürsenkel, Finger und Ösen einfach ausschliesst. Auch an diesem Vorgang sind nach Luria die Stirnlappen beteiligt: «Ihre wichtigste Rolle ist, Reaktionen auf irrelevante Stimuli zu unterbinden und für die Durchführung des zielgerichteten vorprogrammierten Verhaltens zu sorgen.»[16]

Als nächstes wird es irgendwann sehr entscheidend darum gehen, das gegenwärtige Problem mit der aus der Vergangenheit gespeicherten Erfahrung in Beziehung zu bringen, was bedeutet, dass wir uns unsere Erinnerungen erschliessen und dort irgendetwas finden müssen, das für die Lösung des anstehenden Problems sinnvoll ist. Viele Untersuchungen, einschliesslich der von Luria, haben gezeigt, dass die Erinnerungsspeicherung bei Beschädigung der Stirnlappen per se unversehrt bleibt. – Aber welche Beziehung herrscht dann zwischen Vorderhirn und Erinnerungsvermögen? Luria schrieb dazu, das Erinnerungsvermögen beinhalte «die Fähigkeit, sich aktiv um einen Zugang zu den Erinnerungen zu bemühen» wie auch die Gabe, «von einer Erinnerungsspur zur anderen überzuwechseln».[17] Nach Karl Pribram wird das Vorderhirn ferner gebraucht, Erinnerungsfetzen zu einem erinnerten Ganzen zu organisieren «und aus verstreuten gedächtnisstützenden Ereignissen ein Gesamtbild zu rekonstruieren».[18]

An diesem Punkt unserer imaginären Sequenz (die natürlich nur die Darstellung erleichtern soll und nicht unbedingt in jedem Schritt mit dem tatsächlichen Geschehen der blitzschnellen und wechselnden Kalkulationen des Geistes übereinstimmen muss) sehen wir das Problem nun vielleicht aus den «Tiefen» ins Bewusstsein aufsteigen. Mit anderen Worten: Alles bisherige Geschehene passierte unterhalb der Bewusstseinsschwelle. Wir geben acht (unbewusst), sind reaktionsbereit (unbewusst) und beginnen über (unbewusste) automatische Prozesse auf die Erinnerung bezugzunehmen, die ähnlich wie eine Alarmanlage funktionieren: Sie werden durch Detektoren ausgelöst, als würde eine Tür geöffnet oder eine Fensterscheibe eingeschlagen. Dann bekommt das Problem eine erkennbare Form. Allerdings ist der genaue Sitz des

Bewusstseins ähnlich unklar wie der des Zeitsinns. Es scheint insbesondere vom Hirnstamm und vom limbischen System abzuhängen. Die Stirnlappen sind mit diesen durch netzförmige Fasern verbunden, «die die vielschichtigsten Bewusstseinsvorgänge ermöglichen».[19]

Das Problem ist demnach identifiziert: Es ist eindeutig so und nicht anders. Aber wie wird es nun gelöst? Luria fand heraus, dass die Stirnlappen sowohl von aussen und innen kommende Informationen zusammenfügen als sie auch dafür sorgen, dass eben diese Informationen zwecks Analyse zerlegt und aufgespalten werden.[20] Nehmen wir einmal an, wir stehen einem Problem gegenüber, für das wir noch kein vorgefertigtes Lösungsmodell besitzen, das wir also nicht automatisch erledigen können. In diesem Fall beginnt das Vorderhirn, es in seine Bestandteile zu trennen und einzuordnen. Es beginnt mit der Analyse.

Danach sind einige entscheidende Schritte notwendig. Zunächst gilt es, hypothetisch zu erfassen, womit sich das Bewusstsein eigentlich beschäftigt. Diese Hypothese verleiht der anstehenden Frage fassbare Gestalt. Ist die Frage über Rückkoppelungsmechanismen zufriedenstellend beantwortet, muss noch ein Handlungsziel vorgegeben werden. In diesem Entwicklungsstadium treffen wir erstmals auf jenen wichtigen «Zukunftssinn», ohne den wir wenig mehr als Automaten wären. Hier wird die Situation auch schlagartig ungeheuer komplex, gedrängt und möglicherweise sogar beängstigend. Wir stehen unter dem Druck, dass unsere Annahme (unsere Hypothese über den Gegenstand unserer Beschäftigung) den Tatsachen möglichst nahe kommen muss. Aber es tritt noch ein weiteres Element ins Spiel: Um unser Handlungsziel klar zu bestimmen, müssen wir unsere Wunschvorstellungen einkalkulieren, die den für uns idealen Zustand vorwegnehmen und festsetzen. Wir müssen unseren Willen, die Richtung unserer Absichten und unseren ideologischen Bezugsrahmen in Rechnung stellen.

Es ist für uns äusserst wichtig, die physiologischen Vorgänge während dieses Geschehens zu verstehen, weil wir auf dieser Grundlage begreifen könnten, warum und wie wir die Zukunft wahrnehmen beziehungsweise projizieren, und zum anderen erfassen, warum und wie wir motiviert sind, die Zukunft nach unseren Wünschen und Idealen zu beeinflussen.

Die entscheidenden Hirnregionen dabei sind die «höheren» Stirnlappen und von den «niederen» Strukturen der Thalamus, Teile des Hirnstamms und jenes Bündel netzartiger Nervenfasern, das diese mit den Stirnlappen verbindet. Diese verbindenden Fasern können aufgrund ihres Aufbaus Informationen in beide Richtungen weiterleiten. Sie steigen vom Thalamus und dem Hirnstamm zu den Stirnlappen auf und winden sich von dort wieder zu den niederen Hirnpartien herab.[21] Nach Luria passiert nun Folgendes: «Diese absteigenden Fasern, die von der präfrontalen Rinde zu den Kernen von Thalamus und Hirnstamm verlaufen, bilden ein System, mit dessen Hilfe die unmittelbar an der Formulierung von Absichten und Plänen beteiligten höheren Ebenen der Hirnrinde die niederen Strukturen der Retikulärformation von Thalamus und Hirnstamm einspannen, wodurch sie eine Feinabstimmung ihrer Tätigkeit erreichen und die komplexesten Formen bewusster Tätigkeit ermöglichen.»[22]

Natürlich findet man nur schwer seinen Weg durch das verschlossene Labyrinth der Beziehungen, die zwischen den einzelnen Hirnregionen vermitteln. Deswegen mag man versucht sein, sich die Stirnlappen als den alleinigen Sitz des «Zukunftssinns» vorzustellen. Wir sehen hier jedoch, dass die «niederen», evolutionsmässig wesentlich älteren Hirnstrukturen ebenfalls eine Rolle spielen. Dies deckt sich mit unseren früheren Beobachtungen von Formen der Zukunftserfassung, die auch weit unter uns auf der entwicklungsgeschichtlichen Leiter anzutreffen sind, bei den Ameisen etwa oder bei den Einzellern, ja selbst im DNS-Molekül.

Den Thalamus betrachten wir gewöhnlich als eine Hauptschaltstelle, in der alle von den Sinnen einkommenden Informationen zusammenlaufen.[23] Er liegt im oberen Hirnstamm der nach Penfield unser Hauptkontrollzentrum für die meisten Prozesse enthalten muss.[24] Diese «alte» Hirnstruktur enthält ebenfalls einen Teil der physiologischen Grundlage, die zur Hervorbringung von Gefühlen notwendig ist. Daneben sind an den Gefühlen der Hypothalamus (Hauptregulator vegetativer Funktionen) und die mysteriösen Strukturen des limbischen Systems beteiligt, die sich im unteren Teil des Vorderhirns wie Pflaumen im Pudding um die Spitze des Hirnstamms legen.

Die Stirnlappen wenden sich zur Bewältigung der vor ihnen liegenden Aufgabe also an die «alten» Hirnzentren, die Informationen weiterleiten, Prozesse steuern und einen (zumeist übersehenen) Teil zu Antrieb und Lenkung unserer Gefühle beitragen. Aus dem Informationsaustausch über die in beide Richtungen wirksamen netzartigen Nervenfasern entwickeln wir sowohl unsere Ziele wie auch die Strategien, sie zu erreichen. Ja derselbe Prozess ist sogar noch teilweise für Alternativentwürfe und (unter offensichtlicher Zuhilfenahme der linken Hirnhälfte) für die Einschätzung unserer Erfolgsaussichten verantwortlich.

Inzwischen ist in uns also ein Bild von der Zukunft entstanden, zusammen mit unseren ersten Plänen, dorthin zu gelangen, was wir der Einfachheit halber «Voraussage I mit dazugehörigem Aktionsplan» nennen wollen. Der nächste Schritt ist, nach diesem Plan vorzugehen und ihn gemeinsam mit «Voraussage I» zu testen. Zu diesem Zweck werden die sogenannten *Bewegungszentren* des Gehirns in Tätigkeit versetzt, die alle Arten physischer Bewegung einschliesslich der Sprache kontrollieren. «Auf der elementaren Ebene instinktiven Verhaltens werden diese motorischen Aufgaben durch angeborene Programme geregelt.»[25] Auf der höheren Ebene der «vielschichtigen Bewusstseinsaktivitäten» hingegen, an denen die Stirnlappen beteiligt sind, «werden sie von den Absichten gesteuert, die unter enger Mitwirkung der Rede zustande kommen, welche das menschliche Verhalten reguliert».[26]

Wie wir im dritten Kapitel bereits feststellten, überwachen Rückkoppelungsschleifen sorgsam das Ergebnis dieser Handlungen, die dem Bewusstsein die ersten Testergebnisse zuspielen sollen. Nach Luria ist das Vorderhirn auch an dieser Stelle von überragender Bedeutung. Der Vergleich zwischen Feedback und ursprünglichem Ziel zeigt, wie nahe unsere Annahmen oder Handlungen den Erfordernissen eines erfolgreichen Abschlusses gekommen sind. Danach erfolgt «Voraussage II». Pläne und Strategien werden der Lage noch mehr angepasst. Rückkopplungsschleifen messen wieder die Ergebnisse. Es folgt «Voraussage III» . . . und so weiter, bis wir sicher sind, was wir sehen, oder bis das Ziel erreicht ist.

Die Macht hinter dem Thron

Wir mögen nun meinen, dass all dies mehr als genug sei, um eine Hirnregion vollkommen auszulasten, müssen allerdings einschränkend zugeben, dass wir soweit nur die leichter erkennbare Hälfte des Geschehens in unsere Erwägungen einbezogen haben. Über die Jahrhunderte haben wir uns daran gewöhnt, das Denken als etwas anderes anzusehen als das Fühlen – im Alltag nicht weniger als in den Wissenschaften wie etwa der Psychologie. Wir halten den «Intellekt» für eine Sache, die «Gefühle» für eine andere. Die grundlegende Pionierarbeit von Silvian Tomkins weist demgegenüber eindrucksvoll nach, dass Intellekt und Gefühle in allen wirklichen Lebensäusserungen nicht nur eng zusammenwirken, sondern generell sogar etwas vollkommen Neues darstellen, das gleichzeitig Gedanke *und* Gefühl ist – wie Bronze nicht einfach nur Kupfer und Zinn, sondern eben eine *Legierung* von beidem ist.[27] Tomkins charakterisiert diese vereinigte Schubkraft als «Ideenbildung» *(Ideation)*.

Bis jetzt haben wir durch Lurias Brille die intellektuelle Seite der Ideation und die Beteiligung des Vorderhirns an der Voraussagefähigkeit des Bewusstseins untersucht. Wir wollen uns nun nochmals dem traurigen Kapitel der Lobotomie zuwenden um auch einen Einblick in ihre emotionale Seite zu gewinnen, die bisher fast gänzlich ignoriert wurde – natürlich von den angeblich so unemotionalen, kühlen Wissenschaftlern.

Aus den Protesten englischer Ärzte gegen die Lobotomie stach besonders das Argument heraus, sie würde zu einem Defekt führen, den der Psychologe Elliot Valenstein als «generelle Abstumpfung emotionaler Empfänglichkeit» umschrieb.[28]

Der Neurobiologe David Goodman machte ähnliche Beobachtungen: «Nach einem solchen Eingriff beschrieben die Patienten ihre Gefühle in seelenloser Monotonie, ohne jede Gemütsbewegung. Trotz aller augenscheinlichen Transparenz war jegliche Sympathiebezeugung zwischen den Beteiligten wie von einer unsichtbaren Mauer abgeblockt. Traurigkeit, wenn überhaupt vorhanden, verdampfte rasch, und eine unpassende Lustigkeit trat an ihre Stelle. Wenn der Patient seine Wut tatsächlich einmal zeigte, war sie so unangemessen und übertrieben wie ein kindlicher Tobsuchtsanfall. Das Lachen klang immer irgendwie hohl. Man konnte beobachten, dass der Patient in unglaublich kurzer Zeit das gesamte Spektrum möglicher Stimmungen durchlief, übergangslos und unzusammenhängend von Trauer, zu Wut, zu Lachen überwechselte – ein Zustand, den Walter Freeman nüchtern ‹Inkontinenz der Gefühle› genannt hatte.»[29]

Da Lobotomisierte nach dem Eingriff extravertierter zu sein schienen und augenscheinlich auch besser mit ihrer Umwelt und ihren Mitmenschen zurechtkamen, nahm man ursprünglich an, die Operation hätte ihr Sozialverhalten verbessert. «Trotzdem war der gewonnene Gleichmut», wie Goodman feststellte, «nur sehr oberflächlicher Natur. Der Patient machte sich eigentlich nicht mehr aus anderen Menschen als vorher und blieb ziemlich desinteressiert. Auf die Frage des Psychologen, ob er denn versuchen würde, darauf Einfluss zu nehmen, dass andere ihn mögen, antwortete er: ‹Nein, das ist mir egal. Es macht mir nichts aus, wenn man mich nicht mag.›»[30]

Als erster hatte Freeman, der die Lobotomie popularisiert hatte wie kein anderer Chirurg, diesen besonderen Verlust bemerkt. Er charakterisierte ihn als «Schwund des Gemeinschaftssinns», wobei seine Definition von Gemeinschaftssinn viel umfassender war als unsere gewöhnliche Auffassung davon. Er wollte darunter nicht nur einen Mangel an Takt verstanden wissen, die Fähigkeit, sich in die Lage eines anderen Menschen zu versetzen und dementsprechend Rücksichten zu nehmen. Für Freeman war Schwund des Gemeinschaftssinns gleichbedeutend mit dem Verlust jeglicher Empfindung für das «Ganze» – mit einem Verlust des Gruppen- oder Team-Geistes, jenes Zusammengehörigkeitsgefühls also, das aus einer wechselseitigen Bindung der einzelnen Gruppenmitglieder entsteht. Lassen wir dazu nochmals Goodman zu Wort kommen: «Die Lobotomie hatte das ‹Ich› vom ‹Wir› abgespalten, so dass Erwachsenentugenden (wie etwa Nächstenliebe, Selbstaufopferung und Patriotismus), zu denen eine über das Selbst hinausgehende Wertschätzung des Ganzen gehört, einfach verschwunden waren, als hätte man sie gelöscht.»[31]

Aber es war noch eine dritte Art von Gemeinschaftssinn verschüttet worden, die Valenstein als «Schleifung moralischer Wertmassstäbe» charakterisierte. Hinweise in diese Richtung waren bereits in den Veränderungen enthalten gewesen, die Dr. Harlow und andere am armen Phineas Gage feststellen konnten: Das Loch im Kopf hatte aus dem vorher so ruhigen und reservierten Zeitgenossen ein schallendes Grossmaul gemacht, das seine Umwelt mit Flüchen und Flegeleien überzog.

Ein anderer Hinweis war die Tatsache, dass Lobotomisierte alle Hemmungen zu verlieren schienen und gleichzeitig einen immer grösseren Hunger nach Sinnesreizen verspürten. Ihr gesteigerter Appetit führte im allgemeinen zu einer Gewichtszunahme von zehn Kilo, aber auch dreissig bis vierzig Kilo waren keine Seltenheit. Freeman hatte einmal einen Patienten, der nach einer Mahlzeit von 4000 Kalorien noch 400 Gramm Konfekt verschlang, sich anschliessend übergab und sofort von neuem zu essen begann.[32]

Oberflächlich scheint es ein weiter Sprung von Schimpftiraden über Fressucht zu normalen moralischen Werten und von dort zur Voraussage der Zukunft. Sieht man sie jedoch im Zusammenhang, helfen Gages Schimpftiraden und Freemans verfressner Patient tatsächlich, die Sache richtigzustellen. Beide gleiten nämlich in infantiles Verhalten ab. Luria stellt aber fest, dass die präfrontalen Lappen frühestens zwischen dem vierten und siebenten Lebensjahr voll zur Ausbildung kommen.[33] Kohlberg und andere haben mit ihren Arbeiten nachgewiesen, dass unser Moralbewusstsein sich in Schüben entwickelt, die an die altersmässige Reifung gebunden sind.[34] Bei der Sichtung von Fallstudien Lobotomisierter springt besonders der Mangel von zwei Aspekten normalen Sittlichkeitsempfindens ins Auge, nämlich einmal das fehlende Fingerspitzengefühl für die Bedürfnisse und Rechte anderer Lebewesen (wie wir gesehen haben, wurde gerade dieses Gefühl durch den Eingriff abgestumpft) und zum anderen die Unfähigkeit, die Erfüllung eigener Wünsche aufzuschieben oder hintenanzustellen und sich selbst vermittels klarer Verhaltensregeln zu führen und zu leiten.

Wir dürfen die Eispickelsonde der Lobotomie demnach als ein Werkzeug ansehen, dass die Verbindung zwischen zwei lebensnotwendigen Gruppen regulierender Prozesse durchtrennt. Die erste Gruppe gehört zu den «höheren» Strukturen; sie ist auf die Stirnlappen angewiesen. Bei der anderen handelt es sich um Antriebs- und Steuerungsmechanismen, die auf «niederen» oder «älteren» Hirnstrukturen beruhen und im egoistischen Sinne des «Überlebens des Tüchtigsten» wichtig sind. Wenn wir es einmal in Freudsche Begriffe fassen wollen, können wir sagen, dass durch die Lobotomie das Über-Ich von der munteren Despotie des Ich und dem stürmischen Drängen des Es abgeschnitten wird.

Aber was könnte moralisches und soziales Empfinden nun mit der Fähigkeit des Gehirns zu tun haben, die Zukunft vorauszusagen? Auch dies scheint auf den ersten Blick ein recht gewagter Sprung zu sein. Wie schon Freud selbst war auch sein umsichtiger englischer Schüler J. C. Fluegel der Auffassung, das Über-Ich bestünde aus *zwei* Hälften, eine Idee, die er im übrigen noch weiterentwickelte.[35] Die eine Hälfte – Regeln, die allesamt mit einem grimmig-strafenden «Du-darfst-nicht» beginnen – nannte er das «strafende Über-Ich». Die andere hingegen, das sogenannte «Ich-Ideal», ist eine psychische Dynamik, die uns in die Zukunft weist; sie manifestiert sich als inspirierende, erhebende und Begeisterung erweckende Aufforderung zu tun, was wir vorhaben.

Freuds Ich-Ideal mag sich mit Lurias Willensantrieb und Intentionalität decken, an denen die Stirnlappen beteiligt sind. Ebenso könnte es den Werten entsprechen, die als primäre Gestalter unseres Verhaltens unser Vorgehen wie auch unsere Zielvorstellungen formen und die Milton Rokeach erschöpfend und präzise definiert hat.[36] Ferner mögen hier jene inhaltsreichen und weitverzweigten Steuerungssysteme der

Glaubensanschauungen und Werte liegen, die wir gemeinhin mit dem Begriff «Ideologie» zusammenfassen, und denen ich selbst intensive Forschungen gewidmet habe.[37] Schliesslich haben wir in jenen zweigleisigen Verbindungssträngen, von denen Luria und andere nachweisen konnten, dass sie «höhere» wie «niedere» Prozesse überwachen und gemeinsam steuern, sogar die physiologische Basis dieses Funktionskomplexes im Gehirn gefunden. Alle diese physiologischen und psychischen Faktoren scheinen letztlich darauf angelegt zu sein, Verstand und Gefühle zu einer machtvollen, kontrollfähigen Partnerschaft zusammenzuschweissen, so dass sie die Zukunft gemeinsam im Kern erkennen und dementsprechend versuchen können, sie handelnd zu beeinflussen.

Das geheime Voraussage-Modell des Gehirns

Wir können jetzt vielleicht verstehen, warum die Stirnlappen für die Forschung bisher ein so verwirrendes und geheimnisvolles Gebiet waren. Wir wollen deshalb sehen, ob wir an dieser Stelle nicht ein nützliches und sinnvolles Gesamtbild von den Flimmerwolken des Vorderhirns gewinnen können. Dazu treten wir einige Schritte zurück und beschauen uns die zahlreichen verschiedenen Entdeckungen aus einer gewissen Distanz.

Auch wenn an allen diesen Vorgängen selbstverständlich noch andere Hirnregionen beteiligt sind, spielen die Stirnlappen bei einer Reihe von intellektuellen und emotionalen Prozessen (d.h. bei der sogenannten Ideation) eine entscheidende Rolle. Wir haben gesehen, dass die Stirnlappenbeteiligung auf der Seite des Intellekts eine Art Wachhundfunktion ausübt: Sie kontrolliert die Eingangsinformation und ermutigt, die Fühler neugierig in die Aussenwelt auszustrecken. Sobald irgendetwas geschieht, werden die Stirnlappen wach, so dass sie das Gesamtsystem aktivieren. Sie helfen bei Synthese *und* Analyse der Eingangsinformation, die uns etwas über die vor uns liegende Neuigkeit sagt, die uns die neue Sache, das neue Ereignis, die neue Situation vorstellt. Um dies so genau wie möglich zu besorgen, schliessen sie alle Stimuli aus, die mit der vorliegenden Sache oder Aufgabe nichts zu tun haben. Dann stellen sie einen Bezug her zwischen der neuen Information und der bereits in der Erinnerung gespeicherten. Sie helfen, aus Erinnerungsfetzen ganze und relevante Erinnerungen zu rekonstruieren. Von ihnen geht der Sprung der Ahnungen oder Vorstellungen nach aussen, die festlegen, was das Gehirn in dem angetroffenen

Phänomen vermutet und was wir seiner Meinung in diesem Fall unternehmen sollten. Dieser Sprung transponiert das Bewusstsein in die Zukunft: Es werden Ziele definiert; wir beginnen, Pläne zu schmieden; denken über Wege nach, die uns ans Ziel bringen sollen; wir legen uns fest, äussern unseren Willen und formulieren Absichten. Dieser vielschichtige Komplex von Einzelvorgängen setzt die Bewegungszentren in Gang, so dass wir mit Händen und Füssen auf unsere Umwelt reagieren oder ihr etwas mit Worten entgegnen. Zuletzt ist das Vorderhirn noch stark an der Auswertung unserer Handlungen beteiligt. Es passt die Vorhersagen laufend der neuen Wahrnehmung von Gegenwart und Zukunft an und spinnt diesen Zyklus von Denken und Handeln bis zum endgültigen Erfolg weiter.

Auf der Seite der Emotionen sind die Stirnlappen wie wir gesehen haben ein wichtiger Faktor unseres Einfühlungsvermögens, jener wundervollen Qualität, die uns befähigt, auf andere zuzugehen und uns mit ihnen zu identifizieren. Sie werden sich erinnern, dass die Stirnlappen sehr eng mit drei Arten von Gemeinschaftssinn verwoben waren: Allgemein mit jeder Art von Geselligkeit; mit einem umfassenderen Gruppen- oder Team-Geist, der sich durch sein Gefühl für das Ganze auszeichnet (man fühlt sich mit dem Ganzen verbunden, weil man einen gemeinsamen Sinn, ein gemeinsames Ziel sieht); und schliesslich drittens mit dem Sittlichkeitsgefühl. Wir stellten fest, dass dieses Sittlichkeitsgefühl die soziale Verbundenheit um das Element der Selbststeuerung bereichert, die uns befähigt, uns in einen anerkannten Verhaltenskodex zu fügen.

Obwohl wir nun etwas klarer sehen, bleibt das Vorderhirn doch noch reichlich mysteriös. Wir werden uns also fragen, ob sich seine Rolle nicht vielleicht auf einen einfachen Begriff bringen liesse, wie etwa «Bild-Schöpfer» für die rechte und «Wort- und Zahl-Jongleur» für die linke Hirnhälfte. Hughlings Jackson sah die Antwort darauf schon vor mehr als hundert Jahren voraus: «Die höheren Nervenverbindungen sind aus den niederen entstanden und halten diese etwa in gleicher Weise in Schach wie eine Regierung, die zwar aus dem Volke hervorgegangen ist, das Volk nun jedoch überwacht und leitet. Bei einer «Auflösung» (von Funktionen im Zentralnervensystem) kommt es nicht nur zu einem «Schwund» höherer Fertigkeiten sondern gleichzeitig zu einer «Befreiung» der niederen Zentren. Würde der Regierungsapparat unseres Landes plötzlich aufgelöst, dürften wir uns hauptsächlich über zwei Dinge beklagen: Dass wir nun auf die Dienste der Regierung verzichten müssten und zweitens der Anarchie des seiner Aufsicht beraubten Volkes ausgeliefert wären. Der Verlust der Regierungsgewalt entspricht dem Zusammenbruch in unseren Patienten und die anschliessende Anarchie der nun nicht mehr kontrollierten Aktivität auf der nächsten Stufe der Regression.»[38]

Aus der Sicht der Hirnforschung wie auch aus der von Regierungsverantwortung und Industriemanagement ähneln die Funktionen des Vorderhirns in bemerkenswerter Weise den Aufgaben der führenden und verantwortlichen Persönlichkeiten in Regierung und Wirtschaft. Im Vorderhirn sitzt der «Minister» oder «Manager», der an der Spitze umfangreicher Unternehmungen nach allen Richtungen wachsam sein und auf die Stimmen und Bedürfnisse aus den verschlungenen Pfaden der untergebenen Struktur hören muss, der alle die vielen und unterschiedlichen Meinungen bezüglich der wirklichen Verhältnisse «dort draussen» auf einen gemeinsamen Nenner zu bringen hat und schliesslich vor die Aufgabe gestellt ist, dass in den Entscheidungsgremien die Ziele und Prioritäten richtig gesetzt werden. Dann muss der Manager Anweisungen erteilen, die seiner Organisation einleuchten und danach die Ergebnisse der anbefohlenen Handlungen ständig im Auge behalten.

Dabei ist seine Richtungskompetenz und Regierungsgewalt *keineswegs* absolut. Sie ist nur die Spitze einer engmaschigen Wechselwirkung und gegenseitigen Abhängigkeit. Wir haben bereits einen kurzen Einblick in die Abhängigkeit und Wechselwirkungen gewonnen, die die Stirnlappen mit den «niederen» und «älteren» Zentren verbindet. Das ist durch die Forschung erschöpfend belegt. Bisher kaum dokumentiert,[39] aber zwingend logisch, ist die Abhängigkeit des Vorderhirns von den Funktionen der beiden Hirnhälften und jenes Modell von Denken und Vorhersagen, das aus dieser Interaktion hervorgeht.

Von allen seinen Quellen für Eingangsinformationen sind für das Vorderhirn offensichtlich jene am wichtigsten, in die es im wahrsten Sinne des Wortes eingebettet ist: Nämlich die rechte und linke Hirnhälfte. Die linke Hemisphäre strukturiert die Eingangsinformation in Worte und Zahlen und ordnet sie im Strang linearer Kausalität dem angemessenen Zeitpunkt zu, der in Vergangenheit, Gegenwart oder Zukunft liegen mag. Die rechte Hemisphäre hingegen vereint den Input zu Bildern und weist ihm seinen Platz im zeitlosen Raum zu, der seine eigene, sich an Mustern und Strukturen orientierende Kausalität besitzt. Dem Vorderhirn fällt dann etwa die Aufgabe eines Sendeleiters zu, der zwei «Grossleinwände» überwacht, welche hinter einer Reihe von kleineren Kontrollschirmen postiert sind.

Wir können uns gut vorstellen, wie diese Quelle einer höheren und leitenden Intelligenz ihre Kontrollschirme und Leinwände rastlos, ohne Pause und zuweilen sogar mit panischem Schrecken überfliegt. Sie schaut aus nach den rapide sich verändernden Bedeutungsmustern, welche ihre einzige Informationsquelle für jene Vorgänge sind, die sich jenseits ihrer Einkapslung im dunklen Kontrollraum von Hirn und Schädel draussen auf der Bühne des Lebens abspielen. Sie hält nach Bedeutungsmustern aller Art Ausblick, besonders empfänglich ist sie jedoch für verbale und mathematische Begriffe, die auf der dem linken Gehirn zugeordneten Grossleinwand erscheinen wie auch für die Gestalten, Bilder und Konfigurationen auf jener der rechten Hemisphäre. Wir können uns ferner vorstellen, dass diese sehr geschäftige Intelligenz an leitender Stelle das permanente Umschalten von Leinwand zu Leinwand dazu benützt, einer noch höhergestellten Intelligenz jenes phantastische, einzigartige, gemischte Schauspiel zu präsentieren, welches wir dann als Bewusstsein erfahren.

Am wichtigsten dabei ist allem Anschein nach der Prozess, die Eingangsinformation von den beiden Grossleinwänden zu mischen, so dass sie unsere gegenwärtige Situation im Kontext einmal der Vergangenheit und zum zweiten jener besonderen Zukunft darstellt, die der Input andeutet oder wahrscheinlich macht. Von dieser Fähigkeit hängt unser Überleben ab. Wir würden uns so viel mehr Einfluss über uns selbst und über unser Schicksal gestatten, wenn wir die Regeln erlernten, nach denen sich die Informationen aus rechter und linker Gehirnhälfte mischen.

Sobald man sich durch alle Schwierigkeiten zum Kern vorgearbeitet hat, will mir scheinen, dass hier ähnliches gilt wie für andere Beispiele aus der Wissenschaft: Die Grundregeln sind von geradezu entwaffnender Einfachheit. Wir wollen einmal eine solche Regel hypothetisch formulieren: Vermitteln rechte und linke Grossleinwand ein übereinstimmendes Bild von der Aussenwelt, entscheidet die leitende Intelligenz, dass es sich infolgedessen um die wahrscheinlichste Gegenwart oder Zukunft handeln muss und gibt unseren Organen und Muskeln entsprechende Handlungsimpulse. Ganz andere Regeln gelten jedoch, wenn die Inputs auf der rechten und linken Grossleinwand nicht übereinstimmen. Bei derartiger Diskrepanz (und zwar hinsichtlich Natur und Bedeutung des gegenwärtigen Ereignisses wie auch der

Zukunft, die es ankündigt) aktiviert die Schaltstelle der Intelligenz augenblicklich Tausende von Warnsignalen, so dass der Organismus (d. h. wir selbst) mehr Informationen zu erhalten sucht und Zeit gewinnen will oder sich sogar ganz zurückzieht.

In Kapitel 8 und Anhang A werde ich weiter ausführen, welche Implikationen und Zusatzregeln das eben dargestellte Modell von Bewusstsein und Gehirn für die Voraussage der Zukunft mit sich bringt. Zuerst wollen wir jedoch betrachten, welche fundamentale Psychologie des Denkens die Partnerschaft zwischen den beiden Hemisphären und dem Vorderhirn nahelegt.

KAPITEL 7

Der Strom des Denkens

Demnach», so stellte William James bereits vor 1890 fest, «ist das Bewusstsein für sich selbst keineswegs in Stückchen oder Augenblicke zerhackt. Worte wie ‹Kette› oder ‹Reihenfolge› charakterisieren es nicht zutreffend. Das Bewusstsein ist nicht zusammengefügt: Es fliesst. Deshalb sind ‹Fluss› oder ‹Strom› die natürlichen Bilder, wenn es um seine Beschreibung geht. Wir wollen es von nun an folglich als Bewusstseinsstrom, als Strom des Denkens oder subjektiven Lebens bezeichnen.»[1]

Es zählt zu unseren Hauptbeschäftigungen und -funktionen, dass wir vom Bekannten zum Unbekannten (von der Gegenwart in die Zukunft) springen können. Darin manifestiert sich der Vorwärtsdrang unseres Bewusstseins, eine wichtige Potenz: Wir greifen seinem Fluss voraus oder leiten ihn um. Diesen Sprung können wir nur im Kontext verstehen, wenn wir ihn als Teil des gesamten Denkstroms begreifen. Zudem müssen wir Näheres über die Intuition im Vergleich zum Denken wissen.

Unser Vorhaben wird sich nicht leicht verwirklichen lassen. Wir dürfen auch nicht hoffen, mit diesem einen Kapitel schon die eigentlichen Antworten zu gewinnen, denn wir wagen uns damit schliesslich in Gebiete vor, die zwar viele Forscher angelockt, dann aber ziemlich zum Narren gehalten haben – Philosophen, Psychologen, Biologen, Neurologen und neuerdings auch Physiker und Computerwissenschaftler. Auch wenn uns der Scharfsinn und die Ergebnisse ihrer Arbeit Respekt abverlangen, bleibt das *Wie* unseres Denkens doch ungeachtet aller Experimente und sorgfältigen Überlegungen im allgemeinen schwer fasslich. Es kommt deswegen fast einer Offenbarung gleich, wenn man die alten Theorien von der Natur des Denkens unter neuem Blickwinkel angeht – und zwar diesmal von der Zukunft aus und aus der Sicht der noch jungen Hirnforschung, die erst in den letzten Jahren unseres Jahrhunderts begann, die wechselseitigen Beziehungen zu erforschen, die zwischen den einzelnen Abschnitten von rechter Hemisphäre, linker Hemisphäre und Vorderhirn wirksam sind. Vieles passt nun zusammen, was früher dunkel und verwirrend anmutete.

Als Leitprinzip für unseren neuen Ansatz dient uns jenes Modell von Denken und Voraussage, das wir gegen Ende des letzten Kapitels kurz skizzieren konnten. Demnach hängt die Ideation (Ideenbildung) im wesentlichen davon ab, dass das Vorderhirn die unterschiedlichen Arten von Eingangsinformationen aus der rechten und linken Hirnhälfte überwacht. Das Modell besagt ferner, dass wir unsere Entscheidungen (von der geringfügigsten Alltagsbanalität bis hin zu Grundsatzbeschlüssen, die unser gesellschaftliches Überleben betreffen) gemäss dem Grad der Übereinstimmung treffen, in dem die Eingangsinformationen aus rechter und linker Hirnhälfte hinsichtlich der Vergangenheit, Gegenwart und Zukunft, die für die anliegende Entscheidung besonders relevant sind, zusammenpassen bzw. voneinander abweichen.

Von Bildern und einer Vergangenheit, die wir bereits vergessen haben

Je älter man wird, desto weniger scheint einem das Problem der Psychologie darin zu bestehen, dass sie vielleicht Neues dazulernen müsste, sondern vielmehr in der Tatsache, dass sie zahlreiche ihrer einmal gewonnenen Erkenntnisse zu vergessen neigt. Wer denkt heutzutage zum Beispiel noch an Francis Galton, der nicht nur der blitzgescheite Vetter von Charles Darwin war sondern zudem einer der genialsten und einfallsreichsten Experimentatoren aller Zeiten. Von seinem Wirken ist heute höchstens noch sein Beitrag zum Korrelationsbegriff bekannt. Eben dieser Galton berichtete nun 1883 tatsächlich von einem Experiment, das die junge Wissenschaft der Psychologie gehörig in Aufruhr versetzte und dessen Stosswellen bis in unsere Tage nachbeben. Galton hatte nach dem «Ursprung von Visionen» gefragt; er wollte wissen, in welcher Form Gedanken zuerst auftauchen. Zu diesem Zweck stellte er einen recht einfachen Fragenkatalog zusammen, in dem er die Befragten unter anderem aufforderte: «Stellen Sie sich einen klar umrissenen Gegenstand vor, etwa den Tisch, an dem Sie heute morgen Ihr Frühstück eingenommen haben, und betrachten Sie nun aufmerksam das Bild, das vor Ihrem geistigen Auge auftaucht.»[2]

Seine Daten ermittelte er aus einem für damalige Verhältnisse breitgestreuten Feld von Befragten; englische Kollegen gehörten dazu, Mitglieder der *Académie Française*, ebenso zahlreiche Frauen und Kinder, wie auch englische und amerikanische Schuljungen. Er hielt seine Befragungsergebnisse für dermassen faszinierend, dass er kaum die nötige Zurückhaltung wahren konnte, die man für den normalen, nüchternen Forschungsbericht braucht.

«Ich sah sofort, dass das Gehirn wesentlich aktiver ist, als ich vorher angenommen hatte, und wurde von der unerwarteten Vielfalt seiner Alltagsleistungen überrascht», schrieb er.[3] Seine wichtigste Entdeckung betraf jedoch das Verhältnis zwischen dem Denken und Bildern. Vor Galtons Versuch war man generell davon ausgegangen, dass das Denken aus Bildern entsteht und vermittels Bildern geschieht.[4] Galton stellte fest, dass Frauen und Kinder und die meisten Nicht-Wissenschaftler sich entsprechend dieser Theorie verhalten, denn ihre Beschreibungen waren so bildhaft wie Galtons eigene Gedanken. Aber nicht jeder von seinen Freunden aus wissenschaftlichen Kreisen dachte in Bildern. Im Gegenteil: «Zu meinem Erstaunen musste ich entdecken, dass die grosse Mehrheit der Wissenschaftler sich gegen die Behauptung verwahrte, geistige Vorstellungsbilder wären ihnen unbekannt. Sie betrachteten mich als Phantasten und Spinner, weil die Worte ‹bildliche Vorstellung› nach meiner Meinung tatsächlich besagen, was der Durchschnittsmensch darunter versteht. Sie hingegen hatten etwa ebensoviel Ahnung vom Wesen ‹bildlicher Vorstellung› wie ein Farbenblinder vom Wesen der Farbe.»[5]

Aufgrund unseres heutigen Wissenstandes können wir natürlich leicht durchschauen, dass Galton auf die fundamentalen Unterschiede gestossen war, die zwischen rechter und linker Hirnhälfte bezüglich Bewusstsein und Denken bestehen. Wie er selbst bedienten sich Frauen und Kinder, Nichtwissenschaftler aber auch einige Wissenschaftskollegen sowohl des bildlichen Denkens der rechten als auch des abstrakten Denkens der linken Hemisphäre. Dagegen hatte die Mehrzahl der Wissenschaftler das Denken der rechten Hirnhälfte abgestreift und sich ganz unter die Herrschaft des bildlosen Denkens der linken Hemisphäre begeben.

Galton scheint demnach einen Aspekt der Wechselwirkung zwischen rechtem, linkem und Vorderhirn intuitiv vorweggenommen zu haben, für den die Hirnforschung erst hundert Jahre später die entsprechenden Daten nachliefern konnte. Das bildhafte Denken der rechten Hemisphäre beurteilte er folgendermassen: «Wahrhaft grosse Geister sind wahrscheinlich jene, in denen es nicht verschüttet wurde sondern untergeordnet weiterexistiert, so dass es ihnen im richtigen Augenblick verfügbar bleibt.»[6]

Wie Galton war auch William James seiner Zeit voraus. Seine mittlerweile zum Klassiker gewordenen *Prinzipien der Psychologie* gehen nicht nur der eigentlichen Bedeutung der zwei Arten des Denkens nach (bildhaft/räumliches und bildlos/verbales Denken), sie beinhalten sogar den Versuch, die Psychologie in den Gehirnfunktionen physiologisch zu verankern. Dazu schliesst James eine Diskussion über die Unterschiede zwischen den Hemisphären ein, von denen die Psychologie erst siebzig Jahre später wieder hören sollte!

1829, also noch früher, hatte James Mill (Vater des grossen Ökonomen, Frauenrechtlers und Sozialphilosophen John Stuart Mill), der erste englische Psychologe überhaupt, seine erstaunlichen Einsichten gewonnen. Nach James Mill bedient sich unser Denken «zweier unterscheidbarer Rahmen», nämlich einmal «einer synchronen Ordnung oder Ordnung simultaner Existenz» und zweitens einer «sukzessiven Ordnung oder Ordnung von Vorher- und Folgeexistenz», das heisst «einer Ordnung in der Zeit».[7]

Unbehelligt von der Informationsschwemme, die ihren Nachfolgern die Sicht versperren sollte, konnten diese frühen Pioniere also bereits zwei radikal verschiedene Arten der Informationsverarbeitung feststellen, welche von einem höheren Prozess vermittelt werden. Dann aber verschwand diese schöpferische Vorstellung fast für ein ganzes Jahrhundert von der Bildfläche. Nach Galton teilte sich der eine Strom der Bewusstseinsforschung in jene zwei sich bekämpfenden Lager, die unser Wissen vom Wie des Denkens und Vorhersagens bis zum heutigen Tage geprägt und teilweise auch verzerrt haben.

Der Krieg zwischen Verhaltens- und Gestaltpsychologen

Die von Külpe begründete sogenannte Würzburger Schule entwickelte in Deutschland dann Galtons Methoden der experimentellen Selbstbeobachtung mit dem Ziel weiter, einen theoretischen Rahmen zu finden, der erklären sollte, in welcher Weise das Denken Bilder hervorbringt und wie es umgekehrt von Bildern beeinflusst wird. Als diese Würzburger Schule in der Berliner Schule der Gestaltpsychologie von Max Wertheimer, Wolfgang Köhler, Kurt Koffka und Kurt Lewin aufging, war die Auseinandersetzung vorprogrammiert. In der Zwischenzeit hatten sich Pawlow in Russland und Watson in den Vereinigten Staaten nämlich genau in die andere der von Galton vorgezeichneten beiden Richtungen entwickelt: Sie hatten erforscht, wie das Denken Sprache, Worte und Muskelbewegungen formt und umgekehrt von ihnen geformt wird. Daraus entstand die Konditionierungstheorie und der Behaviorismus, der bis in die sechziger Jahre zur beherrschenden Kraft der Psychologie werden sollte.

Wir können jetzt sehen, dass die Behavioristen oder Verhaltenspsychologen, ohne dies zu wissen, jede auch nur denkbar kleinste Bedeutung des seriellen oder aufeinanderfolgenden Verarbeitens erforscht haben, das das eigentliche Wesensmerkmal der Denkstereotypien des linken Gehirns ist. Sie fanden heraus, dass der Geist sich fantastischer Ketten miteinander assoziierter Ereignisse bedient: Er lernt mit Hilfe von unzähligen Reiz- und Reaktionspaaren, aus denen er schliesslich lange Verhaltensketten zusammenstellt. Deswegen ist die Sprache (das *sine qua non* für die linke Hemisphäre) auch das Lieblingsbeispiel der Verhaltenspsychologie: Man fügt Buchstaben zusammen und baut daraus Worte, reiht Worte zu Satzteilen aneinander. Aus Satzteilen werden Sätze, aus Sätzen Absätze, bis viele solcher Absätze am Ende ein ganzes Buch ergeben.[8]

Anhand spezieller Vergleichsverfahren benützen wir diese Wortketten dann zur Begriffsbildung: Wir suchen nach Ähnlichkeiten zwischen einzelnen Gegenständen oder Ideen oder eben nach ihren Unterschieden. Auf dieser Grundlage sortieren wir alles in Arten und Dinge im Gegensatz zu anderen Arten und Dingen und versehen das Ergebnis mit einem Namen.[9]

Die Verhaltenspsychologie konnte (gelegentlich mit ungeheurem Einfallsreichtum) zeigen, wie wir Schritt für Schritt lange Symbol- und

Begriffsketten erlernen und aneinanderreihen, die sich in eine Vielzahl von Richtungen verästeln – alles mit dem Ziel, so viele Bewusstseinsvorgänge wie nur irgend möglich auszuführen. In den kritischen Augen der Gestaltpsychologen waren sie trotz alledem bald mit ihrem Latein von Reiz und Reaktion am Ende: Sie scheitern an der Frage der Zukunft, weil sie nicht darlegen können, wie man ausschliesslich von in der Vergangenheit erlernten Prozessen in die Unendlichkeit der Wandlungen und Umstellungen der Zukunft springen kann.[10]

Anfang der dreissiger Jahre bot Clark Hull, einer der grossen Theoretiker des Behaviorismus, für diese Frage eine brillante Lösung an, die inzwischen leider fast vollständig in Vergessenheit geraten ist. Nach seiner Feststellung beobachten und lernen wir alles als eine Reihe von Schritten, die von einem bestimmten Anfang zu einem bestimmten Ende führen. Durch Wiederholung wird das Ende jeweils mit dem Anfang rückgekoppelt. Aufgrund vergangener Erfahrung haben wir deswegen schon am Anfang, wenn wir irgendeinen Vorgang gerade beobachten oder an ihm teilnehmen, eine ziemlich klare Vorstellung von seinem zwangsläufigen Ende.[11]

Ein Beispiel: Es ist ein heisser Sommertag. Ein Kind spielt auf der Strasse und hört plötzlich das vertraute, fröhliche Klingelzeichen. Aufgrund ähnlich genüsslicher Erfahrungen aus der Vergangenheit sagt es nun ganz treffend voraus, dass die Gegenwart sehr bald einer paradiesischen Zukunft Raum geben wird, wenn endlich der Eiswagen um die Ecke biegt. Allen wortreichen wissenschaftlichen Monographien und vertrackten Tabellen zum Trotz, die diese einfache Tatsache gewöhnlich nur verschleiern, läuft der grösste Teil der mit der Arbeitsweise des linken Gehirns verwandten computergesteuerten Vorhersagen auf diesen relativ simplen Satz von Funktionen hinaus.

Im Gegensatz dazu haben die Gestaltpsychologen, ebenfalls unwissentlich, jede denkbare geringfügige Bedeutung der raumorientierten, simultanen Informationsverarbeitung erforscht, die eine Eigenheit der rechten Hirnhälfte ist. Sie zeichneten ein völlig anderes Bild von der Tätigkeit des Geistes. Ihrer Ansicht nach funktioniert er mit Hilfe umspannender, leuchtender Ganzheiten: Bildern, Strukturen, Licht- und Schattenmustern, Farbgegensätzen, Gestalten und Leerräumen, Teilen und Gesamtheiten. Was man sieht oder intuitiv erkennt, sieht oder erkennt man insgesamt – eine Szene, einen Gedanken. Diese Gesamtheit kann vollständig oder unvollständig sein; sie kann Lücken aufweisen. Ist sie unvollständig, ergibt sich daraus ganz natürlich das

Bestreben, die Lücke zu schliessen, zum Beispiel indem man eine laufende Handlung selbstverständlich zu Ende führen will.

Die Erinnerung von Melodien ist ein Lieblingsbeispiel der Gestaltpsychologie: Wir behalten sie nicht als Reihe von Einzelnoten im Gedächtnis, sondern eben als die fliessende Ganzheit, in der wir das «Albumblatt für Elise» oder «Der Mai ist gekommen» erkennen. Ebensowenig sehen wir einen Kinofilm als die nervenaufreibende Salve einzelner Standphotos, die geradezu wie geschaffen wäre, uns die schlimmsten Kopfschmerzen der Welt zu besorgen. Im Gegenteil, der Film ist für uns der mühelose Fluss eines sich in Bewegung befindlichen Ganzen.[12]

Einer der wichtigsten Beiträge der Gestaltpsychologie war es, die Rolle und Funktion zu analysieren, die der Einsicht bei der Problemlösung zufällt. Der bekannteste, aber immer noch ziemlich unverstandene, diesbezügliche Fall ereignete sich im Verlauf von Wolfgang Köhlers berühmter Untersuchung, die er während seiner Internierung als deutscher Kriegsgefangener im ersten Weltkrieg auf Teneriffa durchführte und später in seinen *Intelligenzprüfungen an Menschenaffen* darstellte. Der Schimpanse Sultan bekam dabei ein besonders frustrierendes Problem zu knacken. Gerade ausser Reichweite konnte er vor seinem Käfig eine Banane liegen sehen. Im Käfig hatte er zwei Stöcke, die für sich einfach nicht lang genug waren, die Banane zu angeln, wie oft er dies auch schon versucht haben mochte. Eines Tages passierte es dann: «Sultan hielt den einen Stock so, dass er mit dem zweiten eine gerade Linie bildete. Er schiebt den dünneren in den inneren Hohlraum des dickeren, springt auf, rast zum Gitter, dem er bisher seitlich den Rücken zugekehrt hat, und beginnt, die Banane mit dem nun doppelt so langen Stock zu sich zu ziehen.»[13]

Charakteristischerweise entspringt Sultans Lösung der Erwägung *räumlicher* Relationen: Von Stock und Banane; von sich selbst, Stock und Banane im Verhältnis zu der Beschränkung durch seinen Käfig; von Stock zu Stock. Dabei hat er nur ein Ziel vor Augen, nur eine bestimmte Zukunft im Sinn: Die Banane zu angeln und zu essen. Dies spornt ihn zu der Entdeckung an, wie die Elemente seines spezifischen Lebensraumes so zusammenpassen könnten, dass sie zu einer Lösung seines Problems beitragen.

Sultan ist das klassische Beispiel für die Abwendung von den Schemata, die in der Vergangenheit erlernt wurden, hin zu einem Sprung in die Zukunft. Er verkörpert nicht nur die besondere Vorstellung der Gestaltpsychologie von Wesen und Funktion der Einsicht, sondern allgemeiner noch ihre Anschauung von der Schubkraft, dem Vorwärtsdrall kreativen Denkens. Für die Verhaltenspsychologen ist die Zukunft determiniert, gewissermassen dem Besitzrecht der Vergangenheit unterworfen. Die Gestaltpsychologen hingegen akzeptieren den eben beschriebenen Sprung, in dem sie den Beweis für einen winzigen Freiraum erkennen – eine Lücke für die Entfaltung des freien Willens, die erstens unsere wertvollsten Gedanken ermöglicht und, wichtiger noch, über die Äonen auch den evolutionären Fortschritt aller Organismen.

Kurt Lewins besonderer Zukunftsbegriff

Die gründlichste Untersuchung und Darstellung unseres räumlichen Denkens lieferte bisher der deutschstämmige Psychologe Kurt Lewin. Seine Feldtheorie enthält im Kern die fortschrittlichste, rein psychologische Auffassung von Wirkungskraft und -radius des zukunftsschauenden Geistes.[14]

Nach Lewin handeln und denken wir grundsätzlich mit Hilfe einer Art Landkarte des Geistes. Diese Landkarte wandelt sich beständig und registriert, wo wir uns in Relation zu all jenen Umweltfaktoren plazieren, die für unsere Ziele und angestrebten «Zukünfte» relevant sind. Er nannte sie den «Lebensraum» und stellte sie wie in unserer Abbildung 6 dar. Der kleine Kreis umschliesst P; er ist das integrierende Zentrum unseres Bewusstseins: Die Person oder das Selbst. Die Ellipse hingegen umfängt alles, was für uns an irgendeinem Punkt unseres Lebens bedeutsam war, ist oder sein wird.

Auf den ersten Blick mag einem diese Methode zur Erfassung von Denkstrukturen allzu simpel, ja geradezu kindisch vorkommen, etwa wie das Gekritzel auf dem Notizblock neben dem Telefon. Allmählich wird man dann aber erkennen, dass Lewins Kritzeleien die Arbeitsweise des Bewusstseins erstaunlich knapp und präzise beschreiben. Ausgehend von der in Abbildung 6 dargestellten Grundsituation vertrat Lewin die Ansicht, dass wir uns unseren Weg durchs Leben mutmassen, indem wir den mentalen Lebensraum mit ständig sich wandelnden Bildern füllen, die vermitteln, was «da draussen» und gleichzeitig unabhängig davon «in unseren Köpfen» vorgeht. Das folgende, radikal vereinfachte Beispiel, mag uns einen Eindruck von dieser feldtheoretischen Annäherung an die Zukunft vermitteln.

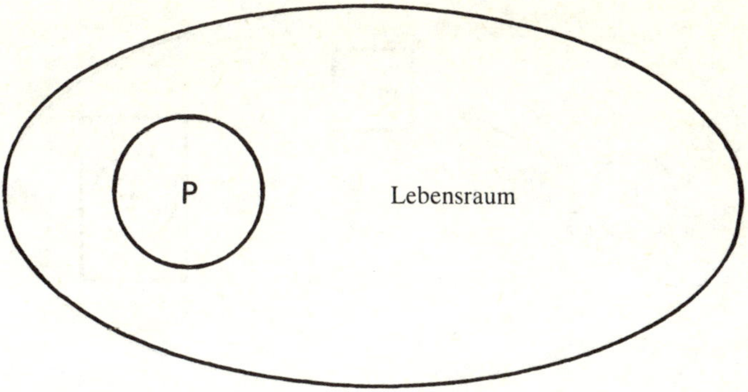

Abb. 6 Lewins Lebensraum

Im ersten Bild erkennen wir den Lebensraum eines kleinen Jungen (P), der allein in der Küche zurückgelassen wurde und nun ein Glas gefüllt mit Keksen beäugelt. Die Kekse im Glas stellen einen grossen Anreiz dar. Deswegen besitzt das Glas eine positive Valenz (+) und erzeugt eine Triebspannung, die ihn veranlasst, sich ihm zu nähern. Aber es gibt ein Hindernis, eine Schranke: Das Keksglas steht auf einem hohen Tisch. Der Junge schaut nun nach links und sieht – dargestellt in der Abbildung unten – einen Stuhl.

Kann er diesen Stuhl vielleicht an den Tisch heranschieben, auf ihn klettern und sich die Kekse holen? Leider nicht. Er erkennt nämlich, dass er erst vorige Woche zu demselben Zweck auf eben diesen Stuhl geklettert war, dann aber unglücklich herunterfiel und empfindlich mit

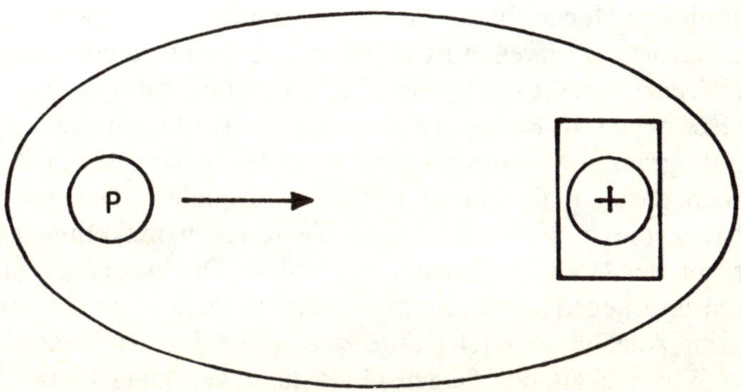

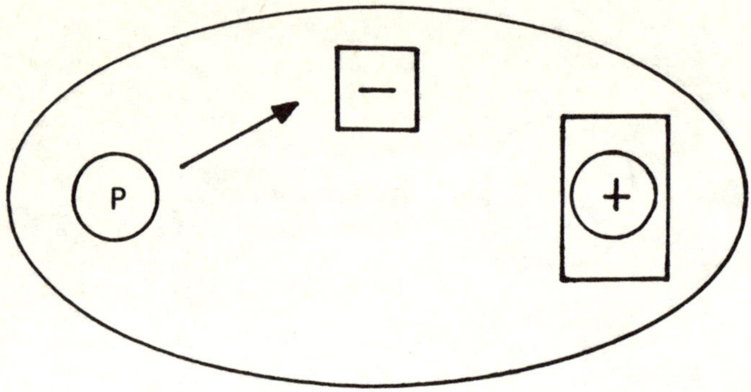

dem Kopf aufschlug. Mit seiner negativen Valenz (–) erzeugt der Stuhl eine Gegenspannung: Er ist zu meiden. Schliesslich schaut der Junge nach rechts und sieht – dargestellt in der nächsten Abbildung – einen Hocker.

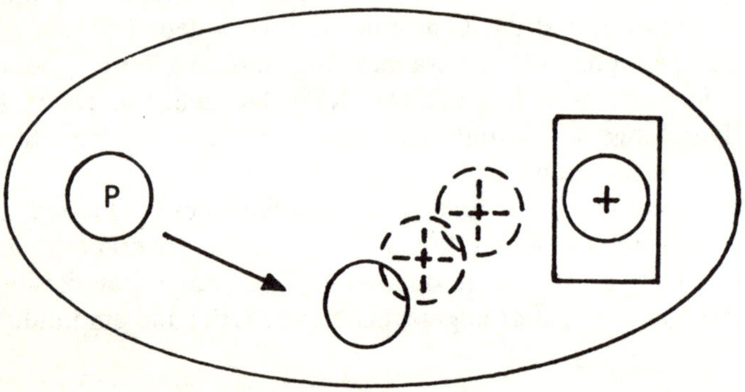

Mit diesem Hocker hat er bisher weder gute noch schlechte Erfahrungen gemacht. Deswegen ist er mit keiner positiven oder negativen Valenz besetzt. Dieser unverfängliche Gegenstand führt deshalb einen neuen Faktor in sein Bewusstsein ein, der seinen Lebensraum – jenes innere Programm, welches sowohl seine Umgebung als auch seine Gedanken darüber abstrahiert – radikal verändert. Der Junge hat mittlerweile durchschaut, dass er an die Kekse herankommen kann, wenn er nur den Hocker neben den Tisch rückt. Das heisst aber, dass die positiven und negativen Spannungen sein Verhalten modulieren. Sie fassen eine Anzahl mentaler Kräfte zu einem *Feld* zusammen, das die äussere Wirklichkeit der Gegenstände in seiner Umgebung ebenso widerspiegelt wie den inneren Druck, der von seinen Ängsten und Wünschen ausgeht. Die unterschiedlichen Feldkräfte schubsen ihn schliesslich in die Zukunft, seinem Ziel entgegen: Dass er die Kekse aus dem Glas stibitzt.

Für viele der hauptsächlich von der Arbeitsweise der linken Hirnhälfte in Beschlag genommene Psychologen seiner Zeit waren Lewins eher «rechtslastigen» Graphiken ein dermassen exotischer Darstellungsversuch von Verhalten und Denken, dass ihnen sein Ansatz reichlich sinnlos vorkam. Auf seine Studenten (von denen übrigens viele später selbst wissenschaftliche Erneuerer werden sollten) traf offenbar das Gegenteil zu, denn sie drängten sich in Scharen zu seinen Vorlesungen und Seminaren. Bei solchen Veranstaltungen flitzte Lewin wie aufgescheucht hin und her, redete und zeichnete in fieberhaftem Tempo, so dass sich die Wandtafel allmählich mit krausen Irrgärten füllte: Spannungen, Valenzen, Wege, Vektoren, Hindernisse, Grenzlinien und Feldkräfte auf der Suche nach Gleichgewicht waren dort ineinander verschlungen dargestellt. Im Sommer verlegte er seine Seminare an den Strand und zeichnete in den Sand, im Winter musste gelegentlich der Schneeteppich dafür herhalten. Manchmal nahm er seine Studenten auch mit zu sich nach Hause; dann füllte er, auf dem Küchenboden kniend, grosse Blätter braunes Einkaufspapier mit seinen Graphiken, wobei er wie immer beim Reden vor sich hin kritztelte.[15]

Aus solchen Krakeleien schälten sich die Vorstellungen heraus, mit deren Hilfe Lewin und seine Schüler erforschten, wie unser Bewusstsein an die Zukunft herangeht. Aber sie gaben sich nicht mit Beobachtungen über den Lebensraum des Individuums zufrieden. Sie untersuchten darüber hinaus, wie Denken und Verhalten von zwei oder mehr Menschen mit einem sogenannten «Sozialraum» interagieren und damit die Veränderungen auslösen, aus denen die gesellschaftliche Zukunft hervorgehen soll. Aus solchen Versuchen entstand später unsere gesamte moderne Sozialpsychologie. Ein anderer Beitrag von ihnen war die Erkenntnis, dass es unterschiedliche Stufen von Strebsamkeit gibt, dass wir unsere Ziele hoch oder niedrig ansetzen. Dabei entdeckten sie, dass die erstrebte Zukunft teilweise erreicht, wer seine Ziele nur hoch genug steckt. Wer sich hingegen zu niedrige Ziele setzt, kann die Zukunft unmöglich nach seinen Vorstellungen gestalten, ganz gleich wie begabt er sonst noch sein mag.[16] Und schliesslich beschäftigten sie sich mit der Schubwirkung unvollendet gelassener Aufgaben. In Übereinstimmung mit dem holistischen, lückenschliessenden, zukunftsbezogenen Gestaltdenken entdeckten Lewins Schüler, dass der Wunsch, die Aufgabe zu vollenden, bestehen bleibt, wenn wir unsere einmal begonnene Arbeit einfach unterbrechen. Dieser Wunsch fungiert als eine Art Motor, der uns in die Zukunft (sie repräsentiert die Vollendung der Aufgabe) treibt, bis wir unser Ziel wirklich erreichen oder endgültig davon abgebracht werden.[17]

Oberflächenverlauf und Unterströmung

Bis jetzt haben wir uns im wesentlichen mit einigen Hauptbeiträgen zum Verständnis des «Oberflächenverlaufs» des Denkens oder, anders ausgedrückt, mit Hintergrund und Urhebern der modernen Wahrnehmungspsychologie beschäftigt. Diese Bevorzugung ist erklärbar, weil jeder Versuch, der Bewusstseinstätigkeit auf die Schliche zu kommen, äusserst vielschichtig und differenzierend sein muss. Der Oberflächenverlauf des Denkens ist der Forschung zugänglicher und lässt sich zudem leichter darlegen. Keineswegs entschuldigt die Tatsache, dass es an der Oberfläche eben heller ist, aber den Verzicht auf die Erforschung der umwölkten, dunklen Pracht jener geheimnisvollen Kammern im Untergrund, durch die die sogenannte Unterströmung des Denkens hindurchfliesst. Der erste flüchtige Einblick in diese Tiefen wurde schon vor langer Zeit registriert, nämlich im Schlüsselexperiment über das Verhältnis von Denktätigkeit und bildlicher Vorstellung, über das Francis Galton 1883 berichtete.

«Die Mannigfaltigkeit der vom Bewusstsein in halbbewusstem Zustand geleisteten Arbeit ist vielleicht der stärkste Eindruck, den dieses Experiment in mir hinterliess», schrieb Galton. Er war ferner der Ansicht, dass «die stichhaltigen Gründe für die Annahme unter der Ebene normaler Bewusstheit versunkener tieferer Schichten der Bewusstseinstätigkeit, die all jene Phänomene erklären mögen, welche sich anders unmöglich erklären lassen» ein wichtiger Beitrag seiner Experimente waren, womit er im übrigen sogar Freud und William James vorausgriff.

Damit haben wir gleichsam einen Kiesel in den unermesslichen Ozean geschleudert (nicht etwa bloss in einen Fluss) und sind mit den bewegendsten Fragen konfrontiert, denen sich die Wissenschaft gegenübersieht. Viele haben versucht, solchen Kieseln zu folgen – Freud und Jung in der Psychologie, Einstein und Heisenberg in der Physik. Alle sind sie dabei im Meer des Bewusstseins in die Tiefe gesackt, bis man sie aus den Augen verlor. Doch rühren sie zwangsläufig immer wieder an die letzten Fragen: Was ist das Wesen von Geist und Bewusstsein jenseits unserer physikalischen, empirischen und durch Rückschlüsse gewonnenen Kenntnisse? Was ist das eigentliche Wesen jenes Universums, das unser Bewusstsein kritisch erforscht?

Verbildlichung ist einer der Schlüsselbegriffe für das Ausloten solcher Tiefen, die Frage nach dem Wesen der Bilder und ihrer Entstehung, die durch Galtons Experimente neue Aktualität gewonnen hatte. Sigmund Freud begegnete diesen Fragen erstmals während seiner Arbeit an der Traumanalyse in den neunziger Jahren des letzten Jahrhunderts, aus der das gesamte Gebäude der Psychoanalyse erwachsen sollte.[19] Er widmete sich mit der geballten Kraft seines Genius dieser Aufgabe, mit dem Ergebnis, dass wir heute im zwanzigsten Jahrhundert ganz anders über uns denken als die Menschen vor Freud von sich dachten.

Freud sah im Unbewussten die Quelle jener Bilder, denen wir in Traum und Kunst begegnen. Er zeigte dann, wie diese Bilder, die in der dunklen Unterwelt des Es und Unbewussten schlummern, unsere bewussten Gedanken formen – wie der Neurotiker, der Künstler, ja zum grossen Teil wir alle Sklaven jener verborgenen Bilder sind. Damit hatte er die Prinzipien der Traumarbeit freigelegt, nach denen der mächtige Traumzensor die Eingangsinformation aus Vergangenheit und Gegenwart verkleidet und verzerrt – und somit dem bewussten Ich ihre Bedeutung verhüllt.[20]

C. G. Jung betrachtete all dies für selbstverständlich, löste sich jedoch von Freud, weil sein früherer Mentor seiner Meinung nach einer viel zu düsteren und engen Anschauung von bildlicher Vorstellung und Verbildlichung frönte. Jung vertrat die Ansicht, dass Traumbilder nicht unbedingt irreführen und verzerren wollen. Sie können im Gegenteil sehr direkt sein und zudem heilen, zumal das Unbewusste (die Unterwelt ihres Ursprungs) weniger eine Hölle als vielmehr ein potentieller Himmel ist.

In Erweiterung eines Gedankens von Freud behauptete Jung des weiteren, dass die unserem Denken und Verhalten zugrundeliegenden Bilder nicht ausschliesslich dem begrenzten Fassungsvermögen einzelner Köpfe entspringen. Vielmehr sind ihre machtvollsten Vertreter, die das Schicksal von einzelnen Menschen und ganzen Nationen bestimmen, aus einem kollektiven Unbewussten hervorgegangen, in dem jeder an das Unbewusste des anderen angeschlossen ist – wie Schwimmer, die sich im Meer an der Hand halten. Um die Häresie vollends auf die Spitze zu treiben sagte Jung, dass diese grossen Bilder, die sogenannten «Archetypen», genetisch kodiert von Generation zu Generation weitergegeben werden.[21]

Die Arbeit von Freud und Jung bilden auch die Grundlage der Forschungen, die sich nach dem Zweiten Weltkrieg im Rahmen von Studien zu Kreativität mit Bilderdenken und Verbildlichung befassten. Gewöhnlich projizierte man dabei eine Reihe von Bildern auf eine Leinwand oder benutzte Bildkarten, die wie die Diapositive von verschwommenen und vieldeutigen zu immer klareren Bildern führten.[22] Aus diesen und aus andersgearteten Untersuchungen schloss die Kreativitätsforschung, dass wir das Bewusstsein zuerst aussen und innen nach allen Richtungen schweifen lassen und eine Vielzahl von Bildern überfliegen, die zu dem nach Ausdruck drängenden Impuls passen können (aber nicht unbedingt mit ihm übereinstimmen müssen), wenn wir ein zusammenhängendes Kunstwerk schaffen wollen. Als nächsten Schritt durchforsten wir sehr schnell die Eingangsinformationen, verwerfen, kombinieren und verfeinern, um jenes Endprodukt zu erreichen, das gewissen Regeln entspricht – das klingt, wie ein Musikstück klingen soll oder aussieht, wie ein Bild auszusehen hat. Zuerst überfliegen wir einen Kosmos von Möglichkeiten, dann konzentrieren wir uns auf das eine Bild oder Muster, das unserem momentanen schöpferischen Impuls am ehesten gerecht wird.

Das mag eine reichlich fade, wenn nicht sogar schäbige Beschreibung des kreativen Prozesses sein, der doch etwas Hehres, Ehrfurchtgebietendes und Mysteriöses ist. Trotzdem entspricht die Kreativitätsforschung damit ziemlich genau unserem Funktionsmodell von Gehirn und Bewusstsein: Divergenz der Bilder, die die rechte Hemisphäre überfliegt; Konvergenz erstens durch Analyse und Abstraktion in der linken Hemisphäre und zweitens durch die Überwachungs- und Entscheidungsgewalt des Vorderhirns.

Aber alle diese Erwägungen führen nur ein bis zwei Schritte in das flache Wasser am Rande des Ozeans von Bewusstsein und Unterbewusstsein, aus dem Bilder geboren werden. Viele Fragen sind unbeantwortet geblieben, zum Beispiel: Wo kommt der Drang nach schöpferischem Ausdruck überhaupt her? Wie und warum manifestiert er sich? Welche Instanz setzt die Regeln fest, nach denen das Gedankenbild in den entsprechenden Klang oder das entsprechende Gemälde umgesetzt wird? Wie verflechten die Bilder Vergangenheit, Gegenwart und

Zukunft miteinander? Und wie werfen wir unsere Bilder aus, so dass sie aus Vergangenheit und Gegenwart die Zukunft formen?

Aufregende Fragen – faszinierend wie ein Glühwürmchenreigen über nachtdunklem Teich, beunruhigend wie der Schrei fremder Vögel in der Abenddämmerung. Sie lassen sich aber allmählich mit Hilfe der holographischen Hirn- und Bewusstseinsforschung beantworten und locken uns weiter auf unserem Weg, aus den unbekannten Reichen kommend, die noch vor uns liegen.

KAPITEL 8

Das voraussagende Gehirn

Auf unserer Reise entlang dem Strom von Denken und Zeit aben wir inzwischen ein gutes Stück Weg hinter uns gelassen. Wir haben gesehen, auf welche Art und Weise eine einzige Zelle jene drei höchst aktiven Komponenten herangebildet hat, die unserem Modell des voraussagenden Gehirns zugrundeliegen. Wir betrachteten, wie das Gehirn die für unseren Zukunftssinn fundamentalen Dimensionen von Raum und Zeit hervorbringt. Wir haben die drei Arten der Zeit untersucht, drei unterschiedliche Intuitionsformen, wie auch zwei grundsätzlich verschiedene Denkweisen, mit denen das Gehirn die Bilder und Analysen zum Vorausahnen der Zukunft liefert.

Dieser gesamte Tatsachenkomplex ist dem einen oder anderen Wissenschaftszweig wie auch der Mehrheit der Wissenschaftler bekannt, die auf dem entsprechenden Gebiet tätig sind. Aussergewöhnlich daran ist nur unsere Perspektive, diese Tatsachen als einen Strom ihrer Hintergrundsfaktoren oder der in ihnen verborgen liegenden Kräfte zu betrachten, die in der Funktion des zukunftsschauenden Geistes zusammenwirken. Das vorliegende Kapitel wird nun unsere Erforschung des «vor-einsteinschen» Bewusstseinsmodus zum

Abschluss bringen. Wir werden untersuchen, was die «prätransformelle» Psychologie und Neurologie über die Beteiligung des Gehirns am tatsächlichen Prozess der Vorhersage weiss. Anschliessend werden wir uns mit einer andere Perspektive befassen, die für das klassische Wissenschaftsverständnis ein Ärgernis, wenn nicht gar beunruhigend ist, nämlich mit jener besonderen Art, die Zukunft anzugehen, die allgemein mit Worten wie «Vorauswissen» und «Weissagung» bezeichnet wird. Damit brechen wir natürlich aus vertrauten Denk- und Erfahrungsmustern aus und erweitern uns zu der raum- und zeitlosen Welt (oder sollten wir etwa sagen, dass wir uns zu ihr zusammenballen?), die uns Quantenphysik und Parapsychologie offenbaren.

Hirnstromverlauf und Vorhersage

Bis jetzt haben wir uns streng an die wissenschaftliche Methode gehalten, das heisst, wir haben Einzelerkenntnisse über Gehirntätigkeit und Vorhersage überprüft – eine ganze Reihe sogar. Nun wollen wir versuchen, uns eine Vorstellung vom Gesamtkomplex der Hirnleistungen zu verschaffen, indem wir einmal eine einfache Vorhersage von Anfang bis Ende verfolgen. Schauen wir uns genau an, was passiert, wenn ein Problem auftaucht und den Geist in Beschlag nimmt: Wie jeder Gehirnabschnitt sich auf seine Weise, sei es simultan, sei es nacheinander, damit auseinandersetzt, und wie am Ende aus dem Wechselspiel von Vorhersage und aktivem Eingreifen die Lösung hervorgeht. Dieser Vorgang mag uns an eine Quelle erinnern, die munter an steinigen Gebirgshängen herabsprudelt: Sie vereinigt sich mit anderen Bächen, so dass sie schliesslich zu einem mächtigen Strom anschwillt.

Natürlich wird unsere Darstellung mit dem tatsächlichen Geschehen *nicht* hundertprozentig übereinstimmen. Sie kann dem Hirnstrom nur annähernd gerecht werden, indem sie einen Bruchteil der Flutwogen und Stromschnellen seiner Tätigkeit vermittelt.

William James bestimmte den Anfangspunkt aller Vorhersagen näher: Es ist der Bewusstseinszustand, den er mit der Vorstellung des Denkstromes umschrieb.[1] Wir gehen bewusst mit dem Leben mit. Das aufsteigende Netz des Retikulärsystems hat unser Gehirn geweckt, alle Gehirnbereiche werden irgendwie stimuliert;[2] während einige Nervenzellen nach Reizen hungern, sind andere damit gesättigt; unser Gehirn befindet sich in einem angenehmen Schwebezustand: Es ist im Gleichgewicht. In diesem Zustand macht sich dann plötzlich wie von selbst die Notwendigkeit für eine einschneidende Veränderung bemerkbar.

Lassen Sie uns dies an einem griffigen Beispiel durchspielen. Nehmen wir an, Sie sind gerade in Kalifornien. Ein alter Freund ruft Sie aus New York an. Er schlägt vor, dass Sie ihn auf dem Rückweg nach Europa besuchen. Sofort bricht eine wahre Bilderflut über Ihre rechte Hirnhälfte herein. Einige stammen aus dem Schatz Ihrer Erinnerung: Glückliche Momente flackern auf, die Sie in der Vergangenheit gemeinsam erlebt haben; die beeindruckende Szenerie des Central-Park; die Fähre nach Staten-Island, die durch die Wellen schlingert. In anderen hingegen verbinden sich Erinnerungsfetzen mit der Vorausschau von Ereignissen, die sich bei Ihrem zukünftigen Besuch ergeben könnten: Sie malen sich aus, welches Theaterstück Sie wohl diesmal gemeinsam auf dem Broadway besuchen werden und wen Sie zur Verbesserung Ihrer Geschäftsverbindungen mit den Vereinigten Staaten in New York sonst noch aufsuchen könnten.

Zu den vielen beteiligten Gehirnprozessen würde zweifellos auch die Aktivierung der «Freude-Zentren» gehören, die James Olds im oberen Hirnstamm, Thalamus und Hypothalamus entdeckte.[3] (Hätten Sie statt des Anrufs aus New York die telegraphische Nachricht erhalten, dass Ihre Frau daheim bei einem Verkehrsunfall ums Leben gekommen sei, wären die von Neal Miller entdeckten «Schmerz-Zentren» tätig geworden, die vielfach in denselben Hirnregionen liegen.)[4] Ferner würden die unteren Abschnitte des Vorderhirns (das sogenannte limbische System) aktiviert, wie die Emotionen schon allein dadurch verstärkt würden, dass die Energie in den Nervenzellen und entlang der Nervenbahnen zunimmt und schneller zu pulsieren beginnt, während sich die Bilder überstürzen.[5]Gemeinsam würden diese Vorgänge für den nötigen Motivationsschub sorgen, dass Sie den natürlichen Anfangswiderstand gegen alle Veränderungen überwinden, sämtliche Trägheit abstreifen und (mit Hilfe der Stirnlappen) entscheiden, sich tatsächlich auf den Weg zu machen. Sie sagen also: «Gute Idee, ich komme bei Dir vorbei.»

Die Prognosefähigkeit Ihres Bewusstseins ist nun vor ein spezifisches Problem gestellt.

«Wann kann ich mit Dir rechnen?», fragt Ihr Freund Sie.

Diese Frage löst einen ganzen Schwall von Tätigkeiten aus, an denen sehr viele Hirnregionen beteiligt sind, am meisten jedoch wahrscheinlich die Fähigkeit des rechten Gehirns zu unmittelbarer Gestalt-Wahrnehmung. Also antworten Sie im Bruchteil einer Sekunde: «Ich würde sagen Ende Mai. Aber ich rufe Dich zurück und gebe Dir genau Bescheid.»

Dies ist an sich bereits eine Voraussage. Nachdem Sie den Hörer aufgelegt haben, werden jedoch Funktionen aktiv, die sich für eine Situationsanalyse noch weitaus besser eigenen. – Wie gesagt, Sie sind im Moment in Los Angeles. Die Reise nach New York muss Sie notwendigerweise quer über den nordamerikanischen Halbkontinent führen. Da Sie die Gelegenheit nutzen wollen, das Land wieder einmal aus der Nähe zu erleben, möchten Sie weder fliegen noch Zug oder Bus nehmen. Stattdessen wollen Sie mit dem Auto fahren. Als erstes müssen Sie demnach voraussagen, wie viele Tage Sie für die Strecke brauchen werden. Sie müssen genau wissen, wann Sie losfahren, und wann Ihr Freund mit Ihrer Ankunft rechnen kann, damit er seine Pläne gedanklich mit den Ihren abstimmen kann.

Jetzt ist das Vorderhirn entsprechend angeregt; es kann seine Funktionen des Planens, Analysierens und Steuerns wahrnehmen. Dazu fordert es zuerst über die Nervenbahnen von anderen Hirnregionen zwei Informationen an. Von den zuständigen Abschnitten der rechten und linken Hirnhälfte sowie den Erinnerungszentren lässt es auf der Grundlage bisheriger Erfahrung schätzen, wie viele Kilometer man ohne Anstrengung pro Tag in etwa zurücklegen kann. Sie überlegen, ob Sie täglich sechs oder acht Stunden hinter dem Steuer sitzen sollen. In Anbetracht der Geschwindigkeitsbegrenzung auf amerikanischen Autobahnen entscheiden Sie sich, acht Stunden zu fahren, so dass Sie pro Tag ungefähr 770 Kilometer zurücklegen können. Danach weist das Vorderhirn die Bewegungszentren (sie verlaufen entlang dem Rolandospalt, der Vorder- und Hinterhirn scheidet, quer über das Gehirn) an, die Beine in Bewegung zu setzen, damit Sie sich aus dem Sessel erheben und zum Bücherregal gehen. Schliesslich lenkt es Ihre Hände und Arme zum Atlas, den Sie dem Bord entnehmen, weist die Finger an, die Seiten umzublättern, und stimuliert die Augen, die genaue Entfernung zwischen Los Angeles und New York zu ermitteln.

Diese Information läuft nun über die Sehnerven von der Netzhaut durch den seitlich gebogenen Kern des Thalamus, von wo sie zuerst an das Hinterhirn weitergeleitet wird, zu dem die Schläfen-, Scheitel- und Hinterhauptslappen gehören.[6] Dort wird die eingegangene Information nach Sparten eingeteilt und kodiert; sie erhält eine Bezeichnung oder ein Erkennungssymbol. Sie wird ferner einer bestimmten Hirnregion zugewiesen, wo sie gespeichert oder weiterverarbeitet werden soll. Die erste an der Analyse beteiligte Schaltstelle verteilt sie also gleichzeitig über das gesamte Gehirn. In unserem Fall wird sie zu den Stirnlappen weitergeleitet, weil diese sie anfordern.[7] Die Antwort («etwa 4000 Kilometer») geht zu den Rechenzentren in der linken Hirnhälfte und wird durch die Tagesleistung von 770 Kilometern geteilt. Die Reise wird also etwa 5,2 Tage in Anspruch nehmen. Demnach müssen wir für die Autofahrt von Los Angeles nach New York ungefähr fünfeinviertel Tage einkalkulieren.

Für ein einigermassen bestücktes Vorderhirn ist diese Voraussage jedoch nur ein erster Schritt. Einen ersten Schritt stellt sie auch für die sogenannten «niederen» Hirnzentren dar, die unser körperliches Wohlergehen, wie unser physisches und soziales Überleben sicherstellen wollen. Deswegen ziehen wir nun alle Möglichkeiten in Betracht, die die geschätzte Reisezeit in die Länge ziehen oder verkürzen könnten.

Da ist zuerst einmal der Wagen. Wie wahrscheinlich ist eine Panne? Fällt in die Reisezeit ein Wochenende, an dem alle Reperaturwerkstätten geschlossen sind? Aus den Erinnerungszentren steigt ein grässliches Bild in Ihnen hoch: Sie sehen einen Bekannten in flimmernder Hitze ratlos neben seinem Wagen hocken; ihm war in der Mojave-Wüste auf einer wenig befahrenen Nebenstrecke der Motor stehengeblieben. Während der Hypothalamus und Teile des limbischen Systems auf dieses Bild ansprechen (wobei auch die Empfindsamkeit des Vorderhirns hineinspielt), bangen Sie erst einmal um Ihr liebes Leben.[8] Sie fragen sich: «Und wenn ich überhaupt nie ankomme?»

Dieselbe Angst manifestiert sich in höheren Hirnschichten in abgewandelter Form: Wie peinlich wäre Ihnen doch, ein oder zwei Tage verspätet in New York anzukommen und somit alle Termine und Pläne Ihres Freundes über den Haufen zu werfen. Die Angst hält allerdings nicht lange an, weil ein anderer Gedanke den Sturm im Wasserglas schnell besänftigt: Sie sind aus Europa eingeflogen und werden deswegen einen Leihwagen nehmen müssen. Die sind gewöhnlich recht gut in Schuss; bei einer grösseren Panne würden Sie ausserdem schnell einen Ersatzwagen erhalten.

In ähnlicher Weise ziehen sie noch andere Eventualitäten in Betracht, zum Beispiel das Wetter. Im Winter könnten verschneite Bergpässe Sie aufhalten, besonders auf der Nordroute. Aber es ist Frühling. Die Pässe dürften leicht passierbar sein. Benzin? Die letzte Energieversorgungskrise liegt Jahre zurück. Geschlossene Tankstellen und wartende Autoschlangen, wie Sie sie damals im Fernsehen sahen, werden Sie kaum antreffen. Und wie steht es um Ihre Gesundheit? Die letzten zwei Tage haben Sie sich gefühlt, als würden Sie eine Erkältung bekommen. Vielleicht werden Sie schnell auch noch die Wahrscheinlichkeit von einer Reihe anderer möglicher Katastrophen ins Auge fassen: Unfall, Raubüberfall oder gar, dass Sie unterwegs ermordet werden. All dies mag zwar ein bisschen weit hergeholt scheinen, aber es ist nur natürlich, wenn das Zusammenspiel von höheren und niederen Überlebensmechanismen solche Überlegungen zumindest flüchtig streift.

Nachdem Ihnen diese Dinge durch den Kopf geschossen sind, sind Sie nahe daran, Ihren Freund anzurufen und ihm zu sagen, dass Sie am 15. Mai in Los Angeles abfahren und demnach entweder am 19. Mai spätabends oder in aller Frühe am darauffolgenden Morgen bei ihm eintreffen werden, da taucht aus der mysteriösen Kammer der Erinnerung über die Vermittlung der rechten Hirnhälfte ein eindrucksvolles, ja atemberaubendes Bild in Ihnen auf: Die steil abfallenden Klippen des Grand Canyon, die in der Abendsonne rot aufflammen. Die Stirnlappen informieren Sie, dass die Gelegenheit zu einem Besuch so schnell nicht wiederkehren wird und dass Sie deshalb mindestens eine Nacht und einen Tag an diesem grandiosen Ort verweilen sollten. Sie addieren die Unterbrechung zu Ihrer Reisezeit und rufen schliesslich in New York an, um Ihre endgültige Prognose zu stellen.

Funktionsketten wie in unserem Beispiel ziehen grundsätzlich alle Hirnregionen ein. Sie bilden für alle möglichen Vorhersagen das Fundament: Zum Beispiel dafür, dass das Kind beim Laufenlernen voraussagen kann, ob der Boden, auf den es gerade seinen Fuss setzen will, fest oder unsicher ist,[9] oder dafür, dass der Konditor nach Mischung und Bearbeitung der Zutaten im voraus weiss, wann die Torte durchgebacken sein wird und auf welche Zeit er die Stoppuhr am Herd deswegen einstellen muss. Nach dem gleichen Schema sagen Gärtner oder Bauer unter Berücksichtigung der Jahreszeit, der zu erwartenden Regenfälle und der Arten und Mengen von Düngemitteln voraus, wann die Blumen blühen oder das Getreide reif sein wird. Der Geschäftsmann kann überschauen, wann eine Ware lieferfertig ist, nachdem er Kunden, Lieferanten, Verträge und Subunternehmer beisammen hat. Der Arzt sagt die zur Genesung notwendige Zeitspanne voraus oder wie bald die Krankheit entsprechend ihrem typischen Entwicklungsmuster die vorhersehbare Wendung zum Besseren oder Schlechteren nimmt, wenn er den Patienten einmal untersucht und die Symptome erfasst hat. Der Wissenschaftler beobachtet sein Forschungsobjekt. Er sagt ein Versuchsergebnis voraus, nachdem er den Versuch in Aufbau wie Ablauf festgelegt und gemessen hat.

Wollten wir uns die Mühe machen zu analysieren, wie jeder einzelne dieser Prognostiker (vom Kleinkind bis zum Wissenschaftler) zu seinen oder ihren Schlussfolgerungen gelangt, würden wir auf ungefähr dieselbe Schrittfolge stossen, die wir bei unserem Beispiel von der Vorhersage der voraussichtlichen Fahrzeit von Los Angeles nach New York feststellen konnten. Natürlich würden die Schritte bei jedem Problem ein wenig anders aussehen. Und natürlich würde jeder einzelne Schritt über die angezeigten Wechselwirkungen hinaus zwischen den verschiedenen Hirnpartien noch eine Menge zusätzliche Interaktionen auslösen. Trotzdem dürfen wir uns den Verlauf der Hirnströme ganz allgemein in folgenden Stadien vorstellen:

1. Ein Zustand relativer Ruhe, bevor das Problem in den Gesichtskreis tritt.
2. Unsere Bewusstheit entdeckt auf irgendeiner Ebene ihrer vielschichtigen Tätigkeit ein Problem, das unbedingt gelöst werden muss, oder eine Gelegenheit, die man besser beim Schopfe packt.
3. Um das Problem zu meistern, muss man sich zuerst das gewünschte Ergebnis sowie die wahrscheinliche Zukunftsbedingungen vor Augen halten. Das heisst: Der zukunftsschauende Geist wird aktiviert.
4. Über viele Kanäle (zum Beispiel die zweibahnigen netzartigen Fasern zwischen «höheren» und «niederen» Hirnzentren) ruft das Vorderhirn von vielen Helferscharen Informationen ab: Von den Sinnen, der Erinnerung und so weiter. Sollten Augen, Ohren, Hände oder Beine weitere Sinnesdaten sammeln müssen, setzt es darüber hinaus die Bewegungszentren in Gang.
5. Das rechte Gehirn verknüpft das Problem mit einer ersten hypothetischen Lösung zu einer Gesamtgestalt.
6. Kurz darauf analysiert das linke Gehirn, wie sich das Problem durch eine Folge spezifischer Schritte lösen liesse.
7. Die Stirnlappen verdichten Eingangsinformationen und Analysen zu einer ersten Vorhersage.
8. Dann leitet es diese Vorhersage zwecks Überprüfung an andere Partien von Vorderhirn, Mittelhirn und Hirnstamm weiter.

9. Die Vorhersage wird getestet – entweder indem wir uns ihre Wirkungen bildlich vorstellen oder indem wir physisch handeln.
10. Die Testergebnisse werden dem System in Form weiterer Revisionen zugespielt, bis wir uns auf eine für den gegebenen Zeitpunkt optimale Vorhersage festlegen, oder bis die von ihr gesteuerte Handlung zum Abschluss gekommen ist, was uns wiederum für eine Weile einem Zustand relativer Ruhe überlässt.[10]

Höhere und niedere Gehirnstrukturen – die Modulatoren des Denkstromes

Mit unserem kleinen Beispiel der Autofahrt quer durch Amerika haben wir vereinfacht dargestellt, welchen Verlauf der Denkstrom beim Vorhersagen nimmt. Im richtigen Leben geht es jedoch nicht so einfach, sondern im Gegenteil recht spezifisch zu. Wir müssen uns deswegen noch mit einigen wichtigen Faktoren befassen, die den Denkstrom formen.

Wir haben bisher die Ansicht vertreten, dass die Interaktion zwischen linkem, rechtem und Vorderhirn den Hauptmodulator des Denkstroms darstellt. Diese Interaktion spielt sich grösstenteils im Vorderhirn ab – jenem neuesten, kühnsten und «höchsten» Teil des Gehirns, der im Menschen zur Entwicklung kam. Aber es gibt auch noch andere Funktionsmodelle, die gleich wichtig, wenn nicht bezüglich ihrer Verwendbarkeit sogar umfassender und fundamentaler sind. Wir können ihre Bedeutung ermessen, wenn wir die Kernfrage stellen, auf die die Hirnforschung bisher nur widersprüchliche Antworten weiss: «Wo genau liegt das Hauptkontrollzentrum des Bewusstseins?»

Wer ist eigentlich «Herr im Haus»? Wer fällt die Entscheidungen? – Vielleicht ist er irgendwo im Vorderhirn verborgen, wie meine bisherige Darstellung in Übereinstimmung mit Alexander Luria vermuten liesse?[11] Oder versteckt er sich in einer früheren Entwicklungsschicht des Gehirns, etwa im Hypothalamus, dem Kontrollzentrum im Zwischenhirn?[12] Ist er vielleicht noch tiefer zu suchen, womöglich im oberen Hirnstamm, wo sich nach Wilder Penfield der «höchste Hirnmechanismus» befindet?[13] Oder teilen sich diese drei Regionen beziehungsweise Schichten die Kontrolle, so dass sie gemeinsam die leitende Funktion innehaben? Ist vielleicht sogar noch eine andere Komponente daran beteiligt, etwa ein Geist jenseits der Grenzen des Gehirns?

Kehren wir zu unserem Beispiel von der Autofahrt zurück. Wir können daran leicht erkennen, dass die Kontrolle sowohl die «niederen» als auch die «höheren» Hirnfunktionen angeht. Hätte die Einladung aus New York nicht die Freude- und Schmerz-Zentren des unteren Vorderhirns (Thalamus und Hypothalamus) aktiviert, wären die dadurch ausgelösten Gefühle nicht durch andere Teile des Zwischenhirns und limbischen Systems verstärkt worden, wir hätten nicht einmal nur daran gedacht, ob wir überhaupt nach New York fahren sollen und uns demzufolge noch weniger die Mühe gemacht, eine Ankunftszeit zu errechnen.[14]

Ebenso verdeutlicht dieses wie jedes vergleichbare Beispiel für die Voraussagekraft des Bewusstseins, dass auch ausserhalb der normalen Verbindungswege Kontrolle ausgeübt wird – und zwar von automatischen Entscheidungen unterhalb der Bewusstseinsschwelle. Beim Lernen folgen wir einem charakteristischen Muster: Wir beginnen mit einer bewussten Leistung oder Anstrengung, die dann wie eine Gliederkette von Worten, Gedanken oder Handlungen (Laufen oder Fahrradfahren zum Beispiel) unterhalb der Bewusstseinsschwelle gespeichert wird. Im Bedarfsfall schliesslich werden diese Gedanken, Worte oder Handlungen zum Leben erweckt und kommen wie Wogen aus dem Speichersee des Unbewussten angerollt. Die «niederen» Systeme von Hirnstamm und Mittelhirn sind die Kontrollinstanzen dieser gewohnheitsmässigen Strukturen unterhalb der Bewusstseinsschwelle.

Eindeutig kontrolliert also nicht allein das Vorderhirn den Denk- und Handlungsstrom (wie auch die Prognosefähigkeit); dazu gehören ebenso Zentren aus anderen Hirnschichten. Wir können uns das «Management» des Gehirns vielleicht am besten als eine dreiköpfige Gestalt vorstellen, einer Hindugottheit ähnlich. Die Exekutivgewalt verteilt sich zwischen diesen drei Köpfen wie in einem Familienbetrieb, dessen Management in den Händen von drei Generationen liegt: Grossvater, Vater und Sohn (oder Tochter). Der untere Hirnstamm (in der Evolution zuerst entstanden; der Grossvater, der die Firma gegründet hat) behält sich nur Grundsatzentscheidungen vor; im Notfall kann er aber auch sofort wieder das Kommando übernehmen. Der obere Hirnstamm und das Mittelhirn (der nächste Entwicklungsschritt in der Evolution; der Vater, der die Firma weiter vergrössert und ausgebaut hat) wacht darüber, dass Körper und Hirn stabilisiert und im Gleichgewicht sind. Die Stirnlappen schliesslich (der bisher letzte Schritt in der Entwicklungsgeschichte; Sohn oder Tochter, die weltgewandt und mit viel Feingefühl agieren) kümmern sich um die ausgedehnte Kommunikation und Vermittlung, wobei sie die Herrschaft unseres Geistes immer weiter in Vergangenheit, Gegenwart und Zukunft expandieren.

Wie persönliche Unterschiede den Strom formen

Darüber hinaus formen natürlich auch individuelle Unterschiede unsere Gedanken, Handlungen und Voraussagen: Unsere Stellung in der Gesellschaft; unsere finanzielle Lage; die Verwurzelung in einer bestimmten Kultur, Persönlichkeit, Weltanschauung und so weiter. Die verschiedenartigen Lernerfahrungen des einzelnen programmieren jedes Gehirn anders.[16]

Daraus ergibt sich jener Unterschied in Denken und Handeln, der den Grossstädter vom Kleinstädter trennt, den Reichen vom Armen, Asiaten, Afrikaner und Amerikaner vom Europäer, den Extravertierten vom Introvertierten, den Traditionalisten vom Freigeist.

Selbstverständlich spielen auch physiologische Unterschiede eine Rolle, wie etwa die Dominanz der rechten oder linken Hirnhälfte. Solche der Hirnfunktion inhärenten Unterschiede entscheiden letztlich darüber, ob wir Künstler oder Mathematiker werden.[17] Art und Niveau unserer Intelligenz sind ebenfalls von den Werkzeugen abhängig, die wir bei der Geburt durch Erbmasse mitbekommen und uns im Laufe des Lebens durch Gebrauch angeeignet haben. Auf jedem Schritt unserer sozialen ökonomischen und psychischen Existenz mögen wir dann erfahren, dass uns die Tore zu Beruf, Aufstieg und gesellschaftlichem Umgang jeweils nach Art und Entwicklungsgrad unserer Hirnleistung (d. h. unserer Intelligenz) entweder offen oder verschlossen sind.[18]

Das Zusammenspiel von höheren und niederen Hirnzentren bringt weitere Unterschiede hervor. Da dieses Zusammenspiel eine der physiologischen Grundlagen von Persönlichkeit und Weltanschauung darstellt, moduliert es natürlich auch unsere Gedanken und Voraussagen. Die Psychologie hat für die Verschiedenartigkeit unserer Denkweisen den Sammelbegriff der «kognitiven Stile» eingeführt. Sie erkennt insofern an, dass es sich hierbei eigentlich um die Beteiligung der höheren Zentren von Hinter- und Vorderhirn, sowie der rechten und linken Hemisphäre des Vorderhirns handelt. Den aktivierenden Schub verleiht allerdings erst die Einschaltung der niederen Hirnzentren, weil sie die Emotionen hervorbringt – von sanfter Empfindung bis zum rasenden Feuer der Leidenschaften.

Die Tätigkeit der sogenannten anregenden und hemmenden

Systeme, die über das gesamte Gehirn verteilt liegen, spielt eine sehr wichtige Rolle.[19] Diese Systeme wirken einerseits innerhalb der einzelnen Nervenzellen, aus denen sich das Gehirn zusammensetzt, und andererseits als regulierende Verbindungsnetze, auf den verschiedenen Organisationsebenen des Gehirns, wie etwa die Stirnlappen, die uns bestimmte Hemmungen auferlegen, weshalb wir sie auch als eine Art Hauptsicherung des Bewusstseins betrachten. Die grosse Vielfalt menschlicher Gefühle und Regungen, die ein Individuum vom anderen unterscheidet, ist jedoch vornehmlich auf Wechselwirkungen im limbischen System an der Nahtstelle zwischen Vorderhirn und Mittelhirn zurückzuführen. Wie die Silberkugel in einem Flipperautomaten ein ganzes Lichterspiel, zaubert ein Impuls ein Gefühl hervor. Schiessen mehrere solcher Impulse hin und her, bringen sie viele Teile des limbischen Systems zum Aufflackern: Hypothalamus, Mandelkern, Isthmus, Gürtel, Hippocampusfuss und Abschnitte des Thalamus. Diese Vorgänge zünden dann die Drüsen- und Muskelbewegungen, die sich in Form von Gefühlen und Handlungen manifestieren.[20]

Bisher hat die Psychologie dem Verhältnis zwischen hirnfunktionsbedingten Unterschieden und Voraussagen und Voraussagefähigkeit wenig Forschung gewidmet, während sich die Neurologie meines Wissens diesbezüglich sogar nur auf vage Schlussfolgerungen stützt. William James begriff wenigstens teilweise das Geheimnis, dem wir hier auf die Spur kommen wollen, und zwar mit Hilfe der folgenden Abbildung, die wir einem seiner Bücher entnahmen.

James schrieb dazu: «Nehmen wir an, A sei eine Erfahrung, die verschiedenen Individuen für ihre Überlegungen als Ausgangspunkt dient, wohingegen Z die praktische Schlussfolgerung repräsentiert, die man von A rational ableiten kann. Jeder gelangt nun über eine andere Verbindungslinie von A nach Z. Zum Beispiel: Der eine mag sich

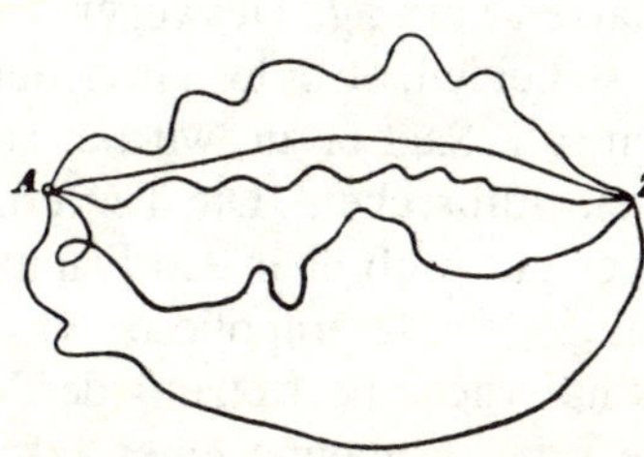

Abb. 7 James' Gedankenwege

englischer, der andere deutscher Sprachbilder bedienen; bei dem einen mögen bildliche Vorstellungen überwiegen, bei dem anderen der Tastsinn die Hauptrolle spielen. Einige Gedankengänge sind vollkommen emotionslos, andere stark mit Gefühlen durchsetzt; einige kondensiert, synthetisch und rasch, andere zögerlich und in viele Einzelschritte aufgebrochen ... Wahrscheinlich wäre jeder über alle Massen erstaunt, wenn er in das Bewusstsein seines Nächsten schauen könnte und dabei entdecken würde, wie sehr sich diese andere Bewusstseinslandschaft von seiner eigenen unterscheidet.»[21]

Um zu sehen, wie solche hirnbedingten Unterschiede die Zukunftsvoraussage beeinflussen, wollen wir uns nochmals unserer Autofahrt von Los Angeles nach New York zuwenden. Zu diesem Zweck müssen wir ferner auf C. G. Jungs Beobachtungen über die Wechselwirkung zwischen Persönlichkeitstypus und Zeitwahrnehmung eingehen. Ich erwähnte bereits, dass Jung an seinen Klienten wie an den Menschen allgemein vier Persönlichkeitstypen oder eine Mischung daraus feststellte: Der Empfindungstypus schwelgt in seinen Empfindungen; der Fühltypus lässt sich von seinen Gefühlen leiten; der intuitive Typus zeichnet sich vor allem durch seine Intuitionen aus; und der Denktypus – nun, dessen Stärke ist das Denken. Jeder Typus hat ein besonderes Verhältnis zur Zeit. Der Empfindungstypus ist stark gegenwartsbezogen, der Fühltypus auf die Vergangenheit ausgerichtet, der intuitive Typus auf die Zukunft, wohingegen der Denktypus Vergangenheit, Gegenwart und Zukunft in seine Erwägungen einbezieht.

Studien von Ian Mitroff[22] und Norman Smith[23] bestätigen diesen Sachverhalt. Der Futurist Harold Linestone geht sogar noch weiter. Er ordnet jedem psychologischen Typus eine besondere Voraussagestrategie bei.[24] Wir werden sie jetzt am Beispiel unserer hypothetischen Autofahrt näher betrachten.

Linestone unterstellt dem Empfindungstypus, dass er die Zukunft nicht richtig einzuschätzen vermag. Deswegen wird er sich bei dem Anruf auf der Stelle entscheiden, ob er losfahren oder die Einladung aus New York ausschlagen soll. Sagt er zu, wird er sich einfach ins Auto setzen und nach Osten aufbrechen. Die Entfernung und die dafür notwendige Zeit peilt er nur grob über den Daumen.

Der Fühltypus hingegen «extrapoliert» die Zukunft; d. h. er betrachtet sie als kontinuierliche Fortsetzung der Vergangenheit. Graphiken, die Zunahme oder Abnahme einer Entwicklung als Kurve darstellen, veranschaulichen treffend, was wir hier mit Extrapolierung meinen. Das magische Diagramm vor unseren Augen mag uns zeigen, dass der Sektkonsum auf Tennisturnieren bisher konstant gestiegen ist. Die *vergangene* Entwicklung führt uns demnach leicht in Versuchung, daraus ihre zukünftige Fortsetzung abzuleiten: Wir nehmen einfach an, dass er auch weiterhin steigen wird, obwohl er natürlich genausogut fallen könnte. Übertragen auf unsere Geschichte, könnte der Fühltypus irrtümlich annehmen, dass er mit einem Leihwagen niemals Scherereien haben wird, weil er auch in der Vergangenheit niemals welche hatte. Deswegen fährt er über landschaftlich reizvolle Nebenstrassen, weitab von der nächsten Niederlassung seiner Leihwagenfirma. Sonntags geht ihm auf einem Parkplatz in Montana der Anlasser kaputt. Er muss sich nach langem Warten zur nächsten kleinen Ortschaft abschleppen lassen, und es dauert mehr als einen vollen Tag, bis er endlich seinen Ersatzwagen gestellt bekommt.[25]

Der intuitive Typus hat die Tendenz, einfach in die Zukunft hineinzuspringen, sich Ziele zu setzen und Utopien zu entwerfen, ohne zu beachten, wie man sie verwirklicht. Er ist ein Muster an Spontaneität. Frischvergnügt sagt er auf den Anruf sofort zu. Keine Frage, er wird kommen. Er malt sich in allen Einzelheiten aus, was er mit dem Freund in New York Tolles unternehmen wird. Er setzt sich auch gleich hin, um all die reizvollen Möglichkeiten zusätzlich in einem Brief gross und breit zu schildern. Ja, er schickt sogar Geld für Theaterkarten. Aber dann kommt alles anders. Unvorhergesehene Ereignisse werfen seine Pläne über den Haufen. Er muss unverzüglich non-stop nach Europa zurückfliegen, so dass er den Besuch gar nicht machen kann.

Der Denktypus zieht die Gesamtentwicklung von Vergangenheit und Zukunft in Betracht. Deswegen extrapoliert er die Zukunft nicht nur, er projiziert sie auch. Hier haben wir es offensichtlich mit dem Menschen zu tun, dessen Gedankengang wir zum Ausgang für unsere Betrachtungen genommen hatten. Er bezieht eine grosse Anzahl von Faktoren in seine Überlegungen ein, legt auf dieser Basis die Ankunftszeit fest und schafft es auch, zum vorausgesagten Zeitpunkt einzutreffen (vorausgesetzt, kein unausweichlicher Schicksalsschlag kommt ihm dazwischen).

Welcher Persönlichkeitstypus bringt nun die besten Voraussetzungen für das Vorhersagen mit? Für sich genommen offensichtlich der Denktypus. Das von mir angedeutete Modell der Interaktion zwischen rechtem, linkem und Vorderhirn lässt jedoch anklingen, dass zu einer wirklich optimalen Vorhersage für sich allein kein Persönlichkeitstypus fähig ist. Das kann entweder ein einzelner, der Denken, Intuieren, Fühlen und Empfinden ausgewogen in sich verbindet, oder eine Gruppe mit der richtigen Mischung von Vertretern aller vier Persönlichkeitstypen.

Um noch näher zu erfahren, wie sehr sich Persönlichkeitsmerkmale auf die Voraussagefähigkeit auswirken, bat ich die schon früher erwähnten Freiwilligen[26] (ein bunt gewürfelter Haufen aus verschiedenen sozialen Schichten, Berufen und Altersgruppen) 1978 um ihre Prognosen für die Zukunft. Ich fragte sie nach der politischen, sozialen und ökonomischen Entwicklung der Vereinigten Staaten, und zwar kurzfristig für das nächste Jahr wie auch langfristig bis Ende unseres Jahrhunderts.

Ich hatte diese Gruppe von Laienprognostikern auf Persönlichkeitsmerkmale und ideologische Präferenzen getestet, wobei ich von neunzehn persönlichen Eigenschaften und neun ideologischen Richtungen ausgegangen war. Dabei entdeckte ich, dass sehr unterschiedliche Voraussagen gemacht wurden, je nach dem ob sie von einem eher extravertierten oder von einem intravertierten Typ stammten, ob der Prognostiker emotional ausgeglichen war, entschieden auftrat, über ein höheres Intelligenzniveau, eine gewisse Intuition sowie etwas Phantasie verfügte, oder ob er ichbezogen war, vergleichsweise weniger intelligent, nicht intuitiv veranlagt, wenig phantasiebegabt und eher vorstellungsarm. Für die Unterschiede zwischen den einzelnen Vorhersagen waren aber noch weitere Faktoren verantwortlich, zum Beispiel inwieweit der Befragte unserer Gesellschaft entfremdet oder gar überdrüssig gegenüberstand, ob es ihm an sozialmoralischen Leitsätzen fehlte, er vielleicht den Zusammenbruch unseres Gemeinwesens befürchtete, ob er in dem Gefühl lebte, von den Umständen mehr oder weniger umhergestossen zu werden, oder ob er sich im Gegenteil ein Mitspracherecht bei der Gestaltung seines Schicksals einräumte. Ferner entdeckte ich als einen weiteren Beweis für die Wichtigkeit des Vorderhirns, dass Ethos und Taktgefühl *tatsächlich* eine Reihe bedeutender Unterschiede in den Vorhersagen erklären.[27]

Die Einwirkung der Charaktereigenschaften mag also recht gross sein, bedeutender noch ist allerdings laut Testergebnis der Einfluss der ideologischen Präferenzen, bestehend aus jenen Werten, Anschauungen und Plänen, die nicht bloss für Politik und Religion den Leifaden abgeben, sondern wirklich alle Lebensbereiche erfassen, von der Kindererziehung bis zur Wahl der Bestattungsform. Ferner fand ich heraus, dass unsere Zukunftsprognosen radikal voneinander abweichen, je nach dem ob wir eher fortschrittlich oder konservativ eingestellt sind, zu extremen oder gemässigten Anschauungen neigen, eine aktive gesellschaftliche Rolle übernehmen oder nicht, draufgängerisch oder moderat veranlagt sind, eine Führungsrolle anstreben oder uns damit zufrieden geben, anderen nachzufolgen, ob wir zur jungen Generation zählen, die sich Macht und Einfluss erst noch erringen muss oder zu einer älteren Generation, die diese Positionen bereits innehat. Alle diese Ergebnisse bestätigten im übrigen frühere Untersuchungen von mir.[28]

Diese Entdeckungen sind nicht bloss für das akademische Interesse an den Bewusstseinsfunktionen wichtig; ihre Implikationen reichen weit darüber hinaus. Sie verdeutlichen nämlich, dass alle Zukunftsprognosen (zum Aktienmarkt und zur allgemeinen Wirtschaftsentwicklung, über die militärische Stärke des Westens und die des Ostens, zur Wirksamkeit einer bestimmten medizinischen Behandlung im Vergleich zu einer anderen und so weiter), auf die wir uns für unser individuelles und nationales Überleben verlassen, von der Persönlichkeit und ideologischen Grundeinstellung des Prognostikers getrübt und verzerrt werden. Da diese Unterschiede uns, wie im allgemeinen auch dem Prognostiker selbst, verborgen bleiben, sind unsere Zukunftsprognosen auf Sand gebaut.

Kein Grund der Welt kann jedoch letztlich verhindern, dass aus dem Sand einmal fester Boden wird. Dazu müssen wir nur die angesprochenen Unterschiede durch Tests nachweisen und sie bei der Beurteilung der individuellen Eignung zum Vorhersagen in Rechnung stellen. Zu diesem Zweck entwickelte ich eine neuartige Vorhersagemethode, die sogenannte «Früherkennung der ideologischen Matrix», kurz IMP (Ideological Matrix Prediction). Sie fusst auf unseren Ausführungen, dass die ideologischen Präferenzen des einzelnen die Zukunft mitformen wie auch zu Unterschieden in ihrer Einschätzung beitragen.[29]

Der Freigeist wird zum Beispiel eher optimistisch in die Zukunft schauen, wohingegen der Konservative zum Pessimismus neigt. Der Draufgänger wird seine Vorstellungen von der Zukunft mit Gewalt durchsetzen wollen, und sei es um den Preis, andere dabei zu verletzen. Der Moderate hingegen wird sich darum bemühen, auf sanftem Wege zu überzeugen. Von selbst versteht sich, dass «Extremisten» und «Aktivisten» zu ihrer einmal gefassten Meinung stehen und sich im Gegensatz zu milderen Naturen nicht so leicht umstimmen lassen. Wer eine Führungsposition innehat, wird die Zukunft mit grösserer Sicherheit voraussagen als der Gefolgsmann, und die Jugend wird die Macht den Alten entreissen wollen, die daran kleben. Jeder von ihnen wird die Zukunft verschieden deuten und entsprechend der Unterschiede in seiner Lagebeurteilung, Hirnfunktion und Geisteshaltung handeln. So entsteht jener Teil der Zukunft, den die Menschen selbst hervorbringen. Er schwankt und schlingert wie ein Segelschiff vor schwerem Sturm. In millionenfacher Abwandlung nimmt er immer neue und andere Formen an und geht in ebensoviele Richtungen, ganz gleich ob es Erziehungsfragen betrifft oder das Engagement für eine Sache, ein politisches Ziel, denn die Menschheit repräsentiert insgesamt eine Mischung aller dieser fruchtbaren Gegensätzlichkeiten. Und eben deswegen lässt er sich auch vom Gehirn voraussagen: Das Gehirn kann die Bewegungsmuster der Sturmböen analysieren, weil es über die dafür nötige Ausrüstung verfügt.[30]

Der Geist über dem Gehirn – die Möglichkeit eines übergeordneten Gestaltungsprinzips

Bisher haben wir die Kontrollzentren des Bewusstseins aus dem Zusammenwirken verschiedener Hirnregionen und -ebenen erklärt, bei den Stirnlappen angefangen bis herab zum Hirnstamm. Abschliessend müssen wir unsere Erforschung der Prognosefähigkeit des Gehirns nun mit der schwierigsten Frage abrunden, die der Wissenschaft gestellt ist. Wir müssen ein oder gar mehrere Kontrollzentren *über* den Stirnlappen in Erwägung ziehen, uns also fragen, ob es ein dem Gehirn *übergeordnetes* Bewusstsein gibt, das wir gewöhnlich als den Geist *über* oder *hinter* der Materie bezeichnen.

In unserem Jahrhundert war es so gut wie unmöglich, diese Frage im Rahmen der etablierten Wissenschaft anzuschneiden und damit Gehör zu finden. Man war der Meinung, dass solche Hirngespinste in der Wissenschaft nichts zu suchen hätten, sondern eben nur dort, woher sie auch gekommen waren: beim Klerus, den metaphysischen Spekulierern und unwissenden Massen.[31] Geschichtsbewusste Wissenschaftler verteidigten ihre Überzeugung besonders hartnäckig, denn schliesslich hatte es der Anstrengung mehrerer Jahrhunderte bedurft, den Geist aus der kirchlichen Versklavung zu befreien. War nicht die Kirche mit dem Argument angetreten, als Stellvertreterin eines «höheren Geistes» zu handeln, was heisst, Andersdenkende zu verfolgen, nicht nur Galileo. Wir können es so sagen: Gemeine Geister liessen jahrhundertlang nichts unversucht, Wissenschaft wie Wissenschaftler im Namen eines vorgeblich «höheren Geistes» zu unterdrücken. Nicht verwunderlich also, wenn sich in Reaktion auf alle Wiederbelebungsversuche der alten Idee als erstes Misstrauen oder gar Schrecken regen, wenn man vorsichtig wird, sobald das Bewusstsein mehr sein soll, als was es nach dem bisherigen wissenschaftlichen Erkenntnisstand sein darf, nämlich Gehirnmasse, aktiviert durch Neuronenzündung.[32]

Doch ist auch diese gängige Ansicht etwas heikel, weil die Wissenschaft letztlich nicht beweisen kann, dass sie tatsächlich die einzig richtige ist. Wie die alte Anschauung ist auch die neue im Grunde eine Glaubensfrage – mit dem Unterschied, dass man anstatt an den Geist an die Materie glaubt. Dieser pragmatische materialistische Glaube ist nun der eigentliche Wesenszug der Wissenschaft, und er ist über einen langen Zeitraum allmählich gewachsen. Nachdem man unzählige Körper seziert, Felsen zu Pulver zermalmt und Ruinen ausgegraben hatte, war man sich schliesslich einig geworden, dass nur wirklich ist, was wir sehen, fühlen, riechen oder mit Waage, Lineal, Zirkel und ähnlichen Geräten messen können. Wo sollte also jenseits der Grenzen des Gehirns noch ein «Geist» zu finden sein?

Allerdings gibt uns diese Anschauung auf die Frage des Bewusstseins keine Antwort. Denn wie könnte sie erklären, auf welche Weise wir verflixten Menschenkinder, die wir eigentlich nur ein kompliziertes Chemikaliengemisch, nichts weiter als wandelnde Fleischbrocken sind, uns unserer selbst und unserer Umwelt bewusst werden! Man kann nur in der Hoffnung munter weiter sezieren, zermahlen und wühlen, dass sich auch dieses Problem irgendwann einmal im Rahmen des etablierten Paradigmas lösen lässt.

Francis Crick schildert an einer Stelle ziemlich plastisch, wie schwer sich ein Wissenschaftler tut, andere auf die Problematik der Bewusstseinsfrage aufmerksam zu machen: «Kürzlich versuchte ich einer aufgeweckten Gesprächspartnerin, die Schwierigkeit vor Augen zu führen, auch nur zu begreifen, warum wir überhaupt irgendetwas wahrnehmen, ohne dass meine Gedanken zunächst auf viel Verständnis stiessen. Sie konnte nicht sehen, was daran so problematisch sein sollte. Verzweifelt fragte ich sie schliesslich, wie sie nach ihrer eigenen Vorstellung die Welt wahrnimmt. Sie antwortete, dass wohl irgendwo in ihrem Kopf ein kleiner Fernsehmonitor stehen müsste. ‹Einverstanden, aber wer schaut sich die Bilder darauf an?› fragte ich weiter. Darauf begriff sie sofort, dass es tatsächlich ein Problem gab.»[33]

«Die grosse Mehrheit der Wissenschaftler glaubt an keinen Homunkulus im Hirn», so Crick zu dem Glaubensbekenntnis des Materialismus, nach dem es jenseits der Materie keinen Geist gibt. Trotzdem taucht die Frage, ob nicht vielleicht doch irgendwo ein solcher Homunkulus versteckt sei, weiterhin beharrlich auf. Dazu widerum Crick: «Leicht ist es, den Irrtum zu benennen; dagegen kann man nur schwer vermeiden, immer wieder auf ihn hereinzufallen, weil wir die Illusion eines solchen Homunkulus als «Selbst» in uns tragen. Vielleicht gibt es gute Gründe für die Stärke und Beharrlichkeit dieser Illusion. In ihr mag ein Aspekt der übergeordneten Kontrolle durch das Gehirn zum Ausdruck kommen, die zwar gegeben ist, deren eigentliches Wesen wir jedoch noch nicht ergründet haben.»[34]

Um wieder zu Prognostik und Prognosefähigkeit zu kommen, wollen wir nochmals zu unserer Geschichte zurückkehren: Versetzen Sie sich ganz in die hypothetische Situation. So wie sie sind, mit Fleisch und Blut, Herz und Verstand, stecken Sie irgendwo in Los Angeles und versuchen die voraussichtliche Fahrzeit nach New York zu bestimmen. Stellen Sie sich die unendliche Weite Ihres Bewusstseinsfeldes vor, während Sie alle die inneren und äusseren Faktoren aus Vergangenheit, Gegenwart und Zukunft vor Ihrem geistigen Augen vorbeiziehen lassen, die Ihre Voraussage beeinflussen könnten. Können Sie sich trotzdem als eine Maschine ansehen, die einfach so gebaut ist, dass sie alle die Vorgänge auszuführen vermag? Angesichts unserer heutigen Kenntnisse über Computer würde ich persönlich diese Frage noch bejahen. Aber können Sie das auch weiterhin so sehen, wenn Sie sich selbst in Los Angeles auf der Veranda des Hauses stehend erleben, wenn Sie die angenehme Wärme der Nacht auf der Haut spüren, die leichte Brise, die vom Pazifik heranweht, wenn Sie hinter den Lichterinseln auf den Hügeln im Osten der Stadt das weitentfernte New York, das Ziel Ihrer bevorstehenden Reise, fast greifbar vor dem Auge der Vorstellung haben, wenn Sie das Unergründliche fühlen und für einen Augenblick sich besinnen, dass Sie aus einem Geheimnis in diese Welt geboren wurden und mit dem Tod schliesslich in ein ähnliches Geheimnis werden eintauchen müssen – können Sie tatsächlich glauben, dass Sie nur eine sehr komplizierte Maschine sein sollen, nichts weiter, wenn Sie all dies wahrnehmen?

Während die Mehrzahl der Wissenschaftler in unserem Jahrhundert uneingeschränkt für die mechanistische Sichtweise, also einen erschrekkend undifferenzierten Materialismus eingetreten ist, wagten sich andere bei ihrer Suche nach der Lösung der Bewusstseinsproblematik in das absonderliche Reich eines nicht weniger verwirrenden Mentalismus, der so alt ist wie die Geistesgeschichte und doch immer wieder in neuem Gewand auftritt. Wie wir gleich sehen werden, waren die Physiker in dieser Hinsicht bei weitem am kühnsten und erfolgreichsten. Aber auch unter den Neurophysiologen und -psychologen gab es eine handvoll herausragende Pioniere, wie etwa Sir Charles Sherrington, Sir John Eccles, Karl Pribram und Wilder Penfield, mit deren Arbeitsergebnissen wir uns ja ebenfalls bereits befasst haben.

Am Ende seines Lebenswerkes, das der Suche nach einer Erklärung des Bewusstseins aus den Hirnfunktionen gewidmet war, fasste Penfield seine Zweifel und Gedanken in einem kleinen Büchlein mit dem Titel *The Mystery of the Mind* zusammen. Inzwischen ist es auf seinem Gebiet ein Klassiker geworden.

«Das Bewusstsein erwägt die Zukunft vermittels von Gedanken und gibt der Sensomotorik Anweisungen, die zur Augenblickssituation passen. Meines Erachtens kann es dies nur über seine Hirnfunktion tun. All dies ähnelt stark dem Programmieren eines Computers. Das Programm wird dem Computer – auch jedem biologischen Computer – von aussen eingespeichert. Sinn und Zweck entspringen ihm deswegen ausserhalb seiner eigenen Mechanik.»[35]

Wie war Penfield zu diesem Schluss gekommen? – Unter anderem durch folgende Beobachtung: «Es gibt in der Hirnrinde keine Stelle, deren elektrische Stimulierung einen Patienten dazu bringen würde, an etwas zu glauben oder etwas zu entscheiden.»[36]

Penfield leitete daraus ab, dass nicht nur ein Faktor sondern deren zwei beteiligt sind – Geist *und* Materie: «Da mir gesichert scheint, dass sich das Bewusstsein niemals allein auf der Grundlage der Nervenzellentätigkeit im Gehirn erklären lassen wird, da es meines Erachtens ferner im Laufe des individuellen Lebens wie ein kontinuierliches Element unabhängig zu Entwicklung und Reife gelangt, und da jeder Computer (also auch das Gehirn) von einer Vermittlungsinstanz programmiert und betätigt werden muss, die zu selbständigen Intelligenzleistungen fähig ist, zwingt sich mir die Annahme auf, dass wir unser Dasein nur dann erklären können, wenn wir von zwei Grundelementen ausgehen. Meiner Meinung nach gewährleistet diese Annahme am sichersten jene letztlich gültige Einsicht, die so viele tüchtige Wissenschaftler anstreben.»[37]

Bedenken Sie jedoch, dass diese Anschauung, die das Bewusstsein als etwas sieht, das über die Prozesse in den Grenzen des Gehirns hinausreicht, weder den Materialismus noch all jene Vorgänge und Faktoren negiert, die wir bisher angesprochen haben. Sie geht nur davon aus, dass es Dinge gibt, die dem Augen verborgen bleiben. Wir werden in den nächsten Kapiteln sehen, wohin sie uns führt. Dort werden wir uns mit einer für die Prognosefähigkeit des Bewusstseins kritischen Wegscheide befassen. Wir werden die zugleich beunruhigende und aufregende Möglichkeit erwägen, die Zukunft im voraus zu *sehen*, kurz, wir werden uns mit der umstrittenen Potenz des Vorauswissens befassen.

KAPITEL 9

Das Rätsel des Vorauswissens

Bis zu diesem Punkt sind wir der ältesten sowie ehrfurchtgebietendsten Manifestation des zukunftsschauenden Geistes wohlweislich aus dem Wege gegangen. Wir taten dies, weil wir es für sinnvoll hielten, uns zunächst den Spielregeln der Naturwissenschaften zu beugen, weil wir uns dem Diktat ihres alten Selbstverständnisses unterwerfen wollten, das vor der einsteinschen Revolution für ihr «prätransformelles» Stadium gültig war. Was nicht in ihr von der Dominanz der linken Hirnhälfte bestimmtes Paradigma passte, war für dieses Selbstverständnis bestenfalls eine irritierende Nebensache, die man nicht weiter beachtete; schlimmstenfalls wurde es als eine Art Ketzerei betrachtet, die es mit akademischer Ächtung auszumerzen galt.[1] Allerdings haben inzwischen wagemutige Männer und Frauen, die einfach unvoreingenommen und unerschrocken sein müssen, weil sie sonst als Pioniere der wissenschaftlichen Entwicklung versagen würden, immer bessere und zahlreichere Gründe gefunden, die verdrängte Vergangenheit neu zu sehen und zu bewerten. Sie wollten herausbekommen, welche geistigen Kräfte die Propheten und Seher alter Religionen und Weisheitslehren tatsächlich besessen hatten. Waren sie allesamt Irrsinnige oder Scharlatane gewesen, wie die Skeptiker behaupteten? Oder besassen einige von ihnen die Gabe, die Grenzen von Raum und Zeit zu überwinden?

Im ersten Kapitel erwähnten wir bereits den in der Bibel aufgezeichneten Traum des Pharao von den sieben fetten und mageren Kühen, aus dem Joseph schloss, dass Ägypten nach sieben guten Erntejahren von sieben Jahren Dürre und Hungersnot heimgesucht werden würde. Aber dieses Beispiel ist kein Einzelfall: Für etwa tausend Jahre pilgerten Menschen aller Völker des Mittelmeerraumes zur Pythia des Orakels von Delphi, um sich von den Priesterinnen dort die Zukunft weissagen zu lassen.[2] Im Mittealter behauptete der französische Arzt Nostradamus, Ereignisse über hunderte von Jahren bis in unsere Zeit und noch darüber hinaus voraussagen zu können. In Amerika sahen George Washington und John Quincy Adams den Bürgerkrieg heraufziehen, Jahrzehnte bevor er tatsächlich ausbrach.[3] Um die Jahrhundertwende sagte der Historiker Henry Adams, ein Enkel des berühmten Präsidenten, die Entwicklung der Atombombe voraus.[4] Noch besser dokumentarisch belegt und fast schon gespenstisch ist der Fall Abraham Lincolns, der einige Tage vor dem Attentat im Traum seinen eigenen Tod voraussieht.[5]

All dies mag zwar die geeignete Lektüre für eine stürmische Winternacht sein, bis auf Lincolns Traumbilder kann der versierte Skeptiker alle diese Beispiele jedoch als weitsichtige Überlegungen erklären, die die Gesetze der Logik und des Verstandes keineswegs sprengen. Der Skeptiker wird ferner einwenden, dass die meisten dieser Voraussagen sehr schwammig und unbestimmt formuliert waren, man sie den Geschehnissen also *im nachhinein* anpassen konnte. Aus seiner Sicht sind auch die erfolgreichen Prophezeiungen vermittels jener Funktionen der linken Hirnhälfte entstanden, die wir bereits näher untersuchten und als erste Stufe der Intuition bezeichnet haben. Dabei geht man wie gesagt davon aus, dass sich die Wahrscheinlichkeit verschiedener potentieller Zukünfte aus der kritischen Analyse vergangener und gegenwärtiger Ereignisse deduktiv ermitteln lässt, so dass man schliesslich zu einer glaubwürdigen Zukunftsprognose gelangt. Diese Voraussagestrategie kann allerdings weder Lincolns Traum noch hunderte ähnlicher und ebenso gründlich belegter Fälle erklären.

Die entscheidende Differenz zwischen der probabilistischen und der allem Anschein nach präkognitiven Voraussage sind die präzisen Einzelheiten. Verlässt sich der Prognostiker darauf, die Wahrscheinlichkeiten abzuwägen, wird er die Wahrscheinlichkeit voraussagen, mit der ein bestimmtes Ereignis in einem bestimmten Zeitraum eintreffen wird. Die Voraussage der Entwicklung neuer Technologien ist dafür ein gutes Beispiel: Nach der ersten Atombombenexplosion war die noch weitaus schlimmere Wasserstoffbombe einfach wahrscheinlich geworden. Im Gegensatz zur probabilistischen Voraussage wird der präkognitiv veranlagte *Seher* berichten, dass er in Traum, Trance oder einem anderen Zustand veränderten Bewusstseins ein Ereignis in allen, oft schrecklichen Einzelheiten voraus*gesehen* hat. Gerade diese präzisen, probabilistisch unmöglich voraussagbaren Einzelheiten mögen den Beobachter erschrecken, wenn tatsächlich geschieht, was im voraus gesehen wurde. Als Beispiel hier Lincolns eigener Bericht des Traumes, der ihn einige Tage vor seiner Ermordung ausserordentlich beunruhigte.

> Vor etwa zehn Tagen legte ich mich sehr spät schlafen... bald darauf begann ich zu träumen. Totenstille schien mich zu umgeben. Dann hörte ich gedämpftes Schluchzen, als würde eine Reihe von Leuten weinen. Ich glaubte aufstehen zu müssen und ging die Treppe hinab... Ich wanderte von Zimmer zu Zimmer, traf jedoch keine Menschenseele. Nur Klagetöne waren vernehmbar, während ich so umherging. In allen Räumen brannte Licht. Aber wo waren nur all die Menschen, die so herzerweichend schluchzten? Ich war verwirrt und beunruhigt. Ich musste unbedingt die Ursache dieses unheimlichen und furchtbaren Zustandes herausbekommen. Also ging ich immer weiter, bis ich zum *East Room* gelangte, den ich betrat. Dort erlebte ich eine abscheuliche Überraschung. Vor mir stand ein Katafalk, auf dem ein Leichnam festlich aufgebahrt lag. Eine Ehrenwache stand daneben, während Menschen in einer Reihe an dem Toten vorbeidefilierten. Einige blickten trauervoll auf den Leichnahm, dessen Gesicht bedeckt war.
> «Wer im Weissen Haus ist tot?» fragte ich einen der Wachsoldaten.
> Seine Antwort: «Der Präsident. Er wurde von einem Attentäter ermordet.»

Erste Experimente

Derartige Wirklichkeit gewordene Visionen füllen Bände. Man betrachtete sie im allgemeinen jedoch als amüsante Kuriosität, wie Gespenstergeschichten etwa oder Kartentricks. Dies sollte sich erst ändern, als man solche unerklärlichen Bewusstseinsleistungen mit Hilfe gezielter Experimente zu definieren begann.

Nicht von ungefähr fanden die ersten grösser angelegten Versuche zur Erforschung präkognitiver Fähigkeiten in den Vereinigten Staaten zu einer Zeit statt, als mit der Zukunft besonders grosse Ängste verbunden waren, nämlich 1933 auf dem Höhepunkt der grossen Wirtschaftskrise. Als Dr. J. B. Rhine, seine Frau Louisa und andere Mitarbeiter von der *Duke-University* in Durham, North-Carolina, den entscheidenden Schritt taten, waren Bankenkräche an der Tagesordnung, Schlangen von Bedürftigen warteten auf die Zuteilung von Nahrungsmitteln, rechts- und linksradikale Demagogen predigten ihre totalitären Patentrezepte.[8] Mit Karten, auf denen verschiedene Symbole aufgedruckt waren, wiesen Rhine et al. erfolgreich nach, dass Menschen auf telepathischem Wege miteinander kommunizieren können. Der Versuch war folgendermassen aufgebaut: Die als «Sender» fungierende Versuchsperson schaute in einem abgeschlossenen Raum auf eine Karte, die ein Kreuz, einen Stern, ein Quadrat, einen Kreis oder eine Wellenlinie zeigte. Der «Empfänger» musste in einem anderen abgeschlossenen Raum erraten, welches Symbol der «Sender» gerade gezogen hatte. Die Erprobung der «drahtlosen Kommunikation» von Raum zu Raum verlief dermassen erfolgreich, dass Rhine und seine Mitarbeiter darüber hinaus erfahren wollten, ob sich nicht zusätzlich auch eine Überbrückung der Zeit nachweisen liess.

Sie wandelten ihr Verfahren deshalb ab. Der Empfänger musste nun erraten, welche Karte gezogen werden würde, *bevor* der Sender sie tatsächlich zog. Im Laufe eines Versuchsdurchganges mussten fünfundzwanzig Karten vorausgesagt werden. Bei insgesamt 4500 Durchgängen lag die Erfolgsquote höher als drei Millionen zu eins![9]

Das Ergebnis gab den Rhines zwar grossen Auftrieb, brachte sie zugleich aber auch ziemlich aus der Fassung. Sie konnten dies damals zwar noch nicht wissen, aber sie waren bereits im ersten Experiment auf das grösste Problem erfolgreicher Versuche mit präkognitiven Fähigkeiten gestossen – dem Fluch einer zu hohen Erfolgsquote. Hätten sie um den Hoffnungsschimmer einer Einsicht ringen müssen, die zu einer weiteren, ebenfalls nur *fast* erfolgreichen Untersuchung geführt hätte, hätten sie bloss den Irrlichtköder geschnappt, mit dem sich der weitaus grösste Teil der konventionellen Forschung begnügen muss, sie hätten das Endergebnis als glaubhaften Lohn ihrer Mühen betrachten dürfen. Aber es war einfach nicht glaubhaft, dass sich die Rätsel der Zukunft mit einem so simplen Verfahren mit so hoher statistischer Wahrscheinlichkeit lösen lassen sollten. Da er bereits hart darum kämpfen musste, die Skeptiker und Kritiker von der Legitimität seiner Telepathie-Experimente zu überzeugen, entschloss sich Rhine, die Publikation seiner

Untersuchungen zurückzuhalten, bis die umstrittenen Arbeitsmethoden seines neuen Forschungsinstituts an der *Duke-University* breitere Anerkennung gefunden hatten; ihre Sprengkraft war einfach zu gross.

In der Zwischenzeit trat der berühmte britische Mathematiker S. G. Soal in dieselbe Arena. Er war durch Berichte von Rhines Kartenverfahren neugierig geworden und wollte nun seinerseits sehen, ob an dieser verrückten Sache überhaupt etwas dran war. Zwischen 1934 und 1939 testete er 162 Versuchspersonen, wobei er an Stelle der Rhineschen Symbole Karten mit Tierabbildungen verwendete. Bei der Auswertung fand er keine Beweise für sogenannte aussersinnliche Wahrnehmung. Deswegen glaubte er fest, dass Rhine entweder einem Irrtum unterlegen oder aber ein Betrüger war. Also griff er ihn in den Berichten über seine eigenen erfolglosen Kartenexperimente zur telepathischen Wahrnehmung an.[10]

An diesem Punkt griff ein weiterer Forscher in das Geschehen ein, der über seine Berühmtheit hinaus in englischen Wissenschaftskreisen auch viele Verbindungen und Kontakte besass, Whatley Carrington von der Universität Cambridge. Carrington hatte selbst gerade eine eigenartige Telepathie-Studie mit einem ziemlich sonderbaren Ergebnis abgeschlossen. Einen Monat lang hatte er allabendlich auf's geratewohl sein Wörterbuch aufgeschlagen und von dem ersten graphisch darstellbaren Wort der Seite ein Bild gezeichnet, eine *Katze* beispielsweise oder eine *Pyramide.* Die Zeichnung hielt er über Nacht in seinem Arbeitszimmer unter Verschluss. Währenddessen sollten 250 über ganz Grossbritannien verstreut lebende Bekannte von ihm raten, was darauf dargestellt war. Dann mussten sie ihrerseits davon eine Zeichnung anfertigen, datieren und zum Vergleich als Beweisunterlage an Carrington schikken. Bei der Überprüfung der ursprünglichen mit den eingegangenen-Zeichnungen stellte Carrington zu seiner herben Enttäuschung nicht die erwartete telepathische Übereinstimmung fest. Stattdessen konstatierte er etwas anderes, was ihn nicht wenig überraschte und was er nach einigem Nachgrübeln mit dem Begriff *Zeitverschiebung* zu umschreiben versuchte. Dabei handelte es sich um das rätselhafte Vorkommen richtiger Antworten, die die eigentliche Zeichnung Carringtons ein bis zwei Tage vorwegnahmen oder ihnen mit ein- bis zweitägiger Verspätung folgten.[11] Malte er an einem Mittwoch eine Pyramide aufs Papier, trafen von seinen Freunden montags, dienstags, donnerstags oder freitags viele Zeichnungen ein, die eine Pyramide darstellten.

Er regte deswegen an, Soal solle nun seine Untersuchungsergebnisse von dem Tierkartenexperiment nochmals auf solche Zeitverschiebungen überprüfen. Soal weigerte sich. Warum sollte er sich auch erneut mit dieser dummen Angelegenheit auseinandersetzen, da er Rhine doch mit so grossem Erfolg an den Pranger gestellt hatte. Carrington liess jedoch nicht locker, bis er Soals Widerstände zum Erlahmen gebracht hatte. Soal stimmte zu, seine Untersuchungsergebnisse auf die verteufelten Zeitverschiebungen hin zu überprüfen. Er war selbst am meisten erstaunt, als er entdeckte, dass unter seinen Versuchspersonen der Photograph Basil Shackelton bei vier von fünf der insgesamt 800 Versuchsdurchgänge die nächstfolgende Karte richtig vorausgesagt hatte, während er synchron nur eine in den Grenzen der Wahrscheinlichkeit liegende Anzahl richtiger Karten erriet.[12]

Die Veröffentlichung der Präkognitionsstudien Rhines und Soals gegen Ende der dreissiger Jahre wirbelte in wissenschaftlichen Kreisen ziemlich viel Staub auf. Da Kollegen der Universitäten London, Cambridge und Duke daran mitgewirkt hatten, handelte es sich offensichtlich um eine Sache, die ernstzunehmen man zumindest erwägen musste. Darüber hinaus waren zu Soals Studie ja dreizehn weitere Professoren als Zeugen aufgetreten.[13] Weil aber niemand plausibel erklären konnte, *warum* die Versuche so verlaufen waren, fiel es den Skeptikern leicht, das ganze als «Kartentricks» zu diskreditieren.

Mehr als nur «Kartentricks»

In den frühen sechziger Jahren entdeckten Karlis Osis und J. Fahler, dass sie die Voraussagefähigkeit ihrer Testpersonen steigern konnten, wenn sie sie vorher hypnotisierten.[14] Kritiker lehnten ihre Arbeit entschieden ab, weil hier offensichtlich neben den «Kartentricks» noch mehr unwissenschaftliches Beiwerk verwendet wurde. Ebenfalls in den frühen sechziger Jahren machte Gertrude Schmeidler vom *New York City College* ihre Pionierstudie über Vorauswissen und Persönlichkeitstypus. Sie entdeckte, dass der «wendige Dynamiker» ein besserer Prognostiker war als andere.[15] Kritiker wischten ihre Untersuchungsergebnisse mit dem Einwand vom Tisch, dass testfreudige Studenten ihrem Professor schliesslich nicht zum ersten Mal nach dem Munde geredet hätten, um einen guten Eindruck zu hinterlassen. Gegen Ende der sechziger Jahre fanden V. M. Cashen und C. C. Mamseyer zweiunddreissig Collegestudenten, die richtig voraussagen konnten, welche Fragen im Examen gestellt werden würden.[16] Dagegen konnten die Kritiker allerdings ins Feld führen, dass jeder prüfungserfahrene Student allein durch logische Schlüsse auf die richtige Antwort kommen könnte. Alle Erklärungen, die sich auf irgendwelche «geheimnisvollen Zusammenhänge» berufen, würden demnach nicht gebraucht.

Ebenfalls Ende der sechziger Jahre führten der Psychiater Montague Ullman, der Psychologe Stanley Krippner und der Parapsychologe Charles Honorton am *Maimonides Medical Center* in Brooklyn, New York, ihre Untersuchungen durch.[17] Das Maimonides-Traumlabor war bereits durch die dort vorgenommenen EEG-Messungen an Schlafenden bekannt geworden. Bei diesen Tests weckte man die Schläfer auf, sobald das EEG anzeigte, dass sie im Schlaf in eine REM-Phase* eingetreten waren. Ferner berichteten ihre Testschläfer so häufig von Träumen, die wahr wurden, dass Ullman, Krippner und Honorton unbedingt nachprüfen wollten, ob sie dem schwer fassbaren Phänomen von Weissagungsträumen vielleicht mit Hilfe der rigorosen Kontrollmechanismen des Traumlabors auf die Spur kommen könnten.

Zu diesem Zweck wählten sie aus dem Kreis ihrer Testschläfer Malcolm Bessent aus. Er hatte bei den vorausgegangenen Testreihen eine bemerkenswerte Begabung für telepathische Träume gezeigt. Seine Aufgabe war nun, ein Ereignis des nächsten Tages träumend vorwegzunehmen. Zu diesem Zweck schlief er im Labor. Man weckte ihn auf, sobald das EEG eine REM-Phase anzeigte, und zeichnete seine Träume auf. Krippner wurde absichtlich über Bessents Träume in Unwissenheit gehalten. Seine Aufgabe war es, am nächsten Tag aus einem Buch aufs Geratewohl ein Wort herauszupicken, auf dessen Grundlage man eine kleine Szene inszenierte, in die auch Bessent verwickelt wurde. Nach abgeschlossener Testreihe verglichen unabhängige Beobachter Bessents in acht aufeinanderfolgenden Nächten aufgezeichnete Träume mit den für den Folgetag ausgewählten Szenen. Zur Überraschung aller Beteiligten ergab sich nicht bloss der eine Zufallstreffer, mit dem man unter den gegebenen Umständen hätte rechnen können, sondern eine statistisch bedeutsame Übereinstimmung: In fünf von acht Nächten hatte Bessent das Ereignis im Traum richtig vorausgesehen.

In einer dieser Nächte erzählte Bessent zum Beispiel den folgenden Traum: «Vor mir war ein grosser Steinbau ... ein Patient war gerade im Begriff, aus einem der oberen Stockwerke zu entkommen ... Dieser Patient, der von oben kam, hatte einen weissen Kittel an, der wie ein Arztkittel aussah ...» Dazu lieferte er die folgenden Assoziationen:

* REM = Rapid Eye Movement (rasche Augenbewegungen)

«Die Mauer war sandfarben und aufgeteilt... Ich hatte den Eindruck, der Patient wäre gerade entkommen... wäre gerade nach draussen gegangen und bis zum Bogengang gelangt.»[18] Am Tage darauf wählte Krippner aufs Geratewohl das Wort «Korridor», was ihn anregte, Bessent in der gestellten Szene die Reproduktion eines van Gogh Gemäldes zu zeigen: «Der Korridor von St. Remy».* Darauf ist eine einsame Gestalt zu sehen, die im Korridor eines abweisenden Anstaltsgebäudes mit hohen Bogengängen steht.

Ob diese unter schärfster Überwachung durchgeführte Untersuchung die Zweifel skeptischerWissenschaftler auch nur ein klein wenig erschüttern konnte, bleibt allerdings höchst fragwürdig. Ich glaube eigentlich nicht daran. Wer für einigermassen gebildet gehalten werden will, wird natürlich sein Lippenbekenntnis zu Freud ablegen, wie man es von ihm erwartet. Das ändert jedoch nichts an der Tatsache, dass Träume ausserhalb des engeren Kreises der Psychoanalyse und experimentellen Psychologie nicht gerade als das geeignetste Forschungsobjekt für die Wissenschaft angesehen werden[19] – um wieviel weniger dann das noch wunderlichere Phänomen des Vorauswissens.

Der Einfluss der exakten Wissenschaften

1970 erschien dann schliesslich der Bericht über ein neuartiges Experiment, mit dem der Skeptizismus der Wissenschaft Risse bekam. Verfasst hatte ihn der deutschstämmige Physiker Helmut Schmidt, der in leitender Position in der Forschungsabteilung der Boeing-Werke in Seattle arbeitete. Schmidt entwickelte darin eine Methode, die zwischen der Erforschung von Vorauswissen oder Präkognition und der Teilchenaktivität auf der subatomaren Ebene eine Verbindung herstellte.[20] Da die seltsame Welt der modernen Physik besonders für alle Fragen wichtig ist, die die Tiefenstruktur des zukunftsschauenden Geistes betreffen, werden wir uns im nächsten Kapitel eingehender mit ihr auseinandersetzen. Damit wir immerhin Schmidts Prämissen verstehen können, wollen wir uns hier auf die Mitteilung beschränken, dass nach der modernen Quantentheorie das Element des Zufalls (oder was die Wissenschaft heute darunter versteht) zuerst in die Aktivität jener Teilchen auftritt, aus denen sich das Atom zusammensetzt. Jedes Teilchen ist ein unvorstellbar winziges Element, das die unendliche Leere des subatomaren

* jener Nervenheilanstalt, in der van Gogh 1890 untergebracht war. Anm. d. Ubers.

Raumes in vollkommen unvorhersagbaren «Quantensprüngen» durchrast. Schmidt wollte nun die Zufälligkeit der Teilchenaktivität experimentell nutzbar machen. Zu diesem Zweck entwickelte er einen Konverter, welcher die unvorhersagbaren «Quantensprünge» in dieselbe Art von Zufallsleistung umsetzte, mit der wir «Zahl» oder «Kopf» voraussagen, bevor wir die Münze werfen. Das radioaktive Element Strontium 90 diente Schmidt als Quantensprung-Quelle, weil es nach einer durchschnittlichen Lebensdauer von dreissig Jahren plötzlich und unvorhersagbar zerfällt, indem es in seine Partikel aufbricht. Den «Münzwurf» ersetzten zwei Geräte: ein Geiger-Müllersches Zählrohr, das den Zerfall und die Freisetzung der Teilchen anzeigte, und ein Hochfrequenzschalter, der in der Sekunde eine Million Mal zwischen den möglichen Positionen «Kopf» oder «Zahl» oszillierte. Wurde ein Teilchen frei, wenn der Schalter sich genau in der Position von Kopf oder Zahl befand, so leuchtete eine von vier Kontrollämpchen auf.

Es sollten die präkognitiven Fähigkeiten getestet werden. Dazu mussten die Versuchspersonen voraussagen, wo das Lämpchen aufflakkern werde: rechts (für «Kopf») oder links (für «Zahl»). Nach den Gesetzen der Wahrscheinlichkeit müssten die falschen Voraussagen bei einer grösseren Anzahl von Versuchsdurchgängen die richtigen ziemlich genau aufwiegen. Unter seinen einhundert Testpersonen fielen Schmidt jedoch drei besonders auf (eine Hausfrau, ein «Medium» und ein LKW-Fahrer), weil ihre Voraussagen erheblich vom Wahrscheinlichen abwichen. Er liess diese drei den Versuch deswegen jeweils 60 000 mal wiederholen, wobei sie ein Ergebnis von einer Milliarde zu eins gegen die Wahrscheinlichkeit erzielten. Wenig später wiederholte E. Harroldson nicht nur unabhängig von Schmidt dasselbe Experiment, er erzielte sogar noch ein höheres Ergebnis gegen die blosse Wahrscheinlichkeit, weil er seinen Versuchspersonen sofort mitteilte, ob ihre jeweilige Voraussage richtig oder falsch gewesen war.[21]

Diese Experimente regten nicht nur weitere Studien an, die auf der Verbindung zwischen Teilchenaktivität und Zahlenerzeugung basierten, sie machten auf die Erforschung präkognitiver Fähigkeiten einen grossen Eindruck, weil sie zu beweisen schienen, mit welch hoher Geschwindigkeit diese Fähigkeit im Menschen arbeitet. Mit anderen Worten, es wird nicht lange über die Zukunft nachgedacht, wie wir es etwa von den Denkprozessen der linken Hirnhälfte und vom Zusammenwirken von linkem, rechtem und Vorderhirn erwarten würden. Vielmehr handelt es sich um blitzartige Einsichten, die wir mittlerweile mit den Funktionen der rechten Hirnhälfte assoziieren. Folgenreicher war die Wirkung dieser Untersuchung jedoch auf eine wachsende Schar von Physikern, schien damit doch erstmals die Möglichkeit gegeben, nachzuweisen, wie der Beobachter das Versuchsgeschehen beeinflusst. Seit dem Bekanntwerden von Einsteins Relativitätstheorie war dies zwar ein Kernthema der modernen Physik gewesen, so richtig verstanden hatte man es aber kaum.

In seiner sogenannten Unschärferelation hatte Heisenberg dargestellt, dass die Natur des Beobachters sowie das theoretische Rüstzeug und die Art der Instrumente, mit denen er seine Beobachtungen vornimmt, festsetzen, in welcher Form sich ihm die Wirklichkeit der subatomaren Ebene präsentiert. Der Nachweis dieser Beziehung war mathematisch zwar gelungen, jedoch war es so gut wie unmöglich mit Worten zu erklären oder zu begreifen.[22] Plötzlich schien er nun allerdings im Versuch nachvollzogen, obwohl man sich immer noch nicht erklären konnte, wie das im einzelnen geschen war.

Dass Schmidt und seine Nachfolger den Widerstand der Wissenschaft gegen die Vorstellung eines «Vorauswissens» überhaupt aufweichen konnten, lag jedoch hauptsächlich an ihrer Orientierung und an dem Material, das sie für ihre Versuche verwendeten – neben der exakten Methodik jede Menge «Hardware». Da nun Physiker und Ingenieure, vertraut mit den Ideen der einsteinschen und kybernetischen Revolution, die Experimente machten, änderte sich dementsprechend auch der Status des Vorauswissens. War es bisher der Paria gewesen, dessen Umgang man nicht weniger vermied als alle Astrologen, wahrsagenden Zigeunerinnen und Kristallkugelbeschauer, avancierte es zur intimen Vertrauten von Wissenschaftlern und Technikern, die ja bekanntlich die «Hohepriester» unserer modernen Gesellschaft sind.[23]

1970 unternahmen Robert Brier und Walter Tyminski das erste Experiment zur praktischen Verwendbarkeit präkognitiver Fähigkeiten, wobei sie von der Informationstheorie ausgingen, die sich aus der Kybernetik entwickelt hatte.[24] Brier hatte an Rhines Labor an der *Duke-University* gearbeitet. Tyminski war ein Spieler und Glücksspieltheoretiker. Sie wollten sich einen Traum verwirklichen, den schon viele Spieler vor ihnen geträumt haben mögen: Sie wollten die Bank des Kasinos sprengen. War es mit Hilfe moderner wissenschaftlicher Methoden möglich, im voraus zu wissen, wo die Kugel stoppen würde, und damit zu gewinnen?

Zu diesem Zweck entlehnten sie der Informationstheorie die Vorstellung, dass alle Botschaften ein sogenanntes Signal-Rausch-Verhältnis aufweisen. Eine Radiobotschaft besteht einerseits aus einem sinnvollen Teil, den wir hören und verstehen können (das Signal) und andererseits aus dem Knistern der sie einhüllenden Statik (das Rauschen). Zuhause sind die Worte oder die Musik aus dem Radiolautsprecher ohne viel Statik klar zu hören: Es herrscht ein hohes Signal-Rausch-Verhältnis. Umgekehrt verhält es sich, wenn wir in einem Sportflugzeug oder Hubschrauber sitzen. Aufgrund des niedrigen Signal-Rausch-Verhältnisses mag es uns wie ein Wunder vorkommen, dass der Pilot aus den schrillen Knister- und Pfeiftönen der Bodenstation überhaupt eine sinnvolle Nachricht heraushören kann.

Da die Informationstheorie davon ausgeht, dass ihre Gesetze auf alle Arten von Botschaften zutreffen, ganz gleich ob der Sender eine Maschine oder ein lebendiger Organismus ist, schlossen Brier und Tyminski, dass präkognitive Fähigkeiten diesen Gesetzen ebenfalls unterliegen müssten. So besehen wäre Vorauswissen ein schwaches Signal, das vom Alltagsrauschen im allgemeinen übertönt oder ausgeblendet wird.

Entsprechend bauten sie ihren Versuch auf. Das Ziel waren eine Serie von Roulette-Spielen, die an einem festgesetzten Tag in der Zukunft an einem bestimmten Tisch, in einem bestimmten Kasino zu einem bestimmten Zeitpunkt beginnen würden. Sie wählten ihre Versuchspersonen unter den Teilnehmern an den Rhineschen Kartenexperimenten aus, wobei sie natürlich jene bevorzugten, die ihre präkognitive Begabung bereits unter Beweis gestellt hatten. Diese Versuchspersonen sollten nun den Ausgang einer Serie von Roulettespielen voraussagen, indem sie die einzelnen Spiele mit R (für «Rot») und S (für «Schwarz») kennzeichneten. Brier und Tyminski gaben sich jedoch nicht mit einer einzigen Voraussage zufrieden, vielmehr musste jede Testperson für dieselbe Spielserie mehrere Voraussagen geben. Damit machten sie sich ein weiteres Gesetz der Informationstheorie zunutze: Jede *Wiederholung* verstärkt das Signal. So sendet ein Schiff in Not das S. O. S.-Signal nicht bloss einmal sondern ununterbrochen, weil es zu Anfang kaum wahrnehmbar sein mag, der Empfänger durch die Wiederholung im Rauschen schliesslich ein sinnvolles Muster entdecken könnte. Um in ihrer Glücksspielstudie das Signal in ähnlicher Weise zu verstärken, ermittelten Brier und Tyminski aus ihren vielen Testbogen, für welchen Wurf «Rot» und für welchen «Schwarz» durchschnittlich am meisten genannt waren. Dies war dann die Voraussage, an die sie sich halten wollten.

Zur festgesetzten Stunde begaben sie sich mit ihren mühsam erworbenen Voraussagen gewappnet ins Kasino. Sie gewannen nicht nur gegen alle Wahrscheinlichkeit, die beim Roulette grundsätzlich die Bank favorisiert, sondern profitierten später auch beim Würfeln und Baccarat von derselben Methode. Der Skeptiker mag hier einwenden, dass Brier und Tyminski schlicht und einfach «das Glück auf ihrer Seite hatten», wobei er allerdings übersieht, dass das sogenannte Glück zuweilen mit «Vorauswissen» zu tun haben könnte.

Dann erschien 1974 ein Forschungsbericht, der alle sogenannten «Zufall-» oder «Glückstreffer» absolut auszuschliessen schien, so dass als einzige Erklärungsmöglichkeit nur das Vorauswissen übrigblieb. Das darin beschriebene Experiment war über einen Zeitraum von zehn Jahren mit 5000 leitenden Angestellten führender amerikanischer Firmen durchgeführt worden; die Kontrolle oblag dabei dem unparteiischsten aller Wissenschaftssklaven – einem Digitalcomputer.

Ausgangspunkt des Experiments war die Frage, wie wohl geschäftlicher Erfolg zustande kommen mag. Mit diesem Rätsel befassten sich der Elektrochemiker Douglas Dean sowie der Ingenieur und Spezialist für Managementfragen John Mihalasky etwas näher.[26] Sie wollten wissen, wie sich die phänomenalen Gewinne gewisser Unternehmer erklären liessen, die nach eigenem Bekunden bei An- und Verkauf einfach ihren Ahnungen folgten, oder was bestimmte Manager zu ihren unfehlbar richtigen Entscheidungen und damit zum Aufstieg in Spitzenpositionen grosser Konzerne verhalf. Und ferner ging es ihnen darum, eine so narrensichere, in einem Computerprogramm erfasste Methode zu entwickeln, dass die Legitimität ihrer Ergebnisse über alle Zweifel erhaben war. Der Testaufbau sah folgendermassen aus: Zuerst musste jeder der 5000 befragten Unternehmer und Manager für einhundert Zahlen die richtige Reihenfolge voraussagen. Dies geschah durch Handstanzung von Lochkarten. Anschliessend fütterte man die Prognosen in einen Digitalcomputer, der für drei Operationen programmiert war. In seinem ersten Schritt speicherte er die getroffenen Voraussagen. Als zweites legte er selbst eine Stunde später ganz willkürlich eine Reihenfolge für die Zahlen fest. Und schliesslich verglich er drittens die beiden Zahlenreihen miteinander, um festzustellen, inwieweit Manager und Unternehmer voraussagen konnten, was sich später unabhängig von ihrem Wissen und rein zufällig ergeben würde.

Sie entdeckten, dass ein bestimmter Managertypus mit dieser allem Anschein nach unmöglichen Voraussagesituation besser fertig wurde, als die Gesetze der Wahrscheinlichkeit eigentlich zuliessen; es handelte sich um jene «wendigen Dynamiker», deren hervorragende präkognitive Begabung für den Kartentest Gertrude Schmeidler schon früher nachgewiesen hatte, und die im übrigen ihren Zeitsinn am treffendsten durch Sprachbilder wie «tosender Wasserfall» oder «galoppierendes Pferd» charakterisiert fanden.

Schliesslich verglichen Dean und Mihalasky ihre Untersuchungsergebnisse noch mit der Realität der Geschäftssituation. Sie entdeckten, dass die überwiegende Mehrheit der von ihnen interviewten Führungskräfte Vorauswissen oder Präkognition nicht nur als reale Grösse ansahen, sondern gerade die erfolgreichsten unter ihnen diese Fähigkeiten auch bewusst einsetzten. Was sie zum Beispiel beim Golf- oder Tennisspielen durch regelmässige Praxis an präkognitiven Fähigkeiten dazugelernt hatten, setzten sie zielbewusst im Wettbewerb ein, um die Konkurrenz um die entscheidende Nasenlänge zu schlagen. Aber auch damit waren Dean und Mihalasky noch nicht zufrieden. Sie wollten ihre Studie unwiderlegabr machen. Also verglichen sie die Firmengewinne, die von Entscheidungsträgern mit besagtem «Manager-ESP»* erwirtschaftet worden waren, mit dem geschäftlichen Abschneiden von Unternehmen, deren Spitzenmanager im obigen Computertest nur eine niedrige Trefferquote erzielt hatten. Dabei stellten sie eine vielsagende Übereinstimmung zwischen hoher Voraussagequote und einer Gewinn*verdoppelung* fest, die die entsprechenden Firmen in nur fünf Jahren erzielen konnten!

Der Gipfel der Ketzerei: Die «Irrlehren» von Puthoff und Targ

Jetzt, so werden Sie meinen, sei auch der letzte Skeptiker überzeugt. Trotzdem mussten sich zwei amerikanische Physiker Ende der siebziger Jahre mit Beleidigungen und Anfeindungen der – nach ihren eigenen zynischen Worten – «hundetreuen Opposition» herumschlagen, obwohl Kollegen die inspirierende Frische ihrer Arbeit auf dem Gebiet der Präkognition durchaus als vielversprechend und qualitativ hochstehend zu würdigen wussten. Harold Puthoff und Russell Targ gehörten zu

* ESP = Extrasensory Perception; aussersinnliche Wahrnehmung

einem der grössten und erfolgreichsten Forschungsinstituten der Welt, dem *Stanford Research Institute* in Menlo Park, Kalifornien. In ihrer ersten «Ketzerei» wiesen sie nach, dass Vorauswissen nicht nur ein real existierendes Phänomen ist sondern überdies erlernbar wie Lesen, Schreiben oder Rechnen; man kann es anderen oder sich selbst beibringen.[28]

Zusammen mit einem Mitarbeiter baute Targ eine Lernmaschine von der Grösse einer kleinen Lunchbox. Dieses Gerät hatte fünf verschiedene Knöpfe, auf die die Versuchsperson drücken konnte. Vier davon waren mit einer Serie von vier Diapositiven gekoppelt, die einen Ort an der San Francisco Bay oder eine Kunstreproduktion zeigten. Bei dem fünften Knopf handelte es sich um eine Aussetztaste, die man betätigen konnte, sobald man sich seiner Sache nicht sicher war und deswegen keine Prognose wagen wollte. Wie wichtig sie war, sollte sich im weiteren Versuchsverlauf zeigen.

Die elektronische Steuerung des Gerätes griff blindlings eines der vier Dias heraus, manchmal bevor und manchmal nachdem die Testperson ihre Voraussage gemacht hatte. Auf diese Weise entspann sich ein munteres Spiel zwischen Mensch und Maschine. Die Testperson machte per Knopfdruck ihre Voraussage, worauf die Maschine ihr unmittelbar mitteilte, ob die jeweilige Prognose richtig oder falsch gewesen war.

Targ eichte die Maschine zuerst darauf, dass sie ihr Dia vor der Testperson wählte. Nach seiner Beobachtung konnten eine ganze Reihe von Leuten ihre Erfolgsquote verbessern, je länger sie mit der Maschine arbeiteten. Die Leistung einer jungen Frau stach besonders hervor. Sie hatte in sechsundneunzig Versuchdurchgängen vierzig Mal das richtige Dia erraten; nach den Gesetzen der Wahrscheinlichkeitsrechnung hätte sie nur vierundzwanzig Mal ins Schwarze treffen dürfen.

Danach stellte Targ die Maschine anders ein; nun wählte sie ihr Dia erst nach dem Knopfdruck der Versuchsperson. Daraufhin bewegten sich die Voraussagen der jungen Frau anfänglich in den Grenzen des Wahrscheinlichen. Ihre Erfolgsquote stieg jedoch im Laufe von insgesamt 672 Versuchsdurchgängen beträchtlich an, so dass sie fast an ihre Prognosen nach vollendetem Tatbestand heranreichte. Das heisst aber, dass sich ihre Trefferquote in einer aufsteigenden Lernkurve darstellen liess, wie wir sie aus der klassischen Lerntheorie für alle möglichen Lernvorgänge kennen.

Die zweite von Puthoffs und Targs Irrlehren war noch viel schlimmer. Der Allerweltsverstand sieht «Vorauswissen», wenn es so etwas überhaupt geben sollte (den damit Geschlagenen fällt ein solches Zugeständnis ja nicht einmal im Traum ein), als eine ausserordentlich rare und für den Menschen alles andere als verlässliche Fähigkeit an. Puthoffs und Targs gröbster Verstoss war nun zu zeigen, dass Präkognition ganz im Gegenteil überraschend exakt und zuverlässig sein könnte, wenn man nur fest daran glaubte.[29]

Im Sommer 1975 führten die beiden einige Hellseh-Versuche durch. Zu diesem Zweck entschieden sie sich, einmal anders vorzugehen. Nicht nur was simultan an anderem Ort geschah, sollte hellseherisch erfasst werden, sondern das Geschehen war zudem in die nähere Zukunft vorverlegt. Zur Versuchsperson wählten sie sich Hella Hammid, die ihre hellseherische Begabung bereits bewiesen hatte: sie konnte Menschen, Orte und Ereignisse wahrnehmen, die ausser Sicht- und Hörweite lagen.

Der Versuch war nun folgendermassen aufgebaut: man sagte Hella, dass Puthoff oder Targ in etwas mehr als einer halben Stunde an einen ihnen selbst noch nicht genannten Ort fahren würden. Sie, Hella, solle nun visualisieren, wohin, und ihre Eindrücke vom Zielort auf Tonband sprechen. Während sie dies tat, hatten weder Puthoff noch Targ noch überhaupt irgendjemand die geringste Ahnung, wohin die Reise gehen würde. Zehn Minuten bevor Hella sich konzentrierte und ihre Ortsbeschreibung lieferte, brachen Puthoff oder Targ zu einer halbstündigen Autofahrt in die Umgebung von Palo Alto und Menlo Park auf. Mit sich im Auto führten sie einen Zufallszahlengenerator und zehn versiegelte Umschläge mit zehn verschiedenen Zielorten. Genau eine halbe Stunde später (Hella hatte ihre Eindrücke schon lange auf Tonband gesprochen) setzten sie den Zahlengenerator in Betrieb, der blindlings eine Zahl zwischen eins und zehn auswarf, öffneten den angegebenen Umschlag und fuhren in fünfzehn Minuten zum angewiesenen Zielort, wo sie sich genau fünfzehn Minuten aufhielten. Danach kehrten sie zum *Stanford Research Institute* zurück und sagten dem Pförtner, wo sie gewesen waren.

Das Erstaunliche an diesem sorgsam überwachten Experiment war, dass es nicht nur die zufällige und symbolische *eine* Übereinstimmung ergab, mit der man vorher bestenfalls rechnen durfte. Vielmehr sah Hella bei allen vier Versuchsdurchgängen mit geradezu unheimlicher Präzision den Ort voraus, an dem Puthoff oder Targ schliesslich landeten.

Der Yachthafen von Palo Alto war der erste Zielort; er liegt extrem niedrig, so dass die Umgebung dort teilweise von den Gezeiten überspült wird und wie ein gewellter Schlammteppich aussieht. Hella schilderte: «Das ganze Gebiet scheint wie von einer runzeligen Elefantenhaut überzogen. Sie füllt die Senke wie ein übergelaufener Pudding aus. Hal steht dort an ihrem Rand.»[30] Der zweite Zielort war der Garten der Universitätsklinik von Stanford. Hella beschrieb eine Gartenanlage hinter einer Mauer mit einem «doppelten Säulengang», der ein besonders charakteristisches Merkmal dieses Gartens ist. Beim dritten Zielort handelte es sich um eine Kinderschaukel in einer kleinen Parkanlage sechs Meilen vom Stanfort Research Institute entfernt.

«Hella äusserte wiederholt, dass das Hauptaugenmerk einem ‹schwarzen Dreieck aus Eisen galt, in das Hal hineingestiegen war oder auf dem er stand›,» berichteten Puthoff und Targ. «Das Dreieck ‹war mehr als mannshoch›, und sie hörte, ‹wie es etwa einmal pro Sekunde einen Quietschton von sich gab›.»[31] Auch diese Beobachtung traf zu. Die Kinderschaukel in dieser Grünanlage war tatsächlich auf eine schwarze Dreieckskonstruktion aus Eisen aufmontiert und sie quietschte auch wie beschrieben, wenn man darauf schaukelte.

Das letzte Ziel war das Rathaus von Palo Alto, das Hella ebenfalls im voraus korrekt beschrieb: ein grosses Gebäude «mit Fenstern im Stil von Tiffany».

Damit genug der Beispiele. Der Leser mag nun die Probleme verstehen, gegen die solche Untersuchungen anzugehen haben. Obwohl namhafte Wissenschaftler sie unter strengster Kontrolle durchgeführt haben, obwohl sie von Scharen nicht minder anerkannter Wissenschaftler begutachtet, mehrmals nachgeprüft und beglaubigt wurden, ungeachtet der Tatsache, dass sie auf den neuesten Theorien und Verfahren von Physik und Elektronik basieren, und ohne die zahlreichen Berichte zu würdigen, die von wieder anderen Wissenschaftlern darüber verfasst wurden: sie bleiben einfach unglaubwürdig. Es sei denn, wer sie beurteilt ist entweder gefährlich leichtgläubig oder hat erfahrungsmässig an sich bereits die grosse Wandlung, den vielgepriesenen Paradigmenwechsel, vollzogen.

Aber warum riskieren dann immer mehr Wissenschaftler den Spott, oder gar die Ächtung von ihren Kollegen? Was macht es für sie so wichtig, das Rätsel des Vorauswissens zu knacken? Ganz einfach: die Implikationen für die Zukunft. Wer den *modus operandi* der Präkognition schlüssig erklären kann, würde eine geistige Transformation auslösen, die noch weit über die Konsequenzen der kopernikanischen, newtonschen, einsteinschen und freudschen Revolutionen hinausreicht.

Unvorstellbar wären die Folgen für Gesundheit und Wohlstand des einzelnen wie von Nationen, ja für die Überlebenschancen der Menschheit schlechthin, wenn wir nur ein wenig klarer in die Zukunft blicken könnten als nach den Wahrscheinlichkeitsgesetzen möglich erscheint. In den folgenden Kapiteln werden wir die manchmal verschlungenen Pfade erforschen, über die die wenigen unbeugsamen und unbeirrbaren Forscherseelen sich mit Hilfe von Relativitätstheorie, Quantenphysik, östlicher Metaphysik, neuer Psychophysik und Holographie einer solchen Erklärung angenähert haben.

KAPITEL 10

Die Mutmassungen der Physik

Die meisten von uns haben noch nicht einmal Albert Einstein verdaut, geschweige denn, was auf ihn folgte. Dies ist ein sehr grundsätzliches Problem. Es zeigt nämlich, dass unser Alltagsbewusstsein mit der geistigen Entwicklung nicht Schritt gehalten hat. Schlagworte wie «Relativität» und «vierte Dimension» mögen uns noch so geläufig über die Lippen fliessen. Trotzdem verstehen nur wenige Nicht-Physiker was 1905 wirklich passierte, als Einstein zwei wissenschaftliche Aufsätze veröffentlichte, die – so hören wir allenthalben – unsere Welt völlig umgewandelt haben sollen.

Einstein arbeitete damals am Schweizer Patentamt. Bis auf sein gutes Aussehen, seinen Witz und seine sanften Augen war allem Anschein nichts besonderes an ihm. Nur fünf Jahre vorher hatte er selbst geäussert, er wäre am liebsten Schuhmacher oder Leuchtturmwärter; dann hätte er Zeit und Freiheit gehabt, um in Ruhe nachdenken zu können.[1] Dieser unscheinbare und unaufdringliche Herr hat dann in nur einem Jahr die beiden Arbeiten verfasst und publiziert, die unsere Wahrnehmung revolutioniert haben. Nach ihnen sind wir gezwungen, uns selbst wie das Universum ganz anders zu sehen.

Im ersten, der speziellen Relativitätstheorie gewidmeten Aufsatz schlug Einstein vor, Raum und Zeit nicht länger als separate und absolute Grössen aufzufassen, sozusagen als den mächtigen und unverrückbaren Rahmen, der uns und unsere Welt beherbergt.[2] Stattdessen sollen wir sie nun als zusammengehörige Entitäten begreifen, als höchst wandelbaren Fluss, der expandiert, sich kontrahiert, sich verlagert, krümmt und dahinschlängelt. Aber es kommt noch schlimmer: Dieser Raum-Zeit-Fluss ist keine festgelegte Wirklichkeit sondern nur eine Gedankenkonstruktion – eine dem menschlichen Geist dienstbare Fiktion. Im zweiten, der elektromagnetischen Strahlung gewidmeten Aufsatz beobachtete er gewisse Eigenheiten der subatomaren Teilchen (die sogenannten «Quanten»), die letztlich andeuten, dass wir nicht, wie wir gern glauben mögen, auf irgendeiner Ebene struktureller Organisation aus fester Materie zusammengesetzt oder von solcher umgeben sind.[3] Vielmehr entspricht die Wirklichkeit seiner eigenen epochalen Gleichung und den Entdeckungen, die seine Nachfolger im Laufe der Entwicklung der modernen Quantentheorie gemacht haben. Danach löst sich unsere feste Identität auf. Wir sind am Ende nicht substanzhafter als eine Energieform, über die wir bisher herzlich wenig wissen.

Nach Vollendung seines Aufsatzes über die Relativitätstheorie musste Einstein für zwei Wochen das Bett hüten, so sehr hatte ihn diese «einfache Schreibtischarbeit» mitgenommen und im Innersten erschüttert.[4] Später schilderte er seine Eindrücke und Gefühle bei dieser Arbeit: «Ich fühlte mich, als sei mir der Boden unter den Füssen weggezogen worden; weit und breit kein fester Halt, auf den man hätte bauen können.»[5]

Der Rundumschlag liess ihm nur eine Konstante, die Lichtgeschwindigkeit von annähernd 300 000 km/Sek. In ihr offenbarte sich ihm das universale Gesetz, das alles aus seiner Erstarrung befreit. Die konstante Lichtgeschwindigkeit ermöglicht den Schluss, dass das Universum nirgendwo einen absoluten Fixpunkt besitzt. Alle Teilchen, Atome, die Planeten, Fixsterne und Milchstrassen – wir selbst: alles tanzt und bewegt sich *in Bahnen, die sich nur in ihrer Wechselwirkung beschreiben lassen*. Raum hat weder Richtungen noch Grenzen. Alle Objekte die sich durch ihn bewegen, sind selbst in Bewegung und lassen sich nur in Relation zu wieder anderen Objekten lokalisieren. Raum ist also «Ordnung und Interrelation von Dingen».[6]

So weit zum Raum. Was war entsprechend aus unserer gewöhnlichen Zeitvorstellung geworden? – Unser «grober» kalenderbezogener

Zeitsinn hat offensichtlich mit dem Wechsel der Jahreszeiten und mit dem Rhythmus von Tag und Nacht zu tun, die beide auf die Bewegung der Erde um die Sonne zurückzuführen sind. Unser «feiner» Zeitsinn für die Tageszeit hängt von der Sonnenbahn am Himmel ab: die Sonne legt pro Stunde einen Bogen von *15 Grad* zurück. Was wir als Zeit bezeichnen, ist demnach ebenfalls untrennbar mit der Bewegung von Objekten, also mit Raum verbunden. Demzufolge gibt es nicht die zwei separaten Entitäten Raum und Zeit sondern nur ein Raumzeit-Kontinuum, in dem die Zeit zu den drei Dimensionen des Raumes die «vierte Dimension» darstellt. Die Zeit ist ebenfalls relativ, weil sie von der Bewegung räumlicher Objekte abhängt, die nur in ihrer Interrelation sinnvoll werden.

Die letzten beiden Absätze paraphrasieren Einsteins Ausführungen, die er selbst hauptsächlich mathematisch dargestellt hat, unter anderem mit Hilfe der sogenannten «Lorentz-Transformationen» seines geliebten Mentors. Worte sind manchmal ein bedenkliches, weil mehrdeutiges Kommunikationsmittel. Einsteins Überzeugungskraft, ja die der Physik insgesamt, fusst jedoch auf mathematischen Operationen, die man präzise nachprüfen und -vollziehen kann.

Mit Lorentz-Transformationen war Einstein in der Lage, die unheimlichen Konsequenzen dieser neuen Sichtweise vom Aufbau des Universums für die Raum- und Zeitmessung zu demonstrieren. Er zeigte, dass Uhren langsamer gehen, sobald sie an einem sich bewegenden System befestigt sind, und dass ein Messtab in der Bewegungsrichtung schrumpft, wenn er einem System angeschlossen ist, das sich selbst in Bewegung befindet. Dies geschieht zwar nur bei sehr hohen Geschwindigkeiten. Trotzdem führte der mathematische Nachweis zu bisher ungeahnten Zukunftsträumen, die trotz ihrer Phantasik auf dem Boden der Wissenschaft bleiben. Etwa von der Art: «Astronauten steigen in ihr atomgetriebenes Raumschiff, durchstreifen mit einer Geschwindigkeit von 270 000 km/Sek. die Leere des Alls. Wenn sie dann nach zehn Erdenjahren zurückkehren, sind sie selbst nur um fünf Jahre gealtert.»[7]

Mit seinen verblüffenden Entdeckungen öffnete Einstein Physikern wie Laien erstmals die Augen für Sachverhalte, die Präkognition oder Vorauswissen erstmals in den Bereich des rational Möglichen rücken. Die Relativitätstheorie und ihre spätere experimentelle Bestätigung zeigten, dass Zeit weitaus mehr ist als der scheinbar unabänderliche Fluss aus der Vergangenheit über die Gegenwart in die Zukunft.

Trotzdem mochte der Laie darin nur eine faszinierende mentale Spielerei sehen, mit der ein komisches kleines Männchen mit verschmitzten Augen, einer etwas zu gross ausgefallenen Nase und einem prächtigen weissen Wuschelkopf die übrige Welt zum besten hielt. Dann wurden 1945 und 46 in Almagordo, Hiroshima und Nagasaki die ersten Atombomben gezündet. Schlagartig musste für kurze Zeit jeder denkende Mensch auf unserem Planeten einsehen, dass die bizarre Welt von Einsteins Relativitätstheorie tatsächlich auch unsere Welt ist. Das Prinzip der Relativität der Masse hatte zu seiner berühmten Gleichung $E = mc^2$ geführt. Sie besagt aber, dass alle Masse, wir selbst eingeschlossen, ungeheuer kondensierte Energie ist. Man braucht nur Unsummen in die notwendige technologische Entwicklung zu investieren, dann kann man am Ende aus einem kleinen Klumpen Uran das schrecklichste Tosen, den infernalischsten Feuersturm entfachen, den die Welt je gesehen und gehört hat.

Einstein war auch der erste, der eine bisher unbekannte Verbundenheit zwischen dem Menschengeist und seiner Umwelt aufzeigte, was für eine Lösung des Rätsels des Vorauswissens sehr wichtig ist. Diese Verbindung und ihre Wirkung ist für Wissenschaft und Philosophie schon lange eine schwierige Frage gewesen, in der Physik als *Beobachter-Problem*, in der Psychologie als *Bewusstseins-Problem* und in der Philosophie als *Körper-Geist-Problem* bestens bekannt. Wir werden uns später noch näher damit auseinandersetzen. Hier mag die Feststellung genügen, dass Einstein das Universum nicht als gigantische, starre Maschine betrachtete, die immer gleich funktioniert, ganz gleich ob ein Mensch sie beobachtet oder nicht. Einstein gelangte zu einer ganz anderen Weltsicht. Nicht genug, dass Raum und Zeit Konstruktionen des menschlichen Bewusstseins sind: in jedem Augenblick wandelt sich die Erscheinung dieser Relativität entsprechend dem Naturell und der Situation des menschlichen Beobachters.

Die Quantentheorie ist die andere Hauptrichtung der modernen Physik. Sie stellt in mancher Hinsicht einen Ableger von Einsteins ebenfalls 1905 publizierten Aufsatz zum Elektromagnetismus dar. Ihre Weiterentwicklung führte dazu, dass immer kleinere Objekte entdeckt wurden. Sie erinnert in dieser Hinsicht an jene bekannten, ineinanderruhenden Holzpuppen: man öffent die erste und findet darin eine kleinere; öffnet man diese, findet man eine noch kleinere und so weiter. Vor der Quantentheorie hielt man das Atom für das kleinste aller Dinge. Dann aber stellte man gegen Ende des neunzehnten Jahrhunderts fest, dass das Atom aus einem Kern besteht und aus Elektronen, die ihn umkreisen wie die Planeten die Sonne. Max Planck entdeckte «Energiepäckchen», die den Elektronen zu entspringen schienen. Diese taufte Einstein dann 1905 «Quanten», womit er dem allmählichen Aufstieg der sogenannten «Quantentheorie» den Weg bereitete, jenes grosse, weitschweifige Gedankengebäude, das von nun an alle möglichen subatomaren Teilchen beherbergen sollte. In den dreissiger Jahren hatte man den Atomkern erfolgreich in Neutronen und Protonen gespalten. 1935 kamen zu den ersten drei Partikeln (Neutron, Proton und Elektron) drei weitere hinzu. In den siebziger Jahren war daraus schliesslich ein ganzer Teilchen-Zoo mit über zweihundert subatomaren Partikeln geworden! Dazu zählen auch Positron und Neutrino, deren Bedeutung für die Lösung des Präkognitions-Rätsels wir in Kürze kennenlernen werden.[8]

Immer mehr Widersprüche

Die Frage von Welle oder Partikel war eines der Hauptärgernisse bei der Erforschung der atomaren und subatomaren Welt, war doch die Entdeckung der Wellennatur von Licht und Klang eine der Glanzleistungen der Physik des neunzehnten Jahrhunderts gewesen. Danach bewegen sich beide in einem stetig aufsteigenden und fallenden Strom fort. Später fand Max Planck jedoch heraus, dass das Licht sich ebenfalls in Form unzusammenhängender kleiner Eruptionen fortbewegt, für die er den Begriff der «Energiepäckchen» einführte. Einstein schlug für diesen Widerspruch schliesslich eine Lösung vor, die die Physik für den Rest des zwanzigsten Jahrhunderts beschäftigen sollte: warum nicht einfach als gegeben akzeptieren, dass Quanten sich manchmal als Teilchen und manchmal in Wellenform fortbewegen? Für Louis de Broglie war das Elektron gleichzeitig Welle und Partikel, was die Auseinandersetzung noch weiter erhitzte. Wie die Physik sich nun auch winden mochte, die beiden Sichtweisen – Welle und Teilchen – miteinander zu versöhnen, blieb ihrer Weisheit letzter Schluss doch paradox. Auch wenn sie andere Begriffe wählte, sagte sie sinngemäss letztlich: ein Apfel ist ein Apfel, solange er nicht gerade eine Apfelsine ist.

Die unbefriedigendste Erklärung dieses Widerspruchs stammt von der «Kopenhagener-Schule», die auf den dänischen Physiker Niels Bohr zurückgeht. Bohr sprach von *Komplementarität*. Er sagte, dass der Bezugsrahmen des Beobachters bestimmt, ob er eine Welle oder ein Teilchen wahrnimmt. Beide Sichtweisen sind eine Teilwahrheit, gemeinsam bilden sie ein Ganzes. Dies wiederum brachte den Bohr-Schüler

Heisenberg einem verwandten Aspekt der Kopenhagener Deutung auf die Spur und führte zur Formulierung seiner berühmten *Unschärferelation*. Sie sorgte für zusätzliche Verwirrung, weil sie erfolgreich nachwies, dass es dem Menschen mit logischen und technischen Mitteln niemals gelingen würde, den Aufenthaltsort oder das Verhalten eines subatomaren Teilchens vorauszusagen – dass auf der subatomaren Ebene der Zufall die Aktivität der Teilchen regiert. Es gibt dort keine Gewissheiten, nur Wahrscheinlichkeiten. Heisenbergs Unschärferelation war aber auch noch in anderer Hinsicht äusserst bedeutend. Sie trieb eine der Hauptimplikationen von Einsteins Arbeit einen wichtigen, wenn auch noch dunklen Schritt voran. Auch sie tendierte im Endeffekt zu der Annahme, dass das menschliche Bewusstsein weitaus inniger und fundamentaler mit seiner Umwelt verbunden ist als nur durch oberflächliche Sinnesreize.

Damit war die alte Sichtweise eines behaglich in Raum und Zeit eingebetteten Universums in den Grundfesten erschüttert. Es war eben unhaltbar geworden zu behaupten, dass Zeit unweigerlich der lineare Strom aus der Vergangenheit über die Gegenwart in die Zukunft ist, dass die Ursache immer der Wirkung vorausgeht, dass ein unüberbrückbarer Graben den Menschen von seiner Umwelt trennt. Mit jeder neuen Entdeckung wurden die Tore zu neuen Widersprüchen aufgestossen. Wer als Physiker mit dem Erkenntnisstand seiner eigenen Wissenschaft Schritt halten wollte, durfte Präkognition oder Vorauswissen nun nicht mehr als Unmöglichkeit diskreditieren. Schliesslich kamen die Erschütterungen, die zu dem Versuch führten, das Rätsel des Vorauswissens in einem Frontalangriff zu lösen.

1931 schlug Paul Dirac von der Universität Cambridge eine vollkommen abstruse Theorie vor, dass einige seiner Kollegen ernsthaft glaubten, er müsse völlig übergeschnappt sein.

Ihm war es gelungen, Relativitätstheorie und Wellenmechanik zu vereinen, eine Leistung, für die er später den Nobelpreis erhalten sollte. Die neue Theorie barg jedoch Schwierigkeiten, die sich nach Diracs Meinung nur lösen liessen, wenn man davon ausgeht, dass Raum kein Vakuum, nicht völlig leer, sondern ganz im Gegenteil von einem unendlichen Elektronenmeer ausgefüllt ist, die alle *negative* Masse haben, also *Antimaterie* sind.

«Negative Masse, das übersteigt natürlich bei weitem die menschliche Vorstellungskraft ... Über ein solches Teilchen könnte man», wie Arthur Koestler weiter ausführt, «nur sagen: schiebt man es, fliegt es einem ins Gesicht; zieht man es, saust es davon; bläst man es weg, wird es in die Lungen gesogen.»[9]

Dirac bezeichnete dieses unbändige Teilchen als «Antielektron». Er billigte ihm nur eine kurze Lebensdauer zu. Als eine Art «Loch im Ozean» würde es vernichtet, sobald ein normales Elektron in dieses Loch fällt. Niels Bohr fand an dieser Idee keinen Geschmack. Er fand sie so absurd, dass er sie in einer Glosse mit dem bezeichnenden Titel «Wie man Elefanten fängt» verulkte. Dies änderte jedoch nichts an den Tatsachen. Ein Jahr, nachdem Dirac seinen «unsinnigen» Aufsatz veröffentlicht hatte, entdeckte Carl Anderson bei seiner Untersuchung von Elektronenspuren kosmischer Strahlen anhand von Blasenkammernphotos des *California Institute of Technology*, die Bestätigung von Diracs Theorie, ohne sie überhaupt zu kennen. Anderson nannte die seltsamen neuen Teilchen «Positronen». Seitdem fand man heraus, dass praktisch für jedes bekannte subatomare Teilchen ein solches Antiteilchen existiert. Antiteilchen sind alles andere als Produkte einer etwas lebhaften Phantasie.

Auf den Spuren der Antimaterie gelang den Wissenschaftlern 1949 der nächste grosse Schlag. Da nämlich schlug Richard Feynmann (ebenfalls vom California Institute of Technology) vor, das Positron als Elektron zu betrachten, *welches sich in der Zeit rückwärts bewegt*. Seiner Meinung nach widerfuhr allen anderen Antiteilchen kurz dasselbe. Wie die von Anderson war Feynmanns Entdeckung alles, nur keine unhaltbare Spekulation. Seine *Zeit-Umkehrung* war für die Physik so wertvoll, dass er dafür 1953 die Albert Einstein Medaille und 1965 den Nobelpreis erhielt. Der grosse Wissenschaftsphilosoph Hans Reichenbach bezeichnete sie als «den härtesten Schlag, den unsere gewöhnliche Zeitvorstellung von der Physik jemals versetzt bekommen hat».[10]

Was aber machte das Feynmann-Diagramm und alle die anderen verblüffenden Haken und Wendungen der Nachkriegsphysik so stichhaltig und überzeugend? Eine wesentliche Rolle hat sicher ihr Entwicklungsgang gespielt, die Tatsache, dass sich der auf der linken Hirnhälfte basierenden, ungemütlich unkonkreten Mathematik in Form visuell wahrnehmbarer Raum-Zeit-Diagramme und Blasenkammernphotos die Gestaltkraft der rechten Hirnhälfte hinzugestellt hatte. Man hatte grosse Teilchenbeschleuniger gebaut, wie etwa *Fermilab* in Batavia im amerikanischen Bundesstaaat Illinois mit einem Umfang von fast sechseinhalb Kilometern. In diesen riesigen Anlagen erzeugt man subatomare Teilchen und schiesst sie mit ungeheurer Geschwindigkeit durch die riesigen Räume. Sie heissen Blasenkammern, weil die dahinsausenden Teilchen und alles, was mit ihnen kollidiert, winzige Blasenspuren hinterlassen, den Kondensstreifen eines Düsenflugzeugs vergleichbar. Der gesamte Raum der Blasenkammer wird gleichzeitig photographiert, und man erkennt bei der Analyse der Photos, in welch ungeheuer anmutigen, bizarren, ja *lebensvollen* Mustern sich die Teilchen bewegen. Um das Wunderbare ihrer Erscheinung anzudeuten, prägte Fritjof Capra dafür den Begriff des «kosmischen Reigens».

Als Beispiel sei hier das Grunddiagramm aus seinem Buch *Tao der Physik* angegeben. Es zeigt die Teilchenbewegung in Relation zu den üblichen Raum-Zeit-Koordinaten.

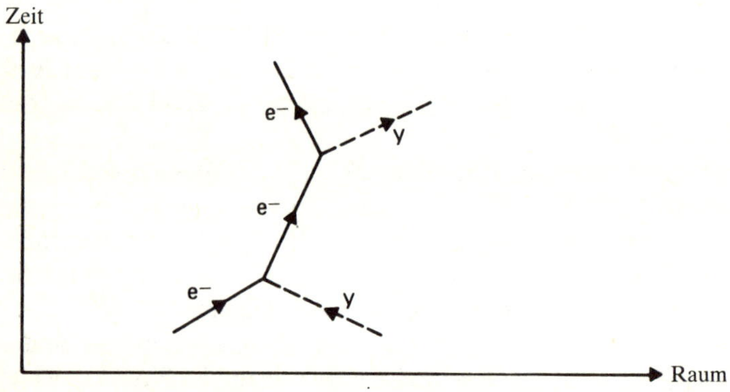

Abb. 8 Raum-Zeit-Diagramm

Sie sehen, dass sich die kollidierenden Teilchen in der Zeit *vorwärts* bewegen. Die Vorstellung ihrer Umkehrbarkeit ist für die moderne Physik eine allgemein anerkannte Tatsache. Die Teilchen können sich also auch *in der Zeit rückwärts bewegen*. Mit den Worten Richard Feynmanns: «Nach allen bisher bekannten physikalischen Gesetzen scheint zwischen Vergangenheit und Zukunft keinerlei Unterschied zu bestehen.»[12] Die mathematischen Gleichungen sind in *beide* Richtungen anwendbar. Sie unterstützen demnach nicht den Glauben an die Vorwärtsbewegung der Zeit, die wir gewöhnlich festzustellen meinen.

Die folgenden beiden Diagramme verdeutlichen Feynmanns Aussage. Die Raum-Zeit-Koordinaten erscheinen darin gewöhnlich nicht. Ich habe sie hinzugefügt um dem Nicht-Physiker zu veranschaulichen, worum es geht.

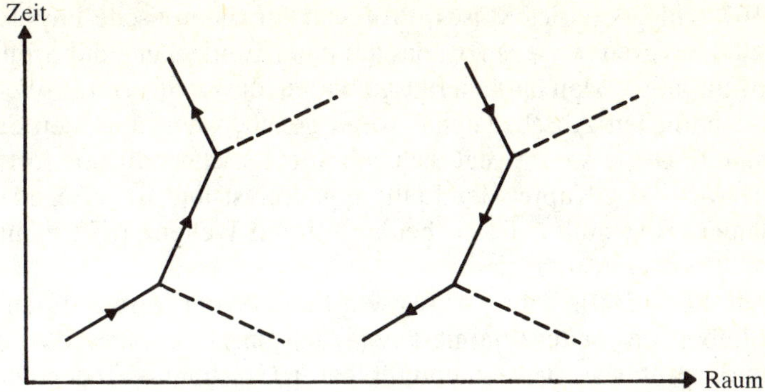

Abb. 9 Feynmanns Diagramme

«Der mathematische Formalismus der Feldtheorie lässt für diese Linien zwei Deutungsmöglichkeiten zu: als Positron, das sich in der Zeit vorwärts bewegt, oder als Elektron, *das sich in der Zeit rückwärts bewegt!* Mathematisch sind beide Interpretationen identisch. Der gleiche Ausdruck beschreibt ein Antiteilchen, das sich von der Vergangenheit in die Zukunft bewegt, oder ein Teilchen, das sich von der Zukunft in die Vergangenheit bewegt.»[13]

Vorauswissen: eine Welle

Die Entwicklung von Einstein bis Feynmann hatte die alte Sichtweise zertrümmert. Die Zeit war nun nicht mehr der unerbittliche und unabänderliche Vorwärtsstrom. Es entstanden spezifische Theorien zum Vorauswissen und seiner Wirkungsweise.

Zwei davon will ich nur der Vollständigkeit halber erwähnen, weil sie mich völlig kalt lassen. Sie verwirren mich, ohne mich gleichzeitig zu einer näheren Beschäftigung zu reizen, und ich kann sie auch nicht mit den beiden hauptsächlichen physikalischen Theorien des Vorauswissens vereinbaren, die ich zu verstehen beginne. Dies ist einmal die sogenannte Serialismus-Theorie. Sie geht auf den Luftfahrtingenieur John Dunne zurück und baut auf einer klug erdachten Dokumentation von Zeitverschiebungen auf.[14] Die andere stammt von dem brillanten russischen Astrophysiker Nikolai Kosyrew, der Zeit mit einer Form von Energie gleichsetzte.[15]

Bleiben zwei Theorien, die sich aus der Wellennatur des Lichts ergeben, sowie zwei Entwürfe und eine Theorie die davon ausgehen, dass Energie gleich Teilchenbewegung ist.

1972 schlug Charles Muses, Professor für theoretische Physik, ein Modell des Vorauswissens vor, das auf einer Entdeckung der Strahlenphysik aufbaut.[16] Man hatte herausgefunden, dass zwei «Boten-Wellen» dem eigentlichen Abschaltsignal vorausgehen, wenn man den Strom abschaltet. Die erste bewegt sich mit Lichtgeschwindigkeit fort, die andere wird vom Kupfer der Leitung gebremst und ist infolgedessen langsamer. Erst hinter diesen beiden «Boten-Wellen» trifft dann das Abschaltsignal ein.

Auf dieser Basis baute Muses sein Modell vom Vorauswissen auf: unser Leben, das ist der Energiestrom jeden einzelnen Tages. Analog zu seinen vertrauten sicht-, hör- und fühlbaren Geschehnissen der sinnlich erfassbaren Wirklichkeit gibt es uns völlig fremde Ereignisse, die aus der «Zeitlosigkeit» zu uns durchsickern, aus einem sogenannten «Wahrscheinlichkeitsraum» oder – machtvoller noch – aus einem «Bereich negativer Wahrscheinlichkeit». Das kann alles mögliche sein, die Abfahrt eines alten Freundes etwa, der uns unangekündigt besuchen will, oder die Kräfteverschiebung vor politischem Umsturz. Ähnlich dem Abschaltsignal beim Strom senden auch diese Ereignisse zur Vorankündigung ihre besonderen Boten-Wellen aus, die wir wahrnehmen können.

Interessant am Museschen Modell ist, dass es dem freien Willen einen gewissen Handlungsspielraum belässt; es glaubt nicht an eine unabänderliche Vorsehung, die alles im voraus festlegt (wie zum Beispiel sogar Albert Einstein meinte). Vielleicht fangen wir ein Warnsignal von der bevorstehenden Katastrophe auf, die sich gerade anbahnt. Wir können ihr noch entrinnen, indem wir zum Beispiel unserer Vorahnung folgen und das zum Absturz verurteilte Flugzeug eben *nicht* besteigen. Bemerkenswerterweise kam Muses unabhängig von Kosyrew zu dem Schluss, dass Zeit eine Art «Energiestruktur» sei.[17]

Das andere Wellenmodell greift ebenfalls auf frühere Beobachtungen zurück und entwickelt sie weiter. Es handelt sich um die «Vorlaufpotentiale» von Harold Puthoff und Russell Targ, deren Präkognitionsexperimente wir im vorigen Kapitel untersuchten.[18] Mit ihren Überlegungen setzten sie bei den Vorarbeiten Diracs zu seiner Antimateriethese an. Dabei war eine Gleichung mit zwei verschiedenen möglichen Lösungen entstanden, wovon die erste bereits damals schlüssig und akzeptabel erschien, die zweite (die mathematische Basis der Antimaterie) jedoch bis Anderson und seiner Entdeckung des Positrons fallengelassen wurde, weil erst diese Entdeckung ihre Richtigkeit bestätigt.

1941 stiess J. A. Stratton auf eine in der Elektromagnetik sehr gebräuchliche Feldgleichung mit ebenfalls zwei Lösungsmöglichkeiten. Die erste Lösung führte zu den sogenannten «verzögerten Potentialen» und stimmte insofern mit allgemein akzeptierten Beobachtungen und Erwartungen überein. Die zweite hingegen ergab eine «vorgezogene Zeit», implizierte also, «dass man das Feld beobachten kann, bevor seine Quelle es überhaupt erzeugt hat». Dies bedeutet aber eine Umkehrung der normalen Kette von Ursache und Wirkung, «weswegen wir diese Lösung als logisch unsinnig fallenlassen mögen». Stratton schränkte sein ablehnendes Urteil jedoch ein, weil eine solche Berufung auf die normale Logik «auf ziemlich wackligen Füssen steht».[19]

Wie so häufig in der Wissenschaft wurde auch hier die Irrlehre sehr schnell zur sanktionierten Lehrmeinung. Von 1968 an machten Elektroingenieure grosszügigen Gebrauch von Strattons «vorgezogenen Potentialen», weil sie ihnen bei der Veranschaulichung der Elektronenbewegung im elektromagnetischen Feld aus einer sonst unüberbrückbaren Schwierigkeit halfen. Puthoff und Targ nun sahen in dieser praktischen aber unorthodoxen Lösung der Gleichung die beste Erklärung für die überraschenden Ergebnisse ihrer Voraussagestudie. Eine einfache Abbildung mag die schwierigen Zusammenhänge verdeutlichen.

Es handelt sich um die Darstellung von Puthoffs und Targs sogenannten «Boten-Wellen»[24] Die Raumachse verläuft vertikal nach oben und unten; dieZeitachse horizontal von links nach rechts: −t ganz links steht für die Vergangenheit, der Nullpunkt für die Gegenwart, von dem aus die Zeitlinie in die a+t Zukunft fliesst.

Angenommen, es passiert etwas «da draussen» in «Zeitlosigkeit», genau in der Mitte des Kreises, am Nullpunkt unserer Abbildung.

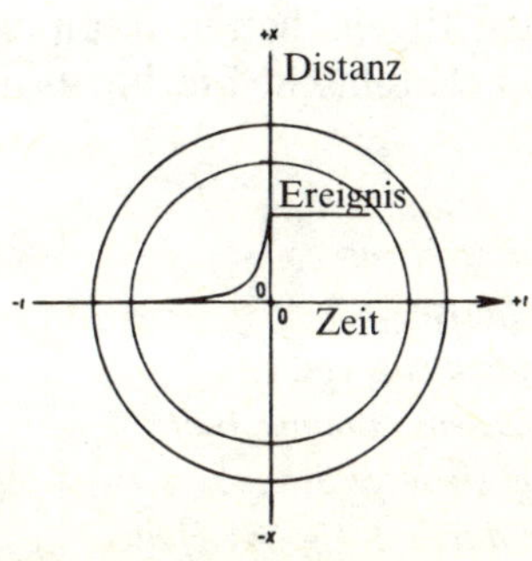

Abb. 10 Boten-Wellen

Dieses Ereignis sendet Wellen aus wie ein Kiesel beim Durchbrechen einer Wasseroberfläche. Die Wellen streben gleichmässig nach allen Richtungen. Also gehen die Informationswellen zur Ankündigung des bevorstehenden Ereignisses gleichermassen in die Zukunft wie in die Vergangenheit. Nun zu dem präkognitiv begabten Menschen: wir stellen uns vor, dass er auf der Zeitlinie von −t über den Nullpunkt auf +t zuspaziert. Plötzlich wird er von einer Informationswelle getroffen, die rückwärts entlang der Zeitlinie auf −t zustrebt. Er hält inne, fragt sich, was diese seltsame Ahnung, dieser Traum wohl bedeuten mag. Dann geht er weiter auf der Zeitlinie und staunt, wenn das Ereignis wirklich eintritt, das er allem Anschein nach bereits vorausgesehen hat.

Vorauswissen: ein Teilchen

Das Neutrino ist eines der interessantesten subatomaren Teilchen. Es bildet sich durch den radioaktiven Zerfall eines Neutrons. Zwar hatte der Quantenphysiker Wolfgang Pauli seine Existenz bereits 1930 vermutet, entdeckt wurde es aber erst fünfundzwanzig Jahre später, nämlich 1956. Die Entdeckung liess nicht grundlos so lange auf sich warten: das Neutrino hat recht sonderbare physikalische Eigenschaften. Es besitzt weder Masse noch elektrische Ladung noch Magnetfeld. Deswegen können Schwerkraft oder Magnetfelder es im Vorbeifliegen auch nicht einfangen. «Ein Neutrino aus der Milchstrasse oder sogar einer anderen Galaxie kann mit Lichtgeschwindigkeit durch den Erdball sausen, als sei er leerer Raum. Nur der direkte Frontalzusammenstoss mit einem anderen Elementarteilchen kann ein Neutrino aufhalten, wobei man die Wahrscheinlichkeit einer solchen Frontalkollision beim Durchqueren der Erde auf eins zu zehntausend Millionen schätzt.»[21]

Diese faszinierenden Eigenschaften inspirierten John Updike zu einem Gedicht. Es heisst «Kosmische Frechheit» und beginnt folgendermassen:

Neutrinos sind so winzig klein:
Ohne Ladung, ohne Masse,
Und lassen sich auf gar nichts ein.
Die Erde ist doch bloss ein dummer Ball:
Sie rasen durch als sei sie leere Strasse
Flink wie Putzmägde durch zugig öde Halle
Photonen durch 'ne Scheibe Glas ...[22]

Geschwindigkeit, Massenlosigkeit, wie die offensichtliche Freiheit des Neutrino von vielen normalen Beschränkungen liessen andere in ihm die Lösung des Rätsels des Vorauswissens vermuten. Der Astronom V. A. Firsoff hatte die Idee, dass vielleicht eine Art Geist-«Stoff» aus Elementarteilchen wie den Neutrinos alles zusammenhält.[23] Da diese Entitäten «in einem besonderen mentalen Raum existieren würden, der anderen Gesetzen unterliegt», könnte man sie treffend als «Mentone» (engl.: «mindons») bezeichnen. Noch vor ihm schlug Whatley Carrington (Sie erinnern sich: Carrington hatte durch sein beharrliches Einwirken auf Soal, auf die sogenannten «Zeitverschiebungen» zu achten, den Präkognitionsexperimenten ein ganz neues Feld und eine grössere Tragweite erschlossen) für ein derartiges Teilchen die Bezeichnung «Psychon» vor.[24]

Am weitesten trieb jedoch der englische Physiker und Mathematiker Adrian Dobbes die Teilchenhypothese des Vorauswissens voran. In einem erst nach seinem plötzlichen Unfalltod veröffentlichten Aufsatz sprach er von einem «Botenteilchen», das in einer Welt mit zwei Zeitdimensionen operiert. Für dieses Teilchen schlug er den Namen «Psitron» vor.[25]

Die erste von Dobbes' Zeitdimensionen stimmt mit der uns vertrauten Zeit von Uhr, Sonne und zirkadischen Rhythmen überein. Ich habe sie an anderer Stelle in «Zeit: Stufe Eins und Zwei», serielle und räumliche Zeit aufgeteilt. Dobbes' zweite Zeitdimension klassifizierte ich als «dritte Stufe der Zeit» oder «zeitlose Zeit». Es ist in diesem Zusammenhang interessant zu sehen, womit er diese «andere Wirklichkeit» füllt. Er spricht nämlich von einer Dimension, «in der die objektive Wahrscheinlichkeit zukünftiger Ereignisse in Form von Anlagen bereits vollständig präsent ist. Wobei wir unter den Anlagen Faktoren zu verstehen haben, die die Zukunft in eine bestimmte Richtung tendieren lassen».[26] Dobbes stellt sich darunter also einen «Ort» vor, an dem die zukünftigen Ereignisse nicht voll ausgeformt sondern als vieldeutige Ballungen zahlreicher Möglichkeiten entspringen.

Komischerweise unterstützen Mathematik und Quantenphysik diese Vorstellung auch noch in anderer Hinsicht, und zwar durch die sogenannten imaginären Zahlen oder *virtuellen* Prozesse, die nach Erkenntnis der theoretischen Physik vor einem Ereignis oder einer Handlung für eine extrem kurze Zeitspanne existieren.

Hans Morgenau charakterisiert die virtuellen Prozesse folgendermassen: «Für einen kurzen Augenblick kann jeder physikalische Prozess in einer Weise verlaufen, die den uns bekannten Naturgesetzen zuwiderläuft, indem er sich einfach unter den Deckmantel der Unschärferelation flüchtet... Zu Beginn streckt jeder physikalische Prozess seine ‹Fühler› nach allen Richtungen aus, wobei der Zeitfluss umgekehrt, normale Gesetzmässigkeiten über den Haufen geworfen werden mögen, und ganz unerwartete Dinge passieren können. Diese virtuellen Prozesse laufen dann aus, so dass nach einer gewissen Zeit wieder alles stimmt.»[27]

Dobbes argumentierte nun, dass in dieser Wolke von Möglichkeiten einige Zukunftsentwicklungen wahrscheinlicher wären als andere. Darüber würden uns die «Psitronen» informieren, die den Neutrinos ähnlich, aber noch verblüffender wären als diese. Aufgrund ihrer (in mathematischem Sinn) imaginären Masse könnten sie in Übereinstimmung mit der Relativitätstheorie schneller als das Licht unendlich weit fliegen.

«Wir müssen uns vorstellen, dass das System sozusagen alle Möglichkeiten ausprobiert, aus denen sich dann zum Schluss ein tatsächlicher Zustand herauskristallisiert», schrieb Dobbes.[28] Der tatsächliche Zustand jenes «dort draussen» geborenen Ereignisses würde laut Dobbes in einem Schwarm, einer Wolke oder einem strukturierten Set von «Psitronen» zusammen mit den Vorhersagen der für dieses Ereignis wahrscheinlichen Zukunft direkt an die Nervenzellen im menschlichen Gehirn weitergeleitet.

Das klingt zugegebenermassen recht verschwommen. Und gewiss passt Dobbes Vorstellung vom Aufspüren irgendwelcher *Wahrscheinlichkeiten* nicht zu meiner Beobachtung, dass gerade der nicht-probabilistische Charakter des sogenannten Vorauswissens seine Besonderheit ausmacht. Sie erinnern sich: Vorauswissen präsentiert sich häufig als detailgetreues *Voraussehen*, das auf der Gestaltwahrnehmung der rechten Hirnhälfte beruht. Es hebt sich insofern von Voraussagen ab, die *etwas für wahrscheinlich halten* und unter der Mitwirkung der linken Hirnhälfte zustande kommen. Trotzdem habe ich versucht, Dobbes' Theorie in ihren wesentlichen Punkten vorzustellen. Sie ist eine glänzende Mischung aus Physik und jenen Tiefenströmungen in der Psychologie, die C. G. Jung in jahrelanger Forschungsarbeit aus dem chinesischen *Buch der Wandlungen* und anderen exotischen Quellen zu destillieren trachtete.

Wir wollen sie im nächsten Kapitel näher untersuchen.

Einsteins Dilemma

Vorher sollten wir aber in jedem Fall versuchen, die Mutmassungen der Physik irgendwie zusammenzufassen. Fragt sich bloss, wie? Aller kühnen und vielversprechenden Ansätze ungeachtet, ist uns am Ende nur das unangenehme Gefühl der Fragmentierung geblieben: jede Menge offene Fragen und unerklärte Einzelheiten sowie der schmerzliche Mangel eines sinnerfüllten Ganzen. Dieses Gefühl ist nicht auf das Rätsel des Vorauswissens beschränkt, es durchzieht die gesamte Physik. Arthur Koestler zum Beispiel hielt Niels Bohrs «Komplementarität» für ein «Wörter-Floss, das auf dem Ozean des Verstandes umhergetrieben wird».[29] Dasselbe könnte er über die ganze neue Physik gesagt haben oder sogar über die Wissenschaft des zwanzigsten Jahrunderts ganz allgemein.

Wir stehen also vor dem gleichen Dilemma, das Einstein in den letzten dreissig Jahren seines Lebens in die berufliche Isolierung trieb. Nachdem er mit seiner Auflösung der gewöhnlichen Konzepte von Raum und Zeit die tragenden Säulen des Newtonschen Tempels gefällt hatte, war er nur noch von einem Wunsch beseelt: alles wieder zu einem verständlichen Ganzen zusammenzufassen. Zwar hatte er selbst die Quantentheorie mitbegründet. Aber sie wurde ihm immer mehr zuwider, weil sie sich offenbar mit dem Gedanken abfand, dass das Universum im Kern nichts weiter ist als eine Zufallskollision x-beliebiger Teilchen, deren einzige Gemeinsamkeit ihre Unbestimmtheit darstellt. Seine Unzufriedenheit trieb ihn an, hinter der leutseligen Fassade seiner öffentlichen Auftritte von 1925 bis zu seinem Tod 1955 in grosser Einsamkeit nach der vereinigten Feldtheorie zu suchen. Die Verwirklichung dieses Traumes blieb ihm jedoch versagt. Er konnte die Sterne und Planeten nicht wieder mit der atomaren und subatomaren Welt und uns Menschen genau in der Mitte zwischen Makro- und Mikrokosmos in eine vereinigende Theorie einbinden.

«Gott treibt mit dem Universum kein Würfelspiel», murrte der grosse alte Mann der Physik in seinen späten Lebensjahren ein wenig verbittert auf.[30] Aus ähnlicher Überzeugung und durch die Mutmassungen der neuen Physik inspiriert, machte sich C. G. Jung an den Versuch, mit Hilfe der Psychologie zu vergleichbaren Ergebnissen zu kommen.

KAPITEL 11

Die Mutmassungen der Psychologie

Nichts macht die Schwierigkeiten des Rätsels der Präkognition deutlicher als eine Betrachtung der Lösungen (oder besser: des Mangels an Lösungen), die die Psychologie in unserem Jahrhundert dafür gefunden hat. Man darf auf den ersten Blick wohl annehmen, dass die Psychologie von allen Wissenschaften am besten geeignet ist, die Natur von Geist und Bewusstsein zu erforschen und definieren. Auf einen einfachen Nenner gebracht: Vorauswissen oder Präkognition bedarf einerseits eines Bewusstseins (die Domäne der Psychologie) und andererseits «äusserer Faktoren oder Gegebenheiten» (die Domäne der Physik), die das Bewusstsein erfasst oder von denen es Botschaften übermittelt bekommt. Während die Physik nun eine ganze Reihe wenigstens von Teillösungen anbieten konnte, hatte die Psychologie mit einer Ausnahme bis in unsere achtziger Jahre so gut wie keine soliden Erklärungsmodelle anzubieten.

Das liegt einmal sicher an ihrer Geschichte und Struktur. Die moderne westliche Psychologie ist ein Ableger sowohl der «geisteswissenschaftlichen» Anliegen der Philosophie als auch der «naturwissenschaftlichen» Aufgaben der Physiologie. Als eine Art Zwitter ist sie zu einer substanz- und mutlosen Wissenschaft geworden. Wo sie genügend Selbstvertrauen zu entschlossenem Vorgehen haben müsste, ist sie strukturell leider nur geeignet, das Bewusstsein häppchenweise zu begreifen. Also war für den bisherigen Ansatz, das Rätsel des Voraus-wissens einer Unterabteilung der Psychologie zu übertragen (die man im übrigen sinnigerweise mit dem Namen «Parapsychologie» beehrte) der Fehlschlag von Anfang an vorprogrammiert.

Zwar werden wir sehen, dass sich einige der hervorragendsten Köpfe, die die Psychologie in wesentlichen Zügen geprägt haben, auch mit dem Rätsel des Vorauswissens befassten. Dennoch wurde die ausdrücklich zu seiner Erforschung eingerichtete Unterabteilung der Parapsychologie von ihrer angeblichen Mutterwissenschaft von Anfang an wie der ungewollte Spross einer unziemlichen Verbindung behandelt. Überdies kamen die meisten Begründer der Parapsychologie nicht von der Psychologie her sondern waren Philosophen, Schriftsteller, Ingenieure, Biologen oder – wie wir gerade sahen – Physiker. Der erste Parapsychologe, der sich – natürlich ohne es erklären zu können – mit dem Problem des Vorauswissens auseinandersetzte, war von Haus aus sogar Altphilologe, der Engländer Frederic Myers.[1] Er half 1882 die britische Gesellschaft für parapsychologische Forschung mitbegründen, deren weitere Vorsitzende danach hauptsächlich aus Philosophie und Physik kamen. Dies trug nicht gerade zur Stärkung der neuen Disziplin bei. Die Psychologen, die aufgrund ihrer Ausbildung dafür angeblich am besten vorbereitet waren, traten nurmehr als Organisatoren und Berichterstatter einer Forschungsarbeit auf, welche auf Theorien und Methoden anderer Wissenschaften basierte, in denen sie selbst nur über ein begrenztes oder gar kein Grundlagenwissen verfügten.

Infolge dieses historisch gewachsenen Ungleichgewichts sind die meisten der parapsychologischen Hypothesen zur paranormalen Kommunikation wenig mehr als Wortprägungen und Analogien, die der Physik oder Biologie entlehnt wurden. Man glaubte zum Beispiel, dass sie etwas mit Radioübertragung, Wellenpaket oder «Feldern psychischer Energie» zu tun haben könnte.[2] Keine dieser Vorstellungen kann jedoch die Haupteigenschaft des Vorauswissens erklären, die einfach darin besteht, dass es den von uns als normal empfundenen Zeitfluss sprengt.

Ein wichtiger Beitrag der Psychologie war immerhin, dass einige ihrer bekanntesten Vertreter sich bereit zeigten, ihr persönliches Prestige für die Existenz und Erforschung präkognitiver Fähigkeiten in die

Waagschale zu werfen. So war William James nicht nur der erste grosse amerikanische Psychologe überhaupt sondern ebenfalls einer der Gründerväter der Gesellschaft für parapsychologische Forschung in den Vereinigten Staaten.[3] Zu seinen vielen leidenschaftlichen Interessen gehörte unter anderem auch die Erforschung des Vorauswissens. Sigmund Freud stand der Parapsychologie zwar lange Zeit reserviert gegenüber, doch trat er in seinen letzten Lebensjahren der britischen parapsychologischen Gesellschaft bei und schrieb eine Reihe von Aufsätzen über paranormale Phänomene.[4] In einem Brief an Hereward Carrington bekundete er sogar, dass er sein Leben ganz der parapsychologischen Forschung widmen würde, wenn er noch einmal von vorn anfangen könnte.[5] Ausserdem hat er die Erforschung des Vorauswissens um ein wichtiges Mosaiksteinchen bereichert: die Erkenntnis, dass vergangene, gegenwärtige und sogar zukünftige Ereignisse in Träumen bunt gemischt vorkommen. William McDougall leistete viel Aufbauarbeit für die amerikanische Psychologie; unter anderem richtete er das parapsychologische Forschungsprojekt an der *Duke-University* ein.[6] Ihre russischen Zeitgenossen Pawlow und Beschterew waren nicht nur die Begründer der russischen Psychologie sondern gleichzeitig an der Untersuchung paranormaler Phänomene (Hypnose und Telepathie bei Tieren) interessiert.[7]

Der andere Beitrag der Psychologie war ihr besonderer Ansatz: sie ging das Rätsel des Vorauswissens unter dem Aspekt des Bewusstseins an. Sie erforschte die Persönlichkeitsstruktur von Menschen mit paranormalen Erfahrungen und bemühte sich um ein Verständnis, welche formenden Einflüsse das «präkognitive Persönlichkeitsbild» auf das Bewusstsein ausübt.

Vorauswissen ist gewöhnlich von einer Aura des Sonderbaren, Okkulten, Unheimlichen umgeben. Man geht deswegen zumeist davon aus, dass die mediale oder präkognitive Persönlichkeit ein wenig verschroben, exzentrisch und menschenscheu sein müsse.[8] Im Extremfall manifestiert sie sich im Heiligen, der auf einem Berggipfel sitzend ins Leere starrt; die Hexe, um die man besser einen grossen Bogen macht, weil sie ständig unter Androhung des Scheiterhaufens lebt; oder der Schamane, der sich anfallsartig mit schäumendem Mund auf dem Boden windet und seine wirren Visionen herausstammelt. Die wissenschaftliche Untersuchung parapsychologischer Begabung im Alltag ergibt jedoch ein völlig anderes Bild.

Viele solche Untersuchungen bestätigten zum Beispiel übereinstimmend, dass telepathisch veranlagte Menschen im allgemeinen geselliger und offener sind als Menschen ohne derartige Begabung. Anhand verschiedener Tests zur Feststellung aussersinnlicher Wahrnehmung schälte sich schliesslich ein unerwartetes Bild des telepathisch veranlagten Menschen heraus. Er ist «warmherzig, gesellig, gutmütig, gewinnend, begeisterungsfähig, redselig, fröhlich, gefühlsbetont, sorglos, entspannt und gelassen».[9] Nach anderen Studien zeigt er sich im Gegensatz zu der für aussersinnliche Wahrnehmungen unbegabten «introvertierten, verschlossenen, feindseligen und abweisenden Persönlichkeit» als «ausserordentlich verantwortungsbewusst, offen und aufgeschlossen».[10] Gertrude Schmeidler und Lawrence LeShan entdeckten bei einem faszinierenden Experiment eine ausgefallene Anwendungsmöglichkeit für die Tintenklecksereien des Rohrschachtests. Diese waren für sie nämlich ein Schlüssel zu den tieferen Persönlichkeitsschichten, auf denen sich verhaltensbestimmende Leitbilder formen. Schmeidler und LeShan fanden durch ihre Untersuchung heraus, dass Menschen ohne telepathische Begabung in den Tintenklecksen hauptsächlich Bilder sahen, in denen «Schutz»-Barrieren das Hauptelement waren: Männer in Rüstungen, Schildkröten oder Schalentiere. Im Gegensatz dazu sahen die telepathisch Begabten eher flüssigkeits- und luftdurchlässige Stoffe darin wie etwa Baumwolle.[11]

Imagination und Kreativität sind andere Haupteigenschaften medialer Naturen. Gertrude Schmeidler beobachtete an ihnen die Fähigkeit, mit Bildern oder Vorstellungen spielerisch umzugehen, «eine Idee oder einen Gesichtspunkt mit einem anderen verschmelzen zu lassen oder ihn zugunsten eines anderen aufzugeben». Sie konstatierte «die Bereitschaft, einströmende Eindrücke unzensiert zu akzeptieren».[12] Andere Forscher entdeckten, dass das telepathisch begabte Individuum spontaner und impulsiver handelt und sich eher auf etwas Neues einlässt – alles Merkmale von Kreativität.[13]

Soweit ergibt sich aus all diesen Aussagen ein überraschendes Bild telepathischer Begabung. Das Vorauswissen macht uns nicht zum menschenscheuen Sonderling sondern ganz im Gegenteil zu warmherzigen, phantasievollen und offenen Menschen. Ja es ist sogar erwiesen, dass gerade die in dieser Hinsicht weniger Begabten auch die Introvertierteren, Abweisenderen und Phantasieärmeren sind. Einschränkend müssen wir allerdings hinzufügen, dass dieses Bild nur auf der Untersuchung von Studenten und Menschen basiert, die an ihre mediale Begabung glaubten. Die schon früher angesprochene Arbeit von

Douglas Dean und John Mihalasky vermittelt hingegen ein etwas anderes Bild.

Der unpraktische Trottel, der am Diesseitigen weder sonderlich interessiert ist noch jemals selbst voll im Leben stehen wird, das ist der andere gängige Stereotyp vom medial oder telepathisch Veranlagten. Auch dieses Vorurteil mag ursprünglich auf den sprichwörtlichen Heiligen auf seinem fernen Berggipfel zurückgehen, der von den vorbeiziehenden Kaufleuten und Pilgern ein paar Groschen erbettelt, weil er es in der aktiven, kraftstrotzenden Ellenbogengesellschaft des Tieflands offensichtlich zu nichts bringen würde. Doch sahen wir diesbezüglich bereits an anderem Ort, dass Dean und Mihalasky gerade unter den praktischsten und diesseitigsten amerikanischen Unternehmern und Managern ihre «wendigen Dynamiker» fanden, die beim Computer-Voraussagetest besser abschnitten als die Wahrscheinlichkeit erlaubt, und zudem die Profite ihrer Firmen im Wettbewerb des «wirklichen Lebens» beträchtlich steigern konnten. Dieselben «Dynamiker» sind sehr konkurrenzfähig. Sie besitzen einen ungeheuren Leistungswillen und sind gleich der anderen Kategorie telepathischer Begabungen äusserst einfallsreiche Ideenproduzenten.[14]

Hinter den alten Klischees vom «Sonderling» treten nun also hauptsächlich zwei Arten präkognitiv Begabter hervor: einmal der warmherzige und offene und zum anderen der zupackende und ehrgeizige Typ; beiden ist eine gehörige Portion Phantasie gemeinsam. Ich wollte nun diese Unterschiede noch deutlicher herausstellen. Dazu setzte ich eine bereits früher erwähnte Untersuchungsmethode ein, mit deren Hilfe ich die Persönlichkeitsstruktur und die ideologischen Präferenzen einer repräsentativen Erhebungsauswahl von Männern aus ganz verschiedenen Berufen ermittelte.[15] Anschliessend gab ich jedem zwei Testaufgaben, die die prägkognitiven Fähigkeiten feststellen sollten, nämlich einmal den «Zeitmetapher»-Test von Dean und Mihalasky zur Identifizierung der Dynamiker und zum anderen die einfache Frage: «Haben Sie bereits die Erfahrung gemacht, dass Sie zukünftige Ereignisse richtig voraussahen, obwohl Sie auf keinem der üblichen Wege davon wissen konnten?» Schliesslich bat ich sie noch um ihre langfristigen Zukunftsprognosen der politischen, gesellschaftlichen und ökonomischen Entwicklung bis zum Jahr 2000.

Dabei kristallisierte sich das Charakterbild des sogenannten «Dynamikers» noch schärfer heraus: er ist ein konservativ eingestellter, illusionsloser, entschieden zupackender Tatmensch, entspricht also genau unserer landläufigen Vorstellung vom erfolgreichen Unternehmer. Alle, die im Test von selbst auf ihre präkognitiven Fähigkeiten aufmerksam gemacht hatten, besassen auch die Eigenschaften, die Schmeidler für sie typisch fand: Aufgeschlossenheit, Vertrauen, Phantasie und Extraversion.[16]

Dieser letzte Punkt ist besonders faszinierend, weil er eine Behauptung C. G. Jungs bestätigt, die auf den ersten Blick nicht gerade sinnvoll erscheint. Sehr lange war die Idee der extravertierten und introvertierten Grundtypen der bekannteste Beitrag Jungs zur Psychologie, und so gut wie der einzige, der auch in breiteren Kreisen Eingang fand. Danach gefragt, wer von den beiden wohl eher präkognitiv veranlagt sei, würde unsere erste Wahl wahrscheinlich *nicht* auf den sorglosen, der Welt zugewandten Extravertierten fallen, weil für solche «gewichtigen» Aufgaben doch *nur* der ernstere und sensiblere Introvertierte fähig sein kann. Aus Gründen, auf die ich gleich noch näher eingehen will, blieb Jung jedoch hartnäckig bei seiner Behauptung, dass der Extravertierte auch eher präkognitiv ist. Für diese verblüffende «geisteswissenschaftliche» Behauptung hatte ich nun mit Hilfe der kühlen «naturwissenschaftlichen» Methoden computergesteuerter Tests die Bestätigung gefunden.[17]

Meine Untersuchung wies überdies nach, dass Vorauswissen kein exzentrisches, nebulöses Geheimnis ist sondern wissenschaftlich erforschbar und definierbar. Auch zeigte sie erstmals durch exakte Messungen, die einen Zusammenhang zwischen Persönlichkeitsstruktur und Voraussage herstellten, dass diese bisher vernachlässigte menschliche Fähigkeit bedeutend, wenn nicht sogar überlebenswichtige, praktische Wirkungen haben kann.

Im Verlauf meiner Untersuchung von 1978 sagten die konservativen Dynamiker im Gegensatz zu Scharen von Wirtschaftsfachleuten für 1979 richtigerweise keine Rezession voraus. Auch mit ihrer (damals durchaus bezweifelbaren) Voraussage, dass sich Präsident Carter 1980 zur Wiederwahl stellen würde, lagen sie richtig. Weiter sagten die durch den zweiten Test ermittelten Präkognitiven korrekt voraus, dass es 1979 im Nahen Osten zu keinen grösseren Kriegen kommen werde, wie auch nicht mit einem Rückgang der Konjunktur zu rechnen sei.[18]

Die Streifzüge von C. G. Jung

Der dunkelste Erklärungsversuch der Wirkungsweise des Vorauswissens stammt sicher von C. G. Jung. Nicht genug, dass er an sich schon zu

Jungs unvollständigsten Schriften und Denkansätzen gehört. Diverse Interpreten haben die diesbezügliche Verwirrung noch verschlimmert. Dessen ungeachtet liegen in Jungs ungreifbar wie Nebelschwaden sich windenden Ausführungen aber einige der wenigen Gedanken verborgen, die den wahren Dimensionen des Rätsels des Vorauswissens tatsächlich gerecht werden. Der beste Weg zu ihrem Verständnis scheint mir zu sein, einmal zu durchleuchten, wie und warum Jung zu seiner Vorstellung des «sinnvollen Zufalls» kam, für den er den Begriff der *Synchronizität* prägte.

Mehr als alle anderen Psychologen spürte Jung während seines gesamten langen Lebens (er starb 1961 fünfundachtzigjährig) den Drang, die Dimensionen des zukunftsschauenden Geistes zu ermessen. Seine Forschungsarbeit ist gleich in dreifacher Hinsicht einmalig: in bezug auf die Persönlichkeit des präkognitiven Individuums; bezüglich der Natur der Bilder, mit der wir die Zukunft sowohl vorauserkennen als auch formen; und schliesslich hinsichtlich des Mysteriums des «Raum und Zeit» genannten Flusses.

Wie gesagt glaubte Jung, dass der extravertierte eher als der introvertierte Typus zu aussersinnlicher Wahrnehmung fähig sei. Diese Ansicht ist hauptsächlich auf seine Denkweise zurückzuführen, die den Kategorien von *Ausgleichung* und *Kompensation* grosse Bedeutung beimisst, so dass sie fast die Schlüsselbegriffe zu allen seinen Theorien darstellen.[19] Für Jung sind die meisten Menschen eine Mischung extrem verschiedener Teilpersönlichkeiten. Das heisst: der auf der bewussten Ebene Introvertierte wird auf der unbewussten Ebene von einer verborgenen oder kompensatorischen extravertierten Persönlichkeit ausgeglichen. Dagegen steckt in dem nach aussen auf bewusster Ebene extravertiert auftretenden Menschen auf der unbewussten Ebene eine introvertierte Persönlichkeit. Dieser unbewusst Introvertierte im bewusst Extravertierten nun ist für das Paranormale empfänglich.[20]

Aber Jung fand auch noch in einer anderen Darstellung der Persönlichkeit einen Platz für die Zukunft. Er hatte entdeckt, dass die meisten von uns überwiegend denken, fühlen, empfinden oder intuieren. Wie schon an anderem Ort bemerkt, ist der Gefühlstyp hauptsächlich auf die Vergangenheit ausgerichtet, der Empfindungstyp auf die Gegenwart, der Denktypus in gleichem Masse auf Vergangenheit, Gegenwart und Zukunft und der intuitive Typus nur auf die Zukunft.[21]

Jung gelangte erst durch jahrelange Beobachtung seiner Patienten und Bekannten zu diesem Bild vom Aufbau der Persönlichkeit. Dieselbe Informationsquelle führte auch zu seiner ausgedehnten und faszinierenden Begegnung mit dem Rätsel des Vorauswissens, denn dort stiess er immer wieder auf Traummaterial, das prophetisch oder präkognitiv zu sein schien.

Zum Beispiel schrieb er über einen Bekannten, «der ein fast schon pathologisch leidenschaftlicher Bergsteiger war»:

> «Eines Nachts sah er sich im Traum vom Gipfel eines hohen Berges in den leeren Raum treten... Ich warnte ihn, den Traum als Vorankündigung eines tödlichen Bergunfalls anzusehen... Vergeblich... Sechs Monate später war ein Bergführer Augenzeuge, als mein Bekannter sich mit einem Freund an einer gefährlichen Stelle abseilte. Plötzlich liess er das Seil los, ‹als wolle er›, wie der Bergführer beschrieb, ‹in die Luft springen›. Er stürzte auf seinen Freund; sie kamen beide ums Leben.»[22]

Solche Traumwarnungen führten Jung zu einer Schlussfolgerung, die von der Parapsychologie mittlerweile allgemein anerkannt ist. Danach empfängt *und* formt das Unbewusste präkognitive Botschaften. Zu den Rhineschen Experimenten bemerkte Jung, «dass ihre wissenschaftliche Erklärung einerseits bei einer Kritik unserer Raum- und Zeitvorstellungen und andererseits beim Unbewussten anzusetzen hätte».[23]

Spät in seinem Leben kam Jung dann zu der Erkenntnis, dass sich alle seine Beobachtungen zur Funktionsweise unseres Bewusstseins anhand der vier Schichten des Psychischen erklären liessen. Auf der Oberfläche schwimmt unser *Ich-Bewusstsein,* an das sich unmittelbar darunter das *persönliche Unbewusste* anschliesst. Zusammen bilden sie die bewusste und die unbewusste Hälfte jenes typischen Selbstbildes, durch das wir uns selbst als unabhängige und separate Wesenheiten sehen. Demnach halten sich die meisten Menschen in Übereinstimmung mit Sigmund Freud für ein bewusstes «Ich» und ein unbewusstes «Es» – oder schlimmstenfalls für eine gespaltene Persönlichkeit im Stile von Stevensons Dr. Jekyll und Mr. Hyde –, die beide in ein und demselben Körper enthalten und von allen anderen Körpern und Bewusstseinen getrennt sind. Für Jung war dies jedoch nur der Anfang.

Unter dem persönlichen Unbewussten liegt seiner Meinung nach das *kollektive Unbewusste,* ein grenzenloses Reich, in dem unser individuelles Bewusstsein mit anderen Bewusstseinen verknüpft ist, den Fäden in einem Teppich gleich. Diese Verwobenheit schliesst Gegenwart und Vergangenheit ein, weil das kollektive Unbewusste nach Jung der Speicher unseres evolutionären Gedächtnisses ist. Das kollektive Unbewusste enthält den Erfahrungsschatz, den die Menschheit im Laufe ihrer Evolution angesammelt hat und der unser gegenwärtiges Leben formt wie das DNS der genetischen Kodierung aus der Vergangenheit unsere Gegenwart und Zukunft mitbestimmen. Ja mehr noch wird es vielleicht gerade von eben diesem DNS von Generation zu Generation weitervererbt. Unter dem kollektiven Unbewussten liegt dann die eigentliche Basis, die *psychoide,* d. h. *psycheähnliche* Schicht, auf der das Bewusstsein sich gewissermassen in die Natur auflöst oder mit ihr eins wird.[24]

Die Inhalte des Unbewussten sind für Jung: «Alles, was ich weiss, an das ich momentan aber nicht denke; alles, was mir einmal bewusst war, aber jetzt vergessen ist; alles, was von meinen Sinnen wahrgenommen, aber von meinem Bewusstsein nicht beachtet wird; alles, was ich absichts- und aufmerksamkeitslos, d. h. unbewusst fühle, denke, erinnere, will und tue; alles Zukünftige, das sich in mir vorbereitet und später erst zum Bewusstsein kommen wird; all das ist Inhalt des Unbewussten.»[25]

Über die vier Schichten des Bewusstseins schrieb er: «Die tieferen ‹Schichten› der Psyche verlieren mit zunehmender Tiefe und Dunkelheit die individuelle Einzigartigkeit. Sie werden nach ‹unten›, d. h. mit Annäherung der autonomen Funktionssysteme, zunehmend kollektiver, um in der Stofflichkeit des Körpers, nämlich in den chemischen Körpern, universal zu werden und zugleich zu erlöschen. Der Kohlenstoff des Körpers ist überhaupt Kohlenstoff. ‹Zuunterst› ist die Psyche überhaupt ‹Welt›.»[26] Wir können sie uns nur erschliessen wie ein Turmspringer, der aus grosser Höhe in ein tiefes Wasserbecken oder Meer hinabtaucht, in immer dunklere Schichten vordringend, bis er das Geheimnis der Ebene der subatomaren Teilchen erreicht.

Wie kommt nach diesem Vorstellungsmodell nun Vorauswissen zustande? Jung selbst ging davon aus, dass zur Präkognition als Vorbedingung ein Abstieg in die tieferen Bewusstseinsschichten bei gleichzeitiger Schärfung der Bewusstheit gehört. Wer Meditations-, Hypnose- oder bestimmte Arten der Drogenerfahrung besitzt, ist mit diesem besonderen Bewusstseinszustand zumindest ein wenig vertraut. In der Meditation stellt er sich ein, wenn Sie das Normalbewusstsein von sich abfallen lassen, sobald Sie sich entspannen, die Augen schliessen und einem Gefühl der Ruhe, Wärme und expandierenden Dunkelheit überantworten. Sie versenken sich in andere Bewusstseinsschichten, streben nach innen und unten, fühlen ganz konkret, wie sie immer tiefer hinabtreiben. Gleichzeitig wird Ihnen Ihr Tun bewusster als es gewöhnlich ist; Sie sind nicht mehr so geschäftig. Die Augen und anderen Sinne verfolgen nicht mehr so angespannt die Umweltreize.[27]

«In diesem Zustand ist die ‹psychoide Schicht› der Psyche für alle möglichen Einflüsse offen . . . Sie ist für alles zugänglich, was in jenem Augenblick gerade im Kontinuum des Selbst präsent ist, ganz gleich ob es sich um Faktoren in der eigenen oder in der Psyche eines anderen Individuums oder gar um Kräfte einer ganz anderen Art handelt, die irgendwo im Universum aktiv sind.» So der Jungsche Psychologe Ira Progoff.[28]

Was aber finden wir auf dieser Reise ins Unbewusste, in das wir uns versenken wie eine Taucherglocke in die Tiefen des Meeres? Dicht über dem Meeresgrund leben leuchtende, vielarmige und vielfarbige Kreaturen, so eigentümlich und ganz anders als alles, was auf der Erdoberfläche existiert. Dies trifft in ähnlicher Weise auch auf die Tiefen des Unbewussten zu. Dort nämlich finden wir die Samen oder Wesenskerne der Bilder, die unserem Leben Gestalt und Inhalt geben. Jung nannte diese Bild-«Kerne» oder Bild-»Samen« *Archetypen.* Da die Archetypen selbst keine Bilder sind, «sind sie nicht inhaltlich, sondern nur *formal* bestimmt . . . Ihre Form ist etwa dem Achsensystem eines Kristalls zu vergleichen, welches die Kristallbildung in der Mutterlauge gewissermassen präformiert, ohne selber stoffliche Existenz zu besitzen».[29] Die Archetypen sind für den Menschen, was für das Tier der Instinkt ist: Grundstrukturen oder Grundformen für Bilder, die über die Jahrtausende evolutionärer Entwicklung in den lebenden Organismus einprogrammiert wurde, während es sich bei den Instinkten um dem Tier einprogrammierte Handlungsweisen handelt.

Jung, seine Mitarbeiter und Schüler trugen aus den verschiedensten Kulturen und Geschichtsepochen eine unglaubliche Menge an Mythen, Legenden und Kunstwerken dokumentarisch zusammen, um somit die Existenz der Archtypen nachzuweisen. Sie konnten daran zeigen, dass es gewisse universale Urbilder gibt, die von Kultur zu Kultur zwar hinsichtlich ihrer Details, ihrer Erscheinung oder ihres Inhalts variieren mögen, im Grunde genommen jedoch dieselbe Form aufweisen, dieselbe Gestalt sind. Dazu gehören Figuren wie etwa der Held, der Alte Weise, die Grosse Mutter, das Selbst, der Sonnengott, der Dämon und Ereignisse wie Geburt, Tod, Initiation und die Heilige Hochzeit.[30]

Allen diesen Bildern ist ein charakteristisches Merkmal gemeinsam:

sie vermitteln starke Emotionen wie Ehrfurcht, Sehnsucht, Staunen, Furcht oder Entsetzen. Sie scheinen demnach die Aufgabe zu haben, Erfahrungen zu strukturieren und benennen (und damit zu entschärfen und bewältigen), die andernfalls allzu gewaltig waren.

Aber wo ist hier nun die Brücke zum Vorauswissen? Der Jungsche Gesichtspunkt legt nahe, dass etwa Folgendes geschieht: ein Ereignis braut sich zuerst auf der subatomaren Ebene zusammen; Protonen, Elektronen, Neutronen und hunderte von anderen Teilchen gruppieren sich zum «kosmischen Reigen» zu einem bestimmten Muster. In der tiefsten Schicht des Unbewussten, der sogenannten psychoiden Schicht des Selbst, sind wir für diese Bewegung empfänglich. Wenn sich dann also die subatomare Bewegung zu den Formen und Mustern bestimmter Archetypen zusammenfügt, beginnt unser Bewusstsein, das seinerseits darauf programmiert ist, Bilder auf archetypischer Grundlage hervorzubringen und zu entdecken, zu der ihm ähnlichen Kräftekonfiguration in Resonanz zu kommen.[31] Die vom Archetyp ausgelösten starken Emotionen warnen ihrerseits das Kontrollzentrum im Bewusstsein davor, dass etwas für unser Wohlbefinden Wichtiges geschehen wird; ein «Boten»-Bild gewinnt Gestalt und steigt im Bewusstsein auf. Durch Traum, Trance oder Vorahnung bekommen wir Nachricht von dem bevorstehenden Ereignis, so als würden wir ein Buch aufschlagen, das wir bereits gelesen haben, und deswegen nach den ersten Zeilen wissen, was sich im weiteren Verlauf zutragen wird. Anders ausgedrückt: die Archetypen stellen Kurzschauspiele dar, bei denen wir den «dritten Akt» voraussehen, sobald wir nur einige typische Charaktere und die Eröffnungsszene identifiziert haben.[32]

Jungs Arbeit ist so aktuell wie eine solche Erklärung, denn Bilder spielen bei allen Arten von Voraussagen nun einmal eine zentrale Rolle. Wenn wir die Zukunft gedanklich bewusst vorwegnehmen wollen, bringen wir alle möglichen Bilder von Verarbeitungsdiagrammen, Szenarien und Zielen zusammen. Wollen wir die Zukunft andererseits über das Unbewusste lesen, scheinen wir offensichtlich eben die Bilder anzapfen zu müssen, die in der Teilchenaktivität auf der subatomaren Ebene verwurzelt sind. Wie dem auch sei, Jungs Überlegungen sind jedenfalls eine sehr anschauliche Darstellung des Voraussageprozesses, in dessen Verlauf eine Ahnung, eine leise Andeutung, ein schwacher Impuls zu einem in sich schlüssigen Bild wachsen, das viele Bedeutungsebenen hat und eine ungeheure Vielfalt von Gefühlen auslöst, vom Lächerlichen zum Erhabenen.

Es ist jedoch nicht unproblematisch, das Phänomen der Präkognition nur mit Hilfe der Archetypen zu erklären. Wird dieses Modell auch einigen Formen des Vorauswissens gerecht, bleibt zum Beispiel, um nur einmal eine Schwierigkeit zu nennen, die Frage der präzisen Einzelheiten dadurch unerklärt. Anders ausgedrückt: die Archetypen-Erklärung deckt alle Fälle ab, wo der strukturelle Aufbau der Zukunft vorausgesagt wird, nicht jedoch die Einzelheiten von Ort und Person. Sie kann ein allgemeines Vorauswissen oder Vorausahnen begründen, nicht jedoch die erstaunlichen Ausnahmefälle, wenn mit der Voraussage auch gleich genau Daten, Zahlen und Gegenstandsbeschreibungen mitgeliefert werden. Aber diese Erklärung ist noch in anderer Hinsicht problematisch. Je mehr Fälle von Vorauswissen man untersucht, desto näher drängt sich der Schluss auf, dass die «gewichtigen» Archetypen als Mittelsmänner zwischen Quelle und Empfänger eigentlich überflüssig sind. Man bekommt das Gefühl, dass die Hauptsache im Wegfallen der Zeitschranke zu suchen ist. Etwas, das unmittelbarer als die Archetypen ist, muss hier den Ausschlag geben.

Vielleicht hat Jung gerade wegen dieser Schwierigkeit die Archetypen-Erklärung des Vorauswissens selbst nicht entschiedener verfolgt und sich stattdessen – im großen und ganzen ergebnislos – mit dem undankbaren Geheimnis der Synchronizität abgemüht.

Im Labyrinth der Synchronizität

Meines Erachtens nähert man sich seinem heiklen Konzept der Synchronizität am einfachsten, wenn man es zuerst an einem Beispiel erläutert und dann eine Brücke zu den normalen Gesetzen der Veränderung und dem normalen Verlauf der Ereignisse schlägt. Dafür eignet sich besonders «der Vorfall mit dem freundlichen Rosenkäfer», auf den sich Jung auch selbst häufig bezog:

> Eine junge Frau hatte an einem kritischen Moment ihrer Behandlung bei mir einen Traum, in dem ihr ein goldener Skarabäus überreicht wurde. Während sie mir diesen Traum erzählte, sass ich mit dem Rücken zum geschlossenen Fenster. Da hörte ich ein Geräusch hinter mir, wie ein sanftes Anklopfen. Ich drehte mich um und sah, wie von aussen ein Insekt gegen die Fensterscheibe anschlug. Ich öffnete das Fenster und fing die Kreatur im Vorüberfliegen in der Luft. Von allem, was man in unseren Breiten dergleichen findet, kam sie dem Skarabäus am nächsten. Es war ein Käfer aus der Familie der *Scarabaeidae,* ein gewöhnlicher Rosenkäfer (Cetonia

aurata), der entgegen aller Gewohnheit wohl das Bedürfnis verspürt hatte, in diesem besonderen Augenblick in ein dunkles Zimmer zu fliegen.[33]

Wenn uns etwas ähnliches passiert, ist dies für uns ein Zufall. Unser Leben – und viele Bücher – sind voll davon. Sie reichen von dem «seltsamen» Tag, an dem wir unabhängig voneinander drei Leute aus der Kleinstadt treffen, in der wir unsere Kindheit verlebten, bis zu so berühmten Übereinstimmungen von Namen und Orten, wie sie bei den Attentaten auf Lincoln und Kennedy in Erscheinung traten. Die Liste dieser «zufälligen» Übereinstimmungen ist ziemlich lang: Lincoln wurde 1847, Kennedy 1947 erstmals in den Kongress gewählt; beide wurden in Anwesenheit ihrer Frauen von hinten in den Kopf geschossen; Lincolns Sekretär riet ihm von dem schicksalhaften Theaterbesuch ab; Kennedys Sekretärin, die zudem Lincoln hiess, sprach sich gegen die Reise nach Dallas aus; Lincoln und Kennedy hatten beide einen Nachfolger aus den Südstaaten namens Johnson; zwischen der Geburt der beiden Johnsons lagen einhundert Jahre.[34]

Als Synchronizität ausgewiesenen Ereignissen sind zwei Charakteristika gemeinsam: sie stellen entweder eine Häufung derselben oder ähnlicher Dinge dar – ein Aspekt, den der österreichische Biologe Paul Kammerer und sein Wiederentdecker Arthur Koestler erforscht haben[35] – oder ein physikalisches Ereignis (der Rosenkäfer, der gegen die Scheibe fliegt), das ein Bewusstseinsereignis (der Traum vom Skarabäus und seine Erzählung) reflektiert. In beiden Fällen können wir nicht erklären, was geschieht – weshalb wir von «Zufall» faseln und schnell zu verständlicheren Themen übergehen.

In einer seiner folgenreichsten Einsichten kam Jung zu dem Schluss, dass wir alle paranormalen Phänomene (einschliesslich des Vorauswissens) als «sinnvolle Zufälle» betrachten dürfen. Danach ist Telepathie ein Phänomen, bei dem dasselbe Bild im Bewusstsein zweier voneinander getrennter Individuen auftaucht, Präkognition nicht viel anderes, nur dass in diesem Fall zwischen «Sender» und «Empfänger» auch noch ein *zeitlicher Abstand* besteht.

Da «Zufall» (selbst «sinnvoller Zufall») als Wort für die Bedeutung dieser Vorstellung nicht tragfähig genug ist, entschied sich Jung, alle daran beteiligten Faktoren unter dem Begriff *Synchronizität* zusammenzufassen. Eine neue Bezeichnung macht alte Probleme jedoch um keinen Deut verständlicher. Was also ist damit gemeint?

Wie jeder andere westliche Wissenschaftler war selbstverständlich auch Jung mit der Idee der *Kausalität* aufgewachsen, von ihr fasziniert, ja gefangen. Was wir jetzt in der Gegenwart sehen, was könnte es anderes sein als ein *Produkt vergangener Ereignisse?* Nach dem Freudschen Modell hat die Sauberkeitserziehung in der Vergangenheit die Persönlichkeit erzeugt, die wir heute in der Gegenwart darstellen. Die klassische Physik lehrt, dass ein Schlag mit dem Hammer eine Kraft erzeugt, die den Nagel ins Brett treibt. Je näher Jung jedoch seine Patienten beobachtete, desto deutlicher glaubte er zu erkennen, dass auch noch andere Faktoren ihr Leben beeinflussen. Zusätzlich zu dem Kausalitätsdruck aus der Vergangenheit übte, *aus der Zukunft kommend,* etwas anderes einen *Sog* aus. Dieser Sog geht von unseren Zielen, Möglichkeiten, von unserer Bewegungsrichtung aus, die für das menschliche Leben sind, was die blühende Pflanze dem Samenkorn ist. Jung sprach in diesem Zusammenhang von einer *teleologischen* Kraft – was ihn als Erklärung aber selbst noch nicht befriedigte.[36]

Bei einer Betrachtung seines und seiner Patienten Schicksale stellte er betroffen fest, wie häufig der sogenannte Zufall bestimmend in unser Leben eingreift. Wir bekommen einen Brief, zufällig ein Buch in die Hand, gehen zu einem bestimmten Zeitpunkt ahnungs- und absichtslos durch eine bestimmte Tür – und schon ist unser Leben total umgekrempelt. Einige dieser Zufallsereignisse scheinen vollkommen sinnlos zu sein, wie etwa der plötzliche Tod von Unschuldigen. Andere passen offenbar zwar in einen intuitiv erfassbaren grösseren Zusammenhang, lassen sich aber trotzdem rational nicht sinnvoll erklären.

Das *I Ging,* das chinesische *Buch der Wandlungen* brachte Jung den Knüpf- und Flechtmeister von Zufällen – die Synchronizität – erst wirklich nahe, liess ihn dieses dritte lebensbestimmende Prinzip besser verstehen. Das I Ging wird fälschlicherweise häufig als eine Art Gesellschaftsspiel angesehen, mit dessen Hilfe «man in die Zukunft schauen kann», wenn man nur ein paar Münzen wirft. In Übereinstimmung mit der pragmatischen chinesischen Volksseele ist das I Ging in Wahrheit aber eines der intelligentesten und ausgeklügelsten Systeme, das jemals zur Zukunftsvoraussage ersonnen wurde, auch wenn es sich nach aussen hin in den Mantel des Mystizismus hüllen mag. Seine sogenannten Hexagramme sind Symbole, die jede nur vorstellbare Art menschlichen Tuns zu einem Set von vierundsechzig Grundsituationen zusammenfassen. Das mag Ihnen wenig vorkommen. Bedenken Sie aber, was jeder Romanschriftsteller weiss: die scheinbare Vielfalt des Lebens ist im Grunde genommen nicht mehr als ein ziemlich einheitlicher und begrenzter Set von Fabeln. Daneben stellt das I Ging die beteiligten Hauptakteure wie die Handlungsstränge vor, die sich gewöhnlich aus der Grundsituation eines bestimmten Hexagramms ergeben.[37] Die Zukunftsvoraussage besteht dann darin, erstens die gegenwärtig herrschende Grundsituation zu identifizieren und zweitens die Handlungsstränge, die daraus normalerweise folgen.

Jung beschrieb in seinem Vorwort zur amerikanischen Ausgabe des I Ging, auf welche Weise er über die Jahre von ihm Gebrauch gemacht und wie er es studiert hatte. Er versuchte darin auch, seine Synchronizität anhand der Weltsicht des Buches der Wandlungen zu erklären, die von einem dialektischen Fluss des Lebens ausgeht.

«Nun basiert ja unsere Wissenschaft auf dem Kausalitätsprinzip, und Kausalität wird als axiomatische Wahrheit angesehen. Doch vollzieht sich ein grosser Wandel in unserem Denken. Was Kants *Kritik der Reinen Vernunft* versäumt hat, wird nun von der modernen Physik nachgeholt. Die Axiome der Kausalität werden in ihren Grundfesten erschüttert: wir wissen jetzt, dass das, was wir Naturgesetze nennen, lediglich statistische Wahrheiten sind, und dass wir daher auch Ausnahmen zulassen müssen. Wir haben uns bisher nicht genügend klar gemacht, dass wir das Labor mit seinen einschneidenden Restriktionen brauchen, um die unveränderliche Gültigkeit des Naturgesetzes zu beweisen. Überliessen wir die Dinge der Natur, bekämen wir ein ganz anderes Bild: in jeden Prozess spielt mehr oder minder der Zufall hinein, und zwar so stark, dass unter natürlichen Bedingungen ein Ablauf der Ereignisse, der den spezifischen Gesetzen absolut entsprechen würde, eher eine Ausnahme bildet.»[38]

Ferner beobachtete Jung: «Die Art und Weise, wie das I Ging die Realität angeht, scheint unsere kausalistischen Methoden nicht zu begünstigen. Der Moment, dem die aktuelle Beobachtung gilt, stellt nach alter chinesischer Sicht mehr das Produkt eines Zufalls dar als das klar zu definierende Ergebnis von zusammenwirkenden Abläufen in einer Kausalkette. Ihre ganze Aufmerksamkeit scheint der Konfiguration zu gelten, wie sie im Augenblick der Beobachtung aus Zufallsereignissen gebildet wird – keineswegs den hypothetischen Gründen, die für diese Koinzidenz verantwortlich sein könnten.»[39]

Jung erklärt schliesslich, dass die Synchronizität eben jenen Wandlungsbegriff ausmacht, der das Herzstück des I Ging ist. Diese Sichtweise ist aber «ein Begriff, der eine dem Kausalitätsdenken diametral entgegengesetzte Anschauung wiedergibt. Da Kausalität nur eine statistische und keine absolute Wahrheit enthält, ist sie eine Art Arbeitshypothese für den Vorgang, wie sich ein Ereignis aus dem anderen entwickelt; während Synchronizität die Koinzidenz von Ereignissen in Raum und Zeit als etwas hinstellt, das mehr bedeutet als nur reinen Zufall, nämlich eine eigenartige Verkettung objektiver Ereignisse oder auch deren Verknüpfung mit den subjektiven (psychischen) Zuständen des Beobachters oder der Beobachter.»[40]

Hier scheinen wir endlich an dem Punkt angelangt, an dem wir versuchen müssten, die Bedeutung der Synchronizität noch dadurch näher zu begreifen, dass wir uns mit ihren konkreten Dynamiken, Strukturen und elementaren Bestandteilen auseinandersetzen, also mit all jenen Dingen, die sie erst tragfähig und lebensnah machen würde. – Weit gefehlt. Dies geschah bisher nicht. Zwar haben Jung und andere über dieses Thema noch viele Seiten gefüllt, damit aber nicht mehr geleistet, als die oben wiedergegebene prinzipielle Darstellung mit leeren Worten unnötig aufzublähen.

Es ist schon frustrierend, aber ich kann auch nur festhalten, dass die Mutmassungen der Psychologie mit der Synchronizitätsidee dieselbe Barriere erreicht hatten wie vor ihnen schon die der Physiker: das Problem von Beobachter und beobachtetem Objekt. Trotz aller suggestiven Beschwörungen sind sie für das Rätsel des Vorauswissens bestenfalls ein weiteres Mosaiksteinchen, das uns der Lösung näher bringen mag. Einstein, Heisenberg und nun auch Jung – sie alle liefen sich schliesslich im alten Engpass der Frage von Geist und Bewusstsein fest.

Was ist Bewusstsein? Und was nicht? Und wie – sollte es denn tatsächlich *zwei* geben – interagieren die beiden miteinander? Dies ist das Schlüsselproblem, das eine spätere Generation von Physikern, Psychologen und Wissenschaftlern vieler anderer Disziplinen zu lösen versuchte.

KAPITEL 12

Die neue Psychophysik

Wir kommen jetzt allmählich zum Kern des Problems. Als ich mich mit diesen Fragen auseinandersetzte, wurde mir zunehmend klar, dass weder die Physik noch die Psychologie oder irgendeine andere Einzelwissenschaft allein die endgültige Erklärung für Präkognition oder Vorauswissen liefern würde oder könnte. Auch im Konzert können Einzelwissenschaften dies nicht leisten, solange sie in den Vorarbeiten steckenbleiben, auf die ich etwas näher eingehe, um einem substantielleren Fortschritt den Weg zu ebnen. Kurz gesagt: die Antwort kann nur als Beiprodukt einer neu ansetzenden Suche nach der Lösung eines sehr alten Problems abfallen.

Das Körper-Geist-Problem nimmt in der Entwicklungsgeschichte des menschlichen Bewusstseins eine Sonderstellung ein. Seit Jahrhunderten schon gehört es zu den kleinen Grausamkeiten, mit denen boshafte Lehrer ihren Schülern vor den *Rites de Passage* der Hochschulreife das Leben sauer machen. Für kurze Zeit ist es sogar gefürchtet. Man mag es nicht, macht sich lieber darüber lustig; man kommt mit der Sache einfach nicht klar. Manchmal muss man vielleicht für einen kurzen Augenblick darüber staunen. Aber mit zunehmender Spezialisierung des Studiums entschwindet es dem Blick, bis man es nach der «blutigen Teufelsaustreibung» des Staatsexamens schliesslich für den Rest seines Lebens vergisst. Angekündigt hat es sich gewöhnlich mit dem Fanfarengetöse einer Reihe von berühmten Namen: Descartes, Hobbes, Berkeley, Leibniz. Aber ich will darauf verzichten, hier die übliche Litanei nachzubeten. Ich will hier nur festhalten, wie es jeden von uns unausweichlich an einem Punkt in unserem Leben plötzlich und unerwartet existenziell nahegehen muss.

Hier sind wir also, tun, was wir tun müssen, der tiefen Trennung grösstenteils unbewusst, die zwischen dem besteht, was wir sind, und jenem anderen, was wir sehen, hören, schmecken und fühlen. Alles scheint irgendwie zusammenzugehören – wie die fliessenden Übergänge von Farben und Formen auf einem Bild oder Film. Dann passiert etwas Unerwartetes. Wir verlieren einen Menschen, der uns nahesteht. Oder wir schreiben etwas und müssen hinterher feststellen, wieviel klüger «es» doch ist als wir selbst. Oder wir stossen auf Ablehnung, sind deswegen gezwungen, uns so zu sehen, wie wir alle manchmal sind: sonderbare, fremdartige Verstandesbestien, ganz anders als alle anderen und unseren sogenannten Mitmenschen schrecklich entfremdet und fern. Für einen kurzen Augenblick sind wir uns in aller Schärfe des fundamentalen Widerspruchs bewusst. Wir sind *nicht* einfach ein Teil des Gesamtbildes. Wir sind davon getrennt, abgeschnitten. Und die Kluft zwischen «uns» und «den anderen» ist alarmierend, wenn nicht gar verheerend – so entsetzlich breit, tief und unüberbrückbar. Dann jedoch ist der Augenblick so plötzlich vorüber wie er gekommen war. Wir sind trotz allem noch ein Teil des Bildes. – Sollten wir allerdings zu jener Sorte Mensch gehören, die über solche Vorfälle weiter nachgrübeln müssen, werden wir von nun an in dem Wissen weiterleben, dass irgendetwas Grundsätzliches nicht ganz stimmt.[2]

Auf der einen Seite ist da dieses Etwas, das keine uns bekannte Substanz besitzt, nicht sichtbar, fühlbar, riechbar, wiegbar ist, diese ganz und gar unsichtbare aber offensichtlich ungeheuer machtvolle Instanz: Bewusstheit, Bewusstsein, Geist. Auf der anderen Seite steht jenes andere Ding, dessen Substanz uns wohlbekannt, das sichtbar, fühlbar, riechbar, wiegbar ist, diese ganz und gar anschauliche und ebenso machtvolle Wesenheit, die wir «unseren Körper» nennen, allen Menschenkörpern ähnlich, welche ihrerseits mit den übrigen körperlichen Erscheinungen unserer Erde gemeinsam haben, dass man sie ansehen, anfassen, zerdrücken, zärtlich streicheln kann und so weiter.

Fragt sich jetzt nur, wie die beiden miteinander verbunden sind. Wie bringt das Sichtbare das Unsichtbare hervor? Oder umgekehrt: wie das Unsichtbare das Sichtbare? Wie überspringt der Körper die Kluft zum Geist? Oder umgekehrt: wie der Geist den Abgrund, der ihn vom Körper trennt?

Um diesen Widerspruch aufzuheben, ist vielfach behauptet worden, dass alles Vorhandene Körper (Materie) ist – dass der Geist nur eine Illusion darstellt, eine Begleiterscheinung des Körperlichen. So jedenfalls lautet der materialistische Standpunkt, der die gesamte westliche Wissenschaft beherrscht hat. Aber es ist auch das Gegenteil behauptet worden, nämlich dass alles Vorhandene im Grund Bewusstsein oder Geist ist, dass Körper und Materie *Maya* sind: Einbildungen, Fiktionen, ein Produkt des Geistes. Dies ist der geistige Monismus, der die gesamte östliche Metaphysik beherrschend durchzieht. Zusätzlich zu diesen beiden Sichtweisen gibt es noch eine dritte, unter anderem vertreten durch William James und Bertrand Russell. Sie geht davon aus, dass Körper und Geist verschiedene Aspekte ein und desselben Dinges sind und zwischen ihnen demnach keine Kluft besteht. Diese dritte Position scheint der beherrschende Standpunkt einer vielschichtigen geistigen Strömung zu sein, die ich unter dem Begriff «neue Psychophysik» zusammenfassen möchte.

Alte und neue Psychophysik

Historisch gesehen ist die Psychophysik ein Bastard. Sie entstand im frühen neunzehnten Jahrhundert aus einer Mischung der Interessen von Physik und Psychologie und aus jenen funkensprühenden Laborspielereien, die unter anderem Wunder wie Benjamin Franklins Entdeckungen zur Elektrizität hervorgebracht hatten. Die neue, etwas kuriose Bewegung bezog einen Grossteil ihrer Motivation aus dem Glauben, dass sie jenes berühmt-berüchtigte Körper-Geist-Problem, das die Philosophie in Atem hielt, ein für alle Mal würde lösen können. Gustav Fechner war ihr Vordenker während der Gründerjahre. Seine Arbeit war ein wichtiger Denkanstoss für Wilhelm Wundt, den Vater der experimentellen und der Sozialpsychologie.[3]

Die frühen Psychophysiker zeigten mit vielen einfallsreichen Methoden, wie die Vorgänge im «äusseren» Bereich von Körper und Materie im inneren Reich des Bewusstseins die Wahrnehmungen erzeugen: Töne, sichtbare Erscheinungen, verschiedene Zeiten und Gewichte. Bei Experimenten mit dem Tastsinn zum Beispiel verdeckten sie ihren Versuchspersonen mit einer Binde die Augen und legten ihnen verschieden schwere Gegenstände in die Hand. Dann minimalisierten sie den Gewichtsunterschied zwischen den einzelnen Gegenständen, bis die Testperson nicht mehr sagen konnte, welcher schwerer oder leichter war. Auf diese Weise stellten sie fest, welche Gewichtsabweichung den «gerade noch spürbaren Unterschied» ausmachte. Der Vergleich einer grossen Vielzahl solcher Experimente führte zur Erkenntnis einer gewissen Gesetzmässigkeit; die Wahrnehmung der Unterschiede richtete sich nach gewissen «Schwellenwerten». Anders ausgedrückt: Damit wir überhaupt eine Veränderung in unserer Umwelt bemerken können, die von Augen, Ohren oder – wie in unserem Fall – dem Tastsinn registriert wird, muss die Zunahme an Licht, Schall oder Gewicht einen gewissen Minimalreiz überschreiten. Aus vielen derartigen Experimenten war zu ersehen, dass sich die Beziehungen zwischen Körper, Materie und Bewusstsein auf bestimmte mathematische Gesetze reduzieren lassen.[4]

Für eine gewisse Zeit begrüsste man diese genaue, aber eher langweilige Arbeit als einen ersten Ansatz zur endgültigen Lösung der Bewusstseinsfrage. Im Laufe der weiteren Untersuchung wurde jedoch immer offensichtlicher, dass dieser strenge und mühselige Ansatz nur auf einen unendlich kleinen Ausschnitt der menschlichen Erfahrung anwendbar ist. Physik und Psychologie beschritten andere Wege, mit dem Ergebnis, das die «alte» Psychophysik im heutigen Lehrplan des Psychologiestudiums nur noch *en passant* erwähnt und danach schnell vergessen wird.

Den Anfang der «neuen» Psychophysik könnte man verschieden datieren. Meiner Meinung nach dürfen diese Ehre gleich drei Ereignisse für sich beanspruchen: die Gründung der britischen Gesellschaft für Parapsychologie, der viele Philosophen und Physiker beitraten;[5] die Gründung ihrer amerikanischen Schwestergesellschaft durch William James;[6] und die Schriften von Henry Adams, ein mit James befreundeter, recht eigenwilliger Historiker.[7] Adams war als erster bedeutender amerikanischer Wissenschaftler von derselben Frage besessen, die auch das Hauptanliegen dieses Buches ist: was hat es mit der Prognosefähigkeit des Bewusstseins auf sich? Was ist der «zukunftsschauende Geist»? Und wie funktioniert er? Ursprünglich Journalist, hatte Adams sich auf vielen Wissensgebieten im Selbststudium weitergebildet. Er war zwar ein etwas spleeniger, aber ansonsten messerscharfer Geist und nicht wenig stolz darauf, dass er die Schranken wissenschaftlicher Vorurteile durchbrochen und sich in unbekannte, wenn nicht gar verbotene Zonen vorgewagt hatte. Er machte es sich zur persönlichen Aufgabe, das Grundmuster im grossen, schillernden Teppich des Natur- und Menschengeschehens zu entdecken, die zusammen unsere Geschichte ausmachen –, und er widmete sich ihr mit Leidenschaft.

Eine der Antworten, die er bei seiner Suche fand, zielt auf den später von der Psychologie eingeschlagenen Weg: die Untersuchung von Bildern, hauptsächlich von Bilderzeugung und Bildermittlung. Für den Dichter und Psychologen in Adams liess sich ein grosser Teil der Menschheitsgeschichte verstehen, wenn man nur zwei Bilder versteht. Dann könne man auch ihren weiteren Verlauf voraussagen. Diese beiden Bilder waren: die Jungfrau und der Dynamo. Die Jungfrau steht in diesem Fall symbolisch für die traditionelle religiöse Ordnung, die für die westliche Kultur bis in das Mittelalter hinein die allesverbindende Klammer war; der Dynamo dagegen versinnbildlicht das Menschenwerk von Wissenschaft und Technik, die beide am Ausgang des Mittelalters entstanden und die traditionelle Ordnung zerbrachen – wodurch sie einerseits einer bisher ungeahnten individuellen Freiheit den Weg ebneten, andererseits aber das zunehmende Chaos der Neuzeit heraufbeschworen.[8]

Adams ahnte auch ganz richtig den anderen für die gesuchte Antwort relevanten Bereich heraus, und zwar in einem Wissensgebiet, für dessen Verständnis er keinerlei Voraussetzungen mitbrachte: die Anfänge der modernen Physik in den Arbeiten des schottischen Physikers James Clerk Maxwell. Aus diesen beiden Inspirationsquellen schöpfend sah Adams die Entstehung einer neuen Mischform der intellektuellen Bemühung voraus, die endlich die Gesetze sozialer Veränderungen – und damit die Zukunft – erfolgreich offenbaren würde. Wie zum Beweis ihrer ungeheuren Möglichkeiten sagte er noch im neunzehnten Jahrhundert voraus, dass die Rivalität zwischen den Supermächten Sowjetunion und Vereinigte Staaten das zwanzigste Jahrhundert prägen würde. Am Anfang unseres Jahrhunderts prophezeite er dann die Entwicklung der Atombombe, die vierzig Jahre später erfolgte.[9]

«Immer und überall erschafft der Geist sein eigenes Universum und jagt seinen eigenen Wahngebilden nach. Die eigentliche Kraft dabei ist jedoch die Wirklichkeit hinter dem Bild – die Anziehungskräfte okkulter Mächte», schrieb Adams in seiner visionären Vorwegnahme der Möglichkeiten dieser neuen Psychophysik. «Sollte man diesen Anziehungskräften eine Wertigkeit geben können, schrumpft die Geschichtstheorie zu einer physikalischen Formel zusammen, die nicht komplizierter ist als etwa die Formeln von Willard Gibbs und Clerk Maxwell. Aber es ist nicht Aufgabe des Historikers, sondern die des Physikers, diese Formel zu erstellen und die entsprechenden Werte einzusetzen. Stimmt dann eine Wertegruppe nicht mit den Tatsachen überein, muss er eine andere versuchen, für seine Variablen neue Werte einsetzen und die Resultate überprüfen; die Variablen können daran kaum Schaden nehmen.»[10]

Über den ganzen Globus verteilt haben grundverschiedene Forscher aus einer Vielzahl von wissenschaftlichen Disziplinen langsam einen Weg ertastet und das Fundament für den neuen Ansatz, das neue Wissensgebiet gelegt. Hauptkristallisationspunkte dafür waren, erstens: Versuche, die Kräfte von Physik und Psychologie zu einer schlagkräftigen Einheit zu verschmelzen; zweitens: Wachstum und Verbreitung der Parapsychologie; drittens: die explosionsartige Zunahme von Initiativen, die westliche und östliche Ansätze mischen, wie auch das steigende Interesse an Metaphysik und Zuständen veränderten Bewusstseins; und schliesslich viertens: die Fortschritte in Biologie und Neurologie zu einem besseren Verständnis des menschlichen Gehirns (ein Punkt, auf den wir in unserem Buch wiederholt eingegangen sind).

Der wohl bekannteste Versuch, Psychologie und Physik zu mischen, geht auf die Gestalt-Denker zurück, insbesondere auf Wolfgang Köhler und Kurt Lewin. Lewins Feldtheorie strotzt nur so vor physikalischen Begriffen. Ausserdem brachte die mathematische Basis der Physik Lewin auf die Idee, sich an der Schaffung einer neuen Mathematik speziell für die Psychologie zu versuchen.[11] Zwar blieb der Lewinsche Ansatz an genau dem Punkt stecken, an dem die gesamte westliche Psychologie traditionell nicht weiter weiss, doch versuchten die Gestaltpsychologen wiederholt, tiefer, zum Energiestrom und seinen strukturellen Dynamiken selbst vorzustossen.[12] Dasselbe Anliegen trieb den radikalen Psychoanalytiker Wilhelm Reich ganz dicht an grosse Entdeckungen, aber auch über ihren Rand hinaus in den Wahnsinn.[13] Freud und Einstein erkannten ihre Grösse immerhin soweit, dass sie miteinander korrespondierten, nicht jedoch über solche Fragen.[14] Jung und Einstein gingen eine zeitlang in Zürich in gewisser Regelmässigkeit miteinander essen, aber Jung äusserte sich danach fast abfällig über Einstein, den er als angeblich «zu analytischen Geist» bezeichnete.[15]

Das grosse symbolische gemeinsame Projekt von Psychologie und

Physik aber war die versuchte Zusammenarbeit von C. G. Jung und Wolfgang Pauli zum Thema Sychronizität. Von dieser Zusammenarbeit hatte man sich viel erwartet, besonders weil Pauli, wie Koestler bemerkt, «der Mephisto unter den Hexenmeistern von Kopenhagen war», und wie Jung daran glaubte, dass in der Natur akausale und nichtphysikalische Faktoren mitspielen. Das Resultat war eine einzige Enttäuschung. «Es erinnerte an den sprichwörtlichen Berg, der kreisste und eine Maus gebar», stellte Koestler ernüchtert fest.[16] Allerdings brachten diese frühen Versuche spätere Ansätze zu interdisziplinärem Vorgehen ins Rollen; in der Psychologie von Lawrence LeShan, Stanley Krippner, Charles Tart, Kenneth Pelletier und Karl Pribram; in der Physik von Eugene Wigner, David Bohm, Hans Morgenau, Fritjof Capra, Harold Putthoff, Russell Targ und Evan Harris Walker.[17]

Die Parapsychologie lief selbst von Anfang an mit mächtigen Schritten auf eine neue Psychophysik hinaus, auch wenn sie selbst für die akademische Forschung nur als nebensächliche Randerscheinung existierte. Nicht nur James, Freud und Jung und später der bedeutende Psychologe Gardner Murphy zeigten Interesse an ihr, auch viele Physiker lieferten Beiträge, besonders auf den britischen Inseln. Upton Sinclairs Pionierwerk, das unter dem Titel *Radar der Psyche* erschien, wurde durch ein Vorwort von Albert Einstein geehrt, und das war mehr als nur eine symbolische Geste. Einstein schrieb darin: «Das Buch verdient ernstgenommen zu werden, nicht nur allgemein vom interessierten Leser sondern auch vom berufsmässigen Psychologen ... Keinesfalls sollten psychologisch interessierte Kreise dieses Buch jedoch achtlos übergehen.»[19] Solche ermutigenden Aufforderungen gaben nicht nur LeShan, Krippner und Tart wertvolle Denkanstösse, sie inspirierten darüber hinaus auch die späteren Arbeiten von Eileen Garrett, Gertrude Schmeidler, Douglas Dean, Montagu Ullman, Viktor Injuschin, Viktor Adamenko und anderen, zum Beispiel die Studiengruppe an der *University of California* in Los Angeles, zu der Thelma Moss, Barry Taff, Steven Greenebaum und Kerry Gaynor gehörten, und deren Arbeit ich eine zeitlang überwachte.[20]

Das charakteristischste Beispiel der metaphysischen Richtung ist wohl der Schriftsteller Aldous Huxley[21], wie überhaupt das steigende Interesse an östlicher Philosophie und Psychologie, sowie die Experimente mit Meditation und Zuständen veränderten Bewusstseins, die wir mit Namen wie Humphrey Osmond, Alan Watts und vielen anderen verbinden. Arthur Koestler war für die neue Psychophysik der wichtigste Autor, der sie beobachtend begleitete und die Entwicklung förderte; auch Huxley, Sinclair und J. B. Priestly leisteten dazu wertvolle Beiträge. Zu den weiteren Kräften zählen die experimentellen und geistigen Pionierleistungen in der Biologie von Sir John Eccles und Lyall Watson, sowie das einmalige Gespann von Karl Pribram in der Neuropsychologie und David Bohm in der Physik und Philosophie; mit ihren Arbeiten wollen wir uns im nächsten Kapitel beschäftigen.

Vorauswissen und die Grundsätze der neuen Psychophysik

Nur wenige von den Vertretern der neuen Psychophysik haben sich mit den Problemen des Vorauswissens auseinandergesetzt. Untersucht man ihre Arbeiten näher, schälen sich allerdings einige Grundsätze heraus, über die ein gewisser Konsens besteht; diese können uns den Schlüssel zur Antwort liefern. Ich habe für Sie in Anhang B zwölf Grundsätze der neuen Psychophysik zusammengestellt. Darin, wie schon in den Anmerkungen zu diesem und zum nächsten Kapitel, sind einige meiner Ausführungen näher erläutert, mit denen ich hier die manchmal leidenschaftlich vertretene Meinungsvielfalt dieses neuen Wissensgebietes darstellen wollte. Zugleich ist zu betonen, dass nichts den Fortschritt auf diesem Gebiet mehr aufhält als die Flucht in die Scheinsicherheit des behaglichen alten Weltbildes, mit der sich gute Köpfe, die viel zur notwendigen Weiterentwicklung beisteuern könnten, der von dieser Vielfalt von Ansichten ausgelösten Konfusion entziehen. Wenn Ihnen diese Grundsätze also übermässig vereinfacht vorkommen, bedenken Sie bitte, dass ich sie notgedrungen so frisch und frei formuliert habe: sie sollen nämlich helfen, mit der Verwirrung aufzuräumen.

Der «erste Grundsatz» der neuen Psychophysik ist meines Erachtens, dass alles im Universum auf eine Energie zurückgeführt werden kann, die zwei uns bekannte Formen annimmt: Geist und Materie. Im alten China hiess sie *Chi,* in der Terminologie des Yoga *Prana.* In unseren Kulturbereich legte Albert Einstein sie auch zur Zufriedenheit der westlichen Wissenschaft dar. Er formulierte in seiner berühmten Gleichung $E=mc^2$ den Zusammenhang: alles ist auf Energie reduzierbar; Materie ist nichts weiter als verdichtete oder geronnene Energie. So manifestiert sich diese Energie zum Beispiel in Form unseres Gehirns, wenn sie gemäss dem Bauplan des genetischen Codes gerinnt, der einen Menschen hervorbringt.

Der zweckmässige «zweite Grundsatz» der neuen Psychophysik

lautet in etwa so: hinter ihrer scheinbaren Verschiedenheit und Vielfalt sind alle Phänomene des Universums durch den Fluss und das Wechselspiel des *Chi* oder *Prana* – dem Einsteinschen *E* also – miteinander verbunden. Fritjof Capra schildert diesen Zusammenhang in seinem *Tao der Physik* mit eindrucksvollen Worten:

> Die Erforschung der subatomaren Welt im zwanzigsten Jahrhundert hat die innerlich dynamische Natur der Materie enthüllt. Sie zeigt, dass die Bestandteile der Atome, die subatomaren Teilchen, dynamische Strukturen sind, die nicht als isolierte Einheiten existieren, sondern als integrierte Teile eines unaufhörlichen Netzwerkes von Wechselbeziehungen. Diese Wechselwirkungen stellen einen unaufhörlichen Fluss von Energie dar, die sich als Austausch von Teilchen manifestiert; ein dynamisches Zusammenspiel, in dem Partikel in einer ständigen Variation von Energiestrukturen ohne Ende erzeugt und vernichtet werden. Die Teilchen-Wechselwirkungen lassen die stabilen Strukturen entstehen, die die materielle Welt aufbauen, die wiederum nicht in Ruhe bleiben, sondern in rhythmischen Bewegungen oszillieren. Das ganze Universum befindet sich somit in endloser Bewegung und Aktivität, in einem ständigen kosmischen Tanz von Energie.[22]

Doch ist unsere Wahrnehmungsfähigkeit gewöhnlich nicht auf diesen kosmischen Tanz ausgerichtet. Vielmehr bedient sich unser gewöhnliches Wahrnehmen und Denken einer Trennung und Aufgliederung dieses Einsseins. Wir sehen den Deckenschmuck, den festen Untergrund, die einzelnen Tänzer – gute, schlechte mittelmässige. Mit unserem Bewusstsein ist der Geist also mit mindestens zwei grundverschiedenen und getrennten Wirklichkeiten konfrontiert, deren Teil er gleichzeitig ist. Kant sah diese Trennlinie zwischen der Welt der Phänomene (darunter fällt alles Substanzhafte, was Form angenommen hat oder als Ereignis in Erscheinung tritt, das wir hören, sehen, schmecken, fühlen können) und der darunter verborgenen Welt der Noumena.[23] Für die neue Psychophysik sind diese Noumena jedoch zunehmend erkennbar. Die Biologie mit Hilfe des Elektronenmikroskops und die Physik durch die Blasenkammernphotographie sondieren den einen, die Mystik durch die Kraft von Trance und Meditation der rechten und die Philosophie mit der Verstandesleistung der linken Hirnhälfte andere Bereiche ihrer Tiefen. Der eigentliche Schrittmacher der Entwicklung auf diesem Gebiet ist die Überzeugung, dass das *Noumen erkannt werden kann* – ein Glaube, welcher im übrigen der

Oberflächlichkeit der Modernität nicht weniger trotzt als antiquierten Tabus.[24]

Lawrence LeShan beschrieb die Aufteilung in Phänomene einerseits und Noumena andererseits als den Unterschied zwischen *sinnlich wahrnehmbarer* und *hellseherisch erfahrbarer* Wirklichkeit und ging auf die Konsequenzen ein, die dieser Bruch auf die Frage der Wirkungsweise des zukunftsschauenden Geistes ausübt. In der sinnlich wahrnehmbaren Wirklichkeit «ist die Zeit in Vergangenheit, Gegenwart und Zukunft aufgeteilt und fliesst unumkehrbar in eine Richtung: sie kommt aus der Zukunft auf uns zu, geht durch das Jetzt in die Vergangenheit über. Für diese Art von Zeit folgt ein Ding auf das andere». In der hellseherisch erfahrbaren Wirklichkeit hingegen «ist die Zeit nicht in Vergangenheit, Gegenwart und Zukunft zerhackt; solche Aufteilungen sind dort Illusion. Zwar gibt es durchaus noch Handlungs- und Ereignisketten, doch geschehen diese nun im ‹ewigen Jetzt›. Für diese Art von Zeit geschieht alles auf einmal».[25] Entsprechend dieser Aufteilung kann in der sinnlich wahrnehmbaren Wirklichkeit «die Zeit den Energie- und Informationsaustausch zwischen zwei individuellen Objekten verhindern. Ein solcher Austausch funktioniert jeweils nur in der Gegenwart, nicht jedoch von der Gegenwart in Richtung Vergangenheit oder Zukunft». Für die hellseherisch erfahrbare Wirklichkeit gilt dies nicht. Dort «kann die Zeit den Energie- und Informationsaustausch zwischen zwei individuellen Objekten nicht verhindern, ganz einfach weil ‹Vergangenheit›, ‹Gegenwart› und ‹Zukunft› Fiktionen, weil alles im ‹ewigen Jetzt› geschieht».[26]

Die nächste wichtige Frage lautet nun: wie können wir von der einen zur anderen Art von Wirklichkeit springen? Wo ist der Eingang? Und was unser Medium? Dieser Frage geht ein weiterer Grundsatz der neuen Psychophysik nach. Er sagt, dass die Brücke, Pforte oder Durchfahrt zwischen den beiden Wirklichkeiten im Unbewussten zu suchen ist. Seine subjektive Tatsächlichkeit ist bereits erwiesen, nämlich einmal durch die von C. G. Jung über sein ganzes Leben gesammelten Beobachtungen und zweitens durch die Erfahrung zahlloser Meditierender und Versuchspersonen, die an Experimenten mit Zuständen veränderten Bewusstseins teilgenommen haben. Die damit verbundenen Vorgänge werden häufig als «absichtsloses Gleiten» beschrieben, das von der dröhnenden, polternden Welt der Wirklichkeit der Sinne weg- und zu einer tiefen Ruhe hinführt, welche dunkel und doch zugleich von Licht erfüllt ist.[27] Ausserdem haben Experimente mit getrennten Hirnhälften und andere Forschungsarbeiten gezeigt, dass das Unbewusste wie auch die Zustände veränderten Bewusstseins auf besondere Weise mit der rechten Hirnhälfte verbunden sind.[28]

Ein anderer wichtiger Grundsatz besagt, dass in den «getrennten Wirklichkeiten» jeweils andere Arten von Raum und Zeit gelten. Ich habe bereits LeShan bezüglich des Unterschieds in der Zeit zitiert. Was er zum Unterschied im Raumerleben zu sagen hat, ist nicht weniger gehaltvoll. In unserer sinnlich wahrnehmbaren Welt «kann Raum den Energie- und Informationsaustausch zwischen zwei individuellen Objekten verhindern, es sei denn, es gibt ein Medium, einen *Zwischenträger,* der die Energie oder Information von einem zum anderen leitet».[29] In der hellseherisch erfahrbaren Wirklichkeit hingegen «kann Raum den Energie- oder Informationsaustausch zwischen zwei individuellen Objekten nicht verhindern, da ihre Trennung und Individualität nur sekundäre Eigenschaften ihrer Einheit und Verbundenheit darstellen».[30]

Vor diesem Hintergrund kommen wir nun der schwer greifbaren Lösung des Rätsels des Vorauswissens etwas näher. Der Grundsatz der neuen Psychophysik, der für unsere Zwecke den Schlüssel liefert, besagt, dass die Substanz beider Wirklichkeiten aus der *Strukturierung der Energie zu einem Muster* hervorgeht, unabhängig davon, ob wir sie als Bewusstsein oder als Materie ansehen. Dieser Idee mag auf den ersten Blick nichts Besonderes oder Wichtiges anhaften. Sie wird erst bedeutungsvoll, wenn wir sie in ihrem historischen Zusammenhang betrachten. In Kapitel 10 haben wir gelernt, dass die Quantenphysik sich zu Beginn in der Hauptsache mit unstrukturierter, musterfreier Energie befasste, mit der Entdeckung neuer Teilchen, etwa den Neutrinos für die «die Erde bloss ein dummer Ball ist», durch den sie hindurchziehen wie «Putzmägde durch zügig öde Hallen», oder den Quarks, die ihre Bezeichnung dem Roman *Finnegans Wake* (Seite 383) von James Joyce verdanken. Wir haben an gleicher Stelle erfahren, dass die frühe Quantenphysik die willkürliche und unvorhersagbare Art der Teilchenaktivität hervorgehoben hat. Wie wir bereits sahen, befasste sich die moderne Psychologie bei ihrem Bemühen um ein Verständnis der Bilder, die Denken, Wahrnehmen, Träumen und Handeln zugrunde liegen, demgegenüber von Anfang an nicht nur mit Teilaspekten und «Teilchen», sondern eben auch mit Mustern und Strukturen, blieb dabei allerdings für einige Zeit erfolglos. Vielfach rannten die Exponenten dieser Richtung der Psychologie gegen Mauern an, oder in einen

Irrgarten, und zwar schon allein deshalb, weil die formale Psychologie sich auf die Welt der Oberflächenerscheinungen beschränkte, auf die phänomenale oder sinnlich wahrnehmbare Realitätsebene.

Als erstes durchbrachen die Physiker erfolgreich diese Schranken, danach in etwas langsamerer Entwicklung die Psychologie, insofern sie von der modernen Psychophysik herkam. Die Wende war, dass das Hauptaugenmerk nun nicht mehr irgendwelchen in sich geschlossenen Energieeinheiten – eben den Teilchen – galt, sondern sich stattdessen auf die gleichwie geformten Muster und Strukturen des Energieflusses erstreckte. Fritjof Capra hat auch diese Änderung des Blickwinkels besonders anschaulich beschrieben: «Das Quantenfeld wird als fundamentale physikalische Einheit betrachtet, ein kontinuierliches Medium, das überall im Raum vorhanden ist. Teilchen sind lediglich eine örtliche Verdichtung des Feldes, eine Konzentration von Energie, die kommt und geht und dabei ihren individuellen Charakter verliert und sich im zugrunde liegenden Feld auflöst.»[31]

Capra sagt ferner, dass das System der Quantenzahlen dazu dient, «die Teilchen in Familien einzuordnen, die klare symmetrische Strukturen bilden».[32] Er vergleicht auch die S-Matrix-Theorie der Physik, welche die nach einer Kollision zerstreuten Teilchen aufspürt, mit den Hexagrammen des *I Ging:* «Wegen seiner Vorstellung von dynamischen Strukturen, die durch Wandel und Umbildung erzeugt werden, ist das *I Ging* vielleicht die beste Analogie der östlichen Gedankenwelt zur S-Matrix-Theorie. In beiden Systemen liegt die Betonung mehr auf Prozessen als auf Objekten. In der S-Matrix-Theorie sind diese Prozesse Teilchenreaktionen, die alle Phänomene der Hadronen entstehen lassen. Im *I Ging* heissen die Grundprozesse «Wandlungen».[33] Wir kommen also zu der für die Voraussagefähigkeit eigentlich zentralen Frage von Struktur und Strukturdeutung. Sie ist das Kernproblem, ganz gleich ob das vorauszusagende Ereignis in der phänomenalen, in der darunter liegenden noumenalen oder gar in der Welt einer sogenannten «Überseele» liegt, oder ob es der bewusste Geist ist, der sie löst, der unbewusste oder der überbewusste. Strukturen und ihre Deutung sind weiter keine Schwierigkeit, solange sie zur Ebene der Alltagserfahrung gehören, zur normalen Oberflächenwelt der Erscheinungen. Alles, was auf dieser Ebene existiert oder geschieht, hat Anfang, Mitte und Ende – Vergangenheit, Gegenwart und Zukunft. Deshalb werden wir für ein Ereignis, das in einer uns bekannten Vergangenheit verwurzelt ist und in der vertrauten Gegenwart weiterläuft auch das wahrscheinliche Ende voraussagen können. Aber wie sollen wir Strukturen deuten, die keine Vergangenheit, Gegenwart und Zukunft haben, sondern stattdessen in allen ihren Verzweigungen auf einmal geschehen?

Eine Teilantwort mag in den neurologischen Untersuchungen von Karl Pribram, Sir John Eccles und anderen gegeben sein, die allesamt herausarbeiten, wie sich im Gehirn Bilder holographisch um die Synapsen jeder Nervenverbindung formen.[34] Diese Existenzschicht liegt ein gutes Stück tiefer als die Ebene des Normalbewusstseins und ist nur wenige Schritte von der unendlich winzigen Welt der subatomaren Teilchen entfernt. Könnte sie vielleicht der Treffpunkt sein zwischen Botschaft (übermittelt durch die Strukturierung der Teilchenaktivität) einerseits und den Empfangs- und Interpretationszentren (die Nervenknoten und -zentren im Gehirn) andererseits?

Eine andere Teilantwort mag sich aus damit zusammenhängenden Arbeiten ergeben, die die Lösung eines der diffizilsten Probleme der Verkettung von Körperlichem und Geistigem anstreben. Wer immer sich mit Präkognition oder anderen Fragen des Bewusstseins befasst, wird in seinem Fortschritt automatisch von einem besonderen und scheinbar unüberwindlichen Abgrund gehindert, ganz gleich von welcher Wissenschaft er die Sache anpackt. Das Problem ist nicht, zu erklären, wie Materie Bewusstsein und umgekehrt Bewusstsein Materie beeinflusst. Was dabei im einzelnen in der Mikrowelt der subatomaren Ebene geschieht, kann sich jeder vorurteilslose Physiker leicht vorstellen. Die Frage ist vielmehr: wie um alles in der Welt können wir den Sprung von der Mikro-Ebene zu unserer eigenen makrokosmischen Welt machen? Was auf der subatomaren Ebene als fliessende Bewegung gesehen werden kann, scheint auf der Ebene unserer normalen Sinneswahrnehmung zu einem kompakten, festen Klotz gefroren. Auch darauf gibt uns die Arbeit von Pribram, Eccles und anderen eine mögliche Antwort. Diese entdeckten nämlich, dass «Langsam-Wellen-Potentiale» im unmittelbaren Umfeld der Synapsen an der Formung des holographischen Bildes beteiligt sind. Die Langsam-Wellen-Aktivität wird aber nachweislich von unvorstellbar kleinen Impulsen ausgelöst.[35] Aber es gibt diesbezüglich noch einen weiteren Ansatz, die sogenannten «Zellautomaten»; sie lassen dieselbe Spekulation zu. Man nimmt deshalb an, dass winzige «Anstösse», die auf dieser Ebene erfolgen, unvorstellbar grosse Kettenreaktionen auslösen, wie es etwa in Kurt Vonneguts Roman *Katzenwiege* geschieht, wo ein einziges Kristall von «Eis Neun» die ganze Welt einfrieren kann, wenn es auf sie herabfällt.[37]

Ich habe hier nur einen kleinen Ausschnitt der vielseitigen Arbeitsergebnisse vorgestellt, die eine Folgeerscheinung der Gedanken aus der neuen Psychophysik sind, welche ihrerseits aus den fruchtbarsten wissenschaftlichen Entdeckungen neueren Datums hervorging. In einem anderen Buch werde ich diesbezüglich auf die Kybernetik- und Computerrevolution eingehen, die unsere Kenntnis von Gehirn und Bewusstsein radikal erweiterte. Doch nach der kybernetischen erfolgte dann die holographische Revolution. Sie könnte dem Bemühen um die Lösung des Rätsels der Präkognition und noch anderer Geheimnisse eine entscheidende Wendung geben.

KAPITEL 13

Das holographische Bewusstsein

Auch wenn wir dieses Klischee schon vielfach auf der Leinwand gesehen haben, sind die grossen wissenschaftlichen Entdeckungen eben nicht das Produkt des einsamen, verkannten Genies oder eines Zufallsexperiments. Vielmehr kommen sie zumeist zustande wie eine Menschenpyramide auf der Varietébühne: die Interessen und Ansichten einiger weniger Aussenseiter gewinnen immer mehr Anhänger, so dass allmählich der Punkt einer bestimmten kritischen Masse erreicht ist. Zum Abschluss steigt dann wie der letzte entscheidende Akrobat der letzte Wissenschaftler auf seinen Platz ganz oben an der Spitze der Pyramide und hebt unter dem Jubel der Massen seine Arme.

Das Rätsel des Vorauswissens wird auf die gleiche Weise gelöst werden, und zwar durch Konsolidierung und Fortschritte der neuen Psychophysik. Wie wir gesehen haben, vertritt die neue Psychophysik eine ganze Reihe von Grundanschauungen, deren eine besonders wichtig ist, wenn wir auf das Rätsel des Vorauswissens eine klärende Antwort bekommen wollen, nämlich der Gedanke, dass die Bewusstseinsfunktionen den Gesetzen der Holographie folgen.

Man kann sich schwer vorstellen, dass das Hologramm mit seinen abgerundeten, dreidimensionalen Formen, die wie durch Zauberei einem einfachen Stück Film entspringen, uns irgendwann einmal nicht mehr in Erstaunen versetzt.[1] Aber: was könnte uns ein Bild, und sei es eines, das uns blendet und verwirrt, über unser Bewusstsein lehren? Oder gar über das Wesen der Welt, die uns umgibt? Die Antwort erfahren wir aus dem Verhältnis von Holographie und Erinnerungsvermögen, welches letztere der Hirnforschung eines der verblüffendsten Probleme aufgibt: Was sind Bilder? Und wie werden sie geformt, gespeichert und ins Gedächtnis zurückgerufen?

Bei seiner Erforschung des Bewusstseins kam Alexander Luria darauf, dass das Gedächtnis bis zu einem gewissen Grad in den Nervenzellen von *Hypocampus* und *Formatio Reticularis*[2] lokalisierbar ist, es aber gleichzeitig auch im unmittelbaren Umfeld der Neuronen in den sogenannten Ganglien verteilt sein könnte.[3] Weiterhin stellen seiner Ansicht nach die genetischen Kodierungen im DNS eine Art von Gedächtnis dar.[4] Von allen Wissenschaftlern, die das Erinnerungsvermögen erforschten, ist der berühmteste sicher Wilder Penfield. Wie Sie wissen, löste er ein vollständiges und detailgetreues Erinnerungsbild aus der Vergangenheit aus, indem er mit einer Elektronensonde die Stirnlappen stimulierte.[5] Er fand ferner heraus, dass die niederen Strukturen des Vorderhirns, Mandelkern und Hippocampusfuss daran beteiligt sind.[6] Karl Pribram entdeckte in den Stirnlappen eine wichtige Instanz des Kurzzeitgedächtnisses.[7] Allerdings waren alle hier genannten Forscher der Meinung, dass ihre Entdeckungen das Gedächtnisproblem nur oberflächlich ankratzen würden. Sie erinnerten sich nur allzu gut an Karl Lashleys vergebliches Bemühen, das sogenannte «Engramm» zu entdecken, was auch für ihre eigene Arbeit das Haupthindernis darstellte.

Lashley selbst war in den Anfangstagen der Neuropsychologie (also während der zwanziger und dreissiger Jahre) sicherlich einer ihrer gründlichsten und einsatzfreudigsten Vertreter. Er war von dem Gedanken besessen herauszufinden, was Erinnerung ist und wo sie gespeichert wird. Zu diesem Zweck untersuchte er dreissig Jahre lang Rattenhirne. Dabei ging er folgendermassen vor: er entfernte an einer Versuchsratte operativ einen Teil ihres Gehirns und testete sie nach einer kurzen Rekonvaleszenzperiode auf Gedächtnisverlust. Dabei musste er konstatieren, dass das Gedächtnis seiner Versuchsratten weiterhin funktionierte, obwohl er bis zu achtzig Prozent ihrer Hirnmasse weggeschnitten hatte. Seine Enttäuschung darüber verbarg er hinter der nicht weniger krummen als erfindungsreichen Bemerkung, dass wir zwar alle meinen, etwas dazuzulernen, dies jedoch eigentlich gar nicht möglich sei, weil das Gedächtnis nicht lokalisierbar ist und es infolgedessen auch kein «Engramm», keine bleibende Spur geistiger Eindrücke geben kann. In einem ernstgemeinten Forschungsbericht schlug er darüber hinaus eine Lösung dieses Problems vor, die damals als wenig mehr denn ein armseliger Verschleierungsversuch seines Versagens erscheinen musste. Lashley behauptete darin, dass es zwar ein Engramm gäbe, dies jedoch allen logischen Überlegungen zum Trotz über das gesamte Gehirn verteilt sei. Um die Verwirrung vollständig zu machen, ging er noch einen Schritt weiter: Erinnerungen, so sagte er, seien das Produkt sogenannter «Interferenzwellen».[8]

Mit der Zeit geriet Lashleys Arbeit fast ganz in Vergessenheit, bis sich der englische Physiker und Futurist Dennis Gabor eines Tages (1947, um ganz genau zu sein) mit der Frage herumschlug, wie man wohl das Elektronenmikroskop weiter verbessern könnte, um durch grössere Leistungsfähigkeit endlich das Atom sichtbar zu machen. Während er so die mathematische Erfassung von Lichtstrahlen und Wellenlängen ausprobierte, eröffnete sich ihm eine faszinierende neue Vorstellung: durch Spaltung eines Lichtstrahls kommt man in die Lage, einen Gegenstand so zu photographieren, dass man anstelle seiner gewöhnlichen zweidimensionalen Vortäuschung tatsächlich das *ganze* Bild von ihm sehen kann. Dieses Bild nannte er Hologramm; er erklärte es ebenfalls mit den mysteriösen «Interferenzwellen».[9]

Gabor erhielt für diese Entdeckung später den Nobelpreis. Als er sie machte, konnten allerdings die wenigsten etwas damit anfangen, weil die technischen Probleme, die dem Bau eines solchen Apparates im Wege standen, damals noch nicht gelöst waren. Gabor betrachtete die Idee der Holographie im übrigen selbst viele Jahre lang als einen Fehlschlag. Was zu ihrer Verwirklichung insbesondere fehlte, war eine Quelle für kohärentes Licht. Licht ist – wie die vielen Farben in einem Farbspektrum – gewöhnlich eine Zusammensetzung von Photonen unterschiedlicher Wellenlängen. Man brauchte aber eine Lichtquelle mit nur einer Wellenlänge, eine einzige sehr intensive Farbe etwa. Dieses Manko wurde 1960 behoben. Man entdeckte den Laser, der eine kohärente Lichtquelle darstellt; 1963 wurde dann folgerichtig das erste holographische Bild hergestellt.[10]

Es war allerdings immer noch ein Riesensprung von diesem aufregenden kleinen Spielzeug zu dem unendlichen, brodelnden Geheimnis des Gehirns. Gabor hatte schon immer an eine Verbindung geglaubt.

1963 schlug der holländische Wissenschaftler P. J. van Heerden eine holographische Theorie der Hirnfunktion vor, die aber ebenfalls wenig Beachtung fand.[11] Mitte der sechziger Jahre sprang der Funke endlich über. Ein an sich unbedeutendes Ereignis hatte das Studium des holographischen Bewusstseinsmodells plötzlich ungemein interessant gemacht. Und das kam so: Karl Pribram, ein Name, der im bisherigen Verlauf unserer Darstellung schon häufig auftauchte, stiess im *Scientific American* zufällig auf einen Artikel über Holographie und war wie vom Donner gerührt über die sich daraus für die Bewusstseinsforschung ergebenden Implikationen.[12]

Pribram hatte als angehender Neurochirurg noch unter Lashleys Anleitung gearbeitet. Im Verlauf seiner eigenen anschliessenden Forschung am *Yerkes-Labor* für Primatenbiologie in Florida sowie an den Universitäten von *Yale* und *Stanford* war er immer wieder auf ein und dieselbe Frage gestossen, die jede Lösung des Problems zu verbauen schien: wie kann Erinnerung einerseits mit bestimmten Hirnregionen zu tun haben und sich andererseits hinsichtlich Bildformung, Bildspeicherung und Bildabruf gleichzeitig über das gesamte Gehirn erstrecken? Jetzt war plötzlich allem Anschein nach der Schlüssel zu einem der grössten Geheimnisse des Gehirns gefunden.

Der Sprung in den Strudel

Für das Hologramm gilt dasselbe wie für den Computer: oberflächlich betrachtet gibt es wenig Ähnlichkeit zwischen diesem neuen optischen Spielzeug mit dem schneidend harten Lichtstrahl und dem weichen Klumpen Hirnmasse in unserem Kopf.

Um ein holographisches Bild zu erzeugen, richtet man einen Laserstrahl auf eine photographische Platte. In der Mitte zwischen Laser und Platte befindet sich ein halbversilberter Spiegel. Der Laser wird angeschaltet und sein Strahl geht zur Hälfte durch den Spiegel, so dass er auf die Platte auftrifft; die andere Hälfte wird vom Spiegel auf das zu holographierende Objekt zurückgeworfen, wobei das Licht schliesslich ebenfalls auf den Film aufschlägt. Am Ende berühren also beide Lichtwellen den Film. Die erste übermittelt das Grundmuster der Lichtquelle, die zweite den Umriss des zu holographierenden Gegenstandes. Indem sie auf den Film auftreffen, interferieren die beiden Wellen miteinander, so dass sie ein holographisches Bild hinterlassen. Nach dem Entwickeln erinnert der Film stark an eine Ölschicht auf einer Wasseroberfläche; er sieht seltsam glitschig und schimmernd aus.

Schiebt man ihn dann vor dieselbe Art von Laser, erscheint in einiger Entfernung das dreidimensionale fast völlig abgerundete Bild des Originalgegenstandes; wie ein Geist aus einer anderen Dimension schwebt es im leeren Raum.[13]

Das ist an sich zwar recht faszinierend, aber sicherlich nicht aufregender als jedes andere x-beliebige Wunder der Technik. Pribram und die anderen Wissenschaftler, die intuitiv das gleiche ahnten wie er, fanden diese Neuentdeckung aus anderem Grunde höchst interessant. Sie sahen hinter der oberflächlichen Verschiedenheit Ähnlichkeiten zwischen Hologramm und Hirnfunktion, von denen es im übrigen eine ganze Reihe gibt.

Deren erste ist das «Geisterbild». Schon seit Jahren hatten Psychologie und Neurologie zu ergründen gesucht, wie im einzelnen wir uns «ein Bild machen». Man kam einfach nicht dahinter, was in uns jenes körper- und substanzlose Ding erzeugt, das wir «Bild» nennen, weil es zwischen Gesehenem und Gefühltem einerseits und dem Bild andererseits nicht viel gibt, das den Sprung von einem zum anderen erklärt. Mit der Laserholographie war nun eine Technik gefunden, die den Sprung von der Mechanik (Sinneswahrnehmung) zu ihrem Produkt (das Bild) in gewisser Weise exemplarisch vorführte.[14]

Aber es gab noch andere bedeutsame Wunder zu vermelden, zum Beispiel die Informationsverarbeitung im Hologramm, die immer *im ganzen* und nie stückchenweise geschieht. Schneiden Sie ein normales Diapositiv mit dem Bild eines Menschen entzwei und projizieren die beiden Hälften getrennt auf die Leinwand, werden Sie einmal Kopf und Rumpf und dann Bauch und Beine zu sehen bekommen. Behandeln Sie das Hologramm in gleicher Weise, passiert etwas ganz anderes: Sie erhalten zwei neue holographische Filmstückchen, die beide den Menschen in voller Grösse zeigen wie vor der Teilung. Dies passt zu Lashleys den Sitz des Gedächtnisses betreffenden Entdeckung, die besagt, dass Information nicht örtlich festgelegt sondern über das gesamte Gehirn verteilt ist. Jeder Teil des Gehirns enthält die Gesamterinnerung – wie, war bis zur Entdeckung des Hologramms unbegreiflich gewesen.[15]

Damit steht noch eine Ähnlichkeit in Zusammenhang: Zerschneidet man ein Hologramm in immer kleinere Teile, enthält jedes Bruchstück das ganze Bild, auf unser Beispiel bezogen also den ganzen Menschen. Ein Unterschied würde sich allerdings ergeben: je kleiner die Teile des ursprünglichen holographischen Films, durch den man den Laserstrahl lenkt, desto unklarer und verschwommener wird auch das Bild. Dies passt ebenfalls zu Lashleys Untersuchungsergebnissen. Wie Sie sich erinnern werden, hatte er entdeckt, dass das Gedächtnis seiner Versuchsratten zwar intakt blieb, es jedoch immer langsamer und unsicherer arbeitete, je mehr Hirnmasse er operativ entfernt hatte. Nun war gleichermassen eine mögliche Erklärung gefunden, warum unser Gedächtnis manchmal so verschwommen und beschränkt ist.

Versuche unter Hypnose und Penfields Elektronensonde hatten einerseits eindeutig nachgewiesen, dass die Erinnerungen immer noch bis in die Einzelheiten intakt sind. Andererseits treten normalerweise Interferenzen dazwischen, die sie aufsplittern und abschwächen.[16]

Mit der Holographie mag auch eine Frage beantwortet sein, die die Hirnforschung lange Zeit geplagt hatte: in welchem Masse ist die Hirntätigkeit an bestimmten Stellen lokalisiert, und in welchem das Ergebnis ihrer Gesamtwirkung? Eine gewisse Parallelität darf in diesem Fall angenommen werden, weil sowohl die Holographie (mit Laser, Spiegel und photographischer Platte) als auch das Gehirn (mit Mandelkern, den Schläfen- und Stirnlappen) zu ihrer Funktion bestimmter Teile bedürfen, diese Teile die Information jedoch gleichzeitig auf eine Art und Weise verarbeiten, die sie als Gesamtbild speichert, sei es auf dem holographischen Film oder als Erinnerungsbild.

Besonders aufsehenerregend ist auch die Aufnahmekapazität eines Hologramms. Pribram stellte dies schon 1971 fest: «Unter ihren ohnehin faszinierenden Eigenschaften ragt die Fähigkeit heraus, ungeheure Informationsmengen aufzunehmen und zu verteilen»[17] Durch minimale Verlagerung seines Einschlagswinkels kann ein Laserstrahl viele verschiedene Bilder auf das Aufzeichnungsmaterial bannen. Benutzt man zu diesem Zweck zum Beispiel ein kleines Kristall Lithiumniobat, können in einem einzigen Kubikzentimeter (d. h. in einem Zuckerwürfel!) eine Billion Bits an Information gespeichert werden! Damit liesse sich die gesamte *Encyclopedia Britannica* auf einer einzigen Seite festhalten, die riesige *Kongressbibliothek* in Washinton in ein paar Aktenschränken unterbringen.[18]

Das Hologramm ähnelt dem Gehirn auch hinsichtlich seiner Vielseitigkeit: für die Bildspeicherung kann man sowohl Flüssigkeiten als auch feste Stoffe verwenden, und man kann die «Teile» austauschen, um verschiedene Arten von «Ganzen» zu bekommen. Wechselt man gegen den gewöhnlichen Spiegel mit ebener Oberfläche einen sphärischen Spiegel aus, ergibt sich daraus die wunderbare Leistung der *Wiedererkennungsholographie.* Das heisst wir können mit dem Hologramm eines

Wortes oder Bildes eine Seite überfliegen, auf der das Zielwort oder -bild ebenfalls enthalten ist. Sobald sein Gegenstück dann entdeckt wurde, leuchtet das Hologramm auf – ein Vorgang, der uns vor Augen führen mag, auf welche Weise unser Gehirn uns befähigt, Worte, Gesichter und alle anderen Phänomene wiederzuerkennen, denen wir begegnen.[19]

Damit sind wir nicht am Ende der Parallelität zwischen Gehirn und Hologramm angelangt. Es gibt noch ein weiteres Beispiel, und zwar tritt es in Erscheinung, wenn man an die Stelle des Spiegels einen zweiten Gegenstand setzt. Nach Aktivierung des Lasers wird das Hologramm in diesem Fall von den Wellen gebildet, die von den beiden Gegenständen auf den holographischen Film überspringen. Wird das Bild eines dieser Gegenstände dann auf den Film projiziert, erscheint automatisch das Hologramm des *anderen* Gegenstandes. Die Analogie zwischen dieser *Assoziationsholographie* und den assoziierenden Bilderketten des Lernvorgangs ist so überzeugend, dass van Heerden nach Pawlows Arbeit mit dem konditionierten Reflex in diesem Zusammenhang von «Pawlowschem Lernen» sprach.[20]

Zusammenfassend können wir sagen: das Hologramm schenkt uns erstmals eine überzeugende Nachbildung der Grundprozesse des Denkens, weil es sowohl für die lineare, mathematische als auch für die visuelle, mechanische Intelligenz begreifbar ist. Es scheint uns zu zeigen, wie aus Wahrnehmungen Bilder werden; wie diese Bilder im Lernprozess zusammenwirken; wie das Gedächtnis sie speichert; wie wir sie abrufen und somit alle Dinge und Ereignisse, denen wir im Laufe des Lebens begegnen, wiedererkennen und ihnen eine Bedeutung geben; ja sogar, wie die Bilder, ins Unbekannte vorstossend, jene Zukunftsvorstellungen präformieren, die uns auf unsere Ziele zu- und von zu vermeidenden Gefahren und Irrtümern wegführen.

Natürlich ist an der Sache noch viel mehr dran. Eine umfassende Erörterung würde jedoch den Rahmen unserer kurzen Darstellung sprengen. Ein Fortschritt der Hirnforschung bleibt allerdings noch zu nennen, denn er ist mittlerweile Grundlagenwissen geworden.

Mitte unseres Jahrhunderts war allgemein bekannt, dass unser Nervennetz nicht wie die meisten Elektroapparate aus einem einzigen, höchst komplizierten Kabelgeflecht besteht, das elektrische Impulse weiterleitet. Vielmehr gibt es darin die sogenannten Synapsen, unvorstellbar winzige Zwischenräume, die die einzelnen Nervenzellen voneinander trennen. Die Information muss diese Zwischenräume überspringen, was geschieht, wenn die elektrische Ladung durch chemische Prozesse so kräftig geworden ist, dass sie eine transsynaptische Zündung auslösen kann.[21] Bei ihrem Versuch, holographische Hirnprozesse zu verstehen, kamen Pribram und andere nun darauf, dass für die Information der Sprung über die Synapsen nicht die einzige Möglichkeit darstellt, in unserem Gehirn herumzukommen. Darüber hinaus ist nämlich noch ein anderer Funktionskreis in Betrieb. Er arbeitet folgendermassen: die feinverästelten Protoplasmenfortsätze der Nervenzellen (die sogenannten Dendriten) erzeugen ununterbrochen eigenartige Wellen – wie Seeanemonen, die ihre Fühler selbst bei ruhigster See noch hin- und herbewegen.

Nach der Theorie setzen sich diese «Langsam-Wellen-Potentiale» durch die Ganglien in die benachbarten Nervenzellen fort, wodurch sie ein weitgespanntes Muster von Wellenfronten hervorbringen, und zwar erstens über anregende und hemmende Impulse und zweitens durch sogenannte Fourier-Prozesse. Die holographischen Bilder wiederum scheinen entweder für eine Zeit oder sogar für immer bei den und um die Synapsen in Proteine oder andere Makromoleküle eingeprägt zu sein.[22]

Abbildung 11 veranschaulicht den angenommenen Verlauf des Informationsflusses von der strukturierten Energie der Aussenwelt, durch seine holographische Umsetzung bis hin zu seiner Verdichtung in ein inneres Bild. Mit ihrer Hilfe zeigt Karl Pribram im übrigen auch die funktionsmässige Ähnlichkeit zwischen Linse und Gehirn auf.

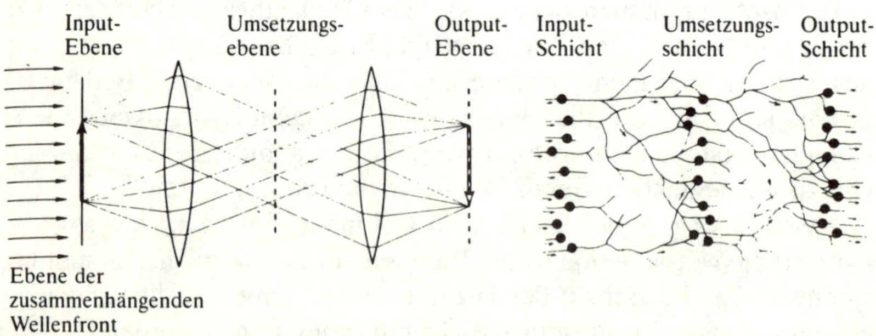

Abb. 11

Lassen Sie uns diesen hypothetischen Fluss einmal im ganzen darstellen: wir sehen etwas. Diese Information wird nach innen weitergeleitet und trifft auf einen ersten Set von Nervenzellen, die sie aufnehmen und durch die Ausstrahlung der Langsam-Wellen sowie die

Zündung synaptischer Sprünge an eine zweite Gruppe von Neuronen senden. Die zweite Gruppe von Neuronen bricht die Eingangsinformation (den Input) zwecks mathematischer Analyse im Sinne von Fourier-Prozessen in ihre Bestandteile auf und vermittelt die Ergebnisse an einen dritten Set von Nervenzellen, welche ihrerseits jene Moleküle zu einem bestimmten Muster anordnen, die das holographische Bild enthalten.

Die bewegende Frage des holographischen Universums

Während Pribram und andere amerikanische Wissenschaftler in dem Versuch, die inneren Funktionsketten des holographischen Gehirns zu definieren, immer tiefer nach Innen vorstiessen, hatte in einer anderen Weltgegend ein angesehener aber gleichwie abtrünniger Physiker, den das erstaunliche Phänomen der Holographie nicht weniger in Bann zog, es auf seine Konsequenzen für die äussere Welt untersucht.

Seine akademische Laufbahn hatte David Bohm von Princeton über die Universitäten von Sao Paulo und Haifa nach London ans Birbeck College geführt, wo er einen Lehrstuhl für theoretische Physik angenommen hatte. Damals hörte auch Karl Pribram erstmals von seinen Ansichten. Sie begannen einen brieflichen Gedankenaustausch und hielten schliesslich gemeinsam Vorträge, aus denen die Formulierung einer neuen holographischen Theorie von Gehirn, Bewusstsein und Universum erwuchs.

Bohm selbst war aus einer besonders bedeutsamen Richtung der Physik auf die holographische Theorie des Bewusstseins gestossen. Er hatte mit Einstein zusammengearbeitet, miterlebt, wie Einstein angesichts des intellektuellen und gesellschaftlichen Chaos unserer Zeit seine Idee der vereinigten Feldtheorie verfolgte, die alles wieder einbinden und zusammenhalten sollte. Einstein war an dieser Aufgabe gescheitert. Trotzdem hatte die Grösse des Ansinnens im jungen Bohm offensichtlich eine Leidenschaft geweckt, die der seines Mentors in zweifacher Hinsicht entsprach. So bewegte auch ihn die Frage der Ordnung. Die meisten anderen Physiker waren bereit, sich mit «Teillösungen» zufriedenzugeben oder einfach mit Ergebnissen, die der Voraussagbarkeit auf einem Teilgebiet der Physik dienten, welches nur einen kleinen Ausschnitt des historisch gewachsenen Rahmens ihrer Wissenschaft ausmachte. Bohm beurteilte die Folgen einer solchen Einstellung eher skeptisch: «Es scheint somit klar, dass wir uns einer tiefen und radikalen

Fragmentierung wie auch einer gründlichen Verwirrung aussetzen, wenn wir darüber nachzudenken versuchen, was das für eine Realität sein könnte, auf die sich unsere physikalischen Gesetze beziehen.»[23]

Für Einstein hatte das Problem darin bestanden, die verborgene Ordnung des Universums eher auf objektivem als auf subjektivem Wege zu entdecken. Der menschliche Beobachter, das war eine in hohem Masse analytische Intelligenz, die ausserhalb oder neben der von ihr zu begreifenden Ordnung steht. Bohm sah das Problem in noch umfassenderem Zusammenhang: wie verstehen wir die Abläufe einer Welt, in der die alten analytischen Kategorien von Subjekt und Objekt hinfällig sind und die uns nur belässt, was jenseits aller Worte und Zahlen liegt? «Wie sollen wir uns eine einzige, fliessende Wirklichkeit des Daseins im ganzen zusammenhängend denken, die sowohl Denken (Bewusstsein) als auch die äussere Realität, wie wir sie erfahren, umfasst?»[24]

Bohm folgte Einsteins Beispiel in einem zweiten Sinne. Er beschäftigte sich aus naheliegenden ethischen Beweggründen mit den Konsequenzen einer Sichtweise, die das Leben nicht als letztlich nicht trennbares Ganzes, sondern eben als Summe einzelner Bruchstücke ansieht. Seiner Meinung nach «besteht der Ursprung der weitreichenden und durchgängigen Abgrenzungen zwischen den Menschen (nach Rasse, Volk, Familie, Beruf usw. usf.), die uns derzeit davon abhalten, für das gemeinsame Wohl, ja für das Überleben selbst zusammenzuarbeiten, zu einem wesentlichen Teil in einem Denken, dass *Dinge* als ihrer Natur nach getrennt und in immer kleinere Bausteine ‹zerbrochen› behandelt».[25]

Bohm führt weiter aus: «Meine These lautet, dass die Vorstellung des Menschen von der Totalität, also seine allgemeine Weltanschauung, für die Gesamtordnung des menschlichen Bewusstseins selbst ausschlaggebend ist. Denkt er sich die Totalität als zusammengesetzt aus unabhängigen Bruchstücken, so wird sein Bewusstsein dementsprechend arbeiten; kann er jedoch alles einheitlich und harmonisch in ein umfassendes Ganzes einfügen, das ungeteilt, bruchlos und ohne Grenzen ist (denn jede Grenze bedeutet eine Trennung oder einen Bruch) so wird sein Bewusstsein sich ähnlich bewegen und daraus wird wiederum ein geordnetes Handeln innerhalb des Ganzen erwachsen.»[26]

Fritjof Capra sollte diese Sichtweise später in seinem Buch *Die Wendezeit* noch weitertreiben. Bohms erster Vorstoss in diese Richtung entsprach jedoch nicht der Denkweise, die die Physiker oder überhaupt Wissenschaftler damals wirklich erreichen konnte. Bohms Gedanken fristeten also verborgen in kleinen Fachzeitschriften ihr kümmerliches Aussenseiterdasein, bis das Wunderspielzeug Hologramm wie ein Zauberstab auch sie mit seinem besonderen Feuer erfüllte.

Bohm war fasziniert von der Rolle der Linse in der Geschichte der Wissenschaft, weil die Linse uns Bilder von Dingen vermittelt, die wir ohne ihre Hilfe nicht sehen können. Im Teleskop bringt sie uns das Entfernte nah; im Mikroskop macht sie das unsichtbar Winzige sichtbar. Die Linse ist aber gleichzeitig ein Symbol für den schlimmsten Aspekt einer Wissenschaft, die sie selbst mit aufbauen half. Schliesslich ist eine Linse in erster Linie ein Apparat, mit dem man seine Aufmerksamkeit auf Teile (d. h. die Bruchstücke) von Ganzen richtet.

«Gibt es ein Instrument, das dazu beitragen kann, unserer unmittelbaren Wahrnehmung eine Einsicht in das zu verschaffen, was ungeteilte Ganzheit heissen kann, wie dies die Linse in Bezug darauf tut, was Analyse eines Systems in seine Teile heissen kann?»[28] Die Antwort darauf lautet: «Ja.» Es gibt ja das Hologramm. Und Bohm extrapolierte aus dessen faszinierenden Eigenschaften umgehend eine zwingende neue Anschauung von der Funktionsweise des Universums und unseres Bewusstseins darin.

Eine dieser Eigenschaften beflügelte seine Vorstellung besonders stark, schien die neue Technik der Holographie doch zu zeigen, wie der augenscheinliche Zufallsstrom und ungeordnete Ausbruch physikalischer Ereignisse sich auf verborgene aber immerhin verständliche Weise ordnen lässt. Das Hologramm zeigt auf, wie eine Ordnung am Input-Ende über das Zwischenstadium des unverständlichen Ölkleckses der Interferenzwellen am Output-Ende in neuer Ordnung hervorgehen kann. Es zeigt ferner, dass alle scheinbar für sich existierenden Gegenstände in grundlegender Durchdringung miteinander in Beziehung stehen, wie die Physik es ohnehin bereits für die Funktionsweise des Universums andeutet.

Derartige Beobachtungen legten für Bohm die Annahme nahe, dass es etwas gibt, was über die Standardtrennung unseres Universums in *Phänomena* und *Noumena,* über LeShans *sinnlich wahrnehmbare* und *hellseherisch erfahrbare* Wirklichkeit und generell über die von den meisten Religionen verfochtene Aufteilung in *materielle* und *spirituelle* Bereiche hinausgeht. Vielmehr deutet das Hologramm eine wesentlich aktivere, inniger verbundene, gegenseitig durchdringendere und – vor allem – intensiver interagierende Art der Beziehung zwischen dem Sichtbaren und dem Unsichtbaren an.

Bohm entschied sich zur Charakterisierung der grundlegenden, (für Alltagsbelange) nebensächlichen, höheren und unsichtbaren Wirklichkeit für den Begriff der *impliziten Ordnung,* welche alles umfängt und enthält, das latent und *nicht-manifest* ist. Zu ihr im Gegensatz steht die gegenwärtige Wirklichkeit, das «Hier-und-Jetzt», was wir sehen, hören und fühlen können, was uns vertraut ist, wo wir uns bewegen: die *explizite Ordnung.* In ihr ist alles *manifest.*

Allerdings sind dies soweit nur neue Ausdrücke für altbekannte Beziehungen. Bohm differenzierte sie und gab seiner Sichtweise damit neue Durchschlagskraft. Er sah, dass sich aus der impliziten Ordnung alle Dinge zu unserer sinnlich wahrnehmbaren Wirklichkeit *entfalten,* sich aber dann aus dieser sicht-, hör- und fühlbaren expliziten Ordnung wieder in die zugrunde liegende, scheinbar abwegige oder höhere und verborgene Wirklichkeit «einfalten».

Bohms Ansatz hat einiges für sich. Einmal erhalten seine Begriffe ihren «fühlbaren» Bedeutungsinhalt nicht, weil er ihn zu Füssen eines Guru sitzend quasi absorbiert oder dadurch errungen hatte, dass er sich mit irgendwelchen Paradoxen abquälte. Vielmehr hatte er jeden seiner Begriffe sorgfältig gewählt und zu seiner Erklärung die sprachlichen Wurzeln berücksichtigt, die Verbindung zur Holographie sowie ausgefallene und vertraute mechanische Beispiele. Unter anderem verdeutlicht er die Vorstellung einer impliziten Ordnung, aus der sich die Ereignisse entfalten, anhand der Vorgänge bei einer Fernsehübertragung, denn dabei geschieht ja folgendes: an einem Ende werden Bilder in das implizite und unsichtbare Medium eines Radiosignals übersetzt, aus dem sich dann wiederum die explizite Ordnung der Bilder auf dem Fernsehschirm entfaltet.

In einer zusätzlichen wichtigen Verbesserung gab Bohm dem bisher statischen Bild – eben dem auf ein Stück Film gebannten Hologramm – sozusagen Flügel oder vielleicht zutreffender: einen dynamischen, nicht enden wollenden und vor allem grandiosen Fluss. Das Hologramm war im Vergleich dazu nur eine sehr begrenzte technologische Entsprechung der Wirklichkeit gewesen, die ihrem Wesen nach das holographische Prinzip *in Bewegung* ist – *Holomovement,* wie Bohm es ausdrückte.

Bohm beschreibt Holomovement als «bruchlose, ungeteilte Totalität ... somit ist es in seiner Totalität auf keine spezifizierbare Weise begrenzt. Es braucht sich an keine besondere Ordnung zu halten oder sich durch irgendein Mass einengen zu lassen. *Das Holomovement ist undefinierbar und unermesslich.»*[29] Was er hier sagt erinnert mich stark an eine auf den neusten Stand der Dinge gebrachte Version, der unerzeugten Urkraft hinter jenen Kräften, die das *I Ging* als *Wandlungen* bezeichnet, eine Kraft die dadurch wirkt, dass das Feste (oder mit Bohms Worten: das Entfaltete, Manifeste) und das Nachgiebige (das Eingefaltete, Nicht-Manifeste) miteinander alternieren.

Von den vielen Aspekten dieser Sichtweise sind drei für unsere Suche nach einer Antwort auf das Rätsel des Vorauswissens relevant. Dies ist erstens Bohms Vorstellung von dem, was wir als «leeren Raum» wahrnehmen, der nach seiner Auffassung alles andere als leer ist, sondern vielmehr ein Träger ungeheurer Energie. Aus der Fülle dieser Energie repräsentieren alle festen Gegenstände, die wir wahrnehmen und selbst *sind,* nur die kleinsten Entfaltungen – den winzigen Spitzen unvorstellbar riesiger Eisberge vergleichbar. Zweitens ist dies die der Informationsstreuung im Hologramm entsprechende, aber nur schwer begreifliche Vorstellung, dass jeder Teil von uns und unserem Universum Träger der vorhandenen Gesamtinformation ist. Mit dieser Vorstellung wollen wir uns später noch näher befassen. Der dritte Aspekt schliesslich sind Bohms Ansichten über den ausschlaggebenden Stellenwert des Bewusstseins im Gesamtgeschehen.

Es ist nicht leicht, Bohms Anschauung zu diesem dritten Punkt zu folgen. Radikal vereinfacht sieht sie so aus: einerseits existiert und funktioniert unser Bewusstsein innerhalb der expliziten Ordnung von Klängen, Gerüchen, sichtbaren Erscheinungen – also den scheinbar festen Gegenständen unserer Umwelt – wie auch in Form der Gedanken, die wir uns darüber und überhaupt zu allen Phänomenen machen. Das an die explizite Ordnung gebundene Bewusstsein kann bei seinem Versuch, die «Wahrheit» zu erkennen jedoch niemals gewisse eingebaute Schranken durchbrechen.[30] Es kann nur Bruchstücke oder Teile des Ganzen begreifen, und aus diesem Grund sind einschliesslich der holographischen alle Theorien begrenzt und Veränderungen unterworfen. Überdies hindert uns das an die explizite Ordnung gebundene Bewusstsein (wie das stereotyp geschäftige «linke Gehirn») daran, die tiefere, grössere und allesumfangende Wirklichkeit zu verstehen, weil wir uns zu ausschliesslich darauf verlassen.

Aber sind wir damit nicht auf ewig vom Wissen der «Wahrheit» ausgeschlossen? Wie Krishnamurti, Bergson und andere Philosophen steht auch Bohm dazu, dass wir die Fähigkeit zu diesem Wissen haben, weil unser Bewusstsein gleichzeitig in die implizite Ordnung eingebettet und Teil von ihr ist. Deswegen können wir gelegentlich über das begrenzte Bewusstsein der expliziten Ordnung hinausgehen, das den grössten Teil unseres Lebens einfängt, um die beständige Wahrheit jenseits aller Täuschung zu fassen.

Dies können wir erreichen, indem wir den Geist mit Hilfe von Trance oder Meditation freiräumen, also uns Techniken anvertrauen, die uns «wie ein Landungssteg in den Ozean hinausführen und befähigen, in seine Tiefen zu tauchen»;[31] oder indem wir auf eine Vorstellung zurückgreifen, mit der sich die holistisch orientierten Gestaltpsychologen intensiv beschäftigen, das heisst durch einen direkten Erkenntnissprung, «der die Materie unmittelbar transformiert und das Gedankendenken gewissermassen als belanglos übergeht».[32]

Neue Möglichkeiten für ein Verständnis des Vorauswissens

Wer sich intensiv mit dem Rätsel des Vorauswissens auseinandersetzt, wird in der holographischen Bewusstseinstheorie von Bohm und Pribram wahrscheinlich den konkretesten Hoffnungsschimmer für einen Fortschritt in Richtung der gesuchten Lösung erkennen. In den vorausgegangenen Kapiteln haben wir bereits gesehen, dass Relativitäts- und Quantentheorie zwar darauf zusteuern, jedoch nicht wirklich bis zum Ziel vorstossen. Das gleiche gilt für C. G. Jungs Überlegungen, die die Lösung andeuten, aber ebensowenig über die Ebene der Wortspielerei hinausgehen. Sie lösen sich in Nichts auf, sobald man versucht, sich aus der Synchronizität einen handfesten Begriff zu machen. Die holographische Theorie kann dagegen tatsächlich Ansätze zu einer Lösung verschiedener Schwierigkeiten liefern, die mit der Erklärung des Vorauswissens einhergehen.

Das Problem der Informationsübertragung

Lange Zeit hat die Frage der «telepathischen» Informationsübertragung von einem Menschen oder Ort zum nächsten die Forscher verwirrt. Seit mindestens hundert Jahren sind diesbezüglich Hunderte, wenn nicht sogar Tausende von Experimenten durchgeführt worden. Keines davon hat den Nachweis erbringen können, dass die «telepathische» Übertragung wie Radio und Fernsehsendungen elektromechanisch oder durch irgendein anderes bekanntes Medium zustande kommt.[33] Die holographische Theorie könnte dieses Problem nun mit einem Schlag erledigen. Ausschlaggebend dafür ist die Tatsache, dass im Hologramm jedes Teil

Träger der Gesamtinformation ist. Vorausgesetzt wir sind Teile eines grösseren Ganzen (d. h. unser Bewusstsein ist tatsächlich ein Hologramm im umfassenderen Hologramm des Universums), dann stellt die Frage der Übertragung kein Problem mehr dar, weil die Information bereits in uns enthalten wäre!

Diese Vorstellung verlangt uns eine ungeheure Geistesakrobatik ab, der wir im allgemeinen zwar beifällig zunicken, dann aber schnell zur Tagesordnung übergehen, so als hätten wir verstanden, worum es geht; in Wahrheit haben wir aber keinen blassen Schimmer. Vielleicht ist es eine Verständnishilfe, wenn wir uns in die Lage von *Alice im Wunderland* versetzen, nur dass wir in unserem Fall aus unserer Welt in das Wunderland hineinschauen und, einmal darin, von dort auf unsere Welt zurückblicken. Auf unserer Seite des «Spiegels» würden wir uns selbst und alle Dinge in dieser unseren «wirklichen Welt» als massive Gegenstände wahrnehmen; räumlich voneinander getrennt und zu ihrer Existenz vom Ticken der Zeit abhängig. Schauen wir ins Wunderland hinein, bekommen wir wahrscheinlich nicht mehr als einen grossen undeutlichen Klecks zu sehen, über dessen möglichen Inhalt Blasenkammerphotos und die Theorien der neuen Physik uns erste schwache Hinweise geben.

Auf der anderen Seite des Zauberspiegels würden wir (oder genauer gesagt: eine höhere Intelligenz) etwas ganz anderes erblicken. Wir würden uns voraussichtlich in einer höchst konzentrierten, dichten und vollen Wirklichkeit befinden, in der alles wie in einem «Ball» von Raum- und Zeitlosigkeit miteinander verbunden ist. Was aber sehen wir, wenn wir von dort in die andere (d. h. unsere gewöhnliche) Seite der Wirklichkeit hineinblicken? Wahrscheinlich eine Menge skurriler Formen und Klänge, erzeugt von einer Zwischenebene holographischer Interferenzwellen, die in schneller Folge in Erscheinung treten und verschwinden wie Bilder auf der Filmleinwand. Im Wunderland stellt die Informationsübertragung in der «wirklichen Welt» kein Problem dar, denn dort sind für uns ja jeder Ort in jedem anderen und alle Augenblicke in einem einzigen enthalten. Nur draussen, in der verrückten Welt der Leinwand (d. h. in unserer gewöhnlichen Wirklichkeit) stellt es ein Problem dar, dass alle sichtbaren und hörbaren Erscheinungen offensichtlich die Schranken von «leerem Raum» und «Zeit» überbrücken müssen.

Das Problem der Berührung der beiden Welten

Sollte diese Darstellung die Beschaffenheit der zwei Welten und ihre Verbindung auch nur andeutungsweise beschreiben, bleibt immer noch unbeantwortet, wie *wir* durch den Zauberspiegel hindurchgehen können. Wie schaffen wir es, aus unserer Welt von Raum und Zeit vorübergehend die andere Wirklichkeit zu betreten, in Raum- und Zeitlosigkeit zu funktionieren und ein wenig von dem zu lesen, was für uns (aus gewöhnlicher Sicht) in der Zukunft verborgen liegt?

An anderer Stelle haben wir diesbezüglich bereits eine Jungsche Antwort ins Auge gefasst: dass wir mit Hilfe irgendeines unbekannten Mittels durch das Bewusstsein bis zur psychoiden Schicht des Unbewussten herabfallen und dort ein inneres Fenster öffnen, das uns, wenn auch nur verschwommen, von der bruchstückhaften Winzigkeit unseres Körpers einen Blick auf das Ganze gestattet. Der Vorstoss der Hirnholographie führt diese Sichtweise durch die Arbeiten von Pribram, Eccles und anderen noch ein Stückchen weiter in das Reich der Synapsen zwischen den Nervenzellen des Gehirns. Nicht klar ausgesprochen, aber herauszuhören und deutlich fühlbar ist, dass das schwer auffindbare Fenster des «Zauberspiegels» hier unten im Reich der Langsam-Wellen-Potentiale und Quanten-Tunnel liegen mag.[34] Schliesslich müssen wir Bohms Ansicht berücksichtigen, dass «Erkenntnis» den trennenden Graben zwischen den beiden Wirklichkeiten überbrücken kann. Dies klingt zuerst recht nichtssagend; diese Aussage bekommt jedoch im Gesamtzusammenhang seiner Analyse einen spezifischen Sinn. Bohm geht nämlich davon aus, dass wir an der impliziten wie an der expliziten Ordnung gleichermassen teilhaben, unser Bewusstsein also auch mit der «anderen Welt» in Kontakt steht.

Wie wir im einzelnen eine bewusste Verbindung herstellen, bleibt weiterhin unbekannt. Immerhin gibt es eine logische Grundlage, dass wir tatsächlich Zutritt haben können.

Das Problem vom freien Willen und Determinismus

Zahllose Beispiele bezeugen, dass wirbelnde, kreisende Energie sich zu Mustern fügt und unseren Sinnen einprägt wie Drucktypen auf Papier, wodurch ihr Fluss und alles Leben Gestalt bekommen. Wir haben auch bereits gesehen, wie diese Energiestrukturen in der «anderen Wirklichkeit» Raum- und Zeitlosigkeit zu sein scheinen, aber räumliche und zeitliche Grenzen annehmen, sobald sie sich zu den Formen unserer sinnlich wahrnehmbaren Welt verbinden.

Als Sinnbild wird das Hologramm im allgemeinen so verstanden, dass die Energiestrukturen angeordnet sind wie William Blake es in seiner berühmten Vision ausdrückte: wir sehen «im Sandkorn eine ganze Welt und den Himmel in einer Wildblume, halten die Unendlichkeit in der hohlen Hand und Ewigkeit in einer Stunde.»[35] In die gleiche Richtung zielt eine buddhistische Vorstellung, nach der es in Indras Himmel ein «besonderes Perlennetz gibt. Es ist so aufgebaut, dass sich in einer einzigen Perle alle anderen spiegeln, dass man alle Perlen sehen kann, wenn man in eine einzige Perle schaut».[36]

Wir könnten diesen Sachverhalt als vertikale holographische Ordnung bezeichnen, weil sie immer kleinere mikroskopische Welten und Ebenen (die molekulare, atomare und subatomare) mit immer grösseren makroskopischen Welten (dem Universum und darüber hinaus) verbindet. Aus einer solchen vertikalen Ordnung könnten wir folgern, dass die holographische Theorie der letzte Beweis für die «Gültigkeit» des Determinismus ist – dass alles *Karma,* alles vorherbestimmt ist, ein einziges, gigantisches Hologramm, in dem der freie Wille nichts zu schaffen hat.

Eine solche Sichtweise würde das Rätsel des Vorauswissens radikal vereinfachen. Vorauswissen würde dann quasi heissen, dass wir in den Seiten eines riesigen Buches lesen, das schon längst geschrieben worden ist, oder den Ausschnitt eines überdimensionalen Bildes zu erschauen, das der Künstler längst vollendet hat. Vorauswissen würde also bedeuten, dass wir erkennen, was für alle Ewigkeit festgelegt wurde, ist und sein wird.

Müssen wir diese Interpretation nun akzeptieren? Müssen wir uns wirklich mit etwas abfinden, das zwar in den Religionen und Philosophien des Ostens beliebt sein mag, der westlichen Entwicklungsrichtung, dem Denken von Philosophen wie William James und den tiefsten Gefühlen sehr vieler von uns total entgegengesetzt ist? Das ist eine sehr schwierige und wahrscheinlich auch die wichtigste Frage, die zu konfrontieren uns die holographische Theorie zwingt. Sie ist der letzte Gipfel, den wir zum Abschluss unserer Wanderung erklimmen müssen.

KAPITEL 14

Seher und Holoversum

Wir haben also gesehen, dass sich das Rätsel des Vorauswissens begrifflich sehr einfach lösen lässt. Wir müssen nur den freien Willen fahren lassen und uns in die Vorstellung schicken, dass wir wie alle anderen Kreaturen, die Erde, das Weltall in ein gigantisches, prädeterminiertes Hologramm eingeschlossen sind oder – um das Gefühl der Erstickung zumindest ein wenig abzuschwächen – in den Grenzen eines dynamischen aber immer noch vorherbestimmten *Holomovement* stecken.

Wenn wir die Sache so sehen, müssen wir zwangsläufig nicht nur die offenkundigen Unvollkommenheiten dieser Welt als gegeben akzeptieren, sondern uns darüber hinaus blind und zynisch in ein unvermeidliches Schicksal fügen: wir kehren unseren Mitmenschen und allen Geschöpfen den Rücken, lassen sie im Stich, weil wir (so reden wir uns entschuldigend heraus) ja ohnehin kaum etwas für sie tun können. Hologramm und Holomovement würden in diesem Fall als Ausrede gebraucht für soziale Passivität und die Unterordnung unter die vielen falschen Arten von Autorität, die Jahrhundert um Jahrhundert für das unzumutbare Los verantwortlich waren, das ein Grossteil der Menschheit während seiner dunklen Reise von der Geburt zum Tod auf unserem merkwürdigen Planeten Erde erleiden musste.

Welche andere Möglichkeiten gibt es überhaupt? Sowohl in der christlichen als auch in der östlichen religiösen Literatur gibt es Berichte über den Anfang der Welt, die Schöpfung, die eher mit den tieferen Gefühlen der meisten von uns in Einklang stehen. Bekannt ist natürlich die Geschichte von Adam im Garten Eden: von Eva und der Schlange ermutigt, entschliesst er sich, den Apfel vom Baum der Erkenntnis gegen Gottes Willen zu pflücken und zu essen. Im Westen weniger geläufig aber sinnvoller im Zusammenhang der Physik, die, wie wir feststellten, hauptsächlich in den Begriffen von Welle, Struktur und Holomovement denkt, ist der östliche Mythos der Welle, die sich entschliesst, den «Ozean des ‹Bewusstseins-an-sich›» zu verlassen, «der zeitlos ist und ohne Raum, unendlich und ewig».[1]

In beiden Überlieferungen gibt es ein entscheidendes Moment: Naivität, Neugier, Furchtlosigkeit und der bestimmte Mut, auch gegen den scheinbar höchsten Willen etwas zu tun, kommen darin zusammen. Es ist der Augenblick frevelhafter Arroganz und Frechheit, sich vom Überkommenen zu lösen und nach neuen Ufern zu streben. Die Griechen waren mit diesem fundamentalen Aspekt der Beziehung zwischen Mensch und Gott (oder zwischen den gewöhnlichen Sterblichen und jenen anderen, die angeblich Stellvertreter Gottes sind) besonders vertraut; sie nannten ihn *Hybris.*[2]

Für uns ist daran interessant, dass beide Mythen zu den ältesten Zeugnissen von Wollen und Intentionalität des Menschen zählen. Sie bekräftigen: es gibt in einem scheinbar prädeterminierten Universum allem Determinismus zum Trotz auch noch einen freien Willen.

Ich habe mich seit vielen Jahren mit einem Aspekt dieses Aufbegehrens, Selbstvertrauens und kreativen Strebens beschäftigt, indem ich die Vorstellung des sogenannten *Normenwandels* untersuchte, die das Kontrastverhalten zu unserem Wunsch darstellt, alles beim Alten zu lassen, sich also um *Normerhaltung* zu bemühen. Einige meiner Psychologenkollegen sehen darin zwar kaum etwas anderes als einen Versuch, die gegensätzlichen politischen Grundhaltungen des Liberalismus und Konservativismus neu zu fassen, mir selbst geht es jedoch um die fundamentalen Zusammenhänge. Ich beabsichtige, jene Kräfte *im Kern* wissenschaftlich und funktional zu definieren, die in der dialektischen Bewegung zusammenwirken, wobei zu bedenken ist, dass alle grossen Theoretiker, vom *I Ging* bis zu Hegel und Marx, in der dialektischen

Bewegung nicht nur den Schlüssel zu allen Aspekten der Wandlung sondern den Zugang zum Prozess des Lebens selbst sahen. Weil diese alte Art zu sehen, eben die Majestät der Dialektik, die auch in David Bohms Vorstellungen vom *Einfalten* und *Entfalten* wiedererscheint, so ungeheuer verlockend ist, ist sie auch sehr beliebt.

Aber wie liesse sich die Majestät der Dialektik sichtbar machen, die wir unbedingt begreifen müssen, wenn wir verstehen wollen, wie das Bewusstsein die Zukunft begreift? Dies ist gar nicht so leicht. Es reicht nämlich nicht, über die «Wechselwirkung polarer Gegensätze» zu reden. Solche Begriffe sind für sich platt und wenig inspirierend, also typisch dafür, wie in den trockenen Worthülsen der Gelehrtensprache unweigerlich jede Erhabenheit, alles Leben verlorengeht. Am besten liesse sich ein wirkliches Gespür für die dialektische Analyse vielleicht dadurch vermitteln, dass wir uns anschauen, welche Bilder auf uns einwirken, wenn wir zur Abwechslung einmal *mit offenen Augen* am Strand spazieren und dabei auf die See blicken.

Wir schauen hinaus und sehen, wie sich zahllose Kräuselungen unaufhörlich heben, bestrebt, eine kraftvolle Woge zu werden wie die kleine Welle aus dem östlichen Mythos: sie türmt sich mächtig auf, hebt sich als Gischtkaskade vieler wildbewegter weisser Finger für eine Sekunde in die Lüfte ab – nur um sofort wieder zu versinken in der Mutter, in der See. Blicken wir genauer hin, sehen wir zwischen den Wellenkämmen womöglich verschlungene Muster von Kräftelinien: sie wogen, gleiten, schnellen vor, überschlagen und überschneiden sich. Wie gebannt schauen wir diesem Kräftespiel zu, können uns nicht sattsehen an Bewegungen, die ein Ebenbild sind von der Komplexität aller Bewegung schlechthin. Darunter sehen, nein spüren wir intuitiv noch etwas anderes: den dunklen Lauf tieferliegender Strömungen, nicht unähnlich jenen anderen, die nach physikalischer Theorie Augenblick für Augenblick in unzählige Richtungen auseinanderschwirren und den Grundstoff abgeben, aus dem wir und unsere Umwelt Gestalt gewonnen haben. Darüber dann (oder: darunter?... dahinter?... jenseits davon?...), haben wir das Gefühl, schwebt die alles überragende Polarität einer unendlichen Wellenbewegung: die Wellen brechen, *entfalten* sich, so dass sie das Wasser über den Strand bis zu unseren Füssen jagen, wonach sie sich unmittelbar wieder zurückziehen, indem sie, *sich einfaltend,* in ihrem Sog Strandgut und Kleingetier mit sich in die Quelle reissen, die sich unserem Blick entzieht.

Während ich auf einem derartigen Spaziergang über die unzumutbare Vorstellung nachsann, dass wir auf ewig in einem gigantischen, ruhelosen Hologramm eingesperrt bleiben müssen – wenn es denn die Fähigkeit des Vorauswissens in der Praxis überhaupt geben sollte –, eröffnete sich mir eine ergreifende alternative Vision. Ich sah etwas, das mich an Amöben im Wasser eines flachen Tümpels erinnerte. Woher auch immer, vielleicht als Reminiszenz an eine Biologiestunde aus meiner Schulzeit, stellte ich mir vor, wie diese wohl winzigsten Einzeller in einem Tropfen Brackwasser unter dem Mikroskop aussehen würden. Natürlich sind sie keine zusammenhängende Masse, vielmehr ruhelose, hin- und hertreibende, separate Klümpchen wie Stärkebröckchen im Pudding oder wie eine Ansammlung von Kurt Lewins Lebens- und Sozialräumen (vergl. dazu die Abb. in Kapitel 7). In ihrer Bewegung stossen sie aufeinander, verschlingen noch winzigere Substanzpartikel und gelegentlich sogar einander.

Könnte dies (der Gedanke kam mir zumindest) das Funktionsmuster des Universums sein? Sind wir als Individuen und Gruppen vielleicht wirklich in grossen hologrammähnliche Einheiten eingebunden, die für einen himmlischen Beschauer nicht nur wie die Geschlossenheit von Amöben aussehen mögen, sondern sich obendrein entsprechend verhalten? Ist damit eine Antwort auf das Rätsel der Wandlung gefunden? Könnte es sein, dass die Wandlungen zustande kommen, indem amöbenähnliche, holographische Universen aneinanderstossen? Löst die Kollision Veränderungen aus, die so winzig sind, dass wir sie kaum unterscheiden können – aber gleichermassen auch Richtung und Verschlingung des unerwarteten, drastischen Umsturzes?

Könnten wir unser Leben im Gegensatz zum «vertikalen» Determinismus des Sinnbildes von «der einen Perle, die alle anderen reflektiert», welches wir im letzten Kapitel untersuchten, vielleicht auch als «horizontale» Stellung und Bewegung dieser holographischen Einheiten betrachten, die nebeneinander herlaufend selbständig arbeiten, anstatt ausschliesslich in einer senkrechten Rangordnung zu existieren? – Demgemäss gibt es nicht bloss ein einziges gigantisches Hologramm (oder Holomovement), in dem gefangen wir wie unverständige Spielzeuge durcheinandergewirbelt werden. Vielmehr gleichen alle existierenden Dinge der Bewegung noumenaler Amöben im Riesentümpel des Himmelszelts.

Welche Konsequenzen hat diese Vorstellung für das Rätsel des Vorauswissens? Welcher Stellenwert kommt ihr diesbezüglich zu? Wie würde sie in der Praxis aussehen?

Nehmen wir einmal an, dass in jeder einzelnen holographischen Einheit für eine gewisse Zeit alles festgelegt, in deterministischem Sinne vorherbestimmt ist. In diesem Fall würde Vorauswissen nach deterministischer Anschauung *intra*holographisch arbeiten: wir erkennen Strukturen und machen uns Einzelheiten bewusst, die allesamt innerhalb der Grenzen der augenblicklichen holographischen Einheit liegen, also in einer Sinneinheit zusammengefasst sind, welche alles einschliesst – uns selbst, alle anderen und alles, was mit uns in Beziehung steht und für uns bedeutsam ist. Sobald nun aber die verschiedenen holographischen Einheiten aneinanderstossen und sich gegenseitig verschlingen, ergeben sich die Veränderungen, die uns von Zeit zu Zeit erschüttern. In diesem Fall ist Vorauswissen *inter*holographisch – ein *Sprung,* der die Lücke zwischen den aneinanderstossenden Hologrammen *A* und *B* überwindet; oder ein Erregungsschub, der uns (ein beliebiges Subjekt) aus *A* in *B* hineinkatapultiert, dass wir seine einschliessende Masse durchdringen können. Sinn und Zweck davon wäre, herauszubekommen, in welcher Hinsicht die einschliessende Masse (die persönlich und gesellschaftlich wichtigen Inhalte von *B*) für das aus *A* kommende Subjekt (das nun für einen Augenblick von *B* umschlossen wird) relevant sind.

Wir könnten dieses Überbrücken und Durchwandern von Holomovements vielleicht treffend als *Holosprung* oder *Ganzheitssprung* bezeichnen, womit der Bohmsche und gestaltpsychologische Erkenntnisbegriff funktional definiert wären. An diesem Punkt greifen nun freier Menschenwille und Intentionalität ins System ein. Hier liegen Bindeglied und Öffnung, durch die der freie Wille ins Spiel kommt.

Hier können, angefeuert von Tatendrang, Neugier, Begehren, Keckheit, Unvoreingenommenheit und Mut, dem festen Glauben also, dass man es schaffen wird (der, wie die Erforschung des Paranormalen wiederholt nachwies, bei erfolgreichen Hellseh- und Heilversuchen eine konstante Grösse ist), Seher und Tatmensch gleichermassen ansetzen, Zukünfte vorauszusehen und zu gestalten, die *nicht* vorherbestimmt sind. Freilich sind derartige Gedanken reine Spekulation und darin allen übrigen Versuchen ähnlich, die Natur der «anderen» Seite und unsere Beziehung zu ihr auf ihren Gehalt zu prüfen. Als solche kranken sie an einer Substanzlosigkeit, die nur fortwährendes Nachprüfen und ein Grundkonsens bei den gedanklichen Ansätzen überwinden helfen können. Wer sich auf andere Wege des Spekulierens festgelegt hat, wird in ihnen überdies nicht mehr sehen als die üblichen Probleme, nämlich logische Ungereimtheiten und offenkundige Naivität.

Allerdings kann unser Fortschritt niemals weitergehen als wir bereit sind, dumm auszusehen – als wir tatsächlich ausdrücken, was nun einmal in seltsamen Bildern an die Oberfläche zu dringen pflegt, und spekulieren, auch wenn unsere Überlegungen noch so unfundiert und unfertig sind. Zu Anfang sind alle Gedanken einfach unausgereift, und wir können das Unbekannte nur kennenlernen, wenn wir vom festen Boden des bekannten Ufers abstossen, uns also dem lächerlich unsicheren Boot des forschenden Geistes anvertrauen.

Für den wagemutigen Leser werde ich nun, um den Rest dieses Kapitels optimal zu nutzen, als erstes noch Gedankensplitter und Untersuchungen erwähnen, die in ähnliche Richtungen zu führen scheinen wie unsere Spekulationen über das Verhältnis von freiem Willen und Vorauswissen. Danach werde ich die Fäden wiederaufnehmen und abschliessend betrachten, die ich an anderer Stelle lose hängen liess, wie etwa die Vorstellung von den drei Arten der Zeit. Wie hängen wohl, wiederum rein spekulativ, diese früher angesprochenen Vorstellungen und das Vorauswissen mit dem auf Gehirn und Bewusstsein beruhenden Funktionsmodell der Prognosefähigkeit zusammen, das unseres Wissens praktische wie theoretische Forschung nahelegen? Und wie stehen sie mit jener unbekannten Grösse in Bezug, die wir vielleicht «hellseherische Instanz» nennen könnten, womit wir aber unsere eigene Stellung im Zentrum dieses Mysteriums meinen, die uns als (zumindest potentiell) sittlichen Wesen zukommt?

Unvollendete Zeugnisse für ein Multiversum

Wir haben gesehen, wie moderne Physik und Hologrammtheorie die Vorstellung popularisiert haben, dass jede Erscheinung mit allen anderen Erscheinungen zu etwas verwoben ist, was man sich als *ein* grosses, undifferenziertes Ganzes zu denken geneigt ist. Meine «kollidierenden Amöben» scheinen jedoch anzudeuten, dass wir unser Augenmerk nicht nur der Ganzheit sondern ebensosehr der Differenzierung widmen müssen; demnach müssen wir uns mit der alten Idee einer *Vielheit* von Ganzheiten auseinandersetzen, an der Leibniz mit seiner *Monadologie* übrigens schon im siebzehnten Jahrhundert arbeitete.[4]

Auch einige Kurzgeschichten des argentinischen Dichters Jorge Louis Borges vermitteln eine Kostprobe von einem Weltbild, das von der Existenz vieler verbundener Hologramme ausgeht. Im *Garten der Weggabelungen* schreibt er über eine derartige Welt:

> ... eine unendliche Zeitenreihe, ein Netz sich teilender, überlagernder und paralleler Zeiten, das schwindelerregend wächst. Dieses Zeitennetz – dessen Stränge Jahrhundert um Jahrhundert aufeinander zustreben, sich verästeln, überschneiden und wissentlich verfehlen – umfängt jede Daseinsmöglichkeit. In den meisten Strängen existieren wir gar nicht. In anderen bist Du da, aber ich nicht, in weiteren ich, aber nicht Du, in einigen hingegen wir beide. Im jetzigen hat mich das Schicksal begünstigt: Du kamst an meine Tür. In einem anderen fandest Du mich tot am Boden, als Du gerade durch den Garten gingst. In wieder einem anderen spreche ich dieselben Worte und bin doch Irrtum, doch Phantom.[5]

Der schwarze Humor des amerikanischen Romanschriftstellers Kurt Vonnegut stellt das Leben ebenfalls als eine Art Riesenkarambolage holographischer Einheiten dar, in die wir wie sein Held in *Schlachthaus Fünf* gelegentlich hineingeworfen werden, wo Billy Pilgrim periodisch wiederkehrend mit dem unverwüstlichen Montana Wildhack von der Erde zum Planeten Tramalfador und zurück katapultiert wird.[6]

Allerdings genügen diese Beispiele nicht den Anforderungen wissenschaftlicher Kriterien, weil wir sie als Unterhaltungsliteratur einstufen. Aber wie sollen wir nun die Idee multipler Ganzheiten so in den Griff bekommen, dass die Wissenschaft damit arbeiten kann? Auf dem Gebiet der Psychologie sind die Untersuchungen, die Charles Tart und andere den Zuständen veränderten Bewusstseins gewidmet haben, in dieser Hinsicht besonders hilfreich. Tart bezieht sich dort unter anderem auf William James' Behauptung, «dass unser normales Wachbewusstsein ... nur eine Sonderform von Bewusstsein darstellt; in seinem unmittelbaren Umfeld liegen, bloss durch einen hauchdünnen Filter getrennt, gänzlich anders geartete potentielle Bewusstseinsformen». Ausserdem beobachtete James an multiplen Persönlichkeiten, «dass die Gesamtheit des möglichen Bewusstseins in bestimmten Fällen in Teile aufgespalten sein kann, die nebeneinander herlaufen, ohne sich gegenseitig zur Kenntnis zu nehmen ... höchst bemerkenswert ist jedoch, dass sie sich ergänzen».[8]

Es gibt natürlich auch noch viele interessante neuere Forschungsarbeiten, die zum Beispiel im *Brain/Mind Bulletin* vorgestellt wurden. So entdeckte der Psychologe Kenneth Ring bei der Sichtung von Berichten über sogenannte Nahtod-Erlebnisse, dass viele Menschen nach einer solchen Erfahrung «Vorhersagen zur Lage der Welt» gemacht oder Visionen über Ereignisse beschrieben hatten, die nach ihrem Ableben in der Welt passieren würden. Bemerkenswert war, dass sie unabhängig voneinander inhaltsmässig übereinstimmten: Menschen, die keinerlei Verbindung miteinander gehabt hatten, sagten *dasselbe* voraus, berichteten dieselben Geschehnisse und machten dazu dieselben Zeitangaben. Im Zusammenhang mit unserer letzten Frage, ob wir womöglich in einer Vielzahl von Holoversen leben, zwischen denen wir «hin- und herspringen», ist jedoch die Vision einer bestimmten Frau besonders faszinierend.

Diese Frau berichtete von drei verschiedenen Zukünften, die ihr während ihres Nahtod-Erlebnisses gezeigt worden wären. Eine davon basierte zudem auf einer anderen Vergangenheit. Diese Zukunft *A* «würde eintreffen können, wenn vor etwa dreitausend Jahren, also zur Zeit von Pythagoras, nicht bestimmte Sachen passiert wären. Es handle sich um eine Zukunft, die sich durch Frieden und Harmonie sowie die Abwesenheit einer Christusgestalt auszeichnen würde».[3] Zukunft *B* stimmte im wesentlichen mit anderen Berichten überein. Sie ist charakterisiert durch zunehmende Störungen der klimatischen Verhältnisse auf der Erde, einen Zusammenbruch der Weltwirtschaft, die grosse Wahrscheinlichkeit eines Atomkrieges oder eines schweren nuklearen Unfalls, sagt aber ebenfalls voraus, dass nach diesen Katastrophen ein «neues Zeitalter» des Friedens und guten Willens anbrechen würde. Zukunft *C* hingegen würde noch zerstörerischer ausfallen.

Ring selbst war der Meinung, dass von den vier sich anbietenden Lösungen die «viele-Welten-Deutung» der Quanten-Physik die interessanteste Erklärung sei. Hugh Everett III hatte sie als erster formuliert, und zwar in seiner Promotion, die er 1957 an der Universität *Princeton* einreichte. Everett hatte sich dazu von der Arbeit des Nobelpreisträgers Richard Feynmann anregen lassen, dessen Diagramme und Theorien über die Vorwärts- und Rückwärtsbewegung subatomarer Teilchen in der Zeit wir bereits in Kapitel 10 kennengelernt haben. Mit Hilfe mathematischer Gleichungen, die – wir sahen es schon an anderer Stelle – den Analysen der Physiker ihre eigentliche Überzeugungskraft geben, kam Hugh Everett III zu dem Schluss, dass «wir in einer unendlichen Menge fortwährend interagierender Universen leben».[10] Damit nicht genug: in diesem System einer unendlichen Anzahl von Universen «werden alle Zukünfte, die möglich sind, auch Wirklichkeit».[11]

So unvorstellbar dieser Gedanke auch scheinen mag, er ist mathematisch fundiert genug, um in der Physik fortzubestehen. Im Gegensatz zu den vielen anderen physikalischen Doktorarbeiten aus dem Jahre

1957, die recht bald in der Versenkung verschwanden, wurde die von Everett schliesslich 1973 mit Erläuterungen anderer Physiker unter dem Titel *Die Viele-Welten-Deutung der Quantenmechanik* publiziert.[12]

Vorauswissen als Funktion des auf Gehirn und Bewusstsein beruhenden Voraussagemodells und die drei Arten von Zeit und Intuition

Wohin führen uns diese Aussagen? – Die Skizzen von Borges, Vonnegut, James, Ring und Everett lenken unsere Schritte wiederum zu derselben, altbekannten Begriffsklippe. Wir sind mit unserem Gefühl alleingelassen, dass wir den Weg irgendwo im Nebel verloren haben. Wir werden denen, die nach uns kommen, aber nur dann ermöglichen, aus den vorhandenen Fragmenten die befriedigende Vollständigkeit einer tragfähigen Erklärung der Relation von freiem Willen und Vorauswissen zusammenzufügen, wenn wir uns jetzt auf unsichere erste Schritte einlassen.

Lassen Sie uns nun zu immer noch spekulativem, aber doch schon wesentlich festerem Grund kommen. Wir wollen einmal sehen, ob wir der Lösung des Rätsels des Vorauswissens nicht ein bisschen näher kommen können, indem wir uns nochmals mit dem Interaktionsmodell des Gehirns aus Kapitel 6 und 7 und mit den drei Arten von Zeit und Intuition aus Kapitel 5 befassen.

Meine eigenen Untersuchungen zeigen übereinstimmend mit anderen Arbeiten, dass in telepathischen Begabungen nachweislich die rechte Hirnhemisphäre dominiert.[13] Danach würde die Interaktion der Hirnhälften bei der Zukunftsvoraussage einseitig verlaufen. Die Psychologen Jean Millay und Jim Johnson, der Psychiater Tod Mikuriya und der Technologe Jim Scully aus San Francisco kamen bei ihrer faszinierenden Pionierarbeit allerdings zu dem entgegengesetzten Ergebnis: sie fanden heraus, dass beim Vorauswissen wie bei gewöhnlichen Prognosen *beide* Hirnhemisphären zusammenwirken.[14]

Mit finanzieller Unterstützung des *Instituts für Noetische Wissenschaften* aus der Umgebung von San Francisco schlossen Millay, Johnson und Mikuriya ihre Versuchspersonen an die komplizierten, computergesteuerten Biofeedback-Geräte an, die Tim Scully gebaut hatte. Danach stellten sie ihnen die Aufgabe, in zwei unterschiedlichen Testsituationen synchrone Alpharhythmen zu erreichen. Einmal sollten sie die Alpharhythmen ihrer beiden Hirnhälften synchron laufen lassen, zum anderen als Versuchspaare die Alphawellen ihrer beiden Gehirne synchronisieren.

Millay et. al. entdeckten bezeichnende Wechselbeziehungen zwischen telepathischer Kommunikation und «Hirnresonanz», d. h. der Fähigkeit in beiden Hirnhälften (beim Einzelversuch) oder in beiden Gehirnen (beim Versuchspaar) denselben Alpharhythmus zu halten. Da die Erforschung des Paranormalen generell von einer starken Korrelation zwischen präkognitiven und telepathischen Fähigkeiten ausgeht,[15] bestätigt sich in dieser Arbeit erstmals das Denkmodell, das für präkognitive wie auch für nicht-präkognitive Voraussagen einen Konsens der Hemisphären annimmt.

Unser Modell von Vorder-, rechtem und linkem Hirn legt zwei Funktionsabläufe des Vorauswissens nahe. Wollen wir Vorauswissen mit Hilfe von Begriffen und Vorstellungen aus der westlichen Wissenschaft erklären, müssen wir sagen, dass es durch Regression entsteht, durch einen «Rückfall» auf eine Stufe des «Einsseins», die der funktionalen Teilung in Hemisphären vorausgeht; es beruht demnach auf der Funktion eines «ungeteilten» Bewusstseins, die der Aufspaltung in rechte und linke Hirnhälfte vorausging. Diese Aufspaltung wiederum widerfährt den Organismen auf einer bestimmten Entwicklungsstufe. So geschah sie auch an einem gewissen Punkt der Evolution des Menschen. Dies ist die eine Erklärung. Die andere bedient sich der Begriffe und Vorstellungen aus Mystik und Metaphysik und erklärt Vorauswissen als Ergebnis der Annäherung an ein transzendentes, höheres Bewusstsein.[16]

In beiden Fällen bedeutet Vorauswissen übereinstimmend, dass wir aus der Beengung unserer normalen Raum- und Zeitdimension ausbrechen, um in Raum- und Zeitlosigkeit zu wirken. Aber wie macht das Vorauswissen dies? Ist an dieser Stelle vielleicht die früher vorgetragene Idee hilfreich, wonach es drei Arten von Zeit und Intuition gibt?

Um die Gedanken aus Kapitel 5 kurz zu rekapitulieren: Vieles deutet darauf hin, dass unser Gehirn das Holomovement vermittels dreier verschiedener Verfahren verarbeitet, welche ihrerseits drei Arten von Zeit hervorbringen: eine *serielle* Zeit, die sich an der linken und eine *räumliche* Zeit, die sich an der rechten Hemisphäre orientiert, sowie eine *zeitlose* Zeit, die man im Gehirn nur schwer lokalisieren oder festlegen kann, die folgerichtig also holographischer Natur sein könnte. An derselben Stelle zählten wir einige Gründe dafür auf, dass mit diesen drei Arten der Zeit drei Arten der Intuition zusammenhängen. Einmal scheint es eine Art «kognitiven Rückschluss» zu geben, der mangels geeigneter Kriterien für einen rationalen Rückschluss eben als «Intuition» gewertet wird. Die kognitiven Rückschlüsse hängen mit der linken Hirnhälfte zusammen. Allgemein anerkannter ist die Gestalt- oder Bildermittlung bzw. -formung durch die rechte Hirnhemisphäre, die wir zumeist meinen, wenn wir von Intuition sprechen – allerdings ohne sie zu verstehen. Schliesslich scheint es noch eine dritte Art der Intuition zu geben, mit deren Hilfe wir die normalen Grenzen von Raum und Zeit transzendieren und zur «anderen Wirklichkeit» vorstossen können.

Inzwischen müsste ebenfalls klar sein, dass wir im Rahmen unserer gegenwärtigen Analyse unter dieser dritten Art der Intuition nur den *Ganzheitssprung* verstehen können, jene befreiende Fähigkeit, auf der Suche nach der räumlich und zeitlich transzendenten Information *inter-* und *intra*holographische Streifzüge unternehmen zu können.

Die ersten beiden Arten von Intuition – die auf Bildern und dem evolutionär primitiveren räumlichen Zeitsinn beruhende und die rückschliessende, die mit der in der Evolution später hinzugekommenen und differenzierteren seriellen Zeit zusammenhängt – sind demnach keinesfalls die Hauptträger des Vorauswissens. Vielmehr sind diese beiden «rechts-» und «linkslastigen» Arten der Intuition für uns wahrscheinlich, was dem Künstler die detaillierte Ausführung der ersten Skizzen und dem Schriftsteller die aus der Rohfassung gewachsene Endfassung eines Textes sind: Kräfte, die die erste Präkognition in eine Form giessen und sie testen, nachdem sie in einem viel undifferenzierteren Rohzustand empfangen wurde. Der Kern einer Präkognition (das Vorauswissen in seinem Rohzustand) wird hingegen von der dritten Art der Intuition empfangen, von jenem möglicherweise «ungeteilten Bewusstsein», das eng mit der «zeitlosen» Zeit verbunden ist.

Diese Verbindung können wir entweder als Rückkehr oder als Fortschritt zu einem Bewusstseinszustand begreifen, der nach Bohms Hologrammtheorie und nach Aussagen der Mystiker jenseits von Raum und Zeit liegt.

Seher und Holoversum

Wir dürfen uns deshalb als Wesen ansehen, deren physische Form durch die Entfaltung eines Holomovements zusammenkommen, welches Elemente aus einer Vielzahl von Quellen vereinigt, die eigentlich jenseits von Raum und Zeit existieren.

Augenblick für Augenblick stehen wir einer solchen Entfaltung von anderen Wesen und unserer Umwelt insgesamt gegenüber, wie wir auch gleichzeitig Teile davon sind.

Die *Entfaltung* des Holomovement tritt möglicherweise aus einer *eingefalteten* oder *impliziten* Ordnung hervor, die wir uns am besten im Sinne unserer früheren Spekulationen über eine Vielheit von Ganzheiten vorstellen: nämlich als hologrammähnliche Formen, die in fliessender Raum- und Zeitlosigkeit dahintreiben, wobei jede in einer von innen determinierten Kette alles mit allem verbindet. Wir können uns derartige holographische Einheiten aber auch als parallele Welten, parallele Universen vorstellen, allerdings nur bis zu einem gewissen Punkt. Entscheidend für diese Anschauung ist ja, dass die vielen Ganzheiten aneinanderstossen, wodurch Wandlung und freier Wille ins Spiel kommen.

Es kann sein, dass sich diese «Hologramme» in ihrer Berührung umschliessen, dass sie miteinander verschmelzen, voneinander abgestossen werden oder nach irgendeinem anderen der vielen Systeme von Regeln aufeinanderwirken, die die Theoretiker der Dialektik im Laufe der Zeiten ersonnen haben. Vielleicht kommen so, von der winzigsten bis zur dramatisch umsturzhaften, alle Veränderungen zustande. Vielleicht vollziehen sich so die Wandlungen, die unserem Leben seine Richtung geben und bestimmen, was uns geschieht.

Trotzdem sind wir nicht völlig fremdbestimmt, werden wir nicht nur von äusserlichen Faktoren getrieben. Wir scheinen eine gewisse Kraft zur Freiheit zu besitzen oder, wenn Sie so wollen: den Spielraum zum *Ganzheitssprung*. Physikalische Experimente von Heisenberg bis Wigner und parapsychologische Versuche über Psychokinese und Geistheilen scheinen übereinstimmend nachzuweisen, dass wir, unerklärlich zwar, die Fähigkeit der Eigenentscheidung, des freien Willens, der bewussten Einflussnahme und Intentionalität besitzen. Weiterhin scheint die Wirkung unseres Willens nicht auf die Welt der normalen Oberflächenerscheinungen begrenzt zu sein, wo wir ihre gleichwie beschränkte Kraft tagtäglich im persönlichen und gesellschaftlichen Hin und Her beobachten können. Wir scheinen darüber hinaus gelegentlich auch eine gewisse Einflussmöglichkeit auf die «andere Wirklichkeit» zu haben.

Was sagen uns solche Überlegungen nun über den angestammten Platz des Sehers? Seine wichtigste Freiheit scheint mir in dieser Hinsicht die Chance zu sein, tätig Einfluss zu nehmen.

Wir können uns natürlich mit dem Holomovement treiben lassen, indem wir entweder die Frage nach einer höheren, endgültigen Intelligenz ignorieren oder blind ihrer angeblichen Richtung folgen. Wenn wir dies tun, müssen wir uns selbstverständlich mit den Verkrustungen und Ungleichheiten der Vergangenheit abfinden, die uns überrollen, einengen und schliesslich alle unsere Anstrengungen und Ergebnisse zunichte machen.

Wir können demgegenüber aber auch Teil jenes Willens werden, der dieser Last entgegenarbeitet. In diesem Fall würden wir zur Gesamtentwicklung unseren kleinen Stoss beitragen, der unbedingt notwendig ist, wenn wir in diesem faszinierenden kosmischen Experiment mit der Masse aller Wesen zu höheren Daseinsformen und einem höheren Bewusstsein fortschreiten wollen.

So verstanden scheinen Wille und Anteilnahme eine Funktion des ganzen Gehirns zu sein, die alle seine Reserven in Anspruch nimmt, um die Kräfte unseres Geistes zu konzentrieren auf:

die Aufgabe der Voraussicht. Sie fordert uns auf, uns in den Grenzen der gegebenen holographischen Ordnung umzuschauen und uns die Freiheit zu nehmen, jenseits davon andere Möglichkeiten zu entdecken; sowie:

die Aufforderung zum Handeln, die die Voraussicht mit dem Willen paart, gegebene Verkrustungen zu durchbrechen, mit anderen, wünschenswerteren holographischen Alternativen Verbindung aufzunehmen, ja sie sogar erst hervorzubringen.

KAPITEL 15

Am Ende des Regenbogens

Der Kreis hat sich geschlossen. Die Sphinx ist nun weniger rätselhaft, der Regenbogen ein wenig vertrauter geworden.

Wir haben diese zwei eingängigen Bilder ursprünglich als Symbole für Gehirn und Bewusstsein gebraucht, jedoch haben sie im Verlauf unserer Forschungsreise noch andere Bedeutungen bekommen. Wir können in ihnen zum Beispiel Yin und Yang erkennen, das Feste und das Nachgiebige, das Schöpferische und das Empfangende, deren Wechselwirkung laut *I Ging* das gesamte Universum hervorbringen. Oder wir können sie mit Bohm als *entfaltete* und *eingefaltete* Wirklichkeit sehen.

Wir können darin auch zwei alternierende Grundtriebe wiedererkennen, die nach der Entstehung des Universums bereits in den ersten Organismen angelegt waren: einerseits Stimulation und Information und andererseits Ruhe und Erneuerung anzustreben, Triebe also, die das Dasein immer noch auf allen Ebenen regulieren und für unser Überleben so entscheidend sind wie nur irgendetwas.

Sphinx und Regenbogen, das ist nicht weniger als das Wechselspiel katabolischer und anabolischer Prozesse, das sind Schlafen und Wachen, Phasen die alle Körper im Universum durchlaufen. In uns

Menschen, die wir in den oberen Bezirken der Spirale der Evolution hausen, veranschaulichen diese beiden Symbole einerseits das Bedürfnis nach etwas Neuem, nach Normveränderung und andererseits den Wunsch, alles möge beim Alten bleiben, das Bedürfnis nach Normerhaltung; oder sie versinnbildlichen die Polarität von Liberalismus und Konservativismus; oder im Gesellschaftskörper auf der einen Seite die Kultur, das netzartige Zusammenspiel von guten und schlechten Traditionen, und auf der anderen Seite das Bedürfnis, die ausgetretenen Wege zu verlassen, weiterzukommen, höherzustreben, von dem der kreative Einzelne beseelt ist.

Man kann sie auch als Ausgangsbasis religiöser Spekulationen und Absprungspunkt für die Überlegungen der neuen Psychophysik betrachten: als wechselseitige Folge, Komplementarität und Austauschbarkeit von Körper und Geist, Materie und Energie. Wir haben gesehen, dass die bemerkenswerte Struktur des zukunftsschauenden Geistes auf der Leiter der Evolution Stufe um Stufe aufsteigt. Er fängt ganz «unten», mindestens aber im DNS-Molekül an, in das unzählige Vorhersagen über kommende Ereignisse einprogrammiert sind, und verzweigt sich in niederen Organismen gewöhnlich in zwei Richtungen. Die Hauptrichtung manifestiert sich in automatischen und unbewussten Prozessen, etwa in Bewusstseinsformen, die der Amöbe Nahrung signalisieren, den Frosch vor Gefahr warnen und den Zugvögeln sagen, wohin sie wann fliegen müssen. Aber auch auf dieser Stufe der Evolution gibt es, unterentwickelt zwar, Ansätze zu einem Bewusstsein und die wunderbare, obwohl zumeist verblüffende Fähigkeit zu rationalen Entscheidungen, die an Säugern wie Affen und Delphinen zu beobachten ist.

Der raketenhafte Aufstieg, mit dem wir Menschen uns aus der Matrix der übrigen irdischen Lebensformen erhoben, kehrte nun das Verhältnis von unbewussten Prozessen und Bewusstseinsleistungen völlig um. Mit dem Menschen vergrösserte sich das Vorderhirn ganz ungeheuer und damit auch die Kapazität, es so zu programmieren, dass es bewusst jene Aufgaben und Ereignisse voraussagen kann, die wir täglich meistern müssen, und von denen letztlich unser Überleben abhängt.

Es entstanden zum einen die Partnerschaft zwischen rechter und linker Hirnhemisphäre mit der Arbeitsteilung in raumgebundenes, bildliches Vorstellungsvermögen und zeitgebundenes Rechnen – und daraus auch die schwerwiegenden Folgen für Gesellschaft und Individuum, die sich aus der gemeinsamen Herrschaft der beiden sowie der Dynamiken ergaben, die sie repräsentieren.

Es entstanden zweitens die Vorderhirnfunktion, einschliesslich unserer Sozial-, Moral-, System- und Zukunftssinne, also die Fähigkeit, zu beobachten, zu wollen und zu handeln, die sozusagen den «Manager» oder «Chef» darstellt, sowie der Anreiz der Neugier, der Hunger nach Reizen einer höheren Ebene.

Es entstand drittens die bewusstseinsprägende Gruppe von Eigenschaften, die das Persönlichkeitsprofil besonders prognosefähiger Menschen bestimmen, wie etwa: Unvoreingenommenheit, Geselligkeit, Kreativität, Intuition, gesteigerte Intelligenz oder gehobenes Denkvermögen, emotionale Stabilität, Mitgefühl, Unabhängigkeit, Verwurzeltsein, soziales und moralisches Verantwortungsgefühl.

Parallel dazu existierte als mögliche Matrix für «niederes» wie «höheres» Bewusstsein, aus der alles hervorgeht wie es auch in ihr enthalten ist, von Anfang an die elektrisierende Vielseitigkeit des holographischen Bewusstseins und des «Geistes-an-sich», welche noch über die Holographie und jede andere menschliche Beschreibung hinausgeht und Vergangenheit, Gegenwart und Zukunft in eins zusammenfallen lässt.

Wohin haben uns unsere Überlegungen geführt? Was hat uns die Reise zur teilnahmslosen Sphinx, die Jagd nach dem lockenden Regenbogen gelehrt? Und was mag noch vor uns liegen?

Soviel ist klar: die Existenz und Verbreitung nuklearer Einrichtungen und Waffen bedeuten, dass augenblicklich die Zeit der grössten Prüfung in der Geschichte unserer Art angebrochen ist. Es steht jetzt in unserer Macht, uns selbst auszulöschen; früher besass nur «Gott» sie. Deswegen können wir auch nur dann auf ein Überleben hoffen, wenn wir uns endlich aufraffen, die gegensteuernde Kraft des zukunftsschauenden Geistes mit ihren moralischen, sozialen und systemumspannenden Fähigkeiten so einzusetzen, dass wir die Konsequenzen aller angeblich gescheiten und rationalen, an sich aber völlig irrwitzigen Handlungen voraussehen, und wenn wir zweitens darüber hinaus auf der Grundlage unserer Einsichten *handeln,* anstatt weiterhin die Hände in den Schoss zu legen und zu glauben, dass die «Führer dieser Welt» oder das «Schicksal» am Ende rettend eingreifen werden.[1]

Es scheinen in den Menschen jetzt vermehrt heilende und regenerierende Kräfte zu erwachen. Sollten sie tatsächlich die Oberhand gewinnen, und wir infolgedessen in neuer Form zu altem Gleichgewicht wiederfinden,[2] ist damit auch etwas offensichtlich, das weitergeht als alle unsere Träume, mit Ausnahme vielleicht der ersten und ahnungsvollsten. Es ist dies die Einsicht, dass wir erst am Anfang einer langen, langen Reise stehen, auf der uns noch viel mehr Wunder als Schrecken erwarten werden. Wir Menschen haben seit unserem Entstehen vor ein paar Millionen Jahren schätzungsweise erst zweihunderttausend Generationen erlebt. Im Vergleich dazu haben die nach unserer Kenntnis frühesten bakteriellen Lebensformen seit ihrer Entstehung vor drei Milliarden Jahren schon *zehn Billionen* Generationen durchlaufen. Pferde haben 27 Millionen Generationen hinter sich, Elefanten etwa 10 Millionen.[3]

Aus entwicklungsgeschichtlicher Sicht sind wir also noch Säuglinge. Apropos, was uns bevorsteht: Als Frederic Myers (ein guter Freund von William James) einmal darüber sprach, «wie die Menschen sich über viele Zeitalter und durch zahllose Veränderungen entwickelt haben», sagte er voraus, dass diese Veränderung «immer schneller und über Zeiträume weitergehen wird, neben denen unsere bisherige durch Aufzeichnungen gesicherte Geschichte zu einem Augenblick zusammenschrumpft». Nach Myers Ansicht «geht die Natur dieser Veränderungen weit über unseren jetzigen geistigen Horizont hinaus. Viele von ihnen sind für uns wahrscheinlich so unvorstellbar wie es das Augenlicht für unsere augenlosen Vorfahren gewesen wäre».[4]

Lewis Mumford spekulierte ähnlich: «Ist ‹sei du selbst› der Natur erstes Gebot, ist ‹wandle dich› ihr zweites, wenngleich ihr letzter Befehl, zumindest bis jetzt, ‹erhebe dich über dich selbst› zu lauten scheint.»[5]

Im Kontext der Entdeckungen unserer Untersuchung insgesamt deuten derartige Überlegungen über ein höheres Bewusstsein an, dass der zukunftsschauende Geist über seine Fähigkeit, uns reicher zu machen oder soziale und politische Katastrophen abzuwenden – ja auch über die Sensation des sogenannten Vorauswissens – hinaus noch etwas viel Grösseres und unvorstellbar Wichtiges anzeigt. Sie bedeuten nämlich, dass die Prognosefähigkeit und alle Qualitäten, über die wir in diesem Zusammenhang verfügen, einen der vielversprechendsten Komplexe normativer Attribute für die menschliche Entwicklung darstellen.

Daraus folgt, dass der «durchschnittliche», aber vollkommen verwirklichte Mensch der Zukunft über Voraussagekräfte verfügen wird, neben denen sich die gemeinsamen Leistungen unserer gegenwärtigen Denkfabriken wie Sandkastenspielereien ausnehmen. Es folgt aber noch etwas anderes: man wird diese Kraft konsequenter in den Dienst einer Sache stellen, über die wir zwar viel reden, für die wir bisher jedoch nur wenig getan haben. Die enge Verbundenheit von sozialem Sinn, ethischem Sinn, systembegreifenden Sinn und Zukunftssinn in den Stirnlappen beinhaltet eine befreiende, hoffnungsvolle Botschaft. Stellen Sie sich vor: hier, an dieser Stelle über unseren Augen, hinter den Augenbrauen und auf derselben Höhe wie das «dritte Auge», mit dem wir Bilder von der Zukunft entwerfen und projizieren können, liegt eingebettet unsere Fähigkeit, das Wohl unserer Mitmenschen zu bedenken, die Wertmassstäbe zu erkennen, die unser Verhalten leiten sollten, wie auch die der Systemschau – die Transzendierung von Selbst und Gesellschaft durch ein Verständnis der Ganzheit des Lebens. Alle diese Faktoren kommen hier im Vorreiter der Evolution des Gehirns zusammen.

Diese Aufzählung normativer Attribute mag uns an die Eigenschaften ganz verschiedenartiger Seher erinnern, an Plato etwa, an Buddha, Jesus und Jesaja. Sie verweist uns darauf, dass der *durchschnittliche* Mensch der Zukunft nicht nur mehr voraussehen wird als wir, sondern insgesamt ein sensibleres, verantwortungsbewussteres und klügeres Wesen sein wird.

Wie wird er unsere Zeit im Rückblick beurteilen? Wird er sie wegen der versäumten Verwirklichungen unseres Potentials für eines der dunkelsten Zeitalter halten? Oder ist sie in seinen Augen eine glanzvolle Zeit, weil sich in uns schon vieles ankündigt und wir uns redlich bemühen?

Die Antwort liegt in jedem von uns beschlossen und, wenn Sie so wollen, bei Sphinx und Regenbogen. Die Wüste ist nun ganz still, die Nacht ein schwarzer Teppich, erfüllt mit den 100 Milliarden Lichtjuwelen, die ein Spiegelbild der Zellen unseres Bewusstseins sind. Scheinbar unbewegt, unwandelbar gleicht die Sphinx der Dunkelheit, die manchmal an Ewigkeit gemahnt: ein Monolith, erbaut von der Sklaverei der Vergangenheit. Aber der Morgen wird kommen und mit ihm vielleicht Regen – mit dem Regen dann womöglich das freie, lockende Entzücken des Regenbogens.

Das ist der Lauf von Sphinx und Regenbogen. Sie wechseln sich ab. Sie spielen sich zu. Sie nehmen Vergangenheit, Gegenwart und Zukunft und bauen daraus unsere Alltagswelt. Sie führen uns der letztlichen Erfüllung entgegen.

A N H A N G A

Ein Leitfaden zum Erstellen von Prognosen und zum Überleben in Beruf, Gesellschaft und Privatleben

Dies sind schlimme Zeiten, will man ein Dienstleistungsunternehmen, ein Geschäft oder einen Haushalt leiten, zur Schule gehen, um zu lernen, wie man all dies tut, oder einfach nur leben und leben lassen. Hin- und hergestossen von Inflation, Wirtschaftsflaute, steigenden Preisen, Arbeitslosigkeit, umstellt und bedrängt von Umweltverschmutzung, Verbrechen, Terrorismus und der Gefahr eines Atomkrieges, müssen wir uns unseren mühevollen Weg durch wissenschaftliche, politische und gesellschaftliche Systeme bahnen, die wie Minenfelder in einem unendlichen Niemandsland anmuten.

In dieser Situation kann schon der geringste Gewinn an Voraussagbarkeit äusserst wichtig sein. Im kleinen Rahmen des Alltags können Lern-, Geschäfts- und Organisationsmodelle, die besser voraussagen, was vor uns liegt, den Unterschied zwischen Erfolg oder Misserfolg bedeuten. Im Grossen, auf der Ebene von Nationen und der Menschheit insgesamt *mag eine Zunahme in der Genauigkeit unserer Voraussagen sogar über unser Überleben entscheiden.*

Zwar ist die in diesem Buch gesammelte Information kein Allheilmittel, man kann sie jedoch in zweifacher Hinsicht auf diese uns gestellte

Aufgabe anwenden. Einmal können wir sie als Einzelperson benutzen, sie auf alle die Fragen beziehen, mit denen wir uns jeden Tag herumzuschlagen haben. Meine Methode für dieses Anwendungsgebiet ist eine Erweiterung des Ansatzes, den ich schon 1979 in *The Futurist,* 1980 in *Planning Review* und im September 1982 in einem Artikel in *Reader's Digest* vorgeschlagen habe.

Für die zweite Vorhersagemethode müssen sich Gruppen zusammenfinden, um gemeinsam dafür zu sorgen, dass ein Geschäft, ein Dienstleistungsbetrieb, ein Erziehungsprojekt, ein Haushalt auch wirklich floriert, anstatt sich nur von einem Tag zum anderen über Wasser zu halten. Es handelt sich um eine Spielart von Methoden, die ich 1980 bereits erfolgreich mit Studenten der *University of California* in Los Angeles und Berkeley mit Absolventen der Marineschule, mit Drehbuchautoren, Produzenten, Schauspielern und Schauspielerinnen aus Hollywood ausprobierte. Meine Ergebnisse werde ich in einem weiteren Buch unter dem Titel *The Hit Predictors* zusammen mit Beispielen aus anderen gegenwärtigen Forschungsarbeiten auf diesem Gebiet veröffentlichen.

Der Schlüssel zu dieser Methode der Gruppenvoraussage ist ein Test zur Früherkennung der Übereinstimmung zwischen den Hemisphären (der sogenannte *Hemispheric Consensus Profile Test,* von jetzt an kurz HCP-Profil genannt), den ich für Voraussagestudien entwickelte, an denen ich 1978 gearbeitet habe. Viele Lehrer, Schüler, angehende Betriebswirte, Bewusstseinsforscher und Wissenschaftler der verschiedensten Sparten in den Vereinigten Staaten haben inzwischen vom HCP-Profil Gebrauch gemacht, weil es tatsächlich eines der ersten Werkzeuge ist, die Dominanz einer Hirnhemisphäre nur mit Papier und Bleistift zu messen. Die ursprüngliche Version wird hier im einzelnen noch dargestellt werden; wir haben sie bei unserer Forschung bis einschliesslich 1981 benutzt. Das HCP-Profil hat anderen vergleichbaren Instrumentarien und Verfahren zur Feststellung der dominanten Hemisphäre voraus, dass man es sehr schnell erstellen und auszählen kann. Wer sich ernsthaft wissenschaftlich dafür interessiert, kann von mir Information über eine vollständigere Ausgabe dieses Tests anfordern. Schreiben Sie bitte mit Internationalem Antwortschein an: David Loye, c/o Shambhala Publications Inc., 314 Dartmouth Street, Boston, MA., 02 116, U.S.A. Ich werde Ihnen das entsprechende Material zusammen mit einem Handbuch über Anwendung, Auszählung, Bewertung, Interpretation und Grenzen des HCP-Profils zusenden.

Wie Sie Ihre eigene Prognose-fähigkeit heben können

Diese Methode geht von dem Interaktionsmodell zwischen rechter und linker Hirnhälfte aus, das wir im Verlauf unserer Ausführungen entwikkelt und näher qualifiziert haben. Ihr geht es im Kern um die Analyse von Übereinstimmung und Nicht-Übereinstimmung, also darum festzustellen, ob *beide* Gehirnhälften dem Zukunftsszenario zustimmen, auf das sich die Voraussage stützt oder ob sie die Angelegenheit unterschiedlich bewerten.

Nehmen wir einmal an, Sie hätten eine Entscheidung zu fällen, die Ihre oder die Zukunft Ihres Arbeitgebers oder Ihres eigenen Geschäfts betrifft. Sie wollen herausfinden ob Sie der Person A oder B den Hof machen, C oder D einstellen oder feuern, an einem Workshop E teilnehmen oder einen akademischen Grad der Universität F erwerben, Geld in die Aktien von G oder H investieren oder Haus und Grundstück I oder J kaufen sollen.

In Kapitel 6 und 8 haben wir diesbezüglich ein Funktionsmodell entworfen. Es besagt, dass beide Hirnhälften alle potentiell relevanten Daten überfliegen, um sich auf einen Satz möglicher Antworten zu konzentrieren, sobald Sie die Frage gestellt haben.

Natürlich sind die Unterschiede zwischen rechter und linker Hirnhälfte weitaus vielschichtiger als dieses Modell, aber effektive Messungen werden nun einmal grundsätzlich nur durch drastische Vereinfachung möglich. Zum Zwecke einer solchen Vereinfachung werden wir die rechte Hirnhälfte hier mit *Intuition* und die linke mit *Vernunft* gleichsetzen. Dementsprechend werden sich einige von uns mehr auf die Vernunft der linken Hemisphäre verlassen, während andere die Intuition der rechten bevorzugen, wenngleich wir alle, *unwissentlich* zwar, grundsätzlich beide Hirnhälften einsetzen. Aufgrund dieses Sachverhaltes können wir unsere Prognosefähigkeit steigern, wenn wir bewusst und zielgerichtet folgendermassen vorgehen.

Entspannen Sie sich als erstes in ruhiger Atmosphäre, meditieren Sie oder verwenden Sie die Technik der Selbsthypnose. Damit beruhigen Sie das übergeschäftige linke Gehirn und bekommen zu den schwerer fasslichen und verborgeneren Fähigkeiten des rechten Zugang. Fragen Sie nun Ihre Intuition, wie Sie am besten vorgehen sollten. Sie wenden sich vor allem deshalb zuerst an Ihre Intuition, weil Sie Ihr Bewusstsein nicht gleich mit jeder Menge Verstandeshektik vollpacken wollen. Ein anderer Grund dafür ist, dass Ihre Intuition einfach schneller arbeitet als der Verstand. Sie stellen also zunächst einmal ganz entspannt Ihre Frage, notieren sich vielleicht noch die Antwort. Jedenfalls lassen Sie sie im Raum stehen, legen sich nicht darauf fest, während Sie Ihren Geist für den nächsten Schritt freihalten.

Als nächstes fragen Sie nun das linke Gehirn, was zu tun ist. Diesmal schreiben Sie sich am besten alle Punkte auf, die dafür- oder dagegensprechen, um so herauszufinden, was überwiegt: Für oder Wider. Nehmen Sie auf jeden Fall die Antwort zur Kenntnis, entweder indem Sie sie niederschreiben oder eben einfach im Kopf behalten.

Jetzt stehen Sie vor einer von vier möglichen Situationen, die sich, wie es das folgende «Gitter zur Feststellung des Hemisphären-Konsensus» zeigt, ganz einfach darstellen lassen:

I. Intuition und Vernunft sehen die Zukunft und das beabsichtigte Vorhaben übereinstimmend in günstigem Licht.
II. Beide sehen die Zukunft und unser Vorhaben übereinstimmend in ungünstigem Licht.
III. Vernunft stimmt zu, Intuition sagt nein.
IV. Intuition stimmt zu, Vernunft sagt nein.

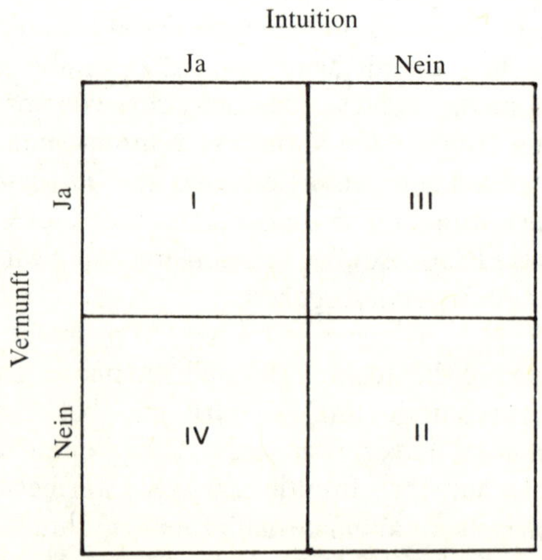

Abb. 12 Gitter zur Feststellung des Hemisphären-Konsensus

Situation I: Stimmen *beide* Hälften einer Zukunftsprojektion zu, treffen die darauf basierenden Voraussagen sehr wahrscheinlich auch ein. Die Maxime lautet: tun Sie, was Sie gemäss Ihrer Frage vorhaben. Angenommen Sie sind in einem grossen Konzern in leitender Stellung und müssen entscheiden, ob Sie die nächste Niederlassung Ihrer Firma in einer Gross- oder in einer Kleinstadt, in Metropolis oder in Kleinbeerendorf eröffnen. Nehmen wir weiter an, sowohl die Fachleute Ihrer eigenen wie die einer unabhängigen Beraterfirma erkennen an beiden Standorten Vor- und Nachteile, geben aber wegen niedriger Lohnkosten und günstigerer Vertriebsmöglichkeiten übereinstimmend Kleinbeerendorf den Vorzug. Vernunftmässig leuchten Ihnen diese Argumente ein, trotzdem sind für Sie noch nicht alle Fragen beantwortet. Vielleicht wäre es klug, beide Standorte persönlich zu begutachten. Sie tun es und stellen dabei fest, dass Kleinbeerendorf Ihnen als möglicher Firmensitz auch intuitiv attraktiver erscheint. Beide Hirnhälften stimmen überein. Die Entscheidung für Kleinbeerendorf fällt also relativ leicht.

Situation II. Sollten beide Hirnhälften übereinstimmend ein ungünstiges Zukunftsbild entwerfen, bedeutet dies ganz offensichtlich, nichts zu unternehmen, weil gleich zwei Signale eine potentielle Fehlentscheidung ankündigen. Trotzdem muss man natürlich die Fakten kennen, damit beide Hirnhälften sie richtig verarbeiten können. Auf unser Beispiel von eben bezogen heisst dies, dass Sie rational weder dem Planungsstab Ihrer Firma noch dem unabhängigen Beratergremium zustimmen können, die beide Kleinbeerendorf als den besseren Standort favorisieren. Es stimmt, das Lohnniveau ist dort niedriger. Da andererseits die Absatzmärkte weiter entfernt sind als von Metropolis, sind Sie sich jedoch sicher, dass die höheren Transportkosten und mögliche Lieferverzögerungen den Lohnvorteil von Kleinbeerendorf ausgleichen würden. Aber wie können Sie sich Gewissheit verschaffen? Sie beschliessen, beide Orte zu besichtigen und entdecken, dass Ihnen Kleinbeerendorf auch gefühlsmässig nicht zusagt. Eine grandiose Firmenzukunft in Kleinbeerendorf ist also weder rational absehbar, noch weisen irgendwelche intuitiven Ahnungen darauf hin. Sie sind entschlossen, den Gedanken an Kleinbeerendorf zu begraben und sich dem Druck seiner Befürworter zu widersetzen.

Situation III: Hier stimmt zwar die Vernunft zu, die Intuition sagt jedoch nein. Sie machen mit dem Treibsand und den Widrigkeiten des Voraussageprozesses Bekanntschaft.

Die eigene Planungsgruppe und die unabhängigen Berater haben Sie überzeugt, dass Kleinbeerendorf nach rationalem Ermessen der optimale Standort ist. Um ganz sicherzugehen, wollen Sie die Lage vor Ort überprüfen und besuchen deswegen beide Städte persönlich. Kleinbeerendorf erweist sich zu Ihrer Bestürzung als ein scheussliches Kaff, über das sich aber auch gar nichts Positives sagen lässt. Metropolis scheint Ihnen demgegenüber viel attraktiver. Warum, können Sie schwer sagen. Wie sollen Sie sich in einer solchen Situation verhalten? Dafür gibt es zwei Grundregeln. Die erste lautet: Verhindern Sie eine Entscheidung oder zögern Sie sie zumindest hinaus. Vielleicht bestehen für diese neue Niederlassung noch gar keine wirklich zwingenden Gründe; vielleicht kommen auch noch weitere Standorte in Frage. Ist die Entscheidung zwischen Kleinbeerendorf und Metropolis aber unausweichlich, lautet die zweite Grundregel für diese schwierige Situation, auf jene Hirnhälfte zu hören, die Ihnen in der Vergangenheit am besten gedient hat. Sind Sie überwiegend rational veranlagt, würden Sie Ihre intuitiven Vorbehalte zurücknehmen und sich an die rationalen Argumente halten, die für Kleinbeerendorf sprechen. Sind Sie hingegen ein eher intuitiver Typ und für Ihren «guten Riecher» bekannt, würden Sie sich für Metropolis stark machen.

Situation IV: Die Intuition sagt ja, die Vernunft nein. In diesem Fall würden Sie nach denselben Regeln verfahren wie in Situation III. Nach einer Stippvisite an beiden Orten halten Sie Metropolis intuitiv für den besseren Standort. Allerdings weist Ihnen Ihr Planungsstab auf fünf Pfund Computerausdrucken schwarz auf weiss das Gegenteil nach: rational spricht nichts für Metropolis, sondern alles für Kleinbeerendorf. Sie schöpfen deswegen alle Möglichkeiten aus, die Entscheidung zu verzögern oder zu verhindern. Wenn sie sich nicht umgehen lässt, folgen Sie der Stimme jener Hirnhälfte, die Ihnen auch sonst am besten dient.

Douglas Colligan: eine praktische Erfahrung mit dem HCP-Profil

Wenn Sie noch ein anderes Verfahren für den praktischen Umgang mit dem HCP-Profil kennenlernen wollen, sollten Sie in der Septemberausgabe 1982 von *Reader's Digest* den Artikel «Ihre prophetischen Gaben» lesen. Aus Platzersparnisgründen fehlte dort Douglas Colligans Bericht wie er eine Art des HCP-Profils beim Hauskauf, also bei einer Entscheidung angewandt hatte, vor der jährlich Tausende stehen.

«Eine Erfahrung mit dem HCP-Profil ist mir als besonders denkwürdig in Erinnerung. Ich zog diesen Test in einer Art Rohfassung zu Rate, als ich das Haus kaufte, in dem wir immer noch wohnen. Meine Frau und ich hatten die Suche nach einem geeigneten Objekt schliesslich auf zwei Häuser konzentriert, deren Kauf nun zur Wahl stand: ein bescheidenes Haus in einer durchschnittlichen Wohngegend, das am Ende einer Sackgasse gelegen war, und ein gleichermassen massvolles Objekt in einer besseren Wohngegend. Die Entscheidung zwischen den beiden wurde zu einem Konflikt zwischen Logik und Intuition.

Für das Haus in der besseren Wohngegend sprach, dass es billiger und zudem die bessere Investition war, denn ein Grundgesetz des Immobilienmarktes lautet nun einmal: kaufen Sie sich möglichst in eine wohlhabende Wohngegend ein, um einen hohen Wiederverkaufswert Ihres Eigentums sicherzustellen.

Trotzdem mochten wir das Haus in der weniger guten Gegend. Es war teurer und lag an einer Sackgasse, die durchaus später einmal Durchgangsstrasse werden konnte (das Grundstück am Kopfende war zum Verkauf angeboten). Ausserdem fehlten ihm einige Annehmlichkeiten, die das andere Haus bot (offener Kamin, Veranda). Aber das änderte wenig an unserer Liebe. Intuitiv war es für uns einfach das Richtige, obwohl nach aller Logik das andere Haus den besseren Kauf darstellte. Deswegen machten wir zuerst auch ein Angebot für das Haus in der besseren Gegend.

Aber irgendwie waren wir mit dieser Entscheidung nicht so recht glücklich. Wir änderten unsere Meinung, zogen unser Angebot zurück und zogen schliesslich in das Haus in der Sackgasse. Das ist zwei Jahre her, und wir haben unsere Entscheidung niemals bereut. Zum einen kam uns durch den unvermeidlichen Kleinstadtklatsch zu Ohren, dass das Haus in der besseren Gegend wesentlich mehr Renovierungsarbeiten gebraucht hätte (zum Beispiel einen neuen Heizkessel und neue Wasserleitungen). Zum anderen wurde unsere Strasse, auf der alle Kinder der Nachbarschaft den idealen Spielplatz hatten, endgültig zur Sackgasse, als das Grundstück am Kopfende verkauft und ein grosses Appartementhaus darauf erbaut war, das den Durchgang für immer versperren würde. Wir hatten mit unseren intuitiven Entscheidungen bisher immer mehr Glück. Der Hauskauf war keine Ausnahme.»

Wie Sie die Prognosefähigkeit einer Gruppe steigern können

Bei der Gruppenvoraussage kommt ein aussergewöhnlich wichtiger neuer Faktor ins Spiel! Die Kraft, die entsteht, wenn sich mehrere «Köpfe» zusammentun. Pionierarbeiten über diese bisher arg vernachlässigte Kraft sind einmal die «Delphi-Methode» von Olaf Helmer (dargestellt in seinem Werk *Fünfzig Jahre Zukunft*, ist sie international anerkannt und wird von vielen Gutachtern benutzt), zweitens die IMP- und HCP-Tests von mir und drittens Alan Vaughans Versuche mit medial Begabten (Einzelheiten darüber hat er in seinen beiden Büchern *Patterns of Prophecy* und *Edge of Tomorrow* zusammengetragen). Im Unterschied zur Gruppenvoraussage ist die individuelle Voraussage höchst unzuverlässig, und zwar unabhängig davon, wie «prognosebegabt» der einzelne sein mag. Bei der individuellen Voraussage irren wir uns häufig und überleben wohl nur deshalb, weil wir unsere Voraussageflops selbst ziemlich schnell ad acta legen. Die Verlässlichkeit einer Voraussage nimmt jedoch im allgemeinen zu (merke: auch diese Regel hat viele Ausnahmen), wenn wir andere «kluge Köpfe» hinzuziehen.

Wir möchten an dieser Stelle nun eine einfache aber potentiell sehr wirkungsvolle Methode darlegen, nach der sich «die Köpfe zusammentun» können und jeder Voraussage-Gruppe geholfen ist, vorausgesetzt sie ist willens, sich auch daran zu halten. Voraussage-Gruppen können sich formieren: in kleinen wie in grossen Unternehmen; in nichtwirtschaftlichen Institutionen aller Art und Grössenordnung; unter Futurologie-, Psychologie-, Betriebswirtschafts- und überhaupt Studenten aller Fachrichtungen; unter sozial und politisch Engagierten; in Freizeitklubs; ja sogar zuhause, wenn in einer Familie Mitglieder aus mehreren Generationen zusammenkommen (oder zumindest telephonisch in Verbindung stehen), um gemeinsam ein Problem anzupacken.

Wir werden uns zu diesem Zweck als erstes den Schlüssel unserer Methode anschauen, das HCP-Profil. Dann werden wir seinen Gebrauch erläutern: wie man den Test in einer Gruppe durchführt; wie man die Testwerte feststellt; wie man die Frage so formuliert, dass auch eine für die Voraussage dienliche Antwort herauskommt; und schliesslich wie man jene Voraussagen erhält, die die Gruppe als Entscheidungshilfe für ihr gegenwärtiges Vorgehen benötigt, damit sich in der Zukunft das Wunschergebnis einstellen oder ein unerwünschtes Ereignis vermieden werden kann.

HCP-PROFIL

Name ________________ Telefon ________________ Datum________________

Geschlecht __________________________ Beruf __________________________

oder Hauptstudienfach ____

oder Hauptinteressengebiet ____

Dieser Test will auf experimentellem Weg Ihren Denkstil ermitteln. Er kostet Sie nicht mehr als drei Minuten Zeit. Kreuzen Sie nur die *eine* Antwort an, die auf Sie am ehesten zutrifft.

1. Ihre besten Schulfächer waren:
   Mathematik 1, Kunst 2
2. Ihre besten Schulfächer waren:
   Sprachen 1, Werken 2
3. Neigen Sie dazu, Probleme zu lösen, indem Sie:
   sie Schritt für Schritt analysieren 1
   für das Problem in seiner Gesamtheit plötzlich und unerwartet gefühlsmässig die richtige Lösung finden 2
4. Folgen Sie in Berufs- und Privatleben Ihren «Ahnungen» nur, wenn diese auch durch logische Überlegungen gestützt werden:
   Ja 1, Nein 2
5. Folgen Sie in Berufs- und Privatleben Ihren «Ahnungen» nur, wenn diese zwar logisch nicht vertretbar, gefühlsmässig aber stimmig zu sein scheinen?
   Nein 1, Ja 2
6. Ist es schon vorgekommen, dass Sie von Krankheit oder ernsthaften Schwierigkeiten eine(r)s Verwandten oder eine(r)s Freund(in)es wussten, bevor man Sie darüber informierte:
   Nein 1, Ja 2
7. Wie beurteilen Sie Ihre Fähigkeit auf Bildern, Lageplänen oder Landkarten Entfernungen, Richtungen und Grössenverhältnisse zeichnerisch korrekt wiederzugeben?
   Ziemlich gut 2, nicht so gut 1
8. Wenn Sie irgendein Projekt in Angriff nehmen, was liegt Ihnen am meisten am Herzen?
   dass es gut durchgeplant ist 1
   dass aus seiner Konzeption etwas Neues entsteht 2
9. Welche Art der Problemlösung befriedigt Sie mehr?
   durchdachtes, wohlüberlegtes Vorgehen 1
   Assoziierung und Verknüpfung faszinierender Ideen 2
10. Kommt es vor, dass sich Ihre Vorahnungen zukünftiger Ereignisse später bewahrheiten?
    Ja 2, Nein 1

Auf der vorhergehenden Seite ist der HCP-Profil Test abgedruckt. Sie können ihn für Ihre Gruppe in beliebiger Menge photokopieren.

Um sich mit der Materie vertraut zu machen, sollten Sie ihn zuerst selbst durchführen und auswerten. Wenn Sie sich sicher damit fühlen, können Sie ihn an die übrigen Mitglieder Ihrer Gruppe austeilen.

Angenommen, Sie haben nun den HCP-Test ausgeführt, lesen Sie jetzt, wie Sie Ihr Abschneiden ermitteln und mit dem anderer vergleichen. Dazu addieren Sie einfach die Zahlenwerte neben den von Ihnen angekreuzten Kästchen 1 bis 10.

Sie werden zwischen 10 und 20 Punkte erzielt haben, sagen wir zum Beispiel 13. Trennen Sie 1 und 3 nun durch ein Komma, so dass Sie die Dezimalzahl 1,3 erhalten; haben Sie stattdessen 17 Punkte erzielt, machen Sie daraus entsprechend 1,7.

Jetzt betrachten Sie die Graphik zur HCP-Normal-Verteilung. Sie sehen in der Mitte eine senkrechte Linie, die die Kurve in zwei Hälften schneidet. Links davon liegen die Werte für eine Dominanz der linken Hirnhälfte, rechts die Werte, die für eine Dominanz der rechten sprechen.

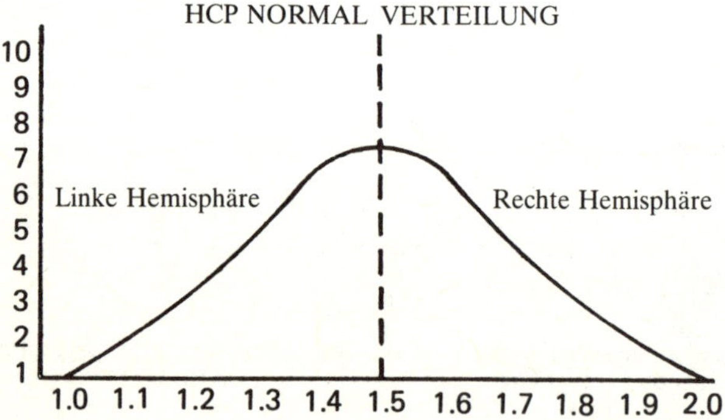

Abb. 13

Haben Sie zwischen 10 (1,0) und 14 (1,4) Punkten überwiegt in Ihnen wahrscheinlich der Einfluss der linken Hirnhemisphäre. Haben Sie hingegen zwischen 16 (1,6) und 20 (2,0) Punkten bekommen, werden Sie mit einiger Wahrscheinlichkeit von der rechten beherrscht.

Was aber, wenn Ihr Testergebnis genau bei 15 (1,5) Punkten liegt, also auf der Trennlinie? Dies könnte bedeuten, dass in Ihnen weder die rechte noch die linke Hirnhälfte dominiert, sondern Sie beide Hemisphären ziemlich ausgewogen einsetzen.

Gruppentest

Sobald die Mitglieder Ihrer Gruppe den Test durchführen, können Sie ihn zur experimentellen Einschätzung potentieller Zukünfte einsetzen. Dazu händigen Sie jedem Teilnehmer ein Testformular aus und werten die Blätter nach dem oben beschriebenen Verfahren aus. Sie werden danach feststellen, dass Ihre Gruppe je nach Dominanz einer Hemisphäre oder dem Testwert 1,5 auf der Trennlinie in drei Untergruppen zerfallen ist.

Bitten Sie nun alle «linksdominanten Köpfe» auf der einen und alle «rechtsdominanten Köpfe» auf der anderen Seite von Tisch oder Raum Platz zu nehmen. Was geschieht aber mit jenen Teilnehmern, die genau 15 Punkte erzielten und folglich auf der Trennlinie zwischen den Hemisphären liegen? Um von jedermanns Zeit und Fähigkeiten den optimalen Gebrauch zu machen, fordern Sie die Betreffenden auf, ihre Hauptinteressen und bisherige Lebenserfahrung einmal unter dem Gesichtspunkt der Dominanz der Hirnhemisphären zu überdenken und sich dann auf jene «Seite» zu schlagen, auf der sie sich am ehesten repräsentiert fühlen würden. Oder Sie lassen einfach den Zufall entscheiden, indem Sie eine Münze werfen.

Die Wahl des geeigneten Voraussage-Themas

Sollte Ihre Gruppe in ein Unternehmen der freien Wirtschaft eingegliedert sein, zu einer öffentlich-rechtlichen oder privaten Institution gehören, werden die Umstände Ihnen automatisch den Gegenstand der Voraussage diktieren. Möglicherweise befinden Sie sich in einer ähnlichen Lage, wie wir sie für die individuelle Voraussage dargestellt haben. Es könnte also darum gehen, sich auf einen Standort für eine neue Firmenniederlassung festzulegen, Angestellte in Schlüsselpositionen anzustellen oder zu entlassen, aus mehreren vorliegenden Strategiepapieren, die geeignete neue Firmenpolitik auszuwählen.

Handelt es sich um eine gesellige oder eine lose Studiengruppe, die sich für die Zukunft hauptsächlich deshalb interessiert, weil sie ihre Prognosefähigkeit steigern will, können Sie als Gruppenleiter die Gruppe um Vorschläge zu Voraussage-Aufgaben bitten und darüber abstimmen lassen, welche davon behandelt werden sollen.

Um die Gruppe zum Nachdenken über die Zukunft anzuregen, stellen Sie ihr zum Beispiel die immer brenzligere Frage, ob es zwischen heute und dem Jahr 2000 zum Atomkrieg kommen wird. Die Vorschläge, die aus der Gruppe an Sie herangetragen werden, können die verschiedensten Themen berühren, etwa Zu- oder Abnahme der Inflationsrate im nächsten Vierteljahr oder den voraussichtlichen Sieger bei der nächsten Fussballweltmeisterschaft. Unendlich viele Fragen sind möglich.

Eines müssen Sie allerdings in jedem Fall beachten: *Ganz gleich worum es geht, Sie müssen Ihre Frage stets so formulieren, dass nur jeweils zwei Antworten möglich sind: «ja» oder «nein», «steigt» oder «fällt» und so weiter.*

Das Vorgehen bei der Gruppen-Voraussage

Jetzt stellen Sie einfach Ihre Frage und geben jedem die Gelegenheit, entweder in der Gruppe das Für und Wider zu diskutieren oder für sich ohne wortreiches Hin und Her darüber nachzusinnen.

Dann bitten Sie um Handzeichen und notieren die Antworten auf einer Wandtafel oder einem grossen Bogen Papier, jedenfalls so, dass das Ergebnis jedermann sichtbar ist. Selbstverständlich kann jeder Teilnehmer das Abstimmungsergebnis auch auf einem Notizblock nach dem folgenden Schema in ein Voraussage-Gitter eintragen.

Das Voraussage-Gitter

Angenommen die Frage ist: Wird es bis zum Jahr 2000 zu einem Atomkrieg kommen, «ja» oder «nein»?

In diesem Fall ermitteln Sie zuerst, wieviele «rechtsdominante Köpfe» Ihrer Gruppe mit «ja» gestimmt haben und tragen das Resultat in das entsprechende Kästchen ein. Danach halten Sie das Ergebnis der «linksdominanten Köpfe» auf die gleiche Weise fest.

Atomkrieg?

	RG	LG
Ja	7	3
Nein	3	7

Aus unserem Beispiel ersehen wir, dass sieben «rechtsdominante Köpfe» die Frage nach der Wahrscheinlichkeit eines Atomkrieges mit «ja» beantworten, während drei sie verneinen. Bei den «linksdominanten Köpfen» gibt es genau entgegengesetzte Antworten, drei Ja- und sieben Nein-Stimmen.

Wir haben in diesem Buch ausführlich erklärt, dass der Konsens zwischen rechter und linker Hirnhälfte ein Kriterium für die Stichhaltigkeit von Voraussagen ist. *Deshalb müsste die Gruppe aus ihrem Umfrage-Ergebnis schliessen, dass sie nicht mit Gewissheit voraussagen kann, ob es bis zum Jahr 2000 zum Atomkrieg kommen wird oder nicht.*

Sie können aber auch ein Ergebnis erhalten wie auf die Frage, ob die Inflationsrate im nächsten Quartal steigen oder fallen wird. In diesem Fall sagt die Mehrheit von «rechts-» und «linksdominanten Köpfen» übereinstimmend voraus, dass sie eher steigen als fallen wird. Entsprechend den Grundsätzen unserer Ausführungen haben Sie damit mehr oder weniger zuverlässig vorausgesagt bekommen, dass die Inflationsrate *tatsächlich* steigen wird, und Ihre Gruppe dementsprechend handeln sollte.

Inflation?

	RG	LG
steigt	7	7
fällt	3	3

Voraussagen, aktives Eingreifen und Überleben

Die Voraussage eines Ereignisses garantiert natürlich keineswegs, dass es auch eintrifft. In den Grenzen unseres menschlichen Daseins können wir nur versuchen, unsere Vorahnungen und Voraussagen durch grössere Präzision aufzuwerten. Dies geschieht, indem sich über einen langen Zeitraum kleine Verbesserungen unserer Prognosefähigkeit häufen, die wir daran messen können, ob wir in unserem Leben einigermassen erfolgreich sind oder nicht. Aus diesem Grund geben Ihnen formal und zwanglos angewandte Voraussagemethoden wie das HCP-Profil die Gelegenheit, diese entscheidend wichtige Fähigkeit Ihres Bewusstseins zu schärfen und stärken, welche in unseren schwierigen Zeiten ein Überleben überhaupt erst möglich macht: im Privat- wie im Berufsleben, in Geschäft, Wirtschaft, Politik, ja im globalen Sinne des Überlebens der Menschheit.

Der Weg zur Verwirklichung eines solchen Fortschritts sieht folgendermassen aus: Umstände oder dringende persönliche Interessen stossen uns vorwärts, so dass wir versuchen, für alle möglichen Bereiche die Zukunft vorauszusagen. Damit zwingen wir uns aber automatisch, klar zu artikulieren, was wir in punkto Zukunft fühlen und denken, anstatt uns in gefährlicher Unkenntnis der Lage und dem Nebel der Angst dahintreiben zu lassen. Wie die so gewonnene Information auch geartet sein mag, sie hilft uns, einigermassen klar, wirkungsvoll und zuversichtlich zu *handeln,* und zwar in bezug auf uns selbst wie auch in bezug auf unsere Umwelt.

Zum Beispiel leben wohl die meisten von uns in der Meinung, dass der einzelne, kleine Erdenbürger herzlich wenig tun kann, um die ungeheure Bedrohung durch einen Atomkrieg und seine totale Verwüstung zu mindern oder gar völlig aufzulösen. Die Leute leben eben mehr oder weniger nach der Devise, dass kommen wird, was kommen muss. Aber die Arbeit von Leitfiguren wie Helen Caldicott in den Vereinigten Staaten und Petra Kelly und General Bastian in Deutschland sowie der Masse der alle Bevölkerungsschichten erfassenden «Nuclear-Freeze»-Bewegung zeigt gerade, dass wir zum Handeln gezwungen sind, wenn sie nur die Tatsachen auf den Tisch legen, wenn sie uns mit den düsteren Aussichten konfrontieren, wann, wo und wie ein Atomkrieg ausbrechen könnte, wieviele Menschen auf welch grausame Weise dann hingemordet würden.

Wenn das Überleben der Menschheit auf dem Spiel steht, müssen wir in unseren finsteren Zeiten auch den kleinsten Lichtblick aufgreifen und verfolgen. Unser *Institute for Future Forecasting* prüft augenblicklich die Hypothese einer Beziehung zwischen Sittlichkeitsempfinden und Voraussagefähigkeit: wir untersuchen also das Verhältnis von Zukunfts-«Sinn» und Ethik-«Sinn». Hirnphysiologisch basiert es auf der unmittelbaren Nachbarschaft von Schlüsselregionen, die in den Stirnlappen Voraussagefähigkeit wie Sittlichkeitsempfinden beeinflussen. In gesellschaftlichem Kontext ist es daraus ersichtlich, dass in historischen Figuren (wie etwa den biblischen Propheten) und in zeitgenössischen Entwicklungen (wie etwa der moralbewussten internationalen Futuristengemeinde) *beide Fähigkeiten gemeinsam auftreten.*

Sollte unsere Forschungsarbeit diese Hypothese erhärten (was wir bis Ende 1983 erfahren dürften), folgt daraus, dass Erziehung und bewusste Schulung die Aussichten für den Fortbestand der Gattung Mensch bis ins dritte Jahrtausend günstig beeinflussen können, wenn sie klar, wirksam und zuversichtlich auf eine Verbesserung von Voraussagefähigkeit und Sittlichkeitsempfinden hinarbeiten.

Manch einer mag solche Gedanken abtun, weil sie angeblich zu weit hergeholt sind, zwar von edler Gesinnung zeugen, aber mehr sind, als wir uns eigentlich erhoffen dürfen. Dennoch haben futurologische Zukunftsentwürfe wie die des sogenannten *Club of Rome* oder der Gutachtergruppe, die im Auftrag der amerikanischen Regierung den *Global 2000 Report* vorlegte, bereits erkennbare Wirkung gezeigt, indem sie Millionen von Menschen rund um den Erdball auf die dringende Notwendigkeit hingewiesen haben, ihre persönlichen und gesellschaftlichen Prioritäten neu zu setzen und zwar, dass eine globale Katstrophe abgewendet werden kann.

Wir brauchen nur einmal zum Strand zu gehen und das erhabene Anstürmen und Zurückrollen der See zu beschauen, um zu erkennen, dass jedes Teilchen ihrer Masse die Kraft einer Welle bestimmt, dass alle Teilchen sich zur Wucht des von den Gezeiten abhängigen Ganzen vereinigen. Es ist dann wirklich nicht weit hergeholt zu glauben, dass wir das Schicksal der Menschheit *tatsächlich beeinflussen können,* wenn jeder einzelne an sich arbeitet, dass er die Zukunft besser voraussagen und für seine Mitmenschen, auch die zukünftiger Generationen, besser sorgen kann – wenn also jeder sein Tun und Lassen von wacher Prognosefähigkeit und Sittlichkeit leiten und gestalten lässt.

ANHANG B

Einige Grundsätze der neuen Psychophysik

Das neu entstehende Feld, die sich abzeichnende Sichtweise, die ich unter dem Begriff «neue Psychophysik» vorstellte, wird von ihren Beobachtern und Mitgestaltern in einer wahren Flut von Büchern, wissenschaftlichen Aufsätzen und Vorträgen dargestellt, die unter dem Zwang der Umstände häufig fragmenthaft, widersprüchlich, täuschend, irritierend, sonderbar, unklar, verwirrt und verwirrend zugleich sind. Dies liegt einmal an den Irrungen und Wirrungen, die immer dann entstehen, wenn Menschen versuchen, neue Gedanken und eine neue Ordnung zu begreifen und zum Ausdruck zu bringen, und zum anderen an der Tatsache, dass sich hier Wissenschaftler und Metaphysiker von traditionell gerade «feindlicher» Provenienz zusammenraufen müssen und auf dem gesamten Weg starke gegenseitige Vorurteile zu überwinden haben. Im Folgenden habe ich versucht, zwölf Grundsätze oder Leitgedanken für die von mir so benannte «neue Psychophysik» zusammenzustellen, unter der wir am besten ein Feld verstehen, das sich hauptsächlich an Psychologie und Physik anlehnt. Diese Grundsätze werden in den Augen vieler Metaphysiker erbärmlich beschränkt und unzulänglich aussehen. Aber allem Anschein nach formulieren sie sie adäquat für einige jener Denker, die sich vom eher erdverbundenen und vorsichtigen Standpunkt des Wissenschaftlers, dem ich mich verpflichtet fühle, einem Zusammentreffen so grundsätzlich verschiedener Denkrichtungen annähern.

1. *Alles im Universum ist auf eine Energie rückführbar, die zwei Formen annimmt: Geist und Materie.*

Einsteins berühmte Gleichung $E=mc^2$ zeigte, dass alles auf Energie rückführbar, dass Materie konsolidierte oder geronnene Energie ist. Sie bestimmte damit quantitativ das *Chi* der alten Chinesen und den *Prana* des indischen Yoga.

Demnach ist unser Gehirn die besondere Form, die die Energie annimmt, wenn sie sich entsprechend den genetischen Kodierungen konsolidiert, die die Fertigung von Menschen regulieren.

Wo aber hört die Hirnmasse auf und wo beginnt die sich entladende Energie des Geistes? Nach Wolfgang Paulis Ansicht könnte es zwischen dem Welle/Teilchen-Rätsel der Physik und dem Körper/Geist-Problem der Philosophie eine gewisse Parallelität geben. Derzufolge wäre das Gehirn die feste, aus Teilchen zusammengesetzte Materie, der Geist ein wellenartiger Energiefluss.[1] Der folgende Abschnitt aus Capras *Tao der Physik* beschreibt diese Wechselwirkung zwischen Energie und Materie mit eindringlicher Schönheit.

> Die Erforschung der subatomaren Welt im zwanzigsten Jahrhundert hat die innerlich dynamische Natur der Materie enthüllt. Sie zeigte, dass die Bestandteile der Atome, die subatomaren Teilchen, dynamische Strukturen sind, die nicht als isolierte Einheiten existieren, sondern als integrierte Teile eines unauflöslichen Netzwerks von Wechselbeziehungen. Diese Wechselwirkungen stellen einen unaufhörlichen Fluss von Energie dar, die sich als Austausch von Teilchen manifestiert; ein dynamisches Zusammenspiel, in dem Partikel in einer ständigen Variation von Energiestrukturen ohne Ende erzeugt und vernichtet werden. Die Teilchen-Wechselwirkungen lassen die stabilen Strukturen entstehen, die die materielle Welt aufbauen, die wiederum nicht in Ruhe bleiben, sondern in rhythmischen Bewegungen oszillieren. Das ganze Universum befindet sich somit in endloser Bewegung und Aktivität, in einem ständigen kosmischen Tanz von Energie.[2]

2. *Grundlage der modernen Wissenschaft war die materialistische Weltsicht. Für sie gehen «Bewusstsein» oder «Geist» eindeutig aus der Materie*

hervor. Die neue Psychophysik sieht dies anders. Für sie formen Geist oder Bewusstsein auf transzendente Arten und Weisen die «Materie».

Charles Darwin, Karl Marx, Sigmund Freud – wie die aller anderen Hauptgestalter des Geistes unseres Jahrhunderts fussen auch ihre Theorien auf der Annahme, dass Geist und Bewusstsein nur schwächliche Nachkömmlinge in der Evolution der Materie sind. Die neue Sichtweise leugnet zwar nicht die ungeheure Gestaltungskraft des Materiellen, besteht aber darauf, dass man die Beweise für eine entsprechende Gestaltungskraft des Geistes wirklich prüft. In der Physik begann dieser Neuansatz bei Einstein, wurde durch Heisenberg und Niels Bohr verstärkt und schliesslich in den Theorien von David Bohm, Evan Harris Walker und Arthur Young ausführlich behandelt.[4]

Im Kern geht es dabei um Folgendes: die Quantenphysik offenbarte, dass auf der subatomaren Ebene nicht fest voraussagbare Gewissheiten sondern nur lockere Wahrscheinlichkeiten die Wellen/Teilchen-Tätigkeit regieren. Es sprechen jedoch stichhaltige Argumente dafür, dass unser Geist – das Bewusstsein, der Wille – dieser ins Blaue zielenden, zufälligen Tätigkeit subatomarer Teilchen eine Ordnung auferlegen. Das diesbezügliche Beweismaterial stammt aus so unterschiedlichen Quellen wie Psychokinese-Experimenten[5] und Versuchen mit Geistheilen.[6]

Evan Harris Walker bezeichnete die Quantentheorie als «statistische Theorie, die aus diesem Grunde auch nicht deterministisch sein kann. Sobald wir die Variablen des bewussten Beobachters einführen, wird das System kausal. Deswegen dient jener Ausschnitt des bewussten Zustandes, der für den Zusammenbruch des Zustandsvektors verantwortlich ist, welcher einen Teil der Hirntätigkeit repräsentiert, die Funktion, die man in der Philosophie mit dem Begriff des Willens zu erfassen versucht».[7]

3. *Die Gestaltungskraft des Geistes besitzt drei Aspekte: den Willen des Einzelnen, den Willen der Gruppe und den Willen einer Wesenheit, die man «Gott» zu nennen pflegte.*

Die Vorstellung eines «individuellen Willens» ist für den konventionell geschulten Wissenschaftler akzeptabel, weil korrekt qualifiziert. Der «Gruppenwille» ist bereits ein verschwommenes Konzept jenseits der allgemein bekannten Bezirke, wohingegen der «Wille Gottes» in wissenschaftlichen Überlegungen rein gar nichts zu suchen hat. Der Psychologe Lawrence LeShan untersuchte alle drei Arten des Willens in einer praktischen Studie.[8] LeShan entdeckte bei der Arbeit mit Menschen, die sich entweder nie für das sogenannte «Geistheilen» interessiert hatten oder aber nur wenig darüber wussten, dass man den Versuchspersonen nur alles notwendige mitzuteilen brauchte, und dass sich die Heilkraft durch Konzentration und Sammlung steigern liess. Mit anderen Worten: seine «Amateur-Heiler» bewirkten beträchtliche gesundheitliche Fortschritte, indem sie nichts anderes taten, als die Verfahren zu befolgen, die LeShan von wirklichen Geistheilern übernommen hatte. Darüber hinaus gab es allerdings Heilerfolge, die er sich aus seinen Methoden allein nicht erklären konnte. Um sie ebenfalls zu erklären, musste er annehmen, dass dabei irgendeine höhere Bewusstseinsebene angezapft würde, eine Hypothese, die er als Wissenschaftler nur sehr widerstrebend in Erwägung zog.

«In das Bewusstsein tritt ein Wille ein, der sich über die Grenzen des physikalischen Systems hinaus erstreckt», schloss Evan Harris Walker zusammenfassend seine Analyse von Bewusstsein und Quantentheorie.

> Dieser Wille ermöglicht eine Verbindung mit allen anderen bewussten Wesenheiten, die über alle Zeiten hinweg miteinander in Wechselwirkung stehen. Um es bildhafter auszudrücken: der Wille erhebt sich aus dem Speichersee der Gesamtheit allen Bewusstseins, der über alle räumlichen und zeitlichen Begrenzungen hinweg sich aus den kleinen Beiträgen aller Einzelwesen zusammensetzt. Dieser kollektive Wille hat die Kraft, in der physischen Welt Ereignisse herbeizuführen, die die physikalischen Grenzen bei Informationsübermittlung oder kinetischen Vorgängen überwinden. In dieser Hinsicht erinnert er an Vorstellungen wie Allgegenwart, Allwissenheit und Allmacht, obwohl er in sich wesentlich komplexer ist als diese.[9]

4. *Die Gestaltungskraft des Geistes ist sowohl auf der subatomaren oder mikrokosmischen als auch der makrokosmischen Ebene der Alltagserfahrung wirksam, die wir sehen und fühlen können.*

Die meisten selbst der unvoreingenommenen Physiker werden in ihren Überlegungen von der unendlichen Kluft aufgehalten, die ihrer Meinung nach die Einflussmöglichkeiten trennt, die es auf unseren gewöhnlichen Ebenen der Wirklichkeit hat. Die Begründungen für den Einfluss des Bewusstseins auf der subatomaren Ebene sind allgemein akzeptiert. Aber es ist so gut wie undenkbar, dass etwas dermassen «Unfassliches» wie das Bewusstsein auf die «feste», geschlossene Zusammenballung der Milliarden von Atomen irgendeinen Einfluss haben könnte, die alle Gegenstände unserer Welt nun einmal sind. Der Unterschied zwischen den Einflussmöglichkeiten des Bewusstseins auf der subatomaren und alltäglichen Wirklichkeitsebene lässt sich leicht an der Leistungsfähigkeit einer Ameise veranschaulichen: eine Ameise kann zwar ein Sandkorn tragen, nicht jedoch eine Lokomotive.

Die Hirnforschung ist von allen Wissenschaften bei der Untersuchung, wie wohl die «Ameise» (das Bewusstsein) die «Lokomotive» (die physische, makrokosmische Wirklichkeit) bewegen mag, bisher am weitesten vorgestossen. 1953 schlug Sir John Eccles (er erhielt 1963 den Nobelpreis für seine Pionierarbeit über die Gehirnsynapsen) eine Theorie vor, die erklären sollte, wie in «zwanzig Tausenstelsekunden» die Veränderungen in einer einzigen Nervenzelle «sich über Hunderttausende von Neuronen» ergiessen können.[10] Im wesentlichen besagt sie: die Nervenzellen im zerebralen Kortex sind so dicht zusammengepackt, befinden sich an der Schwelle der Zündung in einem dermassen delikaten Schwebezustand, dass die Tätigkeit einer einzigen Zelle ausreicht, ein «raum-zeitliches Einflussfeld» zu zünden. Zwanzig Jahre danach sammelt Eccles immer noch das neurologische und physikalische Beweismaterial, das seine Theorie erhärten kann. Diese Theorie wird weiterhin gestützt, einmal durch das Studium kleiner, kurzwellenartiger, langsamer Impulse elektrischer Aktivität zwischen den Synapsen, den sogenannten «Langsam-Potentialen», zu deren Beeinflussung schon unendlich winzige Energiemengen ausreichen;[11] zum anderen von Physikern, die die sogenannten «Quanten-Tunnel» auf die Untersuchung der Synapsentätigkeit anwenden.[12]

5. *Als Bewusstsein beginnt der Geist bereits auf der subatomaren Ebene und klettert die Stufenleiter der Evolution bis zum Menschen hinauf – und darüber hinaus bis zur Möglichkeit des Göttlichen.*

Auch dieser Grundsatz widerspricht dem vorherrschenden, darwinistisch geprägten Bild der Evolution, sowie unserer Annahme, wahres Bewusstsein gäbe es nur im Menschen – und noch mehr der von Julian Jaynes vertretenen These, dass auch die Menschen erst seit etwa 1200 vor unserer Zeitrechnung so etwas wie ein Bewusstsein haben.[13] Der Psychiater Gordon Globus zum Beispiel hat versucht, in Philosophie, Physik und Medizin beweiskräftige Argumente für seine These zu finden, dass bestimmte Bewusstseinsformen in der Evolution bis zu den Metazoen hinabreichen.[14] Der Philosoph Arthur Young hat zum selben Thema eine wesentlich detailliertere Darstellung geliefert, die auf

Relativitäts- und Quantentheorie aufbaut. Danach entwickelt sich Bewusstsein über sieben Stufen, die mit dem Lichtteilchen, dem Einsteinschen Photon, beginnen und über Kernteilchen, Atome, Moleküle, Pflanzen, Tiere, bis schliesslich hinauf zum Menschen reichen.[15]

Der Psychologe Kenneth Pelletier fasst Youngs Thesen zusammen: «Youngs Theorie geht davon aus, dass atomare und molekulare Strukturen ein Proto-Bewusstsein besitzen und für komplexere Bewusstseinsentfaltungen die Basis sind. Solche Eigenschaften sammeln und entwikkeln sich allmählich. Sie nehmen die charakteristischen Merkmale des menschlichen Bewusstseins vorweg wie der Embryo *in utero* den erwachsenen Menschen vorwegnimmt. Die Unterschiede zwischen menschlichem Bewusstsein, anderen lebenden Organismen und anorganischer Materie stellen klar unterscheidbare Schritte in der Evolution des Bewusstseins dar. Zum Beispiel veranschaulichen die Lebensprozesse im Tierkörper eine wesentlich komplexere Bewusstseinsstufe als die Pflanzen, von denen sich das Tier ernährt, die aber ihrerseits wesentlich vielschichtiger sind als die Erde, aus der die Pflanzen wachsen – und immer so weiter entlang der fortschreitenden Stadien in der Strukturierung des Bewusstseins.»[16]

6. *Höheres kann niederes Bewusstsein kontrollieren wie umgekehrt niederes Bewusstsein höheres kontrollieren kann.*

Zwar war der Einsatz des Bewusstseins zur Kontrolle von Vorgängen des autonomen Nervensystems unter Yogis schon lange üblich, aber die westliche Wissenschaft mechanisierte diese Techniken erst in den siebziger Jahren, als das *Biofeedback* die Psychologie im Sturm eroberte. Daneben entwickelten sich auch andere Therapieformen, die mehr «altmodische», kognitive Kontrolle einsetzten, wie etwa die Selbsthypnose. Alle diese Therapieformen setzen die Erkenntnis in die Praxis um, dass wir nicht die Opfer unseres Es oder unserer «schlimmen Vergangenheit» bleiben müssen, sondern unerwünschtes Verhalten bewusst überwachen, sowie die notwendigen Veränderungen *willentlich* ins Rollen bringen können.[17] Hirnphysiologisch schliesst dies den Einsatz des Vorderhirns ein, das dabei Vorgänge im Mittelhirn, ja sogar im Hirnstamm kontrolliert. In ihrer letzten Bedeutung weisen solche Tendenzen in Richtung der Vorstellungen von Walker, Eccles und anderen, nach denen das Bewusstsein die subatomare Zufälligkeit strukturieren kann.

7. *Als Bewusstsein steht der Geist mindestens zwei radikal verschiedenen und separaten Wirklichkeiten gegenüber, an denen er auch teilhat.*

Wir sprechen hier eine Aufteilung an, die schon seit langem bekannt ist. Immanuel Kant verstand darunter die Trennung zum einen in die Welt der Phänomene – jener Stoff, der viele Formen annimmt und sich in Ereignissen manifestiert, die wir sehen, hören, schmecken und fühlen können – und zum anderen in die darunter liegende, unerkannte und nicht zu erkennende Welt der Noumena.[18] Diese Noumena sind für die Exponenten der neuen Psychophysik zunehmend erkennbar. Die Biologen rücken ihnen mit dem Elektronenmikroskop zu Leibe, die Physiker dringen mit Hilfe von Blasenkammernphotos in ihre Tiefen vor. Das ist die eine Seite. Auf der anderen Seite wird sie von Mystikern und Philosophen erkundet, wobei sich erstere auf die Kraft der rechten Hirnhälfte, auf Trance und Meditation verlassen, während letztere mit der Kraft der linken Hirnhälfte vorgehen, indem sie Verstand und rationale Schlussfolgerungen gebrauchen. Entscheidend dafür scheint jedoch die Überzeugung zu sein, dass die Noumena *tatsächlich erkennbar sind* – was antiquierten Tabus und moderner Oberflächlichkeit gleichermassen an den Kragen geht.[19]

Lawrence LeShan hat diese Aufteilung mit den Begriffen der *sinnlich wahrnehmbaren* und *hellseherisch erfahrbaren* Wirklichkeit zu charakterisieren versucht und behandelt die Wirkung ihrer Unterschiede auf den zukunftsschauenden Geist. In der sinnlich wahrnehmbaren Welt «ist die Zeit in Vergangenheit, Gegenwart und Zukunft aufgeteilt und fliesst unumkehrbar in eine Richtung: sie kommt aus der Zukunft auf uns zu und geht durch das ‹Jetzt› in die Vergangenheit über. Für diese Art von Zeit folgt ein Ding auf das andere». In der hellseherisch erfahrbaren Wirklichkeit hingegen «ist die Zeit nicht in Vergangenheit, Gegenwart und Zukunft zerhackt; solche Aufteilungen sind dort Illusion. Zwar gibt es durchaus noch Handlungs- und Ereignisketten, doch geschehen diese nun im ‹ewigen Jetzt›. Für diese Art von Zeit geschieht alles auf einmal».[20] Entsprechend dieser Aufteilung kann in der sinnlich wahrnehmbaren Wirklichkeit «die Zeit den Energie- und Informationsaustausch zwischen zwei individuellen Objekten verhindern. Ein solcher Austausch findet jeweils nur in der Gegenwart statt, nicht jedoch von der Gegenwart in Richtung Vergangenheit oder Zukunft». Für die hellseherisch erfahrbare Wirklichkeit gilt dies nicht. Dort «kann die Zeit den Energie- und Informationsaustausch zwischen zwei individuellen Objekten nicht verhindern, ganz einfach weil ‹Vergangenheit›, ‹Gegenwart› und ‹Zukunft› Fiktonen sind, weil alles im ‹ewigen Jetzt› geschieht».[21]

8. *Die Brücke, Pforte oder Querverbindung zwischen beiden Wirklichkeiten liegt im Unbewussten.*

Die subjektive Richtigkeit dieser Aussage ist vielfach belegt: einmal durch C. G. Jungs lebenslange Beobachtungen, zum anderen durch die Erfahrung zahlloser Meditierender und Experimentatoren, die sich mit Zuständen veränderten Bewusstseins beschäftigt haben.[22] Immer wieder taucht in diesem Zusammenhang das Bild auf, dass man von der lauten und lärmenden Welt unserer sinnlich wahrnehmbaren Wirklichkeit weg- und in eine Ruhe hineingleitet, die dunkel und zugleich von dem Gefühl eines unfasslichen Lichts erfüllt ist. Experimente mit getrennt arbeitenden Hirnhälften haben erwiesen, dass das «Unbewusste», die Gefühle, die wir nicht mit Worten ausdrücken können, auf das rechte Gehirn zentriert ist.[23] Elmar und Alyce Green von der *Menninger Foundation* haben mit ihrer Forschungsarbeit nachgewiesen, dass es zwischen den mysteriösen Theta-Wellen und dem augenscheinlichen Unbewussten eine Wechselwirkung gibt.[24] Untersuchungen zur unterschwelligen Wahrnehmung sind in dieser Hinsicht ebenfalls ergiebig. Trotzdem müssen wir uns aber eingestehen, dass die Wissenschaft auch heute noch weit davon entfernt ist, die Wechselbeziehung zwischen Bewusstem und Unbewusstem eindeutig bestimmen zu können.

9. *Raum und Zeit sind in den verschiedenen Wirklichkeiten jeweils verschieden.*

In Kapitel 5 habe ich die Gründe für die drei Arten der Zeit dargelegt: für den Sinn der *seriellen Zeit,* den das linke Gehirn vermittelt; für den Sinn der *räumlichen Zeit,* den das rechte Gehirn vermittelt; und für den Sinn der *zeitlosen Zeit.* Die ersten beiden Zeitsinne sind in der sinnlich wahrnehmbaren Welt wirksam; der dritte entsteht aus unserem Gespür für die hellseherisch erfahrbare Wirklichkeit, und zwar durch die «Erinnerungen» des Unbewussten. Zur Erläuterung unseres siebten Grundsatzes habe ich LeShans Überlegungen zu diesen unterschiedlichen Zeitarten zitiert. Seine Darstellung der Unterschiede bezüglich des Raumes sind nicht weniger vielsagend. In unserer sinnlich wahrnehmbaren Welt «kann Raum den Energie- und Informationsaustausch zwischen zwei individuellen Objekten verhindern, es sei denn, es gibt ein Medium, einen *Zwischenträger,* der die Energie oder Information von einem zum anderen leitet».[25] In der hellseherisch erfahrbaren Wirklichkeit hingegen «kann Raum den Energie- oder Informationsaustausch zwischen zwei individuellen Objekten nicht verhindern, da ihre Trennung und Individualität nur sekundäre Eigenschaften ihrer Einheit und Verbundenheit darstellen».[26] Diese Raum- und Zeitlosigkeit wiederum sind Hauptmerkmale der Holographie.

10. *Unabhängig davon, ob man sie nun als «Geist» oder «Materie» ansieht, ist die Strukturierung der im Fluss befindlichen Energie der eigentliche Stoff beider Wirklichkeiten.*

Die frühe Quantenphysik setzte sich mit der stukturierten Energie der «Noumena» auseinander. Sie war mit der Entdeckung neuer Teilchen beschäftigt (Neutrino, Quark, Hadron und andere) und mit den Theorien, die ihre scheinbar zufällige und unvorhersagbare Aktivität erklären sollten. Gleichzeitig befasste sich die Psychologie mit Strukturen (mit den Bildern, die dem Denken zugrunde liegen, mit Wahrnehmungen und Träumen), beschränkte sich dabei jedoch auf die Ebene der phänomenalen, sinnlich wahrnehmbaren Wirklichkeit. Später widmeten sich Quantenphysik und neue Psychophysik dann den vom Energiefluss angenommenen Strukturen. In seinem Buch *Das Tao der Physik* schildert Fritjof Capra diesen Übergang mit bewegten Worten: «Das Quantenfeld wird als fundamentale physikalische Einheit betrachtet, ein kontinuierliches Medium, das überall im Raum vorhanden ist. Teilchen sind lediglich eine örtliche Verdichtung des Feldes, eine Konzentration von Energie, die kommt und geht und dabei ihren individuellen Charakter verliert und sich im zugrunde liegenden Feld auflöst. Mit den Worten Albert Einsteins: ‹. . .in dieser neuen Physik ist kein Platz für beides, Feld und Materie, denn das Feld ist die einzige Realität›.»[27] Weiter führt Capra aus, dass «die Quantenzahlen dazu dienen, die Teilchen in Familien einzuordnen, die klare symmetrische Strukturen bilden».[28] Besonders aufschlussreich sind jedoch Capras Darlegungen zur *S-Matrix-Theorie* der Physik, mit deren Hilfe man die Teilchen nach ihrer Kollision verfolgt, und ihre Beziehung zum *I Ging:* «In beiden Systemen liegt die Betonung mehr auf Prozessen als auf Objekten. In der S-Matrix-Theorie sind diese Prozesse Teilchenreaktionen, die alle Phänomene der Hadronen entstehen lassen. Im *I Ging* heissen die Grundprozesse *Wandlungen:* ‹die Wandlungen aber sind es, wodurch die Heiligen und Weisen alle Tiefen erreicht und alle Keime erfasst haben›.»[29] Darüber hinaus gibt es zu diesem Grundsatz noch eine faszinierende Hypothese über einen wichtigen strukturierenden Faktor, die grosses Aufsehen erregte, als die amerikanische Ausgabe von *Gehirn, Geist und Vision* gerade in den Druck ging. Es handelt sich um die Idee der von «morphogenetischen Feldern» geprägten «formgebenden Verursachung» des englischen Pflanzenbiologen Rupert Sheldrake. Diese «formgebende Verursachung» muss man sich in etwa so denken: ein Organismus entwickelt einen neuen Gedanken oder ein neues Verhalten; dadurch setzt er automatisch ein morphogenetisches Feld in Bewegung, welches die neue Gestalt oder Struktur telepathisch an andere Organismen «überträgt». Sheldrake nimmt an, dass sich Veränderungen in Denken und Verhalten auf diese Weise häufen und die Evolution kräftig beeinflussen.[30]

11. *Man kann die Strukturen und den Fluss, die als Ganzes beide Wirklichkeiten umfassen, auf zwei Wegen erkennen: einmal mit Hilfe von Bewusstseinstechniken, die in «tiefere Bewusstseinsschichten vorstossen und gleichzeitig das unmittelbare Gewahrsein erhöhen» und zum anderen indirekt durch den Einsatz der Ratio, den Gebrauch des Verstandes.*

Am Anfang stand eine jugendliche Protestbewegung, die in den sechziger Jahren durch bewusstseinserweiternde Drogen entfacht und genährt wurde. In den siebziger und achtziger Jahren ist daraus jedoch eine grosse Welle der inneren Suche ohne Drogen hervorgegangen, die Menschen aller Altersstufen erfasst. Die Bewohner von Altstadt und Suburbia haben zu Hunderttausenden durch Yoga, Transzendentale Meditation und nicht zuletzt durch ihre Tennis- und Jogging-«Gurus» den über die rechte Hirnhälfte führenden Weg zur Erleuchtung nach Art der östlichen Mystik oder des westlichen Spiritismus kennengelernt.[31] Eileen Garrett, eine Ausnahmepersönlichkeit, spiritistisches Medium und zugleich Begründerin eines riesigen Geschäftsimperiums schildert diese Erfahrung mit den Worten: «In solchen Momenten, wenn wir uns aus oberflächlichen Umweltreizen zurückziehen, relegieren wir die Tätigkeit unserer fünf Sinne an das Unbewusste und sammeln (so gut wir dies können) unser *Gewahrsein* im Feld des Überbewusstseins, in dem zeit- und raumlosen Feld des bisher noch nicht gekannten... Dieser Typus von Bewusstseinstätigkeit transzendiert alle unsere Illusionen: die Einkapselung in eine ‹Gegenwart›, die Position im Raum, die besonderen Eigenarten unseres Bewusstseins (Individualität).»[32] Der grosse Physiker Louis de Broglie kam durch logische Schlüsse zu einer ähnlichen Einsicht:

> Was für uns normalerweise Vergangenheit, Gegenwart und Zukunft konstituiert, ist in Raum-Zeit *en bloc* gegeben, und alle – für uns – nacheinander entstehenden Ereignisse, welche die Existenz eines Materieteilchens ausmachen, sind in einer Linie repräsentiert – der Welt-Linie des Teilchens ... Während seine eigene Zeit vergeht, entdeckt jeder individuelle Beobachter sozusagen neue Scheiben von Raum-Zeit, die ihm aufeinanderfolgende Aspekte der materiellen Welt zu sein scheinen, obwohl die Gesamtheit der Raum-Zeit konstituierenden Ereignisse bereits existieren, bevor er von ihnen weiss.[33]

12. *Die Strukturierung gewinnt durch gewisse bestimmende Prinzipien Gestalt, die die jeweilige Stossrichtung und Intensität des Flusses sowie seine Veränderungen ermöglichen.*

Wie hängt wohl alles zusammen? Diese grundlegende Frage hat seit dem Erscheinen des ersten denkenden Wesens zweifellos viele Menschen gequält. Ja, für viele ist sie sogar eine Frage von Leben und Tod, eine unbändige Leidenschaft gewesen. Wir entnehmen dies unserer Geschichte, die viel zu viele Beispiele liefert, dass Menschen sich gegenseitig abschlachteten, um *ihre* Sichtweise, *ihren* «Gott», *ihre* Vorstellung vom Aufbau des Universums zur letzten Wahrheit zu erheben. Dies ist völlig irrsinnig, weil unsere menschlichen Grenzen auch unsere Erkenntnisse begrenzen. Unsere Einsichten sind letztlich nur Vermutungen, so dass es weise ist, viele Meinungen und Sichtweisen zu respektieren, denn sie könnten alle einen Teil der transzendenten Wahrheit in sich bergen. An einer solchen «Vermutung» orientiere ich mich gegenwärtig. Arthur Koestler hat sie schlicht und treffend formuliert. Aus seiner reichen und mannigfaltigen Lebenserfahrung als politischer Aktivist, Schriftsteller und Gelehrter schloss er nämlich, dass das Leben durch Konflikt *und* Symbiose der grundlegenden Polarität in der Natur entsteht. Die beiden Pole bezeichnete er als *Differenzierung* und *Integration*.

> Im heranwachsenden Embryo verzweigen sich aufeinanderfolgende Zellgenerationen zu mannigfaltigen Geweben, die schliesslich zu Organen integriert werden. Jedes Organ hat Doppelcharakter: es ist untergeordnetes Teil und autonomes Ganzes zugleich, und wird auch dann noch funktionieren, wenn man es in einen anderen Wirtsorganismus verpflanzt. Das Individuum ist ein organisches Ganzes, gleichzeitig jedoch Teil von Familie oder Stamm. Jede soziale Gruppe weist dann ebenfalls sowohl die Merk-

male eines zusammenhängenden Ganzen auf als auch die eines abhängigen Teiles im Rahmen einer noch grösseren Gemeinschaft oder Nation.[34]

Alle diese Elemente sind in jedem Augenblick wie die grundlegenden Einheiten der Physik zugleich «Teilchen» und «Welle»: *Teilchen,* weil sie für sich stehen und auf *der Anerkennung ihrer Rechte beharren; Welle,* weil sie gleichzeitig als Teile von Ganzen von *integrierenden Kräften* gesteuert werden und mit allen anderen Elementen zu umfassenderen Sinnstrukturen verbunden sind. Koestler taufte diese Grundeinheiten «Holons» und behauptete, «dass wir in jedem Augenblick mit derselben Polarität, mit denselben janusköpfigen Holons konfrontiert sind; ein Gesicht sagt: ‹ich bin der Mittelpunkt der Welt›, das andere: ‹ich bin nur ein Teil, das das Ganze sucht›.»[35]

Das auf Anerkennung seiner Rechte beharrende Gesicht des janusköpfigen Holons findet nach den Ergebnissen meiner Forschung seinen psychologischen Ausdruck im normerhaltenden Bestreben des Einzelnen und äussert sich gesellschaftlich in den konservativen «Bewahrern». Das integrierende Bestreben des Holon dagegen findet seinen psychologischen Ausdruck im normverändernden Bestreben des Einzelnen und äussert sich gesellschaftlich im freigeistigen «Veränderer».[36]

Die Wechselwirkung der beiden Seiten des Holons arbeitet sowohl in uns als sie in ihrer gesellschaftlichen Fleischwerdung in «Bewahrern» und «Veränderern» auch die *Stossrichtung* unseres Tuns bestimmt, das wir als Individuum und Mitglied einer Gruppe – von der Familie bis zur Nation – vorziehen. Viele Faktoren bestimmen, wie *intensiv* wir die Ziele eines Bewahrers oder Veränderers verfolgen. Dazu gehören unter anderem die Stärke und Art unseres persönlichen und Gruppen-Extremismus bzw. -Engagements; ob wir eher energisch oder moderat veranlagt sind; ob wir selbst führen wollen oder lieber anderen folgen; und ob wir einer jüngeren oder älteren Generation angehören.[37] Weiterhin gehören zu den Faktoren, die einen Richtungs*wechsel* im Sozialgefüge erklären, die Bewegungen der «blockfreien» und unschlüssigen «Balancierer», die sich zwischen «Veränderern» und «Bewahrern» keiner Seite ganz zugehörig fühlen, sondern ihre Loyalität danach ausrichten, welche Seite für die Besonderheiten einer gegebenen Situation die geeigneteren Ansichten und Handlungsmöglichkeiten zu bieten scheint. Wenn sich die «Balancierer» der einen oder anderen Seite zuschlagen, bezeichne ich dies als sogenannte *B-Verlagerung.* B-Verlagerung heisst, dass wir – unsere Gruppe, unser Land – für die Zukunft aus all den Möglichkeiten des Augenblicks in eine bestimmte Richtung geschoben werden wie ein Ball, der nach der einen oder anderen Seite rollt.[38]

Aus solchen Gedanken leitete ich eine bestimmte Voraussage-Methode, die sogenannte «Früherkennung der ideologischen Matrix», IMP (Ideological Matrix Prediction). Egal, ob wir die Zukunft aus dem Kaffeesatz lesen oder Computerausdrucken entnehmen, wir müssen zu diesem Zweck Strukturen und Muster erkennen. Die strukturierende Kraft wiederum ist die dialektische Bewegung. Die IMP-Methode ist also nichts weiter als ein schlauer Bauerntrick, das erhabene Wunder der dialektischen Bewegung zu definieren und zu messen. Wenn Sie so wollen, ist sie zusammen mit dem HCP-Profil, das auf der Vorstellung der Wechselwirkung der Hirnhemisphären aufbaut, eine moderne Version des chinesischen Buches der Wandlungen, *I Ging,* das wohl das älteste System von Voraussage *und* aktivem Eingreifen darstellt.

ANHANG C

Einige Bemerkungen zur Bewertung des sogenannten «Paranormalen»

Wir haben uns in diesem Buch ausschliesslich auf die Fähigkeit des Vorauswissens konzentriert – auf die Möglichkeit der «nicht-linearen Voraussage», wie wir sie zu ihrem Schutz vorsichtig bezeichnen könnten. Leider ist nun ihre unvoreingenommene Untersuchung fast vollständig gehemmt, weil man sie gegenwärtig (1986) immer noch zu den sogenannten paranormalen Phänomenen zählt, sie also mit den gleichen Schwierigkeiten zu kämpfen hat wie das Feld der parapsychologischen Forschung insgesamt. Infolgedessen müssen wir die Vorurteile und Sperren gegen paranormale Phänomene überwinden, wenn wir erleben wollen, dass die Wissenschaft auf ihrem Weg zu einem Verständnis der «nicht-linearen Voraussage» wirklich Fortschritte machen kann.

Die Auseinandersetzung zwischen den Parapsychologen und ihren Kritikern ist über die Jahre so vorbelastet, so ermüdend und unfruchtbar geworden, dass die Mehrheit der Wissenschaftler gelernt hat, sich ganz aus der Sache herauszuhalten. Schliesslich kann man seine begrenzte Zeit auch nutzbringender als auf Polemiken verwenden. Und doch argwöhnen viele Wissenschaftler, mittlerweile vielleicht sogar die Mehrzahl, dass diese «anödende» Kontroverse wesentlich wichtigere Erkenntnisse trivialisieren oder auf andere Art und Weise verbergen mag. Natürlich hinken alle Vergleiche. Trotzdem sind wir heute in vieler Hinsicht in einer ähnlichen Situation, in der sich beim Übergang vom 15. zum 16. Jahrhundert eine Handvoll Wissenschaftler befanden. – Zu jener Zeit hielt man die Welt im allgemeinen noch für eine Scheibe, auf der die drei bekannten Kontinente Europa, Afrika und Asien vom Weltmeer umgeben schwammen. Legenden und Seemannsgarn von «fernen Ländern» und ketzerische Astronomen, die aufgrund ihrer Berechnungen die Erde für eine Kugel hielten, nährten in der Wissenschaft den Verdacht, dass es über die bekannten Möglichkeiten hinaus auch noch andere Modelle geben könnte. Allerdings bestand keinerlei Eile, sich in dieser Frage auf einen Standpunkt festzulegen, bis Christoph Kolumbus in den neunziger Jahren des 15. Jahrhunderts von seinen Reisen zurückkehrte, seltsame Eingeborene im Gepäck und noch seltsamere Geschichten von der «Entdeckung Indiens» zurechtspinnend. Danach kristallisierten sich drei Anschauungen heraus: 1) eine kleine Minderheit vertrat die Ansicht, dass die Erde möglicherweise rund und eine «neue Welt» entdeckt worden sei; 2) eine ebenso kleine Minderheit widersprach ihnen; und 3) die grosse Mehrheit sah darin nur eine unwichtige Sensationsnachricht, die irgendwann einmal für ihr Leben relevant werden könnte, vielleicht aber auch nicht.

Heute verkürzen wir die damaligen Vorgänge zu einer winzigen Episode, die durch Vespuccis Entdeckung der kontinentalen Existenz Südamerikas (1499) und Magellans Weltumsegelung, seine Bestätigung der Kugelform der Erde (1521) schnell beigelegt war. Tatsächlich veränderte sich während all jener Jahre die Vorstellung von der Beschaffenheit unseres Planeten nur sehr schleppend und über eine Reihe von Meinungsverschiedenheiten, die in mancher Hinsicht an die «Parapsychologiedebatte» unserer Tage erinnern.

Wir wissen inzwischen, dass sich hinter den Legenden und dem Seemannsgarn die früheren Entdeckungen von Leif Erikson und anderen Normannen verborgen hatten. In jenen Tagen waren Reiseberichte jedoch schnell in Schauergeschichten umgedeutet, garniert mit unvorstellbaren Schätzen, Monstern und Heldentaten. Sie ähneln also in gewisser Hinsicht den Berichten über telepathische Fähigkeiten unserer Tage, die ganz schnell auf das niedrigste Niveau herabsinken – siehe UFO- und Bermudadreiecks-Gefasel.

Die Lage änderte sich auch nicht gross, als Kolumbus und andere frühe Forschungsreisende die ersten greifbaren Beweise anschleppten. Woher sollte man denn wissen, ob dies tatsächlich die Eingeborenen eines neuen Kontinents und nicht irgendwelche schwindlerischen Afrikaner oder Asiaten waren, die man irgendwo an Bord geschmuggelt hatte? Konnte es wirklich so absurd groteske Tiergestalten geben, wie sie auf einigen Skizzen dargestellt waren? (Wir wissen heute, dass die Erfindungsgabe in dieser Hinsicht reiche Blüten trieb. Es waren die phantastischsten Zeichnungen im Umlauf, die Tiere aus der neuen Welt – einschliesslich des Einhorns – darstellen sollten.) Und wie waren die Widersprüche zwischen den einzelnen Reiseberichten zu verstehen? Wie konnte man erklären, dass einige eine Insel, andere eine wesentlich grössere Landmasse beschrieben, während sich Vespucci sogar zu der wichtigtuerischen Behauptung aufschwang, man hätte einen neuen Kontinent entdeckt? Wie sollte man auch nur einem dieser Berichte Glauben schenken, wenn Orts- und Entfernungsangaben um Tausende von Meilen voneinander abwichen?

Selbst bei Magellans sogenanntem Beweis der Kugelform der Erde war die Methodologie unglaublich naiv und steckte voller Fehler – zumindest im Sinne jener Masstäbe, die die Kritiker auf die Parapsychologie und andere angeblich «neuen» Phänomene anwenden. Als erstes beendete der eigentliche Versuchsleiter nicht einmal selbst das Experiment: Magellan wurde auf den Philippinen getötet, als er gerade erst die Hälfte des Globus umschifft hatte. Danach führten seine fragwürdigen und kaum ausreichend geschulten Untergebenen das Experiment keinesfalls korrekt fort. Vielmehr verloren sie auf der weiteren Reise alle seine Schiffe und die meisten seiner Männer. Das Resultat der Reise genügt schliesslich nicht einmal Minimalanforderungen, denn von all den schwerbeladenen Schiffen, die zur Umsegelung des Globus aufgebrochen waren, kehrten nur vier, möglicherweise inzwischen wahnsinnig gewordene Seeleute lebend nach Spanien zurück – *eine lächerlich kleine und unzuverlässige «Erhebungsauswahl»* als Grundlage für eine dermassen folgenschwere Schlussfolgerung.

Unser Vergleich geht natürlich davon aus, dass hinter den «Legenden» und Experimenten mit dem Paranormalen eine gewisse Glaubwürdigkeit steckt. Aber: ist an dieser Annahme etwas dran? Gegenwärtig hat die Wissenschaft die Suche nach der Antwort auf diese Frage einer exklusiven Minderheit überlassen – den Parapsychologen und ihren Kritikern. Sie sollen in ihrer Freizeit und unter Inkaufnahme eines beträchtlichen beruflichen Risikos zumindest anstreben, die notwendigen anspruchsvollen Experimente durchzuführen, noch dazu fast ohne jede finanzielle Förderung, institutionelle Unterstützung oder angemessene Bezahlung und Anerkennung. Damit nicht genug: fünfundneunzig Prozent der knapp bemessenen Zeit, die man unter solchen Umständen auf die Untersuchung des Paranormalen verwenden kann, muss man an die total unproduktive Frage verschwenden, ob die beobachteten Phänomene überhaupt «wirklich» sind. Kapazitäten von William James und Sigmund Freud bis zu ähnlich berühmten Zeitgenossen haben während der letzten hundert Jahre übereinstimmend erklärt, dass ihnen die Existenz solcher Phänomene einleuchtet. Die eigentlichen Fragen sind also: *welche* sind wirklich? *Welche* nicht? Und, *was* bedeuten sie? Diesen Fragen kann man gegenwärtig jedoch bestenfalls fünf Prozent seiner Arbeitszeit widmen.

Ich möchte mein Möglichstes tun, diese unsinnige Arbeitszeitverteilung umzukehren, insofern sie die «nichtlineare Voraussage» betrifft. Deswegen werde ich mich kurz mit den Einwänden auseinandersetzen, die die Gegner der Parapsychologie gegen die Präkognitionsexperimente aus Kapitel 12 ins Feld führen.

Eine kritische Bewertung des Vorauswissens

Der derzeit unnachgiebigste Kritiker der Parapsychologie ist zweifellos der englische Psychologe C. E. M. Hansel von der *University of Wales.* Er beginnt sein neuestes Buch zu diesem Thema (*ESP and Parapsychology*) mit einer fesselnden und entwaffnenden Darstellung der Anfänge der parapsychologischen Forschung und unserer gegenwärtigen Einstellung zum Paranormalen. Er zitiert dazu ausführlich heraussagende Vertreter aus der englischen Wissenschaftsgeschichte wie Alfred Russell Wallace (ein berühmter Zeitgenosse von Darwin; mit seinen Veröffentlichungen bewog er Darwin zur Herausgabe seines Werkes über den Ursprung der Arten, das dieser bis dahin zurückgehalten hatte) und Sir Oliver Lodge, die beide für die parapsychologische Forschung eintraten und sie unterstützten. Dies ist nicht ganz uninteressant, wenn man über die vor uns liegende Entwicklung Vermutungen anstellen will. Ferner schreibt er wortwörtlich: «...die meisten der führenden englischen Psychologen, die sich zur Frage der aussersinnlichen Wahrnehmung geäussert haben, lassen keinen Zweifel daran aufkommen, dass sie ihre Existenz für erwiesen halten».

Ist das überhaupt noch *Kritik,* beginnt man sich zu fragen. Dann aber macht er sich daran, die Masstäbe festzulegen, an denen seiner Meinung nach die parapsychologische Forschung gemessen werden soll, und man begreift sehr schnell, was er eigentlich im Schilde führt.

1. *Jedes Experiment darf nur nach dem eigenen Sachverhalt beurteilt werden.* Das klingt einleuchtend. Dann führt er im nächsten Satz seine Aussage erklärend weiter aus: «Man darf eine Schwäche nicht entschuldigen, nur weil sie im zweiten Experiment nicht mehr vorkommt.» Diese Bedingung aber würde bedeuten, dass jede Forschung, ganz gleich in welchem fortgeschrittenen Stadium sie sich auch befinden mag, an ihren Probeläufen und Vorstudien gemessen werden müsste, die, das liegt in der Natur der Sache, eben von jenen Löchern und Ungereimtheiten durchsiebt sind, die die späteren Verfeinerungen ja gerade ausmerzen sollen! Aber es geht noch munter weiter. In der nächsten Zeile heisst es: «Das erste Experiment soll unberücksichtigt bleiben; alle Schlussfolgerungen sind nur dem zweiten Experiment zu entnehmen.» Was macht der gute Herr Hansel hier mit uns?! Erst sagt er uns, dass das zweite Experiment auf Grund der Fehler im ersten ewig mit Fehlern belastet bleiben wird, und dann will er uns in der nächsten Zeile weismachen, dass wir es gefälligst ignorieren und uns nur an das zweite halten sollen!

Das heisst jede Logik auf den Kopf stellen. Damit wird jedoch die Grundstimmung festgelegt für das, was alles noch kommen soll. Die Verdrehung der Logik ist Strategie. Es sollen Masstäbe gesetzt werden, die keine Forschung jemals erfüllen kann. Ergo, man will Lesern und Gegnern alle Kräfte rauben, indem man alles aufs Schönste durcheinanderbringt und vernebelt, dabei aber so tut, als wäre man ehrlich um Klarheit bemüht.

2. *Sobald ein Experiment eine Schwachstelle aufweist, die für das Ergebnis eine andere Ursache als ASW (aussersinnliche Wahrnehmung) in Frage kommen lässt, kann es selbst keinen überzeugenden Beweis für ASW darstellen.* Auch das klingt zunächst einmal vernünftig. Bei näherem Hinsehen wird es jedoch fragwürdig. Wer mit praktischer Forschungsarbeit vertraut ist, weiss aus Erfahrung, dass alle Phänomene viele Variablen haben. Das heisst umgekehrt: keine Variable und kein Prozess löst *für sich allein* eine Wirkung aus. In Wirklichkeit entstehen alle Ereignisse aus der Wechselwirkung vieler Variablen. So mögen zum Beispiel rechte wie linke Hirnhälfte gemeinsam an einem bestimmten Vorgang beteiligt sein. Wenn wir für diesen Fall den Nachweis erbrin-

gen, dass die «Vernunft» der linken Hirnhälfte Ausgangspunkt einer spezifischen geistigen Wahrnehmung ist, schliessen wir die Mitwirkung der «Intuition» der rechten nicht automatisch aus. Hansels zweites Kriterium ist im Grunde genommen nichts anderes als Zermürbungstaktik, dazu bestimmt, uns in eine ausweglose Situation zu manövrieren. Es setzt Masstäbe, die keine Forschung jemals erreichen kann. Sollte es tatsächlich gelten, könnte niemand mehr irgendetwas beweisen.

3. *Jedes Experiment ist nach seinem schwächsten Glied zu beurteilen.* Der erfahrene Experimentator weiss, dass ausnahmslos alle Versuche Schwächen und potentielle Fehlerquellen aufweisen. Aus diesem Grund zieht jede verantwortungsbewusste Bewertung Schwächen *und* Stärken eines Experiments in Betracht. Sich nur an den Schwachstellen zu orientieren, wäre unausgewogen und töricht. Auf dieser Grundlage hätte man auch dem Werk anerkannter Grössen wie Jean Piaget und Kurt Lewin die Anerkennung versagen müssen. Schon seine frühen Kritiker hatten bemerkt, dass Piagets Werk auf der naiven und unkontrollierten Beobachtung seiner eigenen (!) Kinder basiert, während für die meisten behavioristisch orientierten Kollegen Lewins Arbeit wegen ihrer angeblichen Vergehen gegen die wissenschaftliche Methodologie ein einziger Alptraum war.

Nach der Festlegung solcher Kriterien wird der Rest von Hansels Buch zu einer sinnlosen Pflichtübung. Der Vollständigkeit halber will ich jedoch anführen, welche der in Kapitel 12 erwähnten Präkognitionsstudien Hansel kurz anspricht: Soals Studien mit Shackelton; Schmidts Arbeit mit dem Zufallszahlen-Generator; die Traumarbeit von Ullman und Krippner; und die Hellseh-Experimente von Puthoff und Targ. Es überrascht uns nicht, dass nach Hansels Meinung keines dieser Experimente alle drei von ihm selbst aufgestellten Kriterien erfüllt. Soal hat seine Ergebnisse angeblich unter Beihilfe von Komplizen durch gemeine Täuschung erhalten. Zwar gesteht Hansel ein, dass der Zahlen-Generator die Möglichkeiten von Betrug und Irrtum vermindert, was ihn aber nicht daran hindert, Schmidt derselben zu bezichtigen. Ullman und Krippner kommen erstaunlicherweise besser weg. Zwar seien an ihrer Traumarbeit grobe Fehler zu bemängeln, doch werden sie wenigstens nicht Betrüger und Schwindler geschimpft. Zu Putthoff und Targ wiederholt Hansel nur die Meinung von David Marks und Richard Kamman, mit denen wir uns als nächstes auseinandersetzen wollen.

Hansel schliesst seine Ausführungen mit der «Erkenntnis»: «Nach einhundert Jahren Forschung hat man immer noch niemanden gefunden, der zur Zufriedenheit von unabhängigen Beobachtern seine Fähigkeit der aussersinnlichen Wahrnehmung demonstrieren konnte. Dies ist Grund genug anzunehmen, dass es keine ASW gibt.» Wir brauchen jedoch nur zur ersten Seite desselben Buches zurückzublättern, und, siehe da, wir finden eine Namensliste «herausragender britischer Wissenschaftler» und «der meisten führenden englischen Psychologen», die, wie er selbst schreibt, die Existenz von ASW bestätigen!

Was für eine ermüdende Einübung in «elliptischer Analyse», eingebrockt von einem Psychologen, dem für die praktische Forschungsarbeit jegliches Gefühl abgeht und der in dieser Hinsicht, zumindest drängt sich mir diese Annahme auf, wohl auch wenig eigene Erfahrung gesammelt hat. Nach einem solchen Machwerk ist David Marks' und Richard Kammans *The Psychology of the Psychic* eine willkommene, erfrischende Lektüre. Marks und Kamman sind wenigstens Forscher im eigentlichen Sinne des Wortes. Sie geben sich nicht damit zufrieden, anderer Leute harte Arbeit bequem vom Schreibtisch zu bekritteln, sondern haben sich die Mühe gemacht, eigene Experimente durchzuführen und die Experimente anderer zu wiederholen.

Ich werde mich gleich mit ihrer versuchten Kopie des Puthoff/Targ-Experiments befassen. Doch zuerst sollten wir ihre allgemeine Kritik der vier überraschenden Fälle aufführen, in denen, wie in Kapitel 12 dargestellt, Hella Hammid präkognitiv voraussah, an welchem Ort sich Puthoff oder Targ aufhalten würden.

Der erste Einwand ist, dass irgendwelche «Fingerzeige» ausgetauscht worden wären. Was darunter konkret zu verstehen ist, bleibt unklar. Ausserdem wird dieser Einwand bald als «unwahrscheinlich» fallengelassen. Der zweite Einwand lautet, dass Puthoff und Targ eine längere Reihe von erfolglosen Versuchen verschweigen und nur die vier Erfolge erwähnen. Damit erniedrigen sich Marks und Kamman zu Hansels überstrapazierter Taktik, anderen betrügerische Absichten unterzuschieben, denn Puthoff und Targ bezeichnen ihre Experimente selbst ausdrücklich als «als die vier ersten in diesem Programm durchgeführten Versuche». (Vergl. *Mind Reach,* S. 116.) (Und, ehrlich gesagt, bin ich der Meinung, dass die Übereinstimmungen wirklich frappierend waren. Selbst wenn die vier «Volltreffer» nur in einer längeren Versuchsreihe mit anderen misslungenen Durchgängen aufgetreten wären, wären sie immer noch beeindruckend genug, dass man sie nicht mit dem «puren Zufall» wegerklären dürfte.) Mit ihrem dritten Einwand schliesslich behaupten Marks und Kamman, die Zielorte enthielten dermassen viele gleichartige visuelle Eindrücke, dass man darin alles wiederfinden kann, was man nur sucht. An allen Zielorten in freier Natur gibt es Bäume, Strassen und so weiter. Es passiert deshalb folgendes: der Hellseher hält, was er erblickt, in einer Zeichnung fest. Dann nehmen die unabhängigen Beobachter den Zielort in Augenschein, vergleichen ihn damit, und, man sehe und staune, aus Hunderten von Sinneseindrücken, wählen sie unweigerlich gerade die Konfigurationen aus, die dem im Geist vorgeprägten Bild oder der Zeichnung ähneln.

«Es ist nun einmal so: jede Beschreibung kann so ausfallen, dass sie auf jeden Zielort passt», wollen uns Marks und Kamman unverfroren unterschieben. Die Wahrnehmungspsychologie, insbesondere die Arbeit der Gestaltpsychologen, auf die ich mehrfach hingewiesen habe, lehrt aber, dass dies eben *nicht* stimmt. Zwar hat das Bewusstsein durchaus die Fähigkeit zu finden, was es in seiner Umgebung sucht. Aber Umgebungen unterscheiden sich zuweilen sehr weitgehend voneinander und *verlangen,* dass man den Unterschied auch anerkennt.

Da sie die Unhaltbarkeit dieser These offensichtlich spürten, verfielen sie danach wieder in das alte Geschrei von «Betrug» und «Täuschung». Sie beschuldigen Puthoff gezielt (ob auf Grund von Tatsachen oder Vermutungen bleibt unklar), den unabhängigen Beobachtern dergestalt Anweisungen gegeben zu haben, dass diese beim Besichtigungstermin keine andere Wahl hatten, als sich aus den vielen Gegenständen den «richtigen» auszusuchen. Sie erwähnen diesbezüglich insbesondere die Kinderschaukel im Park, auf die Puthoff die Beobachter mit dem Hinweis auf das «schwarze, dreieckige Objekt» geradezu gestossen haben soll.

Doch nun zu ihrer versuchten Wiederholung des Puthoff/Targ-Experiments. Sie berichten, dass sie zwischen 1976 und 78 insgesamt fünfunddreissig erfolglose Hellseh-Experimente durchgeführt hätten. Das heisst, es gelang ihren unabhängigen Beobachtern im Gegensatz zum Puthoff/Targ-Experiment nicht, eine Übereinstimmung zwischen den Zeichnungen der Testperson und dem besichtigten Zielort festzustellen. Dieser Fehlschlag ist das eigentliche Ergebnis ihres Berichts, das Hansel in seinem Buch ausschlachtet.

Sie selbst erzählen uns jedoch, dass bei der Durchführung ihrer Studie ein interessanter Konflikt aufbrach. Teilnehmer wie Beobachter waren nämlich mit den Schlussfolgerungen der Versuchsleitung überhaupt nicht einverstanden. Sie konnten nicht verstehen, wie Marks und Kamman den Versuch als Fehlschlag interpretieren konnten. *Sie selbst glaubten nämlich felsenfest daran, dass hellseherische Fähigkeiten im Spiel gewesen waren.* Deswegen erwirkten sie für das letzte Experiment eine Modifikation des Versuchsverlaufs, die einen tieferen Einblick in das Geschehen gewährleisten sollte: der «Sender» (der den Zielort aufsucht), der «Hellseher» (der den Zielort von der Ferne «sehen» soll) und die unabhängigen Beobachter (die eine mögliche Übereinstimmung zwischen Zeichnung und Zielort feststellen sollen) wurden alle auf Tonfilm festgehalten.

Dabei entdeckten Marks und Kamman (und berichten in ihrem Buch auch ausführlich darüber), *was vor ihnen schon Puthoff und Targ entdeckt hatten:* eine auffällige Übereinstimmung zwischen der Beschreibung des «Hellsehers» und den Besonderheiten des Zielortes, den der «Sender» aufs Geratewohl ausgesucht hatte. Der erste Zielort war ein Haus mit spitzem Giebel, das neben einer Treppe am Fusse eines Hügels lag. Es löste im «Hellseher» ein «sehr befreiendes Gefühl aus, so wie auf einem Berg . . . das Gefühl, dass man hoch oben ist.» Er hatte den Eindruck «dass sich etwas bewegt, dass Sally nach oben steigt». Später bestätigte die «Senderin» (Sally), dass sie tatsächlich auf den Hügel hinter dem Hausdach gestiegen war und dass der Blick von dort mit dem Gefühl übereinstimmte, das der «Hellseher» zum Ausdruck gebracht hatte.

Beim zweiten Zielort handelte es sich um ein Grab auf dem städtischen Friedhof. Es hatte einen auffälligen Grabstein und war nach dem Bild zu urteilen höher gelegen, so dass man von dort auch andere, kleinere Grabsteine sehen konnte. Der «Hellseher» berichtete in diesem Fall von einem «ziemlich geschlossenen Raum . . . irgendwie höhergelegen . . . Ich sehe eine Art Denkmal und irgendein erhöhtes Bauwerk . . . ein dumpfes, düsteres Gefühl». Als man ihn noch weiter auf den «geschlossenen Raum» ansprach, sagte der «Hellseher» ausserdem, dass er «keine Farben sehen könne, nur Dunkelheit».

Der dritte Zielort war ein Bahnhof, den der «Sender» als eine Häufung geometrischer Muster und Formen, hauptsächlich Dreiecke und Kegel, beschrieben und gezeichnet hatte. In diesem Fall schienen die Übereinstimmungen selbst für Marks und Kamman «recht bemerkenswert zu sein».

Danach wurden die Übereinstimmungen zwischen Zielort und «Hellseher» allmählich wieder schwächer. Die unabhängigen Beobachter konnten keine Parallelen zwischen Zielort und Beschreibung mehr feststellen. Immerhin, *was ihr eigener Bericht dokumentiert,* hätte ein anderer Experimentator als *Teilerfolg* gewertet, wahrscheinlich sogar als eine zum Teil gelungene Wiederholung des Puthoff/Targ-Experiments. Nicht so Marks und Kamman. Und weiter: wenn im letzten von fünfunddreissig Versuchsdurchläufen durch eine Verfahrensmodifikation plötzlich positive Indizien für das in Frage stehende Problem auftauchen, würde jeder Experimentator die Möglichkeit erwägen, dass auch die vierunddreissig vorangegangenen Versuchsdurchläufe solche Indizien enthalten könnten und deswegen nochmals überprüft werden müssen. Nicht so Marks und Kamman. Sie tun nichts dergleichen. Stattdessen geben sie dem äusseren Druck nach, wollen der «Hänselei» wohl noch eins draufsetzen, missachten *ihre eigenen* Untersuchungsergebnisse, indem sie frech behaupten: «Unsere ausgiebigen Versuche konnten keinerlei Beweise für die Fähigkeit des Hellsehens erbringen.»

Wer genügend Zeit und Lust dazu hat, sollte sich die Arbeiten von Parapsychologen und ihren Kritikern zu Gemüte ziehen und zu einem selbständigen Urteil über die Untersuchung des Vorauswissens gelangen. Meines Erachtens jedenfalls sind die Parapsychologen trotz aller Fehler und Schwächen ihren Kritikern Lichtjahre voraus, wenn es um Genauigkeit, Verlässlichkeit und Objektivität geht.

ANHANG D

Der zukunftsschauende Geist: Ein Leitfaden zum Lernen und Lehren

Workshops, Seminare und Diskussionen

Die folgenden Hinweise können Sie je nach Wahl für eine Einzelveranstaltung gebrauchen oder auf eine Reihe von Veranstaltungen auffächern, die sich über mehrere Monate, Wochen oder Abende verteilen.

1. *Linkes Gehirn, rechtes Gehirn und Zukunft*
Basislektüre: Kapitel 4 «Vorderhirn, rechtes Hirn, linkes Hirn». Zusatzlektüre: Ornstein, *Die Psychologie des Bewusstseins*, Kapitel 3. Mögliche Diskussionsfragen: Was ist für Menschen typisch, in denen die rechte Hirnhälfte dominiert? Was ist für Menschen typisch, in denen die linke Hirnhälfte dominiert? Inwiefern würden sie die Zukunft unterschiedlich angehen? Übung: Gruppenvoraussage mit Hilfe des HCP-Profils wie in Anhang A beschrieben.

2. *Vorderhirn und Zukunft*
Basislektüre: Kapitel 2, «Das Gehirn – eine majestätische Erscheinung», Kapitel 6, «Die Macht des Vorderhirns». Zusatzlektüre: Luria, «The Functional Organization of the Brain». Mögliche Diskussionsfra-

gen: Was unterscheidet Menschen mit einem stark entwickelten Moralgefühl von anderen? Wie könnte dies damit zusammenhängen, dass sie vielleicht die Zukunft eher voraussehen? Beschreibt das Bild des «Managers» treffend die Funktion des Vorderhirns? Übung: Weitere Gruppenvoraussagen mit Hilfe des HCP-Profils.

3. *Wie das Gehirn beim Voraussagen mitarbeitet*
Basislektüre: Kapitel 8, «Das voraussagende Gehirn». Zusatzlektüre: Penfield, *The Mystery of the Mind.* Mögliche Diskussionsfragen: Wie beeinflussen Bewusstseins-, Persönlichkeits- und Lebenssituationsunterschiede zwischen Ihnen und Ihren Bekannten und Freunden eine unterschiedliche Einschätzung der Zukunft? Glauben Sie, dass es jenseits des Gehirns noch ein Bewusstsein oder einen Geist gibt?

4. *Das Rätsel des Vorauswissens*
Basislektüre: Kapitel 9, «Das Rätsel des Vorauswissens», Kapitel 10, «Die Mutmassungen der Physik», Kapitel 11, «Die Mutmassungen der Psychologie». Zusatzlektüre: Capra, *Das Tao der Physik,* Vaughan *The Edge of Tomorrow.* Mögliche Diskussionsfragen: Erinnern Sie sich an irgendwelche möglicherweise präkognitiven Erfahrungen? Welche andere Erklärungen wären möglich? Fällt Ihnen die bildliche Vorstellung der subatomaren Wirklichkeit schwer oder leicht?

5. *Neue Psychophysik und Zukunft*
Basislektüre: Kapitel 12, «Die neue Psychophysik», Anhang B, «Einige Grundsätze der neuen Psychophysik». Zusatzlektüre: Koestler *The Roots of Coincidence,* Ferguson, *Die sanfte Verschwörung.* Mögliche Diskussionsfragen: Finden Sie die neue Psychophysik anziehend oder abstossend? Warum? Welche Konsequenzen hat dieses Weltbild für die Zukunft?

6. *Holographischer Geist und Zukunft*
Basislektüre: Kapitel 13, «Das holographische Bewusstsein». Zusatzlektüre: Wilber, *Das holographische Weltbild,* Pribram, «The Neurophysiology of Memory» (ein leicht zu lesender Artikel aus *Scientific American*). Mögliche Diskussionsfragen: Was meinen Sie zu der Vorstellung eines holographischen Universums? Was ist das vorherrschende Steuerungsprinzip: freier Wille, Determinismus oder eine Mischung aus beiden?

7. *Die Darstellung der Zukunft oder: Voraussage für Jedermann* Basislektüre: Anhang A, «Ein Leitfaden zum Erstellen von Prognosen und zum Überleben in Beruf, Gesellschaft und Privatleben». Zusatzlektüre: Loye, *The Knowable Future,* Vaughan, *The Edge of Tomorrow,* Wallachinsky, Wallace und Wallace, *The Book of Predictions.* Mögliche Diskussionsfragen: Was sagen Sie für Ihre persönliche Zukunft voraus? Was sagen Sie für die Menschheit als ganzes voraus? Übung: Abschliessende Gruppenvoraussage mit Hilfe des HCP-Profils

Stundenplan für einen vierzehnwöchigen Kurs an Schule oder Universität

1. Kapitel 1, «Die Sphinx und der Regenbogen», Kapitel 2, «Das Gehirn – eine majestätische Erscheinung. Zusatzlektüre: Teyler, «An Introduction to the Neurosciences» in *The Human Brain;* oder eine entsprechende deutschsprachige Einführung in die Neurologie. Mögliche Diskussionsfragen: Auf welcher Stufe der Evolution scheint die Voraussagefähigkeit anzusetzen? Was unterscheidet die Voraussagefähigkeit des Menschen von der der Tiere?
2. Anhang A, «Ein Leitfaden zum Erstellen von Prognosen und zum Überleben in Beruf, Gesellschaft und Privatleben». Übung: Gruppenvoraussage mit Hilfe des HCP-Profils wie in Anhang A beschrieben.
3. Kapitel 3, «Vorderhirn, rechtes Hirn, linkes Hirn». Zusatzlektüre: Ornstein: *Die Psychologie des Bewusstseins*, Kapitel 3. Diskussionsthema: Die Psychologie des Bewusstseins, Kapitel 3. Mögliche Diskussionsfragen: Was ist an Menschen typisch, in denen das rechte Gehirn dominiert? Was ist an Menschen typisch, in denen das linke Gehirn dominiert? Inwiefern würden sie die Zukunft unterschiedlich angehen?
4. Kapitel 4, «Die Zeit – ein Strom», Kapitel 5, «Von Raum und Zeit, Intuition und Verstand». Zusatzlektüre: Ornstein, *Die Psychologie des Bewusstseins,* Kapitel 4. Mögliche Diskussionsfragen: Was lässt die Zeit langsam vergehen? Was lässt die Zeit schnell vergehen? Wie fühlt sich eine «richtige» Vorahnung an?
5. Kapitel 6, «Die Macht des Vorderhirns». Zusatzlektüre: Luria «The Functional Organization of the Brain» (ein kurzer, klarer und verständlicher Artikel aus *Scientific American*). Mögliche Diskussionsfragen: Was unterscheidet Menschen mit einem stark entwickelten Moralgefühl von anderen? Wie könnte dies damit zusammenhängen, dass sie vielleicht die Zukunft eher voraussehen?

6. Kapitel 7, «Der Strom des Denkens». Zusatzlektüre: Ornstein, *Die Psychologie des Bewusstseins,* Kapitel 2 oder James, *Principles of Psychology,* Kapitel 9. Mögliche Diskussionsfragen: Wie hat sich Ihr Zukunftssinn im Laufe Ihres Lebens verändert? Welche Veränderungen haben Sie diesbezüglich an anderen beobachtet?
7. Kapitel 8, «Das voraussagende Gehirn». Zusatzlektüre: Penfield, *The Mystery of the Mind,* Kapitel 2–6 (alle sehr kurz). Mögliche Diskussionsfragen: Wie beeinflussen Bewusstseins-, Persönlichkeits- und Lebenssituationsunterschiede zwischen Ihnen und Ihren Bekannten und Freunden eine unterschiedliche Einschätzung der Zukunft? Glauben Sie, dass es jenseits des Gehirns noch ein Bewusstsein oder einen Geist gibt?
8. Kapitel 9, «Das Rätsel des Vorauswissens». Zusatzlektüre: Vaughan, *The Edge of Tomorrow;* Dean «Precognition and Retrocognition» in *Psychic Exploration.* Mögliche Diskussionsfragen: Erinnern Sie sich an irgendwelche möglicherweise präkognitiven Erfahrungen? Welche anderen Erklärungen gäbe es dafür?
9. Kapitel 10, «Die Mutmassungen der Physik». Zusatzlektüre: Capra, *Das Tao der Physik,* Kapitel 15. Mögliche Diskussionsfragen: Fällt Ihnen die bildliche Vorstellung der subatomaren Wirklichkeit leicht oder schwer? Wieviel an der Physik ist Ihrer Meinung nach Tatsache und wieviel reine Vorstellung, und wie hängen diese beiden zusammen?
10. Kapitel 11, «Die Mutmassungen der Psychologie», Kapitel 12, «Die neue Psychophysik». Zusatzlektüre: Koestler, *The Roots of Coincidence,* Kapitel 3. Mögliche Diskussionsfragen: Können Sie sich an seltsame «Zufälle» aus Ihrem persönlichen Leben erinnern? Fühlen Sie sich von der neuen Psychophysik eher angezogen oder abgestossen und warum?
11. Kapitel 13, «Das holographische Bewusstsein» und der erste Teil von Kapitel 14, «Seher und Holoversum». Zusatzlektüre: Wilber, *Das holographische Weltbild,* Kapitel 1–3. Mögliche Diskussionsfragen: Wie stehen Sie zu der Vorstellung eines holographischen Bewusstseins? Oder eines holographischen Universums? Glauben Sie, dass der freie Wille entscheidet, dass alles vorherbestimmt ist oder dass die Wahrheit irgendwo dazwischen liegt?
12. Anhang A, «Ein Leitfaden zum Erstellen von Prognosen und zum Überleben in Beruf, Gesellschaft und Privatleben». Zusatzlektüre: de Jouvenal *The Art of Conjecture,* Kapitel 4–7 (ist möglicherweise sehr schwer auffindbar) oder Loye, *The Knowable Future,* Kapitel 1 und 2.

Hausaufgabe: Kommen Sie auf der Gundlage der Voraussagemethode, die im ersten Teil von Anhang A beschrieben ist, zu einer Entscheidung in ihrem persönlichen Leben. Diskutieren Sie die Ergebnisse der einzelnen Teilnehmer in der Gruppe.

13. Anhang B, «Einige Grundsätze der neuen Psychophysik». Zusatzlektüre: Wilber, *Das holographische Weltbild,* Kapitel 7. Mögliche Diskussionsfragen: Was stört oder irritiert sie an dieser Art der Pionierforschung am meisten? Was finden Sie daran fesselnd und/oder verheissungsvoll?

14. Letzter Teil von Kapitel 14, «Seher und Holoversum» und Kapitel 15, «Am Ende des Regenbogens». Zusatzlektüre: Wallachinsky, Wallace und Wallace, *The Book of Predictions* (einen beliebigen Abschnitt, der Sie persönlich besonders interessiert). Übung: Abschliessende Gruppenvoraussage mit Hilfe des HCP-Profils, die sich auf folgende beiden Fragenkomplexe konzentriert: Was sagen Sie für Ihre persönliche Zukunft voraus? Was sagen Sie für die Menschheit als ganzes voraus?

Sollten Sie zu dem Themenkreis eine benotbare schriftliche Arbeit verfassen lassen wollen, bieten Ihnen die Diskussionsfragen eine grosse Auswahl von Themen.

Mögliche Ausflüge

1. Eine grosse Firma, die ihre Jahresumsatzprognose mit Computervorhersage erstellt.
2. Mikrokomputer-Händler zur Demonstration von Voraussagetechniken für einen kleinen Betrieb.
3. Meinungsumfrage- oder Voraussagedienst, um zu sehen, wie diese ihren Klienten in Politik, Wirtschaft und Regierung die in Auftrag gegebenen Prognosen erstellen.
4. Lokale staatliche oder private Hilfsorganisation, um zu sehen, wie diese finanzielle Zuwendungen und nötige Hilfsleistungen voraussagen, damit die Verfügbarkeit ihrer Dienste gesichert bleibt.
5. Schulverwaltung oder Kultusministerium, um zu sehen, wie der Bedarf an Schulräumen, Lehrern und Lehrmaterial ausgerechnet wird.
6. «Hellseher» oder Medium, um zu sehen, wie sie arbeiten.

Tests

Anhang A enthält das HCP-Profil in seiner ursprünglichen Form, in der wir es am *Institute for Futures Forecasting* bis 1982 benutzt haben. Es ist von unschätzbarem Wert, weil es den Teilnehmern eine stabile Grundlage für die Diskussionen und für die Erforschung ihrer eigenen Prognosefähigkeit vermitteln kann. Seine zehn Fragen stellen die dominante Hirnhälfte fest. Der Test erfordert nur drei Minuten, und man kann ihn sowohl für sich als auch in der Gruppe ausführen und auswerten. Die Ergebnisse lassen sich leicht darstellen. Man kann den Gruppendurchschnitt einfach graphisch erfassen (zum Beispiel in einer Kurve, die mehr zum linken oder rechten Gehirn neigt) und das Verhältnis vom Einzelergebnis zum Gruppenergebnis aufzeigen.

Gegenwärtig gibt es auch bereits eine weiterführende Version des HCP-Profils, zusammen mit einer Broschüre über Anwendung, Auszählung, Interpretation, Gültigkeitsprüfung, Grenzen und Hintergrundsinformation über die Hirnhälftenunterschiede. Seit dem Frühjahr 1984 stellt das Institut noch andere Tests zur Verfügung, die auch allgemein verwendbar sind, nicht nur für die Feststellung der Prognosefähigkeit. Dazu gehören: zwei neue Tests, die das Institut 1983 für seine in den gesamten Vereinigten Staaten durchgeführte Studie über die «Erkennbare Zukunft» eingesetzt hat; ein Test zur Feststellung der Empfänglichkeit für ethische Grundwerte, der frei von sexuellen Vorurteilen und generell unaufdringlich ist; und ein verhaltens-und anschauungsorientierter Test zur Feststellung medialer oder telepathischer Fähigkeiten.

Wenn Sie darüber mehr erfahren möchten, schreiben Sie mit internationalem Antwortschein an: David Loye, c/o Shambhala Publications Inc., 314 Dartmouth Street, Boston, MA. 02116, U.S.A.

ANMERKUNGEN

Kapitel 1

1. Schöpfungsbericht im Buch Genesis der Bibel. 2. Hall, *Signs of Things to Come;* meiner persönlichen Meinung nach hat Nostradamus tatsächlich am Anfang einige zutreffende Voraussagen gemacht. Es ist auch möglich, dass in der ungeheuren Masse seiner geheimnisvoll klingenden Vierzeiler, die er unter dem Titel «Die Jahrhunderte» zusammenfasste, hier und da ein Körnchen Wahrheit enthalten ist. Trotzdem sind fünfundneunzig Prozent seiner Prophezeiungen in meinen Augen nur ein Beweis dafür, dass es damals wie heute einen grossen Vorrat an Leichtgläubigen gab, für die Nostradamus zum «Starschwindler» aufstieg, der dunkle und unverständliche Sprüche ganz nach dem Geschmack seiner Anhänger auftischte. 3. Brooks Adam's lange Einleitung zu Henry Adam's *Degradation of Democratic Dogma* schildert die Prophezeiungen von Washington und Adams in allen Einzelheiten; vergl. auch David Loye, *The Knowable Future.* 5. Adams, *Degradation of Democratic Dogma.* 6. Auf dem Gebiet der Hirnforschung gibt es diesbezüglich nur Alexander Luria. Mit ihm werde ich mich insbesondere in den Kapiteln 3, 5 und 6 befassen. In der Psychologie ist die Situation komplizierter. Ich habe mich in diesem Buch auf Kurt Lewin und die anderen Gestaltpsychologen konzentriert, weil ihr Ansatz auf Grund seiner Empfänglichkeit für Strukturen und Ganzheiten für unseren Zusammenhang besonders relevant ist. Ferner gehe ich auf Clark Hull ein, der von allen Behavioristen wohl die nützlichsten Gedanken zur Zukunft geliefert hat. Darüber hinaus publizierte der eklektische klinische Theoretiker George Kelley 1955 seine Gedanken zu einer zukunftsorientierten Psychologie, die wohl als erste ihrer Art eine positive Resonanz fanden. Kellys *construct theory* ging davon aus, dass wir ein aktives Bewusstsein haben und dass wir unser Leben gestalten, indem wir Voraussagen machen und unsere Hypothesen über die möglichen Zukunftsentwicklungen überprüfen. Die Motivationstheoretiker haben zudem viel mit dem Begriff der *Erwartung* und die Statistiker mit dem der *Wahrscheinlichkeit* gearbeitet. David MacClellands zukunftsbezogene Arbeit ist beson-

ders wichtig (vergl. Bibliographie und Loye, *The Knowable Future*). In Anbetracht der ungeheuren Kraft, die die Bilder von der Zukunft auf jeden Aspekt der menschlichen Psyche – Gefühle, Gedanken, Willen, individuelles Verhalten und Gruppenverhalten – haben, ist bis 1978 in der Psychologie erstaunlich wenig dazu veröffentlicht worden. Damals brachte ich als ersten Versuch in dieser Richtung mein Buch *The Knowable Future: A Psychology of Forecasting and Prophecy* heraus. Kurz darauf erschien Don Mankins *Toward a Post-Industrial Psychology*, ein Buch, das das zukunftsbezogene Denken und Verhalten ebenfalls in den Hauptstrom der Psychologie einbringen wollte. 1981 wurde Myles Friedmans' und Martha Willis' *Human Nature and Predictibility* publiziert. Dies war eine erste ausführliche und strenge Neubewertung der gesamten Psychologie aus dem Blickwinkel der besonderen Wirkung, die die Zukunft auf uns ausübt. Friedman formulierte darin ausserdem seine vielseitige Voraussagetheorie. Zwar schliesst Friedman nicht den Ansatz von Lewin und McClelland in seine Erwägungen ein, und auch nicht den Einfluss von Neuropsychologie, Persönlichkeit und Ideologie. Trotzdem ist das Buch bis jetzt die ausführlichste Würdigung des Phänomens der Voraussagefähigkeit in der gesamten psychologischen Literatur. Vergleichbar ist nur F. T. Melges *Time and the Inner Future.*

Kapitel 2

1. Cowan, «The Development of the Brain». 2. Teyler, «An Introduction to the Neurosciences»; Cowan, ebd. 3. Stevens «The Neuron». 4. Ebd. 5. Ebd. 6. Cowan, op. cit. 7. Teyler. op. cit. S. 16. 8. Iversen, «The Chemistry of the Brain». 9. Woolridge, *The Machinery of the Brain*, S. 26. 10. Stevens, op. cit., S. 55. 11. Sherrington, *The Integrative Action of the Nervous System*. 12. Wie die Religionen ganz generell, bieten uns die östliche Philosophie und Metaphysik natürlich eine andere Perspektive an. Sie geht davon aus, dass Geist oder Bewusstsein von Anfang an da waren. Die Evolution wird dementsprechend als eine Progression uns bekannter Lebensformen betrachtet, die sich immer höher entwickeln, um schliesslich wieder mit dem ursprünglichen Geist vereint zu werden. Dies ändert jedoch nichts an unserem Standpunkt: der zukunftsschauende Geist hat sehr alte Vorläufer, die noch vor dem Menschen beginnen. 13. Eine ausführlichere Darstellung dieser Reihenfolge ist in vielen Arbeiten zu finden. Zwei hervorragende Quellen dafür sind: Teyler, «An Introduction to the Neurosciences» und Cowen, «The Development of the Brain». 14. Zitiert von Penfield, *The Mystery of the Mind*, S. 94 f. 15. Thorpe in Eccles, *Brain and Conscious Experience*. 16. Young, *Programs of the Brain*. 17. Ebd.; Young, «Why Do We Have Two Brains?». 18. Ebd. 19. Jerison, «Evolution of the Brain». Der Leser sollte bedenken, dass ich mit Jerison nur bis zu einem bestimmten Punkt einer Meinung bin. Ich distanziere mich von seiner fragwürdigen Hypothese, dass die frühen Menschen «soziale Raubtiere» und den Wölfen näher als den Primaten gewesen seien. 20. Ebd. 21. Ebd. 22. Ebd. 23. Ebd. 24. Geschwind, «Specializations of the Human Brain». 25. Diese Spekulation basiert auf LeMays Entdeckung von Unterschieden zwischen den Hirnhälften in Schädeln, die bis zu 30.000 Jahre alt sind, sowie auf Jerisons Argument, dass die ungeheure Ausweitung der Hirnfunktion zwangsläufig eine Erweiterung des Hirnraumes bedingte. Siehe dazu auch: Pribram, «Hemispheric Specialization: Evolution or Revolution». 26. Gibson E., *Principles of Perceptual Learning and Development.* 27. Pribram, Diskussion in *Interhemispheric Relations and Cerebral Dominance,* hrsg. von Mountcastle; Geschwind, op. cit. 28. Siehe Wilber, *The Holographic Paradigm and Other Paradoxes,* S. 160 ff. Dort ist seine Version dieses Mythos dargestellt, der auf dem *Lankavatara Sutra,* dem *Tibetischen Totenbuch* und den Gedanken des westlichen Existentialismus beruht. 29. Penfield, op. cit. 30. Darwin, *Ursprung der Arten.* 31. Marx, *Das Kapital.* 32. Pawlow, *Die bedingten Reflexe.* 33. Watson, *Der Behaviorismus.* 34. Livanov, *Spatial Organization of Cerebral Processes.* 35. Pribram, «The Neurophysiology of Remembering»; Pribram, Spinelli und Reitz, «Effects of Radical Disconnection of

Occipital and Temporal Cortex on the Visual Behavior of Monkeys». 36. Konorski, *Integrative Activity of the Brain,* S. 37. 37. Die berühmten «Langweile»- oder Stimulusentzugsuntersuchungen von Heron, Hebb, Scott und anderen veranschaulichen dieses Bedürfnis sehr dramatisch. Siehe Heron, «The Pathology of Boredom» oder «Cognitive and Physiological Effects of Perceptual Isolation».

Kapitel 3

1. Luria, *The Working Brain,* S. 13. 2. Ebd. 3. Majorski, «Alexander Romanovich Luria: 1902–1977». 4. Darstellungen der positiven Aspekte von Hirn- und Bewusstseinsforschung in der Sowjetunion, Tschechoslowakei und anderen Ostblockstaaten finden Sie in Büchern wie Stanley Krippners *Human Possibilities* und in der dritten Auflage von Gardner Murphys *Historical Introduction to Modern Psychology.* Da die meisten Wissenschaftler lieber an das Gute im Menschen und in der Welt glauben, blieb es Journalisten und Opfern vorbehalten, die Schattenseiten dieser Forschungen zu enthüllen. Sie beschreiben übereinstimmend einen Missbrauch der Psychiatrie, den Einsatz von Gehirnwäsche, die Gefängnisfunktion psychiatrischer Anstalten, kurz ein System, das nur darauf angelegt ist den Geist jeden humanistischen Widerstandes zu brechen. Dies ist jedoch nur die bekannteste Form des in der Sowjetunion üblichen Missbrauchs der Wissenschaften zum Zwecke der Bewusstseinskontrolle. Die Sowjetunion unternimmt darüber hinaus grosse Anstrengungen in der Hypnoseforschung, neben denen sich westliche Projekte in ähnlicher Richtung geradezu winzig ausnehmen. Das Motiv ist wiederum zweischneidig: es geht nicht nur um den möglichen therapeutischen Einsatz, sondern ebenfalls darum, den geistigen Widerstand von Dissidenten zu brechen; siehe dazu Gris und Dick, *The New Soviet Psychic Discoveries.* Am wichtigsten aber sind die sowjetischen Anstrengungen bei der Erforschung von Telepathie und anderen paranormalen Phänomenen. In den sechziger und siebziger Jahren registrierten die Beobachter solcher Aktivitäten aufregende Enthüllungen über Fortschritte, die man in Russland, in der Tschechoslowakei und Bulgarien bei der sogenannten «Biokommunikation» erzielt hatte: Telepathie über weite Entfernungen; Hypnose über weite Entfernungen; das Bewegen, Verbrennen und sogar Vernichten von Gegenständen durch Bewusstseinskonzentration; das Messen von bisher nicht messbaren Kräften mit Hilfe der Kirilian-Photographie. Ende der siebziger Jahre erhärteten sich die Beweise, dass hinter all dem das sowjetische Militär steckt. Daraufhin wurden die Forschungen auf diesem Gebiet zum Staatsgeheimnis erklärt. Es hält sich jedoch hartnäckig das Gerücht, dass die Russen seit dem zweiten Weltkrieg in oder in der Nähe von Alma-Ata eine grosse Zahl von Physikern, Psychologen und Hirnforschern versammelt haben, die an der Entwicklung von Waffen zur Bewusstseinskontrolle arbeiten. Sie sollen angeblich Telepathie und telepathische Beeinflussung perfektionieren, um auf diesem Weg den Feind auszuspionieren und zu schwächen. Diese Konzentration von Wissenschaftlern erinnert in gewisser Hinsicht an das *Manhatten-Projekt,* zu dem sich im zweiten Weltkrieg zur Entwicklung der Atom- und Wasserstoffbombe eine ganze Reihe hervorragender Wissenschaftler in die Einsamkeit der Wüsten von New Mexico zurückgezogen hatten. Es gibt einige populäre Veröffentlichungen über das russische Geheimprojekt, die unterschiedlich verlässlich sind. Bisher hat die Wissenschaft von ihnen keinerlei Notiz genommen. Erschreckend sind die Darstellungen, die der amerikanische Geheimdienst aufgrund des *Freedom of Information Act* publik machen musste. Es handelt sich um die Berichte ST-CS-01-169-72: *Controlled Offensive Behavior – U.S.S.R.;* und DST-1810S-387-75: *Soviet and Czechoslovakian Parapsychology Research;* siehe Bibliographie unter LaMothe. 5. Luria, *The Working Brain,* S. 13. 6. Ebd., S. 57. 7. Ebd. 8. Die Konsequenzen dieser Aufteilung für die Hirn- und Zukunftsforschung werden besonders von dem Neurobiologen David Goodman hervorgehoben; siehe Bibliographie. 9. Luria, op. cit., S. 219. 10. Ebd. 11. de Jouvenal, *The Art of Conjecture.* In *The Knowable Future* führe ich aus, warum dieses Buch ein Pionierwerk über die Psychologie der

Voraussage ist. 12. Walter, «Electrical Signs of Association Expectancy, and Decision in the Human Brain». 13. Luria, op. cit., S. 14. 14. Diesen Aspekt werde ich in einem folgenden Buch ausführlich behandeln; eine inzwischen zum Klassiker avancierte Analyse auf diesem Gebiet ist: Miller, Gallanter und Pribram, *Strategien des Handelns.* 15. Ebd., S. 79 f. 16. Pribram, *Languages of the Brain.* 17. Teitelbaum, *Physiological Psychology.* 18. Geschwind, «Specializations of the Human Brain»; zu Komplikationen in dieser Sichtweise siehe auch: Pribram, *Languages of the Brain.* 19. Ebd. 20. Ornstein, *Die Psychologie des Bewusstseins;* Bakan, «Hypnotizability, Laterality of Eye Movements, and Functional Brain Asymmetry». 21. Luria, *Higher Cortical Functions in Man.* 22. Levy-Agresti und Sperry, «Differential Perceptual Capacities in Major and Minor Hemispheres». 23. Luria, «The Functional Organization of the Brain». 24. Nebes, «Man's So-Called Minor Hemisphere». 25. Ornstein, op. cit. 26. Milner, «Interhemispheric Differences in the Localization of Psychological Processes in Man»; «Memory and the Medial Temporal Regions of the Brain». 27. Sperry, Gazzaniga und Bogen, «Interhemispheric Relationships and the Neocortical Commisures: Syndroms of Hemisphere Disconnection». 28. Bogen und Gazzaniga, «Cerebral Commisurotomy in Man: Minor Hemisphere Dominance for Certain Visiospatial Functions». 29. Nebes, «Man's So-Called Minor Hemisphere». 30. Hecaen, «Clinical Symptomatology in Right and Left Hemispheric Lesions». 31. Ebd. 32. Kimura, «Left-Right Differences in the Perception of Melodies». 33. Hecaen, op. cit. 34. Ornstein, Herron, Johnstone und Swencionis, «Differential Right Hemispheric Involvement in Two Reading Tasks». 35. Dimond, Farrington und Johnson, «Differing Emotional Responses from Right and Left Hemispheres». 36. Nebes, op. cit. 37. Ornstein, op. cit. 38. Nebes, op. cit. 39. Milner, «Memory and the Medial Temporal Regions of the Brain». 40. Hecaen, op. cit. 41. Warrington und James, «An Experimental Investigation of Facial Recognition in Patients with Unilateral Cerebral Lesions». 42. Milner, «Interhemispheric Differences . . .». 43. *I Ging – Das Buch der Wandlungen.* 44. Polak, *The Image of the Future.* 45. Newell und Simon, «Models: Their Uses and Limitations». 46. Siehe Wilber: *Das holographische Weltbild.* 47. Penfield und Rasmussen, *The Cerebral Cortex of Man,* 48. Hecaen, op. cit. 49. Ebd. 50. Penfield, *The Mystery of the Mind.* S. 22–25. 51. Wogan, Moore, Epro und Harner, «Measures of Alternative Strategies Used by Subjects to Solve Block Designs»; Willis, Wheatley und Mitchell, «Cerebral Processing of Spatial and Verbal-Analytic Tasks: An EEG-Study». 52. Krashen, «The Left Hemisphere». 53. Clarke und Dewhurst, *An Illustrated History of Brain Function,* Anm. 8. S. 134. 54. Nebes, «Man's So-Called Minor Hemisphere», Anm. 11. 55. Ornstein, *Die Psychologie des Bewusstseins.* 56. Ebd. 57. Kinsbourne, *Asymmetrical Function of the Brain,* S. 130. 58. Jaynes, *The Origin of Consciousness and the Breakdown of the Bicameral Mind.* 59. Kinsbourne, op. cit. 60. Wilber, op. cit.

Kapitel 4

1. Wolfe, *Of Time and the River* (dt. *Von Zeit und Strom*). Wer sich tiefer mit der Frage der Zeit auseinandersetzen möchte, sollte sich Frasers *The Voices of Time* anschauen und ausserdem J. B. Priestleys bild- und wortgewaltiges Buch *Man and Time* zu Gemüte führen. 2. Dean und Mihalasky, *Executive ESP.* 3. Holubar, *The Sense of Time.* 4. Teyler, «An Introduction to the Neurosciences». 5. Ebd. 6. Penfield, *The Mystery of the Mind.* 7. Pribram, *Languages of the Brain.* 8. Pittendrigh, «On Temporal Organization in Living System». 9. Ebd. 10. Holubar, op. cit. 11. Hoagland, «The Physiological Control of Judgementa of Duration: Evidence for a Chemical Clock; siehe auch Hoagland in Frasers *The Voices of Time.* 12. Pittendrigh, op. cit. 13. Halberg, «Temporal Coordination of Physiologic Function». 14. Pittendrigh, op. cit., S. 212. 15. Ebd. 16. Holubar, op. cit., S. 26. 17. Ebd. S. 126. 18. Piaget, «Time Perception in Children». 19. Holubar, op. cit., S. 8. 20. Lewin, *Field Theory in Social Science,* S. 246. 21. McGregor, «The Major Determinants of the Prediction of Social Events»; Loye, *The Knowable Future.* McGregor

wählt zur Veranschaulichung des Unterschiedes die Begriffe «Wunsch» und «Erkenntnis». Wie ich in *The Knowable Future* näher ausführe, handelt es sich hierbei um Freuds altes Lust- und Wirklichkeitsprinzip, nur eben aus dem Kontext des zukunftsschauenden Geistes gesehen. Ich habe mich in meiner Arbeit bemüht, die Auswirkungen dieser Prinzipien auf Meinungsumfragen und Voraussagen zu untersuchen. Studien zu den amerikanischen Präsidentschaftswahlen von 1976 und 1980 machen deutlich, dass der Wunschfaktor (Für wen werden Sie stimmen?) ein weniger zuverlässiger Indikator ist als der Erkenntnis-Faktor (Wer meinen Sie, wird die Wahl gewinnen?). Die Voraussagen werden noch korrekter, wenn man beide Faktoren in Betracht zieht (persönliche Präferenzen und angenommene Wahrscheinlichkeiten). Dies ist im übrigen auch ein Grundaspekt des IMP-Tests. 22. Whorf in Carroll, *Language, Thought and Reality,* 23. Lee, «Being and Value in Primitive Culture». 24. Maxwell, «Anthropological Perspectives». 25. LeShan, «Time Orientation and Social Class». 26. Loye, *The Knowable Future; The Leadership Passion* und «Ideology and Prediction». 27. Schmeidler, «An Experiment in Precognitive Clairvoyance». 28. Loye, «Studies of the Possibility of Nonlinear Forecasting». 29. Jung, *Psychologische Typen.* 30. Mann, Segler und Osmond, «The Psychotypology of Time». 31. Ornstein, *Die Psychologie des Bewusstseins.*

Kapitel 5

1. Penfield, *The Mystery of the Mind,* S. 25. 2. Hecaen, «Clinical Symptomatology in Right and Left Hemispheric Lesions». 3. Freud, *Complete Introductory Lectures,* S. 74. 4. Ornstein, *The Psychology of Consciousness,* S. 104. 5. Holubar, *The Sense of Time,* S. 2. 6. Luria, *The Human Brain,* S. 79. 7. Young, «Why Do We Have Two Brains?». 8. Luria, op. cit., S. 73. 9. Luria sah die Funktionsteilung im Gehirn nicht so sehr zwischen rechter und linker Hemisphäre wie die meisten anderen Wissenschaftler, sondern mass sie an den Unterschieden zwischen Vorder- und Hinterhirn. Scheinbar war er jedoch zu diesem Schluss gekommen, bevor er von den Beweisen für die Unterschiede zwischen den Hemisphären hörte, was um so länger dauerte, da die wissenschaftliche Kommunikation zwischen den Vereinigten Staaten und der Sowjetunion nicht gerade die beste ist. In seinem nächsten in den U.S.A. publizierten Buch äusserte er sich nicht mehr zu diesem Thema. 10. Young, op. cit., S. 19. 11. Jerison, «Evolution of the Brain». 12. von Bekesy, *Sensory Inhibition.* 13. Jerison, op. cit. 14. Pribram, Diskussion in *Interhemispheric Relations and Cerebral Dominance,* hrsg. von Mountcastle. 15. Bogen, «Some Educational Implications of Hemispheric Specialization», S. 141. 16. Benjamin weist uns in Frasers *The Voices of Time* darauf hin, dass Newton, Leibniz und Bergson von zwei grundlegend verschiedenen Arten der Zeit ausgegangen waren. Am besten zum Ausdruck kommt dies durch den psychologisch feinfühligen Bergson, der zwei Arten der Zeit beschreibt, die meinen Ausführungen zu «Zeit:Stufe I» und «Zeit:Stufe II» weitgehend ähneln. Benjamin geht darüber hinaus auf die drei Arten der Zeit des Philosophen Samuel Alexander ein, der leider nur Probleme und Verständnisschwierigkeiten hinzufügt, anstatt, wie eigentlich beabsichtigt, über Bergson hinauszugehen. Das gleiche scheint mir auf Ouspensky und andere Lehrer der Gurdieff-Bewegung zuzutreffen, die nach Priestleys Darstellung in *Man and Time* ebenfalls von drei Arten der Zeit sprechen. Priestleys eigene Anschauung von drei Arten der Zeit besticht davor zwar durch ihre grössere Klarheit, es fehlt ihr aber ebenfalls die Verankerung und Sicherheit, die uns meiner Meinung nach endlich die moderne Hirnforschung und Physik schenken. Besonders interessant ist für mich, dass ich durch eigene Forschungsarbeiten auf die drei Arten der Zeit gestossen wurde und nicht durch Lektüre und Übernahme der Gedanken von anderen. Als ich dann entdeckte, dass erstklassige Denker aus mehreren Jahrhunderten ebenfalls von mehr als einer Art – nämlich von zwei oder drei Arten – der Zeit ausgegangen waren, nahm ich dies als eindrucksvolle Bestätigung dieser besonderen Forschung. Es ist auch höchst aufschlussreich, dass Bergson wie Alexander den Begriff der «Intuition» gebrauchen, um das

Werkzeug zu beschreiben, mit dem wir die Zeit wahrnehmen. Allerdings beschränken sie sich darauf, den Begriff der Intuition in die Diskussion einzuführen. Sie lassen sich nicht näher darüber aus. So bleibt er für sie das obskure Allerweltswort, das wir im allgemeinen Sprachgebrauch nach Gutdünken definieren, anstatt, wie in meiner Arbeit, in irgendeiner Weise mit den vielversprechenden Ansätzen der Hirnforschung verbunden zu werden. 17. Der gründlichste und erfinderischste Analytiker dieses Ansatzes war Clark Hull, der an der Erstellung des Theoriegebäudes der Psychologie in den dreissiger Jahren massgeblich mitgewirkt hat. 18. Eine Sichtweise wie sie von einem der grossen Produkte einer solchen Mischung entwickelt wurde; siehe Charles Osgood, *Method and Theory in Experimental Psychology*. 19. Miller, Gallanter und Pribram, *Strategien des Handelns*. 20. Ebd. 21. Köhler, *Gestalt Psychology*. 22. Ebd., S. 88. 23. Ebd. S. 89. 24. Ebd. 25. Sarbin, *Clinical Inference and Cognitive Theory*. 26. Assagioli, *Psychosythsis*. 27. Mann, Segler und Osmond, «The Psychotypology of Time». 28. In Russland ist man besonders hartnäckig erpicht gewesen, die elektromagnetischen Wellen zu finden, die telepathisches Fühlen erklären könnten. Vergl. L. L. Vasiliev *Experiments in Mental Suggestions,* wo er über seine jahrzehntelange Forschung in dieser Richtung berichtet. 29. Ornstein, op. cit.

Kapitel 6

1. Siehe Taylor, *Selected Writings of John Hughlings Jackson*. 2. Rylander, «Personality Changes after Operations on the Frontal Lobes». 3. Goldstein, «The Significance of the Frontal Lobes for Mental Performance». 4. Halstead, *Brain and Intelligence*. 5. Hebb, *Organization of Behavior,* S. 287. 6. Ebd. 7. Teitelbaum, *Physiological Psychology,* S. 108. 8. Luria, *Human Brain and Psychological Processes,* S. 531. 9. Zitiert in Goodman, «Learning from Lobotomy». S. 46. 10. Ebd. 11. Ebd. 12. Luria, op. cit. 13. Ebd., S. 156. 14. Ebd., S. 556. 16. Luria, *The Working Brain,* S. 188. Andere Informationsfetzen über die hier zusammenfassend dargestellte Hirntätigkeit finden sich auf den Seiten 84, 86, 94 und 408 in derselben Quelle. 16. Ebd., S. 274. 17. Ebd., S. 211. 18. Pribram, «The Neurophysiology of Remembering», S. 389. 19. Luria, *The Working Brain,* S. 60. 20. Ebd., S. 8, 10, 92 und 219. 21. Ebd. 22. Ebd., S. 59 f. 23. Teyler, «An Introduction to the Neurosciences». 24. Penfield, *The Mystery of the Mind*. 25. Luria, *The Working Brain,* S. 37. 26. Ebd. 27. Die physiologische und psychologische Unteilbarkeit dieser beiden kommt am besten wahrscheinlich in den mutigen Theorien von Sylvan Tomkins zum Ausdruck, die Phänomene als «ideoaffektiv» bezeichnen. Siehe Tomkins: *The Positive Affects, the Negative Affects*. 28. Zitiert in Goodman, op. cit., S. 47. Ebd., S. 48. 30. Ebd. 31. Ebd. 32. Ebd. 33. Luria, *The Working Brain*. 34. Kohlberg, «Moral Stages and Moralization». 35. Freud, *Vorlesungen zur Einführung in die Psychoanalyse;* Fluegel, *Man, Morals, and Society*. 36. Rokeach, *The Nature of Human Values*. 37. Loye, *The Leadership Passion;* Loye und Rokeach, «Ideology, Belief Systems, Values, and Attitudes». 38. Zitiert von Teitelbaum, op. cit., S. 7. 39. Loye, «The Brain, the Mind, and the Future»; «Brain Functioning Forecasting».

Kapitel 7

1. James, *The Principles of Psychology,* S. 239. 2. Galton, «Inquieries into Human Faculty and Its Development». S. 279. 3. Ebd., S. 286. 4. Diese Anschauung wurde Anfang des 19. Jahrhunderts von James Mill herausgearbeitet, dem Vater von John Stuart Mill. 5. Galton, op. cit., S. 286. 6. Ebd. 7. Mill, «Analysis of the Phaenomena of the Human Mind», S. 140. 8. Siehe Skinner, *Verbal Behavior,* Osgood, *Method and Theory in Experimental Psychology*. 9. Siehe Hilgard und Bower, *Theorien des Lernens*. 10. Köhler, *Intelligenzprüfung an Menschenaffen*. 11. Hull, «Knowledge and Purpose as Habit Mechanisms» 12. Ein gutes Quellenwerk über die Gestaltpsychologie ist: Henle, *Documents of Gestalt Psychology,* 13. Köhler, *The Mentality of Apes,* S. 127. 14. Lewins Schriften sind nur für den Liebhaber und Kenner verdaulich. Ein gutes Quellenwerk über

seine Feldtheorie ist: Hall und Lindzey, *Theorien der Persönlichkeit;* ein gutes Quellenwerk über seine Sozialtheorie ist: Deutch und Krauss, *Theorien der Sozialpsychologie;* zur Untersuchung gesellschaftlichen Handelns siehe: Loye, *The Healing of a Nation.* 15. Siehe Marrow, *Kurt Lewin – Leben und Werk.* 16. Ebd. 17. Ebd.; Marrow ist ganz generell eine gute Quelle für jeden, der das Werk von Lewin und seinen Schülern in den verschiedenen Phasen seiner Entwicklung kennenlernen möchte. 18. Galton, op. cit., S. 289. 19. Freud, *Die Traumdeutung.* 20. Freud, *Vorlesungen zur Einführung in die Psychoanalyse.* 21. Jung, *Die Archetypen und das kollektive Unbewusste.* 22. Barron, «Threshold for the Perception of Human Movement in Inkblots».

Kapitel 8

1. James, *The Principles of Psychology.* 2. Magoun, *The Waking Brain.* 3. Olds, «Pleasure Centers in the Brain». 4. Miller, «Learning and Performance Motivated by Direct Stimulation of the Brain». 5. Pribram, *Languages of the Brain.* 6. Ebd. 7. Luria, «The Functional Organization of the Brain». 8. Pelletier, *Mind as Healer, Mind as Slayer.* 9. Siehe Gibson, *Principle of Perceptual Learning and Development.* 10. Lewin charakterisierte diesen Zustand als «quasi-stabiles Gleichgewicht». 11. Luria, *The Working Brain.* 12. Teyler, «An Introduction to the Neurosciences». 13. Penfield, *The Mystery of the Mind,* S. 38. 14. Siehe Pribram «Remotivation» in *Languages of the Brain.* 15. Die Behavioristen sahen dies schon vor der neuen Hirn- und Computerforschung voraus; vergl. dazu: Mowrer, *Psychotherapy: Theory and Research,* oder Hilgard und Bower, *Theorien des Lernens.* 16. Loye, *The Leadership Passion;* «Personality and Prediction», «Ideology and Prediction» 17. Schkade und Potvin, «Cognitive Style, EEG Waveforms, and Brain Levels». 18. Guilford, *The Nature of Human Intelligence.* 19. Eine ausserordentlich wichtige Vorstellung, die von Pawlow in die Neurologie eingeführt wurde; weiterentwickelt haben sie Cannon in *The Wisdom of the Body* und Eysenck in *The Dynamics of Anxiety and Hysteria;* zudem hat sie an vielen Orten in Pribrams Werk Eingang gefunden. 20. Siehe Pribram in *Languages of the Brain.* 21. James, *The Principles of Psychology,* S. 269. 22. Mitroff und Kilmann, «On Evaluating Scientific Research». 23. Smith, «The Influence of the Structural Information Characteristics of Jungian Personality Type of Time Horizons in Decision Making». 24. Linestone, «Confessions of a Forecaster» 25. Zur Extrapolierung siehe: Armstrong, *Longe-Range Forecasting.* 26. Loye, Gorney und Steele, «An Experimental Field Study». 27. Siehe Loye, «Personality and Prediction». 28. Siehe Loye «Ideology and Prediction». 29. Siehe Loye, *The Knowable Future;* «The IMP Profile Test», «Auguries of Economic Innocence: The Great Depression Guessing Game»; «Let George Do It: A New Look at Business Forecasting»; und *DMT Newsletter,* Herbst 1980 über IMP-Berichte zur Präsidentschaftswahl von 1980. Die Grundlagenforschung über Persönlichkeit und Ideologie, die diesem System zugrunde liegt, ist dargestellt in: Loye, *The Leadership Passion.* 30. Siehe Loye, *The Leadership Passion;* de Jouvenal, *The Art of Conjecture;* Polak, *The Image of the Future.* 31. William James beschrieb dieses Problem am eindringlichsten, und zwar in einer Sammlung seiner Schriften zur parapsychologischen Forschung. Siehe Murphy und Ballou, *William James on Psychical Research.* 32. Die amerikanische humanistische Vereinigung war eine der Institutionen, die die Skeptiker unterstützte. Eine andere Gruppe wurde von den Wissenschaftsschriftstellern Isaac Asimov, Carl Sagan und Martin Gardner angeführt. Siehe das Kapitel «The Loyal Opposition» in Targ und Puthoff, *Jeder hat den 6. Sinn.* Dort sind die Einwände der Kritiker ausführlich dargestellt. 33. Crick, «Thinking about the Brain». 34. Ebd. 35. Penfield, op. cit., S. 46. 36. Ebd., S. 77. 37. Ebd., S. 80.

Kapitel 9

1. In allen Wissenschaftszeigen und an den meisten Universitäten ist der Druck gegen die Abweichler vom vorherrschenden wissenschaftlichen Paradigma fast schon unvorstellbar

gross gewesen. Man hat Lehrer und Forscher aus Fakultäten entfernt, ihnen den wissenschaftlichen Aufstieg versperrt, sie nicht mehr in Fachzeitschriften publizieren lassen und in Rede und Schrift erbarmungslos angegriffen, nur weil sie das vorherrschende wissenschaftliche Weltbild in Frage gestellt hatten. Dies ist wahrlich kein rühmliches Beispiel für die Freiheit der Forschung, mit der wir uns brüsten, und für die die politischen Reformer seit Ende des 18. Jahrhunderts gekämpft haben. 2. Jaynes, *The Origins of Consciousness and the Breakdown of the Bicameral Mind.* 3. Siehe Brooks Adams' Einleitung zu Henry Adams, *The Degradation of Democratic Dogma* oder Loye, *The Knowable Future.* 4. Ebd. 5. Siehe im dritten Band, *The War Years: 1864–1865,* S. 823–27 der monumentalen Lincoln-Biographie von Carl Sandburg, die sich hauptsächlich auf Marshall Ward Lamons *Recollections of Abraham Lincoln* und andere Quellen beruft. Lincoln erzählte diesen Traum während einer Versammlung «etwa in der zweiten Aprilwoche» und wurde dann am 14. April ermordet. Sandburg berichtet auch von einem ähnlich seltsamen Ereignis, das sich früher zugetragen hatte. Dabei hatte sich Lincoln 1860 neben einem Spiegel in seinem Haus in Springfield niedergelegt. Dann sah er zwei Bilder von sich, das eine gesund und lebensvoll, das andere fahl und geisterhaft. Lincoln interpretierte dieses Gesicht folgendermassen: er würde seine erste Amtszeit als Präsident unbeschadet überstehen, die zweite jedoch nicht überleben. 6. Ebd. 7. Es gibt zahllose Quellen, die Berichte darüber enthalten. Siehe Myers, *Human Personality and Its Survival of Bodily Death* (von William James bestätigt); Dean, «Precognition and Retrocognition»; die Dokumentensammlungen und Forschungsberichte der britischen und amerikanischen Gesellschaft für parapsychologische Forschung; die Dokumentensammlung der sogenannten *Central Premonition Registries* in London und New York. Obwohl ein Grossteil dieses Materials schwer überprüfbar ist, gibt es für eine ganze Reihe von Fällen unabhängige Zeugen. 8. Hinter dieser Arbeit steckte hauptsächlich der herausragende angloamerikanische Psychologe William McDougall aus der Generation nach William James, der diese Pionierforschung an der *Duke-University* einrichtete. 9. Rhine, «Experiments Bearing upon the Precognition Hypothesis». 10. Dean, «Precognition and Retrocognition». 11. Moss, *The Probability of the Impossible.* 12. Ebd. 13. Dean, op. cit. 14. Osis und Fahler, «Space and Time Variables in ESP». 15. Schmeidler, «An Experiment in Precognitive Clairvoyance». 16. Cashen und Mamseyer, «ESP and the Prediction of Test Items in Psychology Examinations». 17. Ullman, Krippner und Vaughan, *Dream Telepathy,* 18. Moss, op. cit., S. 217. 19. Siehe Foulkes, Belvedere und Brubaker, «Televised Violence and Dream Content». 20. Schmidt, «Psychokinesis» 21. Harraldson, «Subject Selection in a Machine Precognition Test». 22. Siehe Heisenberg, *Physics and Beyond;* Koestler, *The Roots of Coincidence.* 23. Ein vielsagender Hinweis in diese Richtung ist die Liste von herausragenden Physikern und Physik-Nobelpreisträgern, die auf diesem Gebiet arbeiten wie Arthur Koestler in *The Roots of Coincidence* schreibt. 24. Siehe Shannon und Weaver, *The Mathematical Theory of Communication.* 25. Brier und Tyminski, «PSI-Applications: Parts I and II». 26. Dean und Mihalasky, *Executive ESP.* 27. Gemessen mit Hilfe des aufregenden Knapp-Grabutt Zeit-Metapher-Test. Siehe Knapp und Garbutt, «Time Imagery and the Achievement Motive». 28. Puthoff und Targ, «Psychic Research and Modern Physics». 29. Puthoff und Targ, *Jeder hat den 6. Sinn.* 30. Ebd. S. 114. 31. Ebd., S. 116.

Kapitel 10

1. Michelmore, *Einstein,* S. 38. 2. Einstein, *Das Relativitätsprinzip; Aus meinen späten Jahren.* 3. Ebd. 4. Michelmore, op. cit., S. 46. 5. Capra, *Das Tao der Physik, (Der kosmische Reigen).* 6. Barnett, *Einstein und das Universum,* eine ausgezeichnete, gut lesbare Quelle über Einsteins Lebenswerk, zu der Einstein selbst ein sehr schönes Vorwort geschrieben hat. 6. Barnett, *The Universe and Dr. Einstein,* S. 54. 8. Solange nicht anders vermerkt, sind die beiden Hauptquellen für den folgenden historischen Überblick Capras

Tao der Physik und Koestlers *Roots of Coincidence;* beiden Werken gelingt es meisterhaft, die Physik dem Nicht-Physiker näherzubringen. 9. Koestler, *Ròots of Coincidence,* S. 65. 10. Ebd., S. 69. 11. Die Abbildungen in Capras *Der kosmische Reigen* veranschaulichen diese sehr lebendig; siehe ebd. S. 229–37. 12. Feynmann, *The Character of Physical Law,* S. 109. 13. Capra, op. cit. 14. Dunne, *An Expriment with Time;* Priestleys *Man and Time* enthält eine exzellente Darstellung der Schwächen und Stärken von Dunnes Arbeit. 15. Siehe Dean und Mihalasky, *Executive ESP,* S. 126 f. 16. Muses, «Trance States, Precognition, and the Nature of Time». 17. Dean und Mihalasky, op. cit. 18. Puthoff und Targ, «Psychic Research and Modern Physics». 19. Stratton, *Electromagnetic Theory.* 20. Siehe Puthoff und Targ, op. cit. S. 172. 21. Koestler, op. cit., 62. 22. Ebd., zitiert aus Updike, *Telephone Poles and Other Poems.* 23. Ebd. 24. Ebd. 25. Ebd. 26. Ebd., S. 70. 27. Ebd. 28. Ebd., S. 72. 29. Ebd. S. 3. 30. Michelmore, op. cit., S. 128; Barnett, op. cit., S. 29. Das Zitat hat je nach Quelle verschiedene Lesarten. Nach Michelmore sagte Einstein angeblich, dass Gott mit dem *Universum* nicht Würfel spielt. Nach Barnett sagt er stattdessen *«Welt»,* nach anderen Quellen sogar «Ewigkeit». Ich gebe Michelmores Leseart den Vorzug.

Kapitel 11

1. William James war der Meinung, dass Myers noch vor Freud und allen anderen eine brauchbare Theorie des Unbewussten vorgeschlagen hatte. Siehe dazu James' Würdigung von Myers in Murphy und Ballou, *William James on Psychical Research.* 2. Siehe Krippner, «Telepathy»; Moss, *The Probability of the Impossible.* 3. Siehe Murphy und Ballou, op. cit. 4. Siehe Freud, *Studies in Parapsychology.* 5. Siehe Ullmann, «PSI and Psychiatry», S. 252. 6. McDougall war auch eine Schlüsselfigur bei der Entwicklung der amerikanischen Sozialpsychologie. 7. Über die Beteiligung von Pawlow und Bechterer siehe im freigegebenen Geheimdienstreport ST-CS-01-169-72 und DST-1810S-387-75. Ein Bericht über Beschterews Arbeit mit Tieren liegt vor in: Ostrander und Schroeder, *Psychic Discoveries Behind the Iron Curtain,* S. 134–37. 8. So wird dies jedenfalls immer im Film dargestellt. 9. Kanthamani und Rao, «Personality Characteristics of ESP Subjects». 10. Schmeidler und LeShan, «An Aspect of Body Image Related to ESP Scores», S. 211. 11. Ebd., S. 211–18. 12. Schmeidler, «The Psychic Personality». 13. Siehe Barron, *Creative Person and Creative Process.* 14. Dean und Mihalasky, *Executive ESP.* 15. Loye, Gorney and Steele, «An Experimental Field Study». 16. Loye, «Studies in the Possibility of Nonlinear Forecasting». 17. Der englische Psychologe Hans Eysenck sagte diese Entdeckung ebenfalls voraus; siehe Eysenck, «Personality and Extrasensory Perception». 18. Eine damit zusammenhängende Entdeckung einer späteren Untersuchung ist dargestellt in: «Brain Functioning in Forecasting». Dabei erwiesen sich die Teilnehmer einer Gruppe, die sich freiwillig für parapsychologische Studien zur Verfügung gestellt hatten, als die besten Prognostiker der Entwicklung der amerikanischen Wirtschaft im Herbst 1980. Die Häufung solcher Entdeckungen zeigt an, dass dabei nicht nur «der Zufall» eine Rolle spielt. 19. Siehe Hall und Lindzey, *Theorien der Persönlichkeit.* Das Buch liefert eine gute Analyse dieses besonderen Ausgleichungsaspekt in der Jungschen Theorie. 20. Ebd. 21. Jung, *Psychologische Typen.* 22. Zitiert von Moss in *The Probability of the Impossible,* S. 152. 23. Progroff, *Jung, Synchronicity, and Human Destiny,* S. 23. 24. Zu allen vier Schichten siehe Ebd. S. 113. Eine Kritik Jungs von dem metaphysischen Entwicklungsstandpunkt ist enthalten in: Wilber, «The Pre/Trans Fallacy». 25. Jung, *Ges. W. VIII, Die Dynamik des Unbewussten,* S. 214. 26. Jung, *Ges. W. IX/1, Die Archetypen und das kollektive Unbewusste,* S. 187. 27. Jedenfalls erfahre ich diesen Zustand so und scheine insofern die Darstellungen zu bestätigen, die Ornstein in seiner *Psychologie des Bewusstseins,* und Pelletier in seinem Buch *Mind as Healer, Mind as Slayer* liefert. 28. Progroff, op. cit., S. 113. 29. Jung, *Ges. W. IX/1 Die Archetypen*... 130. Jungs *Der Mensch und seine Symbole* veranschaulicht dies sehr schön mit sehr viel Bildmaterial. 31.

Siehe Capra, *Das Tao der Physik, (Der kosmische Reigen).* Dort wird eine vielsagende Verbindung zur S-Matrix-Theorie hergestellt. 32. Vaughans *Patterns of Prophecy* und *Edge of Tomorrow* artikulieren diese Sichtweise des telepathisch veranlagten Mediums. In Loye, *The Knowable Future* finden Sie eine Analyse aus anderen Blickwinkeln. 33. Zitiert von Koestler in *The Roots of Coincidence,* S. 93. 34. Siehe Vaughan, Ebd., S. 46 f. 35. Koestler, op. cit. 36. Progroff, op. cit.; Siehe auch Jacobi, *Die Psychologie von C. G. Jung,* S. 71 ff. 37. Eine bekanntere Quelle, die dieselbe Einsicht zum Ausdruck bringt ist die sogenannte Transaktionsanalyse, die Eric Berne in seinem Buch *Spiele der Erwachsenen* eingeführt und popularisiert hat. Auch hier kommt die Voraussage im Prinzip dadurch zustande, dass man die Hinweise oder relativ unveränderlichen Verhaltensmuster aufdeckt. 38. Jungs Einleitung zum *I Ging* erscheint in: Ulf Diederichs, Hrsg., *Erfahrungen mit dem Buch der Wandlungen,* S. 173. 39. Ebd., S. 174. 40. Ebd., S. 175.

Kapitel 12

1. Eine kurze, gute und klare Darstellung ist enthalten in: Apter, *The Computer Simulation of Behavior.* Ausführlichere Besprechungen liefert jedes gute Philosophiebuch, zum Beispiel: Castell, *An Introduction to Modern Philosophy,* welches ich seit meiner Studienzeit bevorzuge, auch wenn es in der Zwischenzeit aus der Mode gekommen sein mag. 2. Damit haben wir wahrscheinlich auch Wurzeln, Probleme und Wesen eines Grossteils aller Geisteskrankheit offengelegt. Der entfremdete Mensch ist wie ein Gefangener ausserhalb des Lebens in seinem Käfig eingekerkert; er ist der Gefangene einer anderen Welt. 3. Siehe Osgood, *Method and Theory in Experimental Psychology;* oder Miller, *Psychology.* 4. Siehe Osgood, Ebd. 5. Koestler, *The Roots of Coincidence.* 6. Murphy und Ballou, *William James on Psychical Research.* 7. Die drei Hauptquellen zu Adams sind sein Buch *The Degradation of Democratic Dogma* (dessen bester Teil die Einleitung von seinem Bruder Brooks ist); und *The Education of Henry Adams* und *Mont Saint Michel and Chartres.* Im letzteren wird bruchstückhaft die Theorie von Jungfrau und Dynamo entwickelt; sie findet sich in ihrer Grundanlage aber auch in dem Gedicht «Prayer to the Virgin». Lewis Mumford ist Adams' bester Interpret. Ihm gelingt es besser als Adams selbst dessen eigentliche Gedanken zu entwickeln. Siehe «Apology to Henry Adams» in L. Mumford, *Interpretation and Forecasts; 1922–1972* und *The Condition of Man.* 8. Siehe Anm. 7. 9. Adams, *The Degradation of Democratic Dogma.* 10. Ebd., S. 310. 11. Lewin, *Grundzüge der topologischen Psychologie* (sehr schwierig zu lesen und nur für einen Liebhaber Lewinscher Darstellungskunst von Nutzen); *Feldtheorie der Sozialwissenschaften* (zugänglicher). 12. Dies stellte eine fruchtbare Verbindung zwischen Köhler und Karl Pribram her, wie Pribram in *Languages of the Brain* berichtet. 13. Im Rückblick erscheint Reich als ein Musterbeispiel für einen aufs Höchste be- und überanspruchten Geist, der von Einsichten überwältigt wird, die seiner Zeit weit vorausgreifen. Siehe Colin Wilson *The Quest for Wilhelm Reich.* 14. Der Weltfrieden war ihr eigentliches gemeinsames Anliegen. Sie suchten herauszufinden, wie man mit der menschlichen Aggression fertig werden könnte. Siehe Michelmore, *Einstein.* 15. Dies berichtet Progroff in *Jung, Synchronicity and Human Destiny.* 16. Koestler, op. cit. 17. Die Namen oder Namengruppen verweisen auf die Bibliographie. 18. Murphy und Ballou, op. cit. Da man allgemein dazu neigt die parapsychologische Forschung unbedeutender erscheinen zu lassen als sie ist, sei hier bemerkt, dass Murphy ein Psychologe erster Güte war, ein Historiker seines Feldes, Entdecker einer wichtigen biologisch orientierten Persönlichkeitstheorie und Forschungsdirektor der weltberühmten *Menninger Foundation.* 19. Sinclair, *Mental Radio,* S. X. 20. Meine Beobachtung der parapsychologischen Forschung an der *University of California* in Los Angeles habe ich in «Studies of the Possibility of Nonlinear Forecasting» dargestellt. 21. Siehe Huxley, *Die ewige Philosophie.* 22. Capra, *Das Tao der Physik (Der kosmische Reigen),* S. 223. Wilber hat in Kapitel 7 von *Das holographische Weltbild* den Einspruch gegen und die Kritik an dieser Sichtweise von

neuer Psychophysik und holographischer Theorie dargestellt. 23. Kant, *Die Kritik der reinen Vernunft.* 24. Kant selbst war zwar der Meinung, dass die Noumena nicht erkennbar sind. Es muss jedoch hervorgehoben werden, dass er dachte und schrieb, lange bevor die Techniken und die wissenschaftlichen Theorien entwickelt waren, die eine Erforschung der «anderen Welt» überhaupt erst möglich machen. Die zunehmend populäre Aufteilung der Wirklichkeit in zwei Hälften ist für einige Vertreter der mystischen Tradition überhaupt kein Thema. Wie Wilber in Kapitel 7 von *Das holographische Weltbild* anschaulich vorführt, betrachtet der Mystiker dies als eine grobe und irreführende Vereinfachung, die in nur einer «anderen Welt» zusammenfällt, die niedere Ebene der physischen Phänomene, mit denen sich der Physiker beschäftigt, nicht weniger als die höhere Ebene der spirituellen Phänomene, zu denen der Mystiker Zugang hat. Für den Mystiker gibt es überdies eine ganze Reihe von spirituellen Wirklichkeitsebenen, die dem spirituell entwickelten Menschen zugänglich sind. Aber die höchsten Ebenen bleiben letztlich nicht erkennbar. Ich sehe in solchen Äusserungen nichts weiter als Spekulationen, ganz gleich wie sehr oder wie wenig die östliche oder westliche Tradition sie stützen. Interessant ist für mich nur, inwiefern Wissenschaft und Mystik die Möglichkeit haben, diese angeblich unerkennbare «andere Welt» zu betreten. 25. LeShan, *The Medium, the Mystic, and the Physicist,* S. 86. 26. Ebd., S. 88. 27. Jedenfalls erlebte ich dies so. Auch stimmt dieses Gefühl mit den meisten Berichten überein, die sich mit Zuständen veränderten Bewusstseins befassen. Siehe Ornstein und Tart. 28. Siehe Ornstein, *Die Psychologie des Bewusstseins;* sowie Targ und Puthoff, *Jeder hat den 6. Sinn.* 29. LeShan, op. cit. S. 87f. 30. Ebd. S. 88. 31. Capra, op. cit., S. 208f. 32. Ebd., S. 254. 33. Ebd., S. 218f. 34. Pribram, Nuwer und Baron, «The Holographic Hypothesis of Memory Structure in Brain Function and Structure». 35. Eccles, *The Neurophysiological Basis of Mind.* 36. Dembart, «Free-Wheeling Theory Questions Basic Science». 37. Vonnegut, *Katzenwiege.*

Kapitel 13

1. Schroeders «The View from All Over» ist eine lebendige Darstellung der Technologie und ihres Potentials. 2. Luria, *The Working Brain,* S. 289. 3. Ebd., S. 282. 4. Ebd., S. 281. 5. Penfield, *The Mystery of the Mind,* S. XXVII. 6. Penfield und Roberts. *Speech and Brain Mechanisms.* 7. Pribram, «The Neurophysiology of Memory», eine gute und lesbare Quelle wenn man etwas über Pribrams Anschauung vom holographischen Gehirn erfahren will. 8. Siehe Pribram, Ebd. und *Languages of the Brain.* 9. Schroeder, op. cit. 10. Ebd. 11. van Heerden, «A New Method of Storing and Retrieving Information». 12. Ferguson, *Die sanfte Verschwörung.* 13. Pribram, Nuwer und Baron, «The Holographic Hypothesis of Memory Structure in Brain Function and Structure». 14. Ebd. 15. Ebd. 16. Ebd. 17. Pribram, *Languages of the Brain,* S. 141. 18. Schroeder, «The View from All Over» 19. Pribram et al, op. cit. 20. Ebd. 21. Teyler, «An Introduction to the Neurosciences» 22. Pribram, op. cit. 23. Bohm, *Die implizite Ordnung,* S. 14, 24. Ebd., S. 10. 25. Ebd., S. 11. 26. Ebd., S. 11f. 27. Capra, *Die Wendezeit;* eine wichtige Quelle dafür war Hazel Henderson, *The Politics of the Solar Age.* 28. Bohm, op. cit., S. 193. 29. Ebd., S. 200. 30. Diese Idee wird einleuchtend präsentiert in: Hans Vaihinger, *Die Philosophie des Als Ob.* 31. Bohm in Wilber, *Das holographische Weltbild.* 32. Ebd. 33. Tiller, «Devices for Monitoring Nonphysical Energies». 34. Siehe Pribram, *Languages of the Brain;* Eccles, *Neurophysiological Basis of Mind;* Pelletier, *Unser Wissen vom Bewusstsein.* 35. Blake «Lieder der Unschuld und Erfahrung». 36. Capra, *Der kosmische Reigen,* S. 297.

Kapitel 14

1. Wilber, *Das holographische Weltbild.* 2. Eine faszinierende Analyse des Begriffs der *Hybris* ist enthalten in: J. C. Fluegel, *Man, Morals, and Society.* Fluegel beschreibt dort

auch, wie die Angst vor der eigenen Kraft, die Menschheit immer wieder in Schranken verwiesen hat. 3. Loye, *The Leadership Passion; The Knowable Future.* 4. Ich persönlich halte Leibniz *Monadenlehre* für ein viel zu unfassliches Konzept. 5. DeWitt und Graham, *The Many-Worlds Interpretation of Quantum Mechanics;* Zitat vom Frontispiz. 6. Vonnegut, *Schlachthaus Fünf.* 7. Tart, *Altered States of Consciousness.* 8. James, *Principles of Psycology,* S. 305. 9. *Brain/Mind Bulletin 1982,* 7, 9, S. 1 f. 10. Wolf, *Taking the Quantum Leap,* S. 215. 11. Ebd., S. 211. 12. Siehe Anm. 5. 13. Die Ergebnisse meiner veröffentlichten und unveröffentlichten Untersuchungen über die Hirnfunktion beim Voraussagen verweisen in diese Richtung. Gegenwärtig arbeite ich daran, sie zu präzisieren. 14. Millay, «Brainwave Synchronization: A Study of Subtle Forms of Communication». 15. Dean, «Precognition»; Vaughan, *Patterns of Propheca;* Moss, *The Probability of the Impossible.* 16. Damit will ich auf das überzeugende Entwicklungsschema hinweisen, das Wilber in «The Pre/Trans Fallacy» mit Hilfe der Hirnhemisphären dargestellt hat.

Kapitel 15

1. Um das zu begreifen, muss man wahrlich nur die Zeitung lesen. Zudem reicht eine einzige Hirnzelle zum Verständnis dieser Tatsache. Trotzdem müssen wohl unendlich viele Bücher geschrieben werden, die alle zum selben Schluss kommen. Siehe: Helen Caldicott, *Nuclear Madness;* Meadows, *Die Grenzen des Wachstums;* Messarovic und Pestel, *Die Menschheit am Wendepunkt* und der *Global 2000 Report.* 2. Diese Zeile enthält im Kern die Aussage eines der bemerkenswertesten Bücher der näheren Zukunft, an dem die Mitbegründerin unseres *Institutes of Futures Forecasting* momentan arbeitet: Riane Eisler, *The Blade and the Chalice.* 3. Schopf, «Evolution of the Earth's Biosphere». 4. Myers, *Human Personality and Its Survival of Bodily Death,* S. 36. 5. Mumford, *Interpretations and Forecasts,* S. 445.

Anhang B

1. Koestler, *The Roots of Coincidence.* 2. Capra, *Der kosmische Reigen,* S. 223. 3. Darwin, *Die Entstehung der Arten durch natürliche Zuchtwahl.* 4. Siehe Bibliographie unter: David Bohm, Evan Harris Walker und Arthur Young. 5. Schmidt, «Psychokinesis». 6. LeShan, *The Medium, the Mystic, and the Physicist.* 7. Walker, «Consciousness and Quantum Theory», S. 554. 8. LeShan, op. cit. 9. Walker, op. cit. 10. Eccles, *The Neurophysical Basis of Mind,* S. 276 f. 11. Pribram, *Languages of the Brain;* Pelletier, *Unser Wissen vom Bewusstsein.* 12. Walker, op. cit. 13. Jaynes, *The Origins of Consciousness and the Breakdown of the Bicameral Mind.* 14. Pelletier, op. cit. 15. Young, *The Reflexive Universe.* 16. Pelletier, op. cit. S. 244 f. 17. Ein Gedanke, der in vielen Büchern dargelegt wird. Vergl.: Pelletier, *Mind as Healer, Mind as Slayer.* 18. Einschränkungen und nähere Bestimmungen vom Standpunkt der Metaphysik siehe in Kapitel 7 von Wilber, *Das holographische Weltbild.* 20. LeShan, op. cit., S. 86. 21. Ebd., S. 88. 22. Jung, *Die Archetypen und das kollektive Unbewusste;* Tart, *Altered States of Consciousness.* 23. Ornstein, *Die Psychologie des Bewusstseins.* 24. Pelletier, op. cit., S. 87 f. 26. Ebd. 27. Zitiert von Capra in *Der kosmische Reigen,* S. 208 f. 28. Ebd., S. 254. 29. Ebd., S. 281 f. 30. Sheldrake, *Das schöpferische Universum – Die Theorie der formgebenden Verursachung.* 31. Siehe Smith, *Powers of Mind* oder Ferguson, *Die sanfte Verschwörung.* 32. Zitiert in LeShan, op. cit., S. 31. 33. Ebd., S. 69. 34. Koestler, *The Roots of Coincidence,* S. 111. 35. Ebd., S. 121. 36. Loye, *The Leadership Passion: A Psychology of Ideology; The Hit Predictors: An Exploration of Paths to the Profitable Future.* 37. Loye, *The Knowable Future: A Psychology of Forecasting and Prophecy; The Leadership Passion.* 38. Loye, *The Knowable Future.*

BIBLIOGRAPHIE

Abelson R., Aronson E. McGuire W., Newcomb T., Rosenberg M. und Tannebaum P., Hrsg., *Theories of Cognitive Consistency: A Sourcebook,* Chicago 1968.
Adams H., *The Degradation of Democratic Dogma,* New York 1920.
Adams H., *The Education of Henry Adams,* Boston 1973.
Adams H., *Mont Saint Michel and Chartres,* New York 1980.
Anastasi A., *Psychological Testing,* New York 1968.
Apter M., *The Computer Simulation of Behaviour,* New York 1970.
Armstrong J., *Long Range Forecasting,* New York 1978.
Assagioli R., *Psychosynthesis,* New York 1971; (dt., *Handbuch der Psychosynthesis,* Freiburg 1978).
Bakan P., «Hypnotysability, Laterality of Eye Movement, and Functional Brain Asymmetry», in *Perceptual and Motor Skills,* 28, 1969.
Barnett L., *The Universe and Dr. Einstein,* New York 1948; (dt., *Einstein und das Universum,* Hamburg 1952).
Barron F., «Threshold for the Perception of Human Movement in Inkblots», *Journal of Consulting Psychology,* 19, 1955.
Barron F., *Creative Person and Creative Process,* New York 1969.
Beardslee D. und Wertheimer M., *Readings in Perception,* Princeton 1958.
Bell D., «Twelve Modes of Prediction», *Daedalus,* 93, 1964.
Berlyne D., *Conflict, Arousal and Curiosity,* New York 1960; (dt., *Konflikt, Erregung, Neugier – Zur Psychologie der kognitiven Motivation,* Stuttgart 1964).
Berne E., *Games People Play: The Psychology of Human Relationships,* New York 1964; (dt., *Spiele der Erwachsenen,* Reinbek 1967).
Blake W., «Auguries of Innocence» in *The Poetical Work of William Blake,* hrsg. von J. Sampson, London 1943; (dt., *Lieder der Unschuld und Erfahrung,* Frankfurt 1975).

Bohm D., «Quantum Theory as an Indicator of a New Order in Physics», Teil A, *Foundations of Physics 1,* 1971, Teil B *Foundations of Physics 3,* 1973.
Bohm D., *Wholism and the Implicate Order,* London 1980; (dt., *Die implizite Ordnung – Grundlagen eines dynamischen Holismus,* München 1985).
Bogen J., und Gazzaniga M., «Cerebral Commisurotomy in Man: Minor Hemisphere Dominance for Certain Visiospatial Functions» *Journal of Neurosurgery,* 23, 1965.
Bogen J., «The Other Side of the Brain I, II, III», *Bulletin of the Los Angeles Neurological Societies,* 34, 1969.
Bogen J., «Some Educational Implications of Hemispheric Specialization», in *The Human Brain,* hrsg. von M. Wittrock, Englewoog Cliffs 1977.
Brier C. und Tyminski W., «PSI Applications Parts I and II», *Journal of Parapsychology,* 34, 1970.
Briggs K. und Myers I., *Myers-Briggs Type Indicator,* Palo Alto 1976.
Bruner J., «The Conditions of Creativity», in *Contemorary Approaches to Creative Thinking,* hrsg. von H. Gruber, G. Terrell und M. Wertheimer, New York 1962.
Butler S. und Glass A., «EEG Correlates of Cerebral Dominance», in *Advances in Psychobiology Vol III.,* hrsg. von A. Riesen und R. Thompson, New York 1976.
Caldicott H., *Nuclear Madness,* New York 1978.
Cannon W., *The Wisdom of the Body,* New York 1932.
Capra F., *The Tao of Physics,* Boulder 1975; (dt., *Der kosmische Reigen,* Bern, München 1977; neu bearbeitet und ergänzt *Das Tao der Physik,* Bern, München 1985).
Capra F., *The Turning Point,* New York 1982; (dt., *Die Wendezeit,* Bern, München 1983).
Carroll J., *Language, Thought and Reality,* New York 1956.
Cashen V. und Manseyer G., «ESP and the Prediction of Test Items in Psychology Examinations», *Journal of Parapsychology,* 34, 1970.
Castell A., *An Introduction to Modern Philosophy,* New York 1946.
Clarke E. und Dewhurst K., *An Illustrated History of Brain Function,* Berkeley 1972.
Comrey A., «Comrey Personality Scale», San Diego 1970.
Coppersmith S., Hrsg., *Frontiers of Paychological Research: Readings from «Scientific American»,* San Francisco 1964.
Cornish E., «The Great Depression of the 1980s: Could it Really Happen?», *The Futurist,* Vol. 13, 1979.
Cowan W., «The Development of the Brain», *Scientific American, 241, 1979.*
Crick F., «Thinking about the Brain», *Scientific American,* 241, 1979.
Darwin C., *On the Origin of Species,* Cambridge 1975; (dt., *Die Entstehung der Arten durch natürliche Zuchtwahl,* Leipzig 1921).
Dean D., «Precognition an Retrocognition», in *Psychic Exporation: A Challenge for Science,* hrsg. von E. Mitchell und J. White, New York 1974.
Dean D., Mihalasky J., Ostrander S. und Schroeder L., *Executive ESP, Englewood Cliffs 1974.*
de Jouvenal B., *The Art of Conjecture,* New York 1967.
Dembert L., «Free-wheeling Theory Questions Basic Science», *Los Angeles Times,* 14. März 1983.
Deutsch M. und Krauss R., *Theories in Social Psychology,* New York 1965; (dt., *Theorien der Sozialpsychologie,* Frankfurt 1975).
DeWitt B. und Graham N., Hrsg., *The Many-Worlds Interpretation of Quantum Mechanics,* Princeton 1973.
Dimond S., Farrington L. und Johnson P., «Differing Emotional Responses from Right and Left Hemispheres», *Nature,* 261, 1976.
Dunne J., *An Experiment with Time,* London 1938.
Eccles J., *The Neurophysiological Basis of Mind,* Oxford 1953.
Eccles J., Hrsg., *Brain and Conscious Experience,* New York 1966.

Einstein A., *The Principle of Relativity,* New York, 1952; (dt., *Das Relativitätsprinzip,* Berlin 1920).
Einstein A., *Out of My Later Years,* Totowa 1967; (dt., *Aus meinen späten Jahren,* Stuttgart 1952).
Eisler R. und Loye D., «Childhood and the Chosen Future», *Journal of Clinical Child Psychology* 9, 1980.
Eisler R., «The Blade and the Chalice», Werk in Arbeit.
Evered R., «A Typology of Explicative Models», *Technological Forecasting and Social Change* 9, 1976.
Eysenck H., *The Psychology of Politics,* London 1954.
Eysenck H., *The Dynamics of Anxiety and Hysteria,* London 1957.
Eysenck H., «Personality and Extrasensory Perception», *Journal of the Society for Psychical Research,* 44, 1969.
Fechner G., «Elements of Psychophysics», in *Readings in the History of Psychology,* hrsg. von W. Dennis, New York, 1948; vgl. (dt., *Der Mensch im Kosmos*).
Ferguson M., *The Aquarian Conspiracy,* Los Angeles, 1980; (dt. *Die sanfte Verschwörung,* Basel 1982, München 1984).
Feuer L., *Conflict of Generations,* New York 1969.
Feynmann R., *The Character of Physical Law,* Cambridge, MA. 1965.
Fluegel J., *Man, Morals, and Society,* New York 1945.
Foulkes D., Belvedere E. und Brubaker, T., «Televised Violence and Dream Content» in *Television and Social Behavior: Vol. 5,* hrsg. von G. Comstock, E. Rubinstein und J. Murray, Washington 1972.
Fraser J., Hrsg., *The Voices of Time,* New York 1966.
Freud S., *Interpretation of Dreams,* New York 1950; (dt. *Die Traumdeutung*).
Freud S., *Civilization and Its Discontents,* New York 1962; (dt. *Das Unbehagen in der Kultur*).
Freud S., *Studies in Parapsychology,* New York 1963.
Freud S., *Complete Introductry Lectures in Psychoanalysis,* New York, 1966; (dt. *Vorlesungen zur Einführung in die Psychoanalyse*).
Friedman M. und Willis M., *Human Nature and Predictibility,* Lexington 1981.
Fuller B., *Utopia or Oblivion: The Prospects for Humanity,* New York 1969.
Galton F., «Inquiries into Human Faculty and Its Development», in *Readings in the History of Psychology,* hrsg. von W. Dennis, New York 1948.
Geschwind N., «Specialization of the Human Brain», *Scientific Amercan 241,* 1979.
Global 2000 Report to the President: Entering the Twenty-First Century vorgelegt vom Council on Environmental Quality and the Department of State unter der Leitung von G. O. Barney, 1980.
Goldstein K., «The Significance of the Frontal Lobes for Mental Performance», *Journal of Neurological Psychopathology,* 17, 1936, S. 27–40.
Goodman D., «Learning from Lobotomy», *Human Behavior,* Januar 1978, S. 44–49.
Gordon H. und Bogen J., «Hemispheric Lateralization of Singing after Intracarotid Sodium Amylobaritone», *Journal of Neurology, Neurosurgery and Psychiatry,* 37, (1974), S. 727-38.
Gris J. und Dick W., *The New Soviet Psychic Discoveries,* Englewood Cliffs 1978.
Guilford J., *The Nature of Human Intelligence,* New York 1967.
Halberg F., «Temporal Coordination of Physiologic Function», *Cold Spring Harbor Symposium on Quantitive Biology,* 25, 1960. S. 289–311.
Hall C. und Lindzey G. *Theories of Personality,* New York 1978; (dt. *Theorien der Persönlichkeit,* München 1978).
Halstead W., *Brain and Intelligence: A Quantitative Study of the Frontal Lobes,* Chicago 1947.

Hansel D., *ESP and Parapsychology: A Critical Re-Evaluation,* Buffalo 1980.
Harman W., *An Incomplete Guide to the Future,* New York 1979; (dt. *Gangbare Wege in die Zukunft,* Darmstadt 1978).
Harper R., Anderson C., Christenson C. und Hunka S., *The Cognitive Processes: Readings,* Englewood Cliffs 1964.
Harraldson E., «Subject Selection in a Machine Precognition Test» *Journal of Parapsychology,* 43, 1970.
Hebb D., *Organization of Behavior: A Neuropsycholocical Theory,* New York 1961.
Hecaen H., «Clinical Symptomatology in Right and Left Brain Hemispheric Lesions» in *Interhemispheric Relations and Cerebral Dominance,* hrsg. von V. Mountcastle, Baltimore, 1962.
Helmer, O., *Social Technology,* New York 1966; (dt. *Fünfzig Jahre Zukunft,* Hamburg 1967).
Henderson H., *The Politics of the Solar Age,* New York 1981.
Henle M., Hrsg., *Documents of Gestalt Psychology,* Berkeley 1961.
Heron W., «Cognitive and Physiological Effects of Perceptual Isolation» in *Sensory Deprivation: A Sympositum,* hrsg. von P. Salomon, Cambridge, MA, 1961.
Heron W., «The Pathology of Bordedom», *Scientific American,* 196, 1957, S. 52–56.
Hilgard E. und Bower G., *Theories of Learning,* Englewood Cliffs, 1975; (dt. *Theorien des Lernens,* Stuttgart 1970).
Hoagland H., «The Physiological Control of Judgements of Duration: Evidence for a Chemical Clock» in *Readings in Perception,* hrsg. von D. Beardslee und M. Wertheimer, Princeton 1958.
Holubar J., *The Sense of Time: An Electrophysiological Study of Its Mechanisms in Man,* Cambridge, MA. 1969
Hollander E. und Hunt R., *Current Perspectives in Social Psychology, New York 1967.*
Hubel D. und Wiesel T., «Brain Mechanisms of Vision», Scientific American, 241, 1979, S. 150–62.
Hull C., «Knowledge and Purpose as Habit Mechanisms» Psychological Review, 37, 1930, S. 511–25.
Huxley A., *The Perennial Philosophy,* New York 1970; (dt. *Die ewige Philosophie,* Zürich 1949).
Iversen L., «The Chemistry of the Brain», *Scientific American,* 241, 1979, S. 134–49.
Jahn R., Dunne B. und Helson R., «Engeneerieng Anomalies Research», *Institute for Noetic Sciences Newsletter* 9, 1981, 1.
James W., *The Principles of Psychology,* New York 1950.
Jaynes J., *The Origins of Consciousness and the Breakdown of the Bicameral Mind,* Boston 1976.
Jerison H., «Evolution of the Brain» in *The Human Brain,* hrsg. von M. Wittrock, Englewood Cliffs 1977.
Jung C. G., *Introduction to the I Ching,* Princeton 1950; (dt. *Vorwort zum I Ging* in *Ges. W. XI,* Olten 1950).
Jung C. G., «The Archetypes and the Collective Unconscious» in *Collected Works Vol. 9,* Princeton 1959; (dt. «Die Archetypen und das kollektive Unbewusste», *Ges. W. IX,* Olten 1967).
Jung C. G., *Memories Dreams and Reflections,* New York 1963; (dt. *Erinnerungen, Träume, Gedanken von C. G. Jung* hrsg. von A. Jaffé, Olten 1971).
Jung C. G., *Man and His Symbols,* New York 1964; (dt. *Der Mensch und seine Symbole).*
Jung C. G. «Psychological Types» in *Collected Works Vol. 6,* Princeton, 1972; (dt. «Psychologische Typen», *Ges. W. VI,* Olten 1960/67).
Kant I., *Critique of Pure Reason,* New York 1972; (dt. *Die Kritik der reinen Vernunft*).
Kanthamani B. und Rao K., «Personality Charasteristics of ESP Subjects: II The

Combined Personality Measure (CMP) and ESP», *Journal of Parapsychology,* 36, 1972, S. 56–70.
Kelly G. *The Psychology of Personal Constructs,* New York, 1955.
Kendler H. und Kendler T., «Vertical and Horizontal Processes in Problem Solving», *Psychological Review,* 69, 1962, S. 1–16.
Kimble G., *Hilgard and Marquis' Conditioning and Learning,* New York 1961.
Kimura D., «Left-Right Differences in the Perception of Melodies», *Quarterly Journal of Experimental Psychology,* 16, 1964, S. 355–58.
Kinsbourne M., *Asymmetrical Function of the Brain,* Cambridge, 1978.
Knapp A. und Garbutt J., «Time Imagery and the Achievement Motive», *Journal of Personality,* 26, 1958.
Koestler A., *The Roots of Coincidence,* New York 1972.
Kohlberg K., «Moral Stages and Moralization: The Cognitive-Developmental Approach» in *Moral Development and Behavior,* hrsg. von T. Lickona, New York 1976.
Köhler, W., *Gestalt Psychology,* New York 1970; vergl. (dt. *Die Aufgabe der Gestaltpsychologie*).
Köhler W., *The Mentality of Apes,* New York 1976; (dt. *Intelligenzprüfung an Menschenaffen,* Berlin 1921).
Konorski, J., *Integrative Activity of the Brain: An Interdisciplinary Approach,* Chicago 1967.
Krashen S., «The Left Hemisphere» in *The Human Brain* hrsg. von M. Wittrock, Englewood Cliffs 1977.
Krippner S., *Human Possibilities,* New York 1980.
Kuhn Th., *The Structure of Scientific Revolution,* Chicago, 1962; (dt. *Die Struktur wissenschaftlicher Revolutionen,* Frankfurt 1973).
Lamon W., *Recollections of Abraham Lincoln,* Chicago 1937.
LaMothe J., *Controlled Offensive Behavior USSR-ST-CS-01-169-72,* Washington 1972.
Lee D., «Being and Value in Primitive Culture», *Journal of Philosophy,* 46, 1949.
LeShan L., «Time Orientation and Social Class» in *Readings in Perception* hrsg. von D. Beardslee und M. Wertheimer, Princeton 1958.
LeShan L., *The Medium, the Mystic, and the Physicist,* New York 1974.
Levy-Agresti J. und Sperry R., «Differential Perceptual Capacities in Major and Minor Hemispheres», *Proceedings of the National Acadmey of Science,* 61, 1968, 1151.
Lewin, K., *A Dynamic Theory of Personality,* New York 1935.
Lewin K., *Principles of Topological Psychology,* New York 1936; (dt. *Grundzüge der topologischen Psychologie,* Stuttgart 1963).
Lewin K., *Field Theory in Social Science,* New York 1951; (dt. *Feldtheorie in den Sozialwissenschaften,* Stuttgart 1963).
Linstone H. und Turoff M., *The Delphi-Method: Techniques and Applications,* Reading 1975.
Linstone H. «Confessions of a Forecaster» in *Futures Research: New Directions,* hrsg. von H. Linstone und W. Simmonds, Reading 1977.
Livanov M., *Spatial Organization of Cerebral Processes,* New York 1977.
Loye D., «Horizontal, Vertical and Oblique Line Perception and the Problem of Dyslexia», unveröffentlichter Untersuchungsbericht 1966.
Loye D., *The Healing of a Nation,* New York 1971.
Loye D. und Rokeach M., Ideology, Belief Systems, Values and Attitudes» in *International Encyclopedia of Neurology, Psychiatry, Psychoanalysis and Psychology,* hrsg. von B. Wolman, New York 1976.
Loye D., *The Leadership Passion: A Psychology of Ideology,* San Francisco 1977.
Loye D., Gorney R. und Steele G., «Effects of Television: An Experimental Field Study», *Journal of Communications,* 27, 1977, S. 206–16.

Loye D., «Let George Do It: A New Look at Business Forecasting», *Management Review,* 67, 1978, S. 48–52.

Loye D., *The Knowable Future: A Psychology of Forecasting and Prophecy,* New York 1978.

Loye D., «The Forecasting Mind», *The Futurist,* Juni 1979, S. 173–77.

Loye D., «Studies of the Possibility of Nonlinear Forecasting», Unveröffentlichter Untersuchungsbericht, 1979.

Loye D., «Forecasting for Everyone: An Examination of the True Powers of the Mind», *Planning Review,* 8, 1980, S. 15–19.

Loye D., «Personality and Prediction», *Technological Forecasting and Social Change,* 16, 1980, S. 93–104.

Loye D., «Ideology and Prediction», *Technological Forecasting and Social Change,* 16, 1980, S. 229–42.

Loye D., «Auguries of Economic Innocence: The Great Depression Guessing Game», *World Future Society Bulletin,* 14, 1980, S. 11–18.

Loye D., *The IMP Profile Test,* Carmel 1980.

Loye D., *The HCP Profile Test,* Carmel 1980.

Loye D., «The IMP Survey of the 1980 Presidential Election», *DMT Monthly Newsletter,* 2, 1980, S. 1–8.

Loye D., «The IMP Pre- and Post-Debate Survey», *DMT Monthly Newsletter,* 2, 1980.

Loye D., «Final IMP Survey and Trend Analysis», *DMT Monthly Newsletter,* 2, 1980, S. 26–29.

Loye D., «Brain Functioning in Forecasting», *Futurics,* 6, 1982, S. 15–34.

Loye D., «The Brain and the Future», *The Futurist,* 16, Oktober 1982, 16, 3, S. 15–19.

Loye D., «The Brain, the Mind, and the Future», *Technological Forecasting and Social Change,* 23, 1983, S. 267–80.

Loye D., *The Hit Predictors,* unveröffentlichtes Manuskript.

Luria A., *The Human Brain and Psychological Processes,* New York 1966.

Luria A., *Higher Cortical Functions in Man,* New York 1966.

Luria A., «The Functional Organization of the Brain», *Scientific American,* März 1970, S. 66–78.

Luria A., *The Working Brain,* New York 1973.

Magoun H., *The Waking Brain,* New York 1969.

Marie L. und LaMothe J., *Soviet and Czechoslovakian Parapsychology Research: DST-1810S-387-75,* Washington 1975.

Majorski L., «Alexander Romanovich Luria: 1902–1977», *American Psychologist,* November 1977, S. 969–71.

Mankin D., *Toward a Post-Industrial Psychology,* New York 1979.

Mann H., Segler M. und Osmond H., «The Psychotypology of Time», in *The Future of Time,* hrsg. von B. Yaker, H. Osmond und F. Cheek, New York 1971.

Marks D. und Kamman R., *The Psychology of the Psychic,* Buffalo, 1980.

Margenau H., «ESP in the Framework of Modern Science», *Journal of the American Society for Psychical Research,* 60, 1966.

Marrow A., *The Practical Theorist,* New York 1969; (dt. *Kurt Lewin – Leben und Werk,* Stuttgart, 1977).

Marx K., *Capital,* New York, 1936; (dt. *Das Kapital*).

Maslow A., *Toward a Psychology of Being,* New York 1968; (dt. *Die Psychologie des Seins,* München 1978).

Maxwell R., «Anthropolical Perspectives», in *The Future of Time,* hrsg. von H. Yaker, H. Osmond und F. Cheek, New York 1971.

McClelland, *The Achieving Society,* Princeton 1961; (dt. *Die Leistungsgesellschaft,* Stuttgart, 1966).

McClelland, *Power: The Inner Experience,* New York 1975; (dt. *Macht als Motiv,* Stuttgart, 1978).
McGregor D., «The Major Determinants of the Predition of Social Events», *Journal of Abnormal and Social Psychology,* 33, 1938, S. 179–204.
Meadows D., Meadows D. L., Renders J. und Behrens W., *The Limits to Growth,* New York 1972; (dt. *Die Grenzen des Wachstums,* Stuttgart 1972).
Melges F., *Time and the Inner Future,* New York 1982.
Messarovic M. und Pestel E., *Mankind at the Turning Point,* New York 1974; (dt. *Menschheit am Wendepunkt,* Stuttgart 1974).
Michelmore P., *Einstein: Profile of the Man,* New York 1962.
Mill J., «Analysis of the Phenomena of the Humen Mind» in *Readings in the History of Psychology,* hrsg. von W. Dennis New York 1948.
Mill J. S., *Principles of Political Economy,* Toronto 1965.
Millay J., «Brainwave Synchronization: A Study of Subtle Forms of Communication», *The Humanistic Psychology Institute Review,* 3, 1981, S. 9–40.
Miller G., Gallanter E. und Pribram K., *Plans and the Structure of Behavior,* New York, 1960; (dt. *Strategien des Handelns,* Stuttgart 1973).
Miller G., *Psychology: the Science of Mental Life,* New York 1962.
Miller N., «Learning and Performance Motivated by the Direct Stimulation of the Brain», in *Electrical Stimulation of the Brain,* hrsg. von D. Sheen, Austin 1961.
Milner B., «Memory and the Medial Temporal Regions of the Brain», in *Bilogy of Memory,* hrsg. von K. Pribram und D. Broadbent, New York 1970.
Milner B., «Interhemispheric Differences in the Localization of Psychological Processes in Man», *British Medical Buletin,* 27, 1971, S. 272–177.
Mitchell A. und White J., Hrsg., *Psychic Exploration: A Challenge for Science,* N. Y. 1974.
Mitroff I. und Killmann R., «On Evaluating Scientific Research: The Contribution the Psychology of Science», *Technological Forecasting and Social Change,* 8, 1975, S. 163–74.
Montagu A., *The Direction of Human Development,* New York 1970.
Moss T., *The Probability of the Impossible,* Los Angeles 1974.
Mountcastle V., Hrsg., *Interhemispheric Relations and Cerebral Dominance,* Baltimore 1962.
Mowrer O., *Psychotherapy: Theory and Research,* New York 1953.
Mumford L., *The Transformation of Man,* New York 1973; (dt. *Hoffnung und Barbarei,* Frankfurt 1981).
Mumford L., «Apology to Henry Adams» in *Interpretations and Forecasts: 1922–1972,* New York 1973.
Murphy G. und Ballou R., Hrsg., *William James on Psychical Research,* New York 1960.
Murphy G., *The Challenge of Psychical Research,* New York 1961.
Murphy G. und Kovack J., *Historical Introduction to Modern Psychology,* New York 1973.
Muses C., «Trance States, Precognition, and the Nature of Time», *Journal for the Study of Consciousness,* 5, 1972.
Myers F., *Human Personality and Its Survival of Bodily Death,* New York 1961.
Nebes R., «Man's So-Called Minor Hemisphere» in *The Human Brain,* hrsg. von M. Wittrock, Englewood Cliffs 1977.
Newell A. und Simon H., «Models: Their Uses and Limitations» in *Current Perspectives in Social Psychology,* hrsg. von E. Hollander und R. Hunt, New York 1963.
Olds J., «Pleasure Centers in the Brain», *Scientific American,* 195, 1956, S. 105–116.
Ornstein R., *The Psychology of Consciousness,* San Francisco 1972; (dt. *Die Psychologie des Bewusstseins,* Köln 1974).
Ornstein R., Herron J., Johnstone J. und Swencionis C., «Differential Right Hemispheric Involvement in Two Reading Tasks», *Psychophysiology,* 16, 1979, S. 398–401.

Osgood C., *Method and Theory in Experimental Psychology,* New York 1953.
Osis K. und Fahler J., «Space and Time Variables in ESP», *Journal of the American Society for Psychical Research,* 58, 1964.
Ostrander S. und Schroeder L., *Psychic Discoveries behind the Iron Curtain,* New York, 1970; (dt. *Die wissenschaftliche Erforschung und praktische Nutzung aussersinnlicher Kräfte des Geistes und der Seele im Ostblock,* Bern, München, 1971).
Parsons T., Shils E., Naegle K. und Pitts J., *Theories of Society,* New York 1961.
Pavlov I., *Conditioned Reflexes: An Investigation of the Physilogical Activity of the Cerebral Cortex,* New York 1927; (dt. *Die bedingten Reflexe*).
Pelletier K., *Mind as Healer, Mind as Slayer,* New York 1977.
Pelletier K., *Toward a Science of Consciousness,* New York 1978; (dt. *Unser Wissen vom Bewusstsein,* München 1982).
Penfield W. und Rasmussen T., *The Cerebral Cortex of Man: A Clinical Study of Localization of Function,* New York 1957.
Penfield W. und Roberts L., *Speech and Brain Mechanisms,* Princeton 1959.
Penfield W., *The Mystery of the Mind,* Princeton 1975.
Piaget J., «Time Perception in Children» in *The Voices of Time,* hrsg. von J. Fraser, New York 1966.
Pittendrigh C., «On Temporal Organization in Living Systems», in *The Future of Time,* hrsg. von H. Yaker, H. Osmond und F. Cheek, New York 1972.
Polak F., *The Image of the Future: Englightening the Past, Orienting the Present, Forecasting the Future,* New York 1961.
Pribram K., Diskussion in *Interhemispheric Relations and Cerebral Dominance,* hrsg. von V. Mountcastle, Baltimore 1962.
Pribram K., Spinelli D. und Kamback M., «Electrocortical Correlates of Stimulus Response and Reinforcement», *Science,* 157, 1967, S. 94–96.
Pribram K., Spinelli D. und Reitz S., «Effects of Radical Disconnection of Occipital and Temporal Cortex on Visual Behavior of Monkeys», *Brain,* 92, 1969, S. 301–312.
Pribram K., «The Neurophysiology of Memory», *Scientific American,* Januar 1969, S. 387–398.
Pribram K., *Languages of the Brain,* Englewood Cliffs 1971.
Pribram K., Nuwer M. und Baron R., «The Holographic Hypothesis of Memory Structure in Brain Function and Structure» in *Contemporary Developments in Mathematical Psychology Vol. II,* hrsg. von R. Atkinson, O. Krantz, R. Luce und P. Suppes, San Francisco 1974.
Pribram K., «Hemispheric Specializatio: Evolution or Revolution», *Annals of the New York Academy of Sciences,* 299, 1977, S. 18–22.
Priestley J., *Man and Time,* New York 1964.
Progoff I., *Jung, Synchronicity, and Human Destiny,* New York 1973.
Puthoff H. und Targ R., «Psychic Research and Modern Physics», in *Psychic Exploration: A Challenge to Science,* hrsg. von E. Mitchell und J. White, New York 1974.
Rhine J., «Experiments Bearing on the Precognition Hypothesis: Mechanically Selected Cards», *Journal of Parapsychology,* 5, 1941.
Rokeach J., *The Nature of Human Values,* New York 1973.
Rylander G., «Personality Changes after Operation on the Frontal Lobes», *Acta Psychiatrica Neurolgia Scandinavica,* 1939, Ergänzungsband 20.
Sandburg C., *Abraham Lincoln: The War Years: 1864–1865,* New York, 1939.
Sarbin T., Taft R. und Bailey D., *Clinical Inference and Cognitive Theory,* New York 1960.
Schkade I. und Potrin A., «Cognitive Style, EEG Waveforms and Brain Levels», *Human Systems Management,* 2, 1981, S. 329–31.
Schmeidler G., «An Experiment in Precognitive Clairvoyance», *Journal of Parapsychology,* 28, 1964.

Schmeidler G. und LeShan L., «An Aspect of Body Image Related ESP Scores», *Journal of the American Society for Psychical Research,* 64, 1970, S. 211–218.
Schmeidler G., «The Psychic Personality», in *Psychic Exploration: A Challenge for Science,* hrsg. von E. Mitchell und J. White, New York 1974.
Schmidt H., «Psychokinesis», in *Psychic Exploration: A Challeng for Science,* hrsg. von E. Mitchell und J. White, New York 1974.
Schopf J., «Evolution of the Earth's Biosphere», aus der Serie «The Next Billion Years: Our Future in a Cosmic Perspective» Los Angeles 1973.
Schroeder C., «The View from All Over», *The Sciences,* 14, 1974, S. 6–11.
Shannon G. und Weaver W., *The Mathematical Theory of Communication,* Urbana 1949.
Sherrington C., *The Integrative Action of the Nervous System,* Cambridge 1947.
Sinclair U., *Mental Radio,* New York, 1971; (dt. *Radar der Psyche,* Bern, München 1973).
Skinner B., *Verbal Behavior,* New York 1957.
Smith A., *Powers of Mind,* New York 1975.
Smith N., «The Influence of the Structural Information Characteristics of Jungian Personality Type of Time Horizons in Decision Making», Inauguraldissertation an der University of California von Los Angeles 1976.
Sorokin, P., *Sociological Theories of Today,* New York 1966.
Sperry R., «The Great Cerebral Commisure», *Scientific American,* Januar 1964, S. 42–52.
Sperry R., «Hemisphere Disconnection and Unity in Conscious Awareness», *American Psychologist,* 23, 1968, S. 723–33.
Sperry R., Gazzaniga M. und Bogen J., «Interhemispherical Relationships and the Neocortical Commisures: Syndromes of Hemispheric Disconnections» in *Handbook of Clinical Neurology Vol. 4,* hrsg. von P. Vinken und G. Bruyn, Amsterdam 1969.
Stevens C., «The Neuron», *Scientific American,* 241, 1979, S. 55–65.
Stratton J., *Electromagnetic Theory,* New York 1941.
Taff B., «Learned PSI: An Exploration of Parameters in a Controlled Study, hrsg. vom Institute of Electrical and Electronics Engineers, Boston 1976.
Taff B., «A Memory of Things to Come», *Probe the Unknown,* 5, 1977, S. 53–60.
Targ R. und Puthoff M., *Mind-Reach,* N. Y. 1977. (dt., *Jeder hat den 6. Sinn,* Köln 1978).
Tart C., *Altered States of Consciousness,* New York 1969.
Taylor J., Hrsg. *Selected Writings of Hughlings Jackson,* London 1931.
Teitelbaum P., *Physiological Psychology: Fundamental Principles,* Englewood Cliffs 1967.
Teyler T., «An Introduction to the Neurosciences» in *The Human Brain,* hrsg. von M. Wittrock, Englewood Cliffs 1977.
Tiller W., «Devices for Monitoring Nonphysical Energies», in *Psychic Exploration: A Challenge for Science,* hrsg. von E. Mitchell und J. White, New York 1970.
Toffler A., *Future Shock,* New York 1970; (dt. *Zukunftsschock,* Bern, München, 1970).
Tomkins S., «Left and Right: A Basic Dimension of Ideology and Personality», in *The Study of Lives,* hrsg. von R. White, New York 1963.
Tomkins S., *Affect. Imagery and Consciousness;* Vol. 1: *The Positive Affects,* Vol. 2: *The Negative Affects,* New York 1962/63.
Tomkins S., «Affect and the Psychology of Knowledge», in *Affect, Cognition and Personality,* hrsg. von S. Tomkins und C. Izard, New York 1965.
Ullman M., Krippner S. und Vaughan A., *Dream Telepathy,* New York 1973.
Ullman M., «PSI and Psychiatry», in *Psychic Exploration: A Challenge for Science,* hrsg. von E. Mitchell und J. White, New York 1974.
Updike, J., «Cosmic Gall» in *Telephone Poles and Other Poems,* New York 1963.
Vaihinger H., *The Philosophy of the As If,* London, 1935; (dt. *Die Philosophie des Als Ob,* Berlin 1911).
van Heerden P., «A New Method of Storing and Retrieving Information», *Applied Optics,* 2, 1963, S. 387–92.

Vasiliev, L., *Experiments in Mental Suggestion,* Church Crookborn, 1963.
Vaughan A., *The Edge of Tomorrow: How to Foresee and Fulfill the Future,* New York 1982.
Vaughan A., *Patterns of Prophecy,* New York 1973.
von Bekesy G., *Sensory Inhibition,* New York 1967.
Vonnegut K., *Cat's Cradle,* New York 1963; (dt. *Katzenwiege,* München 1985).
Vonnegut K., *Slaughterhouse Five,* New York 1969; (dt. *Schlachthaus Fünf*).
Walker E., «Consciousness and Quantum Theory» in *Psychic Exploration: A Challenge for Science,* hrsg. von E. Mitchell und J. White, New York 1977.
Wallachinsky D., Wallace A. und Wallace I., *The Book of Predictions,* New York 1980.
Walter G., «Electrical Signs of Association Expectancy and Decision in the Human Brain», *Electroencephalography and Clinical Neurophysiology,* 1967, Ergänzungsband 25, S. 258–63.
Warrington E. und James M., «An Experimental Investigation of Facial Recognition in Patients with Unilateral Cerebral Lesions», *Cortex,* 3, 1967, S. 317–26.
Watson J., *Behaviorism,* Chicago, 1963. (dt. *Der Behaviorismus,* Stuttgart 1930).
Weber M., «The Social Psychology of the World's Religions», *Theories of Society,* hrsg. von T. Parsons et. al., New York 1965; (dt., *Gesammelte Aufsätze zur Religionssoziologie, Band 1–3,* Tübingen 1920/21).
Wigner E., «Remarks on the Mind-Body Question» in *The Scientist Speculates,* hrsg. von I Good, New York 1962.
Wilber K., *The Holographic Paradigm and Other Paradoxes: Exploring the Leading Edge of Science,* Boulder 1982; (dt. *Das holographische Weltbild,* Bern, München 1986).
Wilber K., «The Pre/Trans Fallacy», *Revision Journal,* 2, 1980, S. 51–72.
Wilhelm H., *Eight Lectures on the I Ching,* Princeton 1960; (dt., *Die Wandlung – Acht Essays zum I Ging,* Zürich 1958).
Wilhelm R., trans. and ed., *I Ching: The Book of Changes,*Princeton 1950; (dt. *I Ging – Das Buch der Wandlungen,* Jena 1924).
Willis S., Wheatley G. and Mitchell O., «Cerebral Processing of Spatial and Verbal-Analytic Tasks: An EEG Study», *Neuropsychologia,* 17, 1979, S. 473–84.
Wilson C., *The Quest for Wilhelm Reich,* New York 1981.
Witkin J., Dyk R., Faterson H., Goodenough D. and Karp S., *Psychological Differentiation,* New York 1962.
Wogan M., Moore S., Epro R. and Harner R., «EEG Measures of Alternative Strategies Used by Subjects to Solve Block Designs», *International Journal of Neuroscience,* 12, 1981, S. 25–28.
Wolf F., *Taking the Quantum Leap,* San Francisco 1981.
Wolfe T., *Of Time and the River,* New York 1979; (dt. *Von Zeit und Strom).*
Wooldridge D., *The Machinary of the Brain,* New York 1963.
Young A., *The Reflexive Universe,* New York 1976.
Young J., «Why Do We Have Two Brains» in *Interhemispheric Relations and Cerebral Dominance,* hrsg. von V. Mountcastle, Baltimore 1962.
Young J., *Programs of the Brain,* Oxford 1978.

INDEX

David Loye ist Co-Direktor des Instituts für Zukunftsforschung in Carmel, Kalifornien. Davor war er Forschungsdirektor des Programms für Psychosoziale Adaption und Zukunft in der Abteilung Psychologie in Princeton. Seinen Doktortitel in Psychologie erhielt er im Dartmouth College und der New School for Social Research. Er hielt Vorlesungen an amerikanischen Colleges und Universitäten über Themen wie Soziale Veränderungen, Auswirkungen des Fernsehens, und über den Gebrauch des Gehirns zur Zukunftsvorhersage.